2015/YEAR

Harbin Statistical Yearbook

哈尔滨统计年鉴

第三十刊

中国统计出版社
China Statistics Press

图书在版编目（CIP）数据

哈尔滨统计年鉴. 2015 / 哈尔滨市统计局, 国家统
计局哈尔滨调查队编. -- 北京：中国统计出版社,2015.9
ISBN 978-7-5037-7562-8
Ⅰ. ①哈… Ⅱ. ①哈… ②国… Ⅲ. ①统计资料 - 哈尔滨市 - 2015 - 年鉴 Ⅳ. ①C832.351-54
中国版本图书馆CIP数据核字(2015)第199618号

哈尔滨统计年鉴—2015

作　　者/ 哈尔滨市统计局 国家统计局哈尔滨调查队
责任编辑/ 陈越月
装帧设计/ 王建
出版发行/ 中国统计出版社
通信地址/ 北京市丰台区西三环南路甲6号
邮　　编/ 100073
电　　话/ 邮购（010）63376909 书店（010）68783171
网　　址/ http://csp.stats.gov.cn
印　　刷/ 哈尔滨久利印刷有限公司
经　　销/ 新华书店
开　　本/ 890mm×1240mm 1/16
字　　数/ 1120千字
印　　张/ 27.75
版　　别/ 2015年9月第1版
版　　次/ 2015年9月第1次印刷
定　　价/ 380.00 元

《哈尔滨统计年鉴—2015》编委会和编辑工作人员

Harbin Statistical Yearbook-2015 Editorial Board and Staff

编辑说明

一、《哈尔滨统计年鉴》是一部全面反映哈尔滨市国民经济和社会发展情况的资料性年刊，自1986年公开出版发行以来，本刊是第三十刊。

二、本年鉴内容包括统计图表和统计资料。统计资料共21个部分,即：1.综合；2.国民经济核算；3.人口；4.就业人员和职工工资；5.固定资产投资；6.能源；7.财政、金融和保险；8.物价指数；9.人民生活；10.城市公用事业；11.农业；12.工业；13.建筑业；14.交通运输和邮电业；15.国内贸易；16.对外经济贸易和旅游；17.服务业；18.教育、科技和文化事业；19.卫生、体育和其他事业；20.县（市）主要经济指标；21.副省级城市主要经济指标。为了使广大读者阅读和使用方便，统计资料每部分后面均附有《主要统计指标解释》，对主要统计指标的含义、统计范围和统计方法做了简要说明。

三、2006年哈尔滨市行政区划调整后为8区10县（市），8区为道里区、南岗区、道外区、香坊区、平房区、松北区、呼兰区、阿城区，10县(市)为五常市、双城市、尚志市、巴彦县、宾县、依兰县、延寿县、木兰县、通河县、方正县，相关数据也按新行政区划进行了调整。凡标明“市区”字样的统计资料，除标明者外，均为8区新口径，即不含上述10个县（市）。由于数据来源和计算方法不同，一些指标分区、县（市）数据相加不等于全市数，使用时请注意。

四、本年鉴部分统计数据的总计数(合计数)或相对数由于计算方法或单位取舍不同而产生的计算误差均未做机械调整。

五、本年鉴中：空格表示该项数字为零、与上年持平、资料不详或不足本表最小单位数。

六、《哈尔滨统计年鉴》在编纂过程中，得到广大读者和有关部门的热情关怀和大力支持，在此一并表示感谢。

哈尔滨的一天 (2014)

2014 Harbin one day's statistics

地区生产总值	14.6	¥ 亿元
地方公共财政预算收入	11603	¥ 万元
地方公共财政预算支出	20277	¥ 万元
粮食产量	3.9	T 万吨
钢材产量	712	T 吨
汽车产量	216	辆
发电量	4638	万千瓦小时
肉类产量	2989	T 吨
禽蛋产量	1140	T 吨
奶类产量	4238	T 吨
工业总产值	12.9	¥ 亿元
固定资产投资	11.4	¥ 亿元
商品房销售面积	2.8	m^2 万平方米
海关进出口总值	1865.2	$ 万美元
进口总值	921.7	$ 万美元
出口总值	943.5	$ 万美元
社会消费品零售总额	8.4	¥ 亿元
公路运输旅客量	25.3	万人次
铁路运输旅客量	11.3	万人次
百货商店零售额	4743	¥ 万元
超级市场零售额	1251	¥ 万元
住宿餐饮业零售额	10947	¥ 万元
接待国内外旅游者	16.4	万人次
旅游业务总收入	21561	¥ 万元
出生人口	234	人
死亡人口	221	人

Harbin one day's statistics

地区生产总值（亿元） GROSS DOMESTIC PRODUCT
(100 MILLION YUAN)

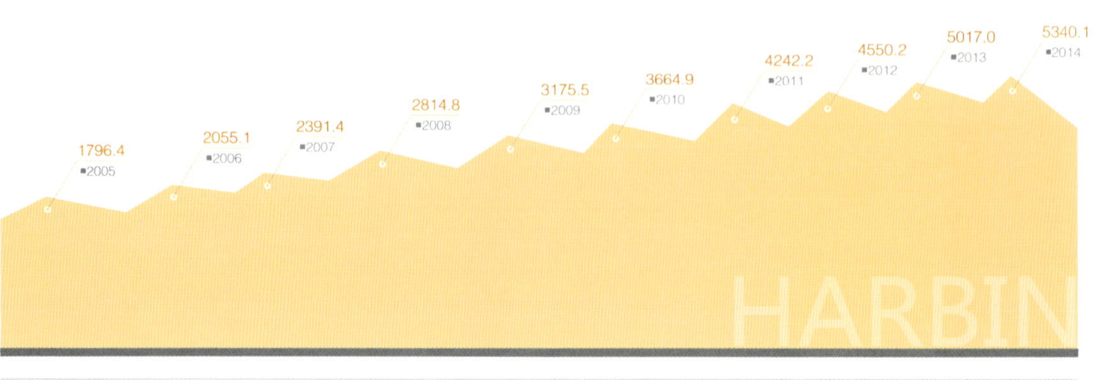

地区生产总值三次产业构成（%） COMPOSITION OF GDP
(%)

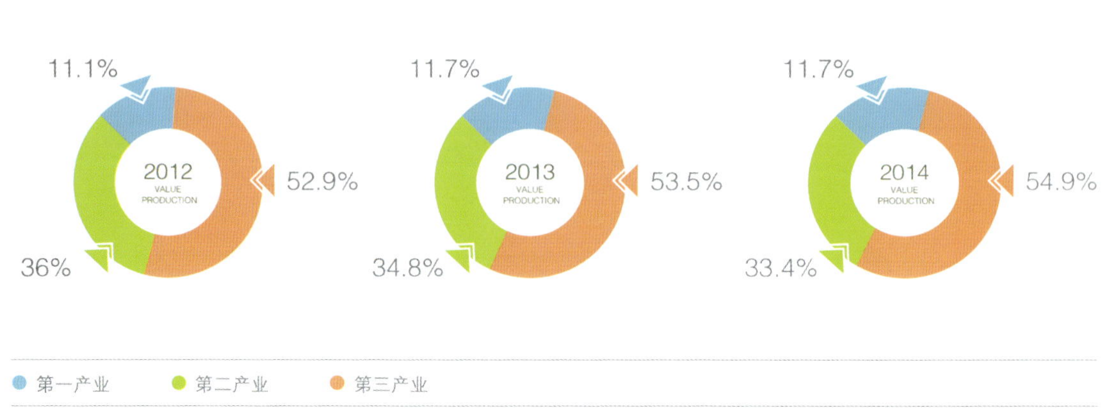

地区生产总值指数（上年=100） INDEX OF GDP

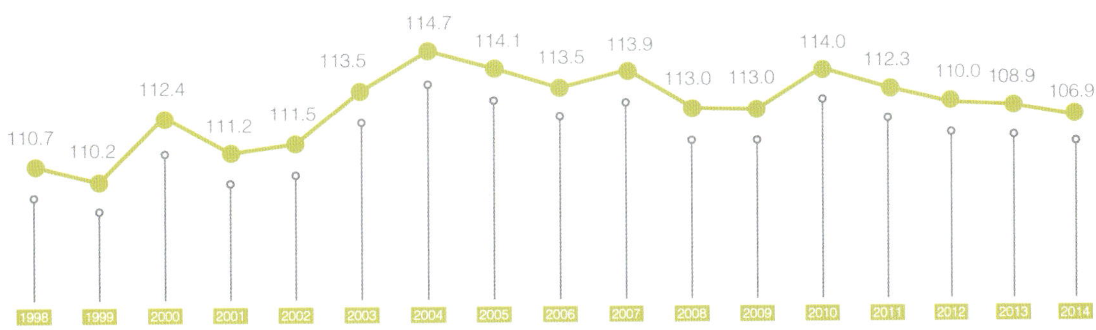

人均地区生产总值（元） COMPOSITION OF GDP

(YUAN)

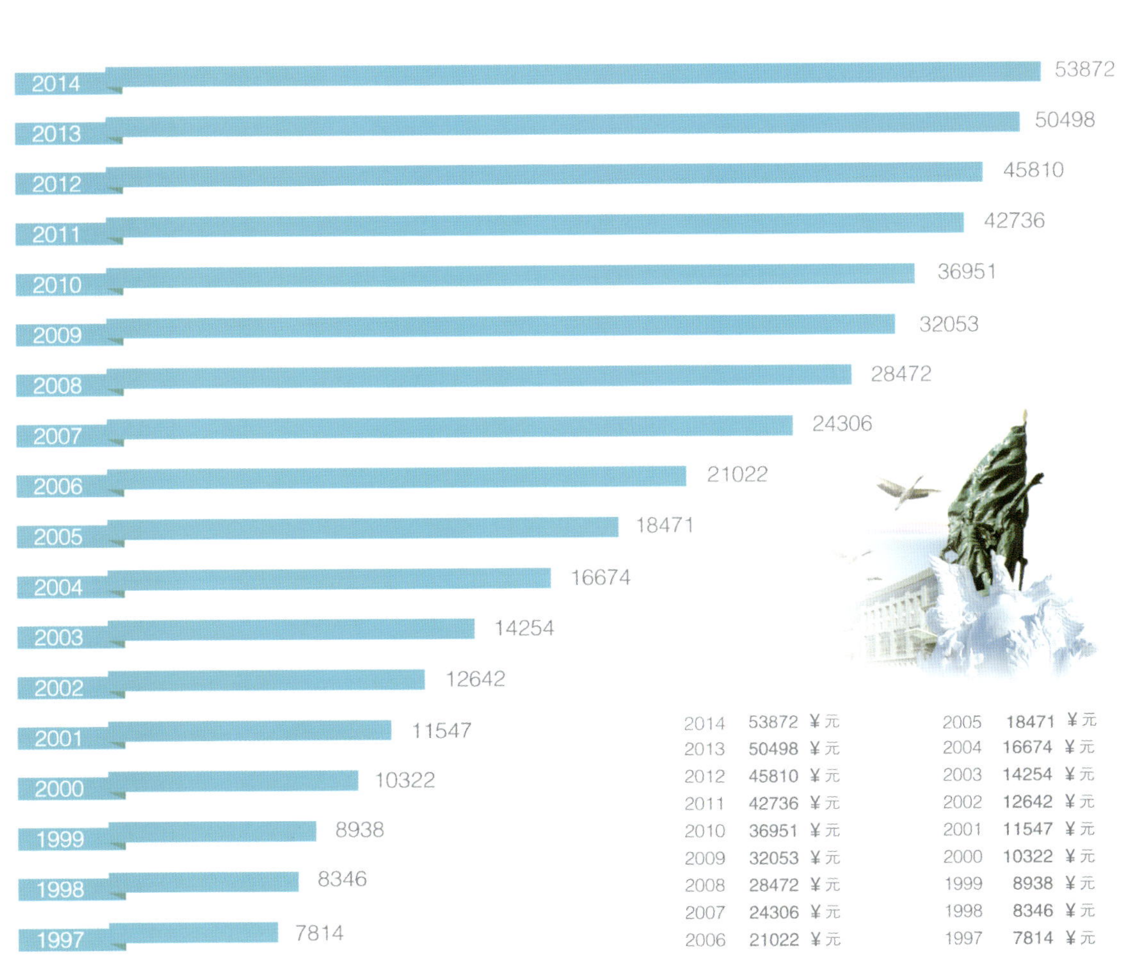

2014	53872	¥元	2005	18471	¥元
2013	50498	¥元	2004	16674	¥元
2012	45810	¥元	2003	14254	¥元
2011	42736	¥元	2002	12642	¥元
2010	36951	¥元	2001	11547	¥元
2009	32053	¥元	2000	10322	¥元
2008	28472	¥元	1999	8938	¥元
2007	24306	¥元	1998	8346	¥元
2006	21022	¥元	1997	7814	¥元

人口总数（万人）(10000 PERSONS) TOTAL YIELD OF GRAIN

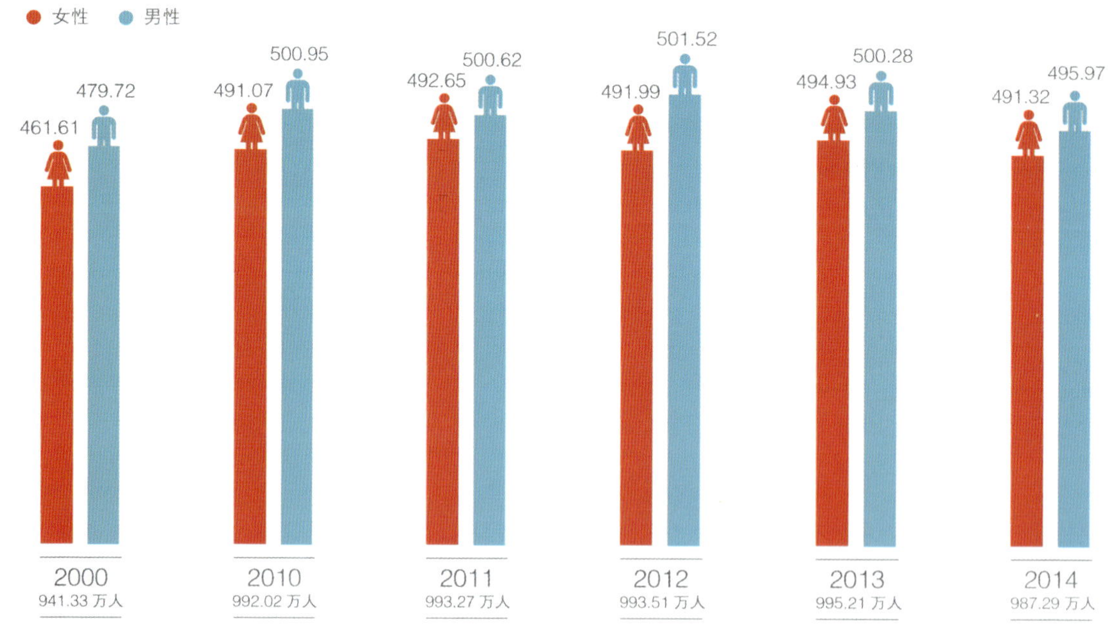

农林牧渔业总产值（亿元）(100 MILLION YUAN) GROSS OUTPUT VALUE OF AGRICULTURE,FORESTRY ANIMAL HUSBANDRY AND FISHERY

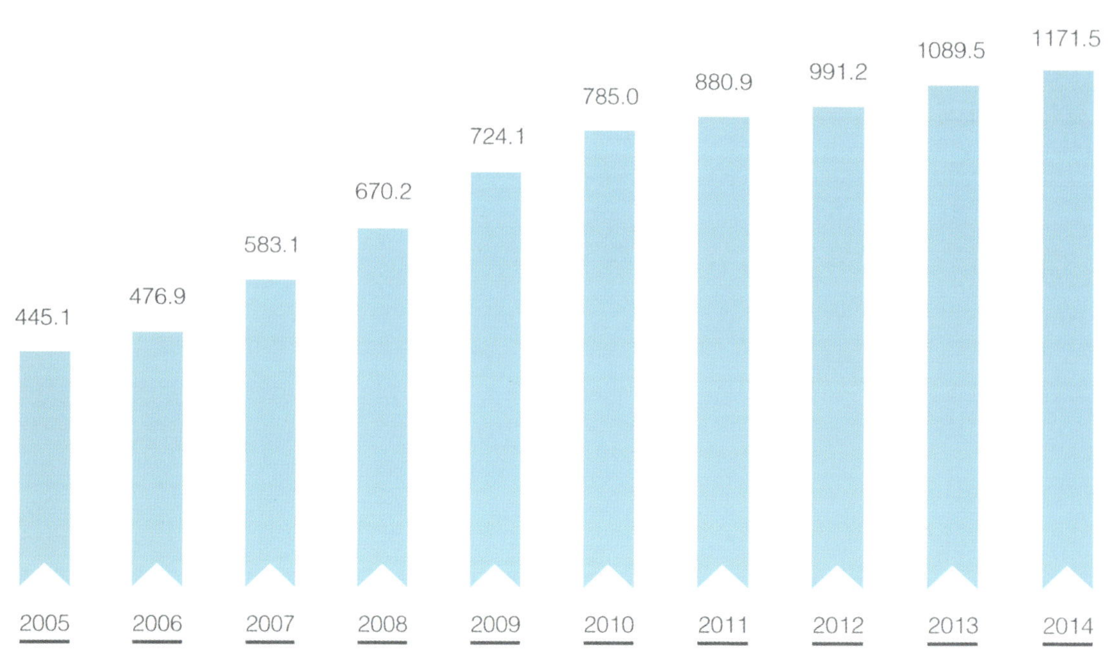

畜牧业产值（亿元） GROSS OUTPUT VALUE OF ANIMAL HUSBANDRY
(100 MILLION YUAN)

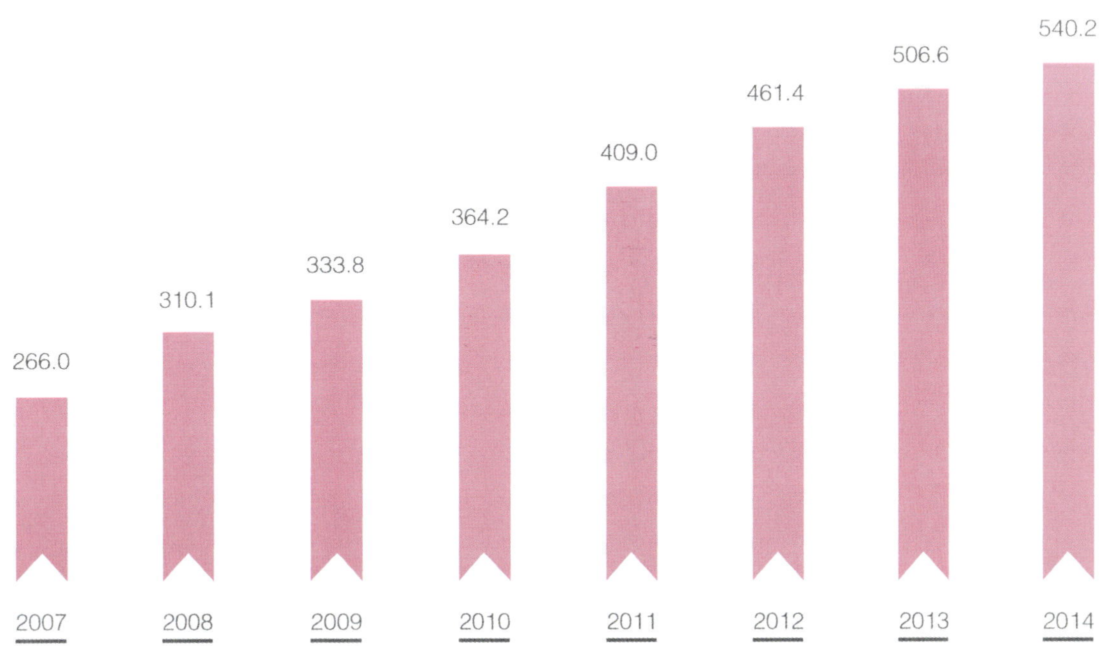

畜牧业产值占农林牧渔业总产值比重（%）

Animal husbandry output value accounted for the proportion of the total output value of agriculture, forestry, animal husbandry and fishery(%)

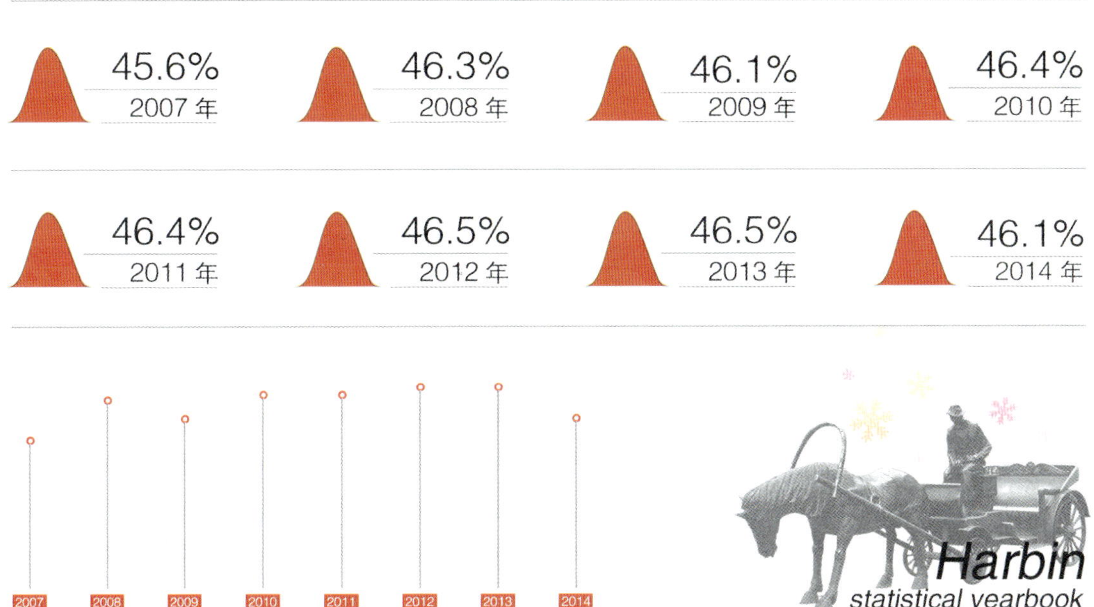

Harbin
statistical yearbook

工业总产值（亿元）(100 MILLION YUAN) GROSS OUTPUT VALUE OF INDUSTRY

规模以上工业企业个数（个）(UNIT) NUMBER OF INDUSTRY ENTERPRISES ABOVE SCALE

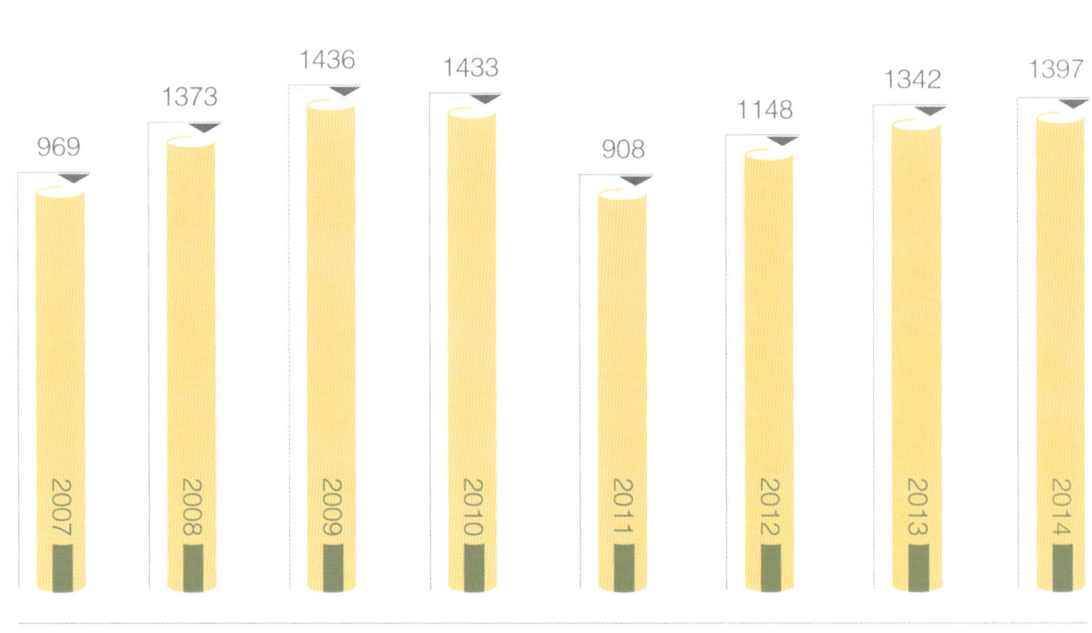

主导产业占规模以上工业总产值比重（%）

Leading industries accounted for the proportion of above scale industrial output value(%)

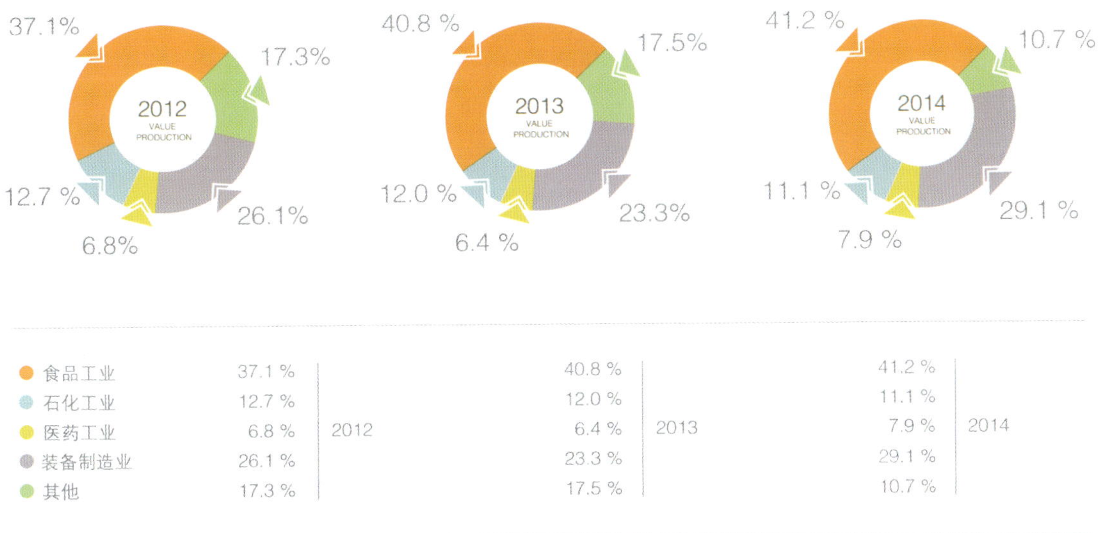

	2012	2013	2014
食品工业	37.1 %	40.8 %	41.2 %
石化工业	12.7 %	12.0 %	11.1 %
医药工业	6.8 %	6.4 %	7.9 %
装备制造业	26.1 %	23.3 %	29.1 %
其他	17.3 %	17.5 %	10.7 %

规模以上工业企业个数按企业规模构成（%）

A number of Industrial Enterprises above Designated Size by the scale of the enterprise(%)

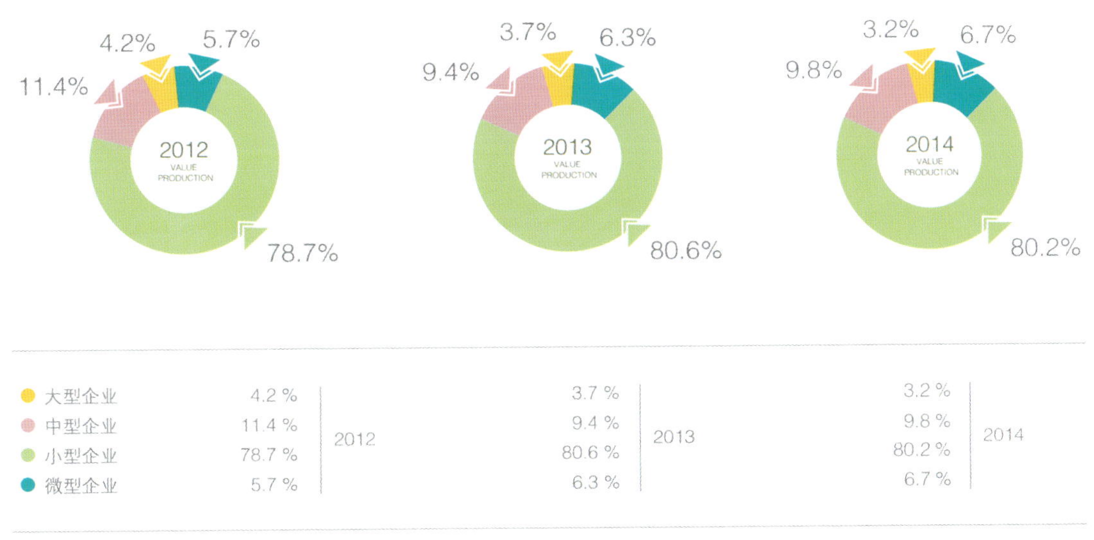

	2012	2013	2014
大型企业	4.2 %	3.7 %	3.2 %
中型企业	11.4 %	9.4 %	9.8 %
小型企业	78.7 %	80.6 %	80.2 %
微型企业	5.7 %	6.3 %	6.7 %

海关进出口总额（亿美元） TOTAL VALUE OF IMPORTS AND EXPORTS
(100 MILLION USD)

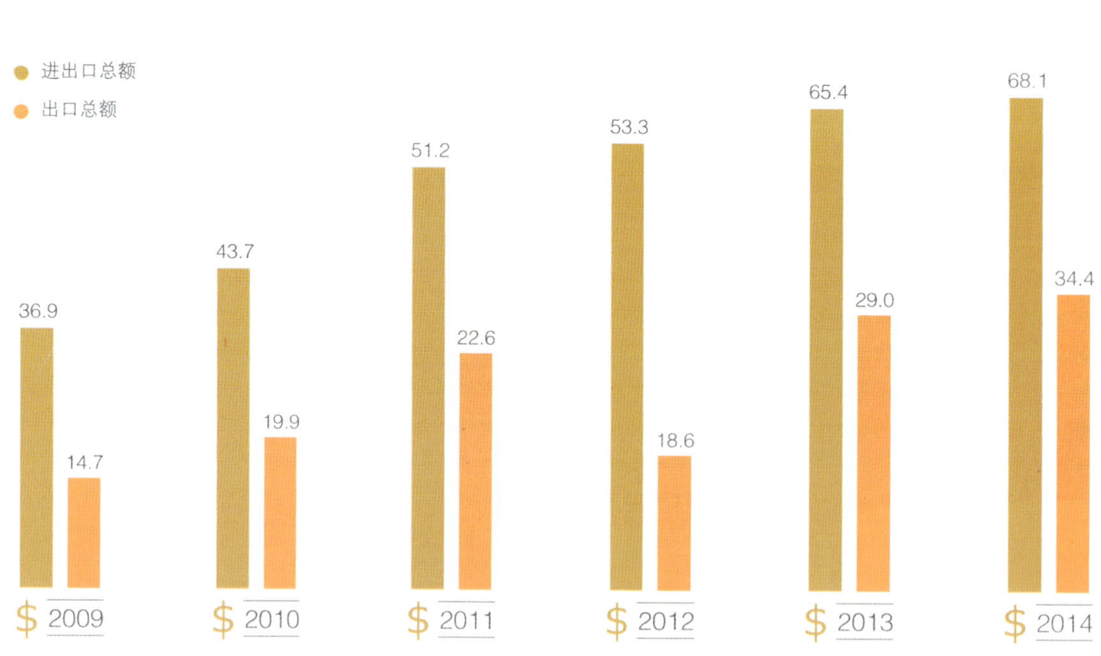

商品住宅销售面积（万平方米） SALES OF COMMERCIAL RESIDENTIAL AREA
(100 MILLION USD)

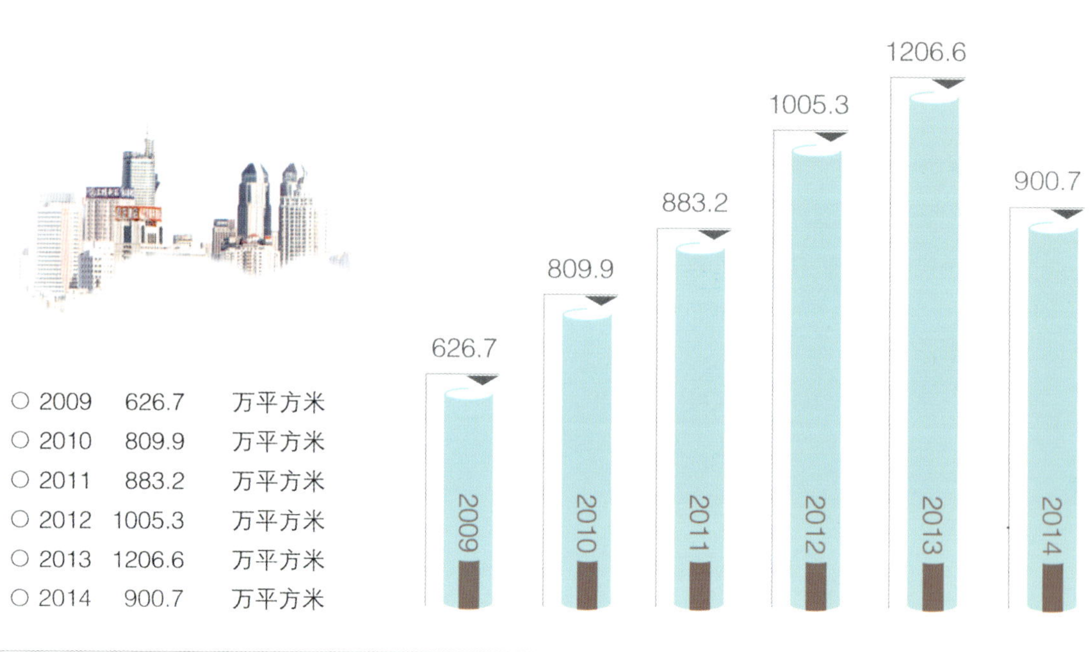

社会消费品零售总额（亿元） TOTAL RETAIL SALE OF CONSUMER GOODS
(100 MILLION YUAN)

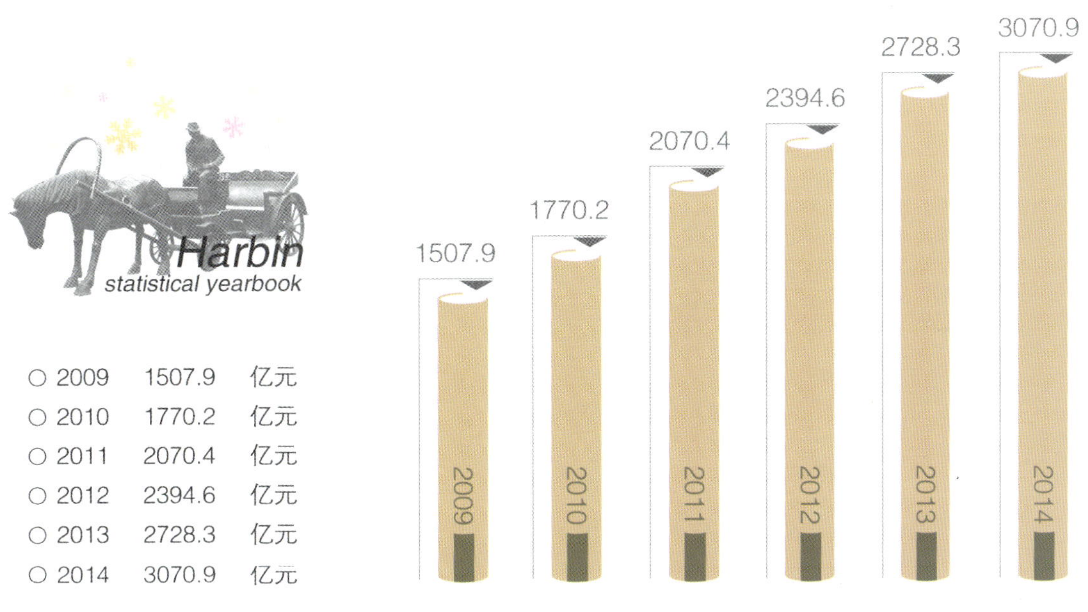

财政收支（亿元） FISCAL REVENUE AND EXPENDITURE
(100 MILLION YUAN)

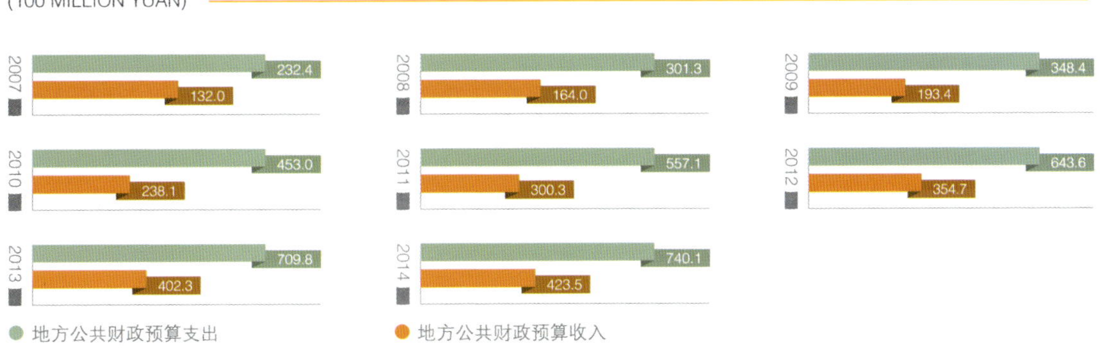

金融机构存贷款余额（亿元） DEPOSITS AND LOANS OF FINANCIAL LNSTITUTIONS
(100 MILLION YUAN)

接待海外旅游者人数（万人次） NUMBER OF OVERSEAS TOURISTS (10000 PERSONS)

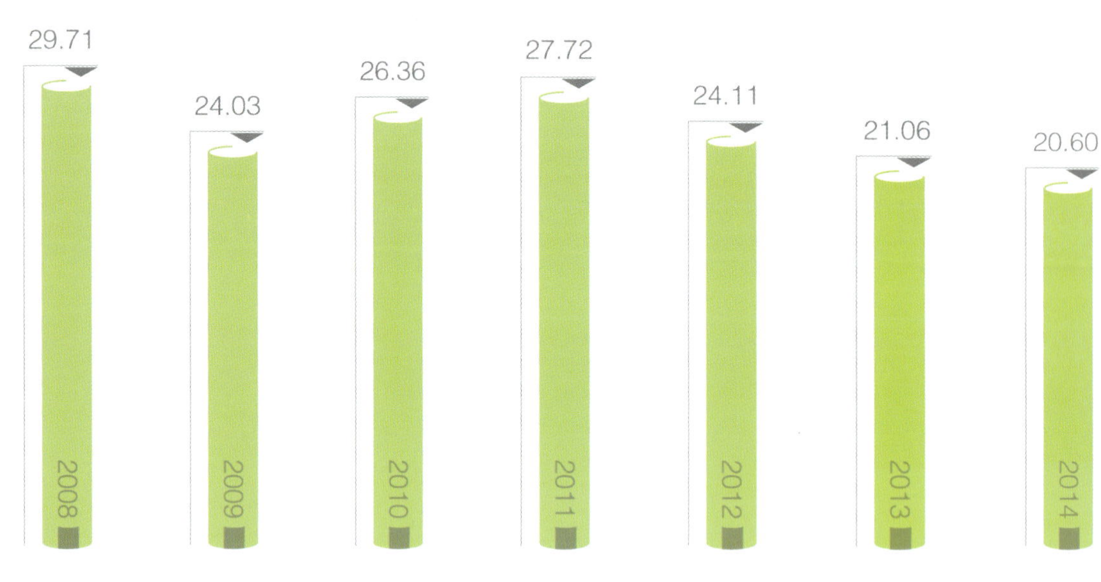

城镇非私营单位在岗职工年平均工资（元） THE PRIVATE INSTITUTIONS IN CITIES AND TOWNS ON-THE-JOB WORKER YEAR AVERAGE WAGE (YUAN)

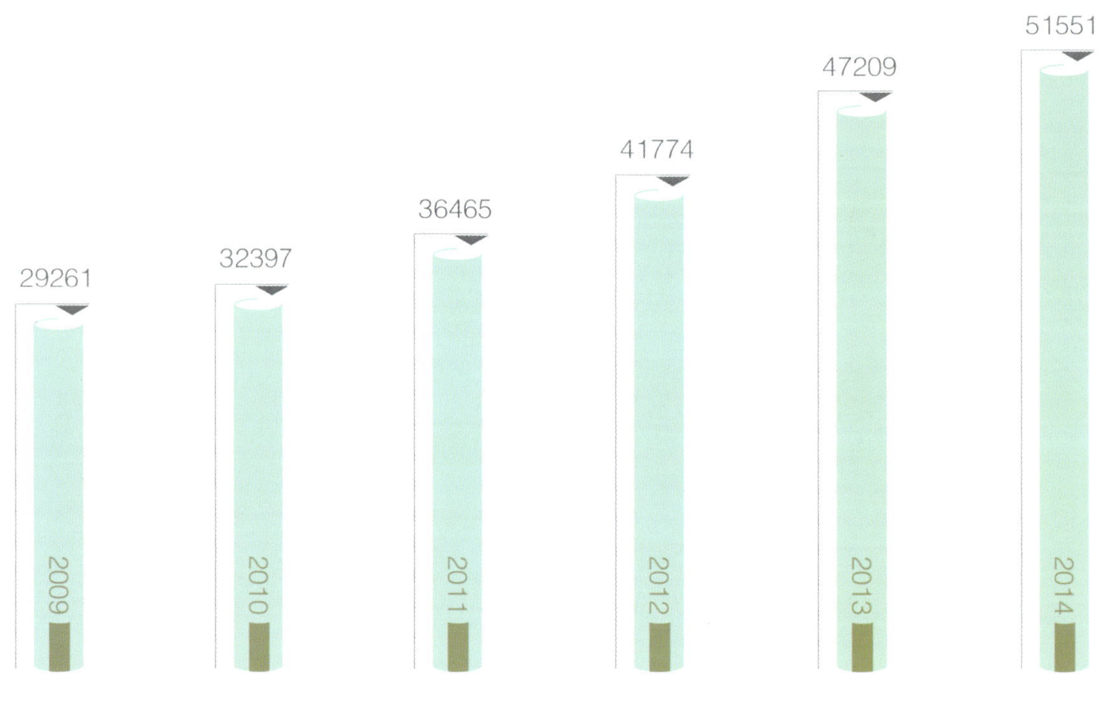

城乡居民人均收入（元） PER CAPITA INCOME OF URBAN AND RURAL RESIDENTS (YUAN)

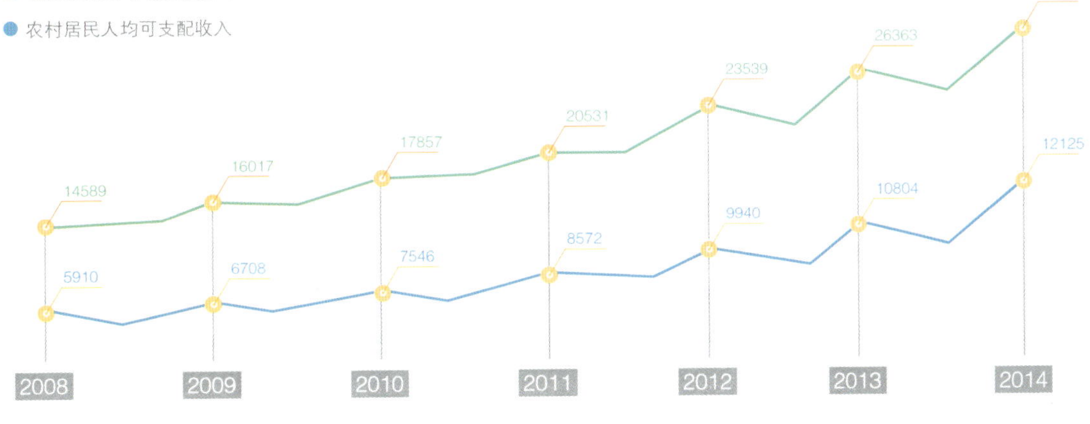

农村居民人均住房使用面积（平方米） PER CAPITA GROSS FLOOR SPACE OF RURAL RESIDENTS (SQ.M)

23.5 平方米 2008 年 

24.1 平方米 2009 年 

24.4 平方米 2010 年 

24.8 平方米 2011 年 

25.2 平方米 2012 年 

26.0 平方米 2013 年 

26.7 平方米 2014 年 

城市居民人均住房使用面积（平方米） PER CAPITA GROSS FLOOR SPACE OF URBAN RESIDENTS (SQ.M)

19.6 平方米 2008 年 

20.8 平方米 2009 年 

22.1 平方米 2010 年 

23.2 平方米 2011 年 

24.5 平方米 2012 年 

25.6 平方米 2013 年 

26.0 平方米 2014 年 

2015/YEAR

Harbin Statistical Yearbook

目　录
CONTENTS

一　综合

General Survey

1 - 1　行政区划(2014 年) …… (3)
Divisions of Administrative Areas (2014)

1 - 2　市区所辖街道办事处、乡、镇情况(2014 年) …… (4)
Street Offices , Towns and Townships Under the Jurisdiction of City Districts (2014)

1 - 3　县(市)所辖乡、镇情况(2014 年) …… (5)
Towns & Townships Under the Jurisdiction of Counties (2014)

1 - 4　气象情况(2014 年) …… (6)
Meteorological Conditions (2014)

1 - 5　自然资源(2014 年) …… (8)
Natural Resources(2014)

1 - 6　2009 - 2014 年国民经济和社会发展总量与速度情况 …… (9)
Principal Aggregate Indicators on National Economic and Social Development (2009 - 2014)

1 - 7　国民经济和社会发展速度情况 …… (11)
Indicators on Growth Rates in National Economic and Social Development

1 - 8　2009 - 2014 年国民经济和社会发展结构情况 …… (13)
Structural Indicators on National Economic and Social Development (2009 - 2014)

1 - 9　2009 - 2014 年社会经济活动平均情况 …… (15)
Average Indicators of Social and Economic Activities (2009 - 2014)

1 - 10　法人及产业活动单位数(2014 年) …… (17)
Number of Corporations and Industry Activity Units (2014)

主要统计指标解释 …… (19)
Explanatory Notes on Main Statistical Indicators

二　国民经济核算

Nationnal Accounts

2－1　1978－2014年地区生产总值情况 ……………………………………………… (25)

Gross Domestic Product (1978－2014)

2－2　1978－2014年地区生产总值构成情况 ……………………………………… (26)

Gross Domestic Product and Its Composition (1978－2014)

2－3　1979－2014年地区生产总值指数情况(上年＝100) ……………………… (27)

Indices of Gross Domestic Product (1979－2014) (Preceding year＝100)

2－4　第三产业增加值、指数及构成情况 ………………………………………… (28)

Value－added, Indices and Composition of the Tertiary Industry

2－5　各时期地区生产总值指数情况(上年＝100) ……………………………… (28)

Gross Domsetic Product of Average of Develop at All the time(Preceding year＝100)

2－6　1978－2014年支出法地区生产总值情况 ………………………………… (29)

Gross Domestic Product by Expenditure Approach (1978－2014)

2－7　1978－2014年支出法地区生产总值构成情况 …………………………… (30)

Composition of Gross Domestic Product by Expenditure Approach (1978－2014)

2－8　1980－2014年最终消费和资本形成总额指数情况(上年＝100) ………… (31)

Indices of Final Consumption Expenditure and Gross Capital Formation (1980－2014) (Preceding year＝100)

2－9　2002－2014年三次产业对地区生产总值增长贡献率情况 ……………… (32)

Statistics Three Industries Affect the Growth of GDP for Contribution Rate (2002－2014)

2－10　2002－2014年三次产业对地区生产总值增长拉动情况 ……………… (32)

Statistics Three Industries Stimulate GDP (2002－2014)

主要统计指标解释 …………………………………………………………………… (33)

Explanatory Notes on Main Statistical Indicators

三　人口

Population

3－1　人口主要指标情况 ……………………………………………………………… (37)

Main Indicators on Population

3－2　1978－2014年全市总人口基本情况 ……………………………………… (38)

he basic situation of the city's population in 1978－2014

3－3　区、县(市)年末户数、人口情况(2014年) ……………………………… (40)

Number of Households and Total Population by Region or County at The Year－end (2014)

3－4　全市总人口情况(2014 年) …………………………………………………………………………… (41)

Total population (2014)

3－5　各种分组人口构成情况(2014 年,总人口＝100) ……………………………………………………… (42)

Composition of Population (2014, Total population ＝100)

3－6　人口自然增长情况(2014 年) ……………………………………………………………………… (43)

Natural Growth of Population (2014)

3－7　人口机械变动情况(2014 年) ……………………………………………………………………… (44)

Mechanical Change of Population (2014)

3－8　婚姻登记情况……………………………………………………………………………………… (45)

Basic Statistics on Marriage Registration

3－9　计划生育情况(2014 年) ………………………………………………………………………… (45)

Basic Statistics on Birth Control (2014)

主要统计指标解释………………………………………………………………………………… (46)

Explanatory Notes on Main Statistical Indicators

四　就业人员和职工工资

Employed Person and Wage

4－1　1978－2014 年全市就业人员情况 ……………………………………………………………… (49)

Number of Employed Persons (1978－2014)

4－2　全市城乡就业人员情况…………………………………………………………………………… (50)

Number of Employed Persons by Town and County

4－3　1998－2014 年全市城镇非私营单位在岗职工情况 ……………………………………………… (51)

Number of Staff and Workers in Non－Private Entities in Towns (1998－2014)

4－4　全市城镇非私营单位就业人员情况(2014 年) …………………………………………………… (52)

Number of Employed Persons in Non－Private Entities in Towns (2014)

4－5　市区城镇非私营单位就业人员情况 (2014 年) …………………………………………………… (54)

Number of Employed Persons in Non－Private Entities in Towns of Urban Districts (2014)

4－6　全市城镇国有经济单位就业人员情况(2014 年) ………………………………………………… (56)

Number of Employed Persons in State－owned Units in Towns (2014)

4－7　市区城镇国有经济单位就业人员情况(2014 年) ………………………………………………… (58)

Number of Employed Persons in State－owned Units in Towns of Urban Districts (2014)

4－8　全市城镇集体经济单位就业人员情况(2014 年) ………………………………………………… (60)

Number of Employed Persons in Collective －owned Units in Towns (2014)

4－9 市区城镇集体经济单位就业人员情况(2014 年) …… (62)
Number of Employed Persons in Collective －owned Units in Towns of Urban Districts (2014)
4－10 城镇非私营其他经济单位就业人员情况(2014 年) …… (64)
Number of Employed Persons in Units of Other Types of Ownership in Towns (2014)
4－11 全市城镇非私营单位女性就业人员情况(2014 年) …… (65)
Number of Female Employed in Non－Private Entities in Towns (2014)
4－12 1978－2014 年全市城镇非私营单位职工工资总额及平均工资情况 …… (66)
Total Wages and Average Wages of Staff and Workers in Non－Private Entities in Towns (1978－2014)
4－13 全市城镇非私营单位职工工资总额情况(2014 年) …… (67)
Total Wages of Staff and Workers in Non－Private Entities in Towns (2014)
4－14 全市城镇非私营单位职工平均工资情况(2014 年) …… (68)
Average Wages of Staff and Workers in Non－Private Entities in Towns (2014)
4－15 市区城镇非私营单位职工工资总额情况(2014 年) …… (69)
Total Wages of Staff and Workers in Non－Private Entities in Towns of Urban Districts (2014)
4－16 市区城镇非私营单位职工平均工资情况(2014 年) …… (70)
Average Wages of Staff and Workers in Non－Private Entities in Towns of Urban Districts (2014)
4－17 全市城镇私营单位就业人员、工资情况(2014 年) …… (71)
Whole city cities and towns and private unit employed people's wages situation (2014)
4－18 2009－2014 年城镇个体、私营劳动者就业人员情况 …… (72)
Number of Employed Persons Self－employed and in Private Enterprises in Towns (2009－2014)
4－19 2009－2014 年城镇失业人员安置情况 …… (72)
Arrangement for Unemployed Persons in Towns (2009－2014)
主要统计指标解释 …… (73)
Explanatory Notes on Main Statistical Indicators

五 固定资产投资和房地产开发

Investment in Fixed Assets and Real Estate Developmnt

5－1 固定资产投资情况(2014 年) …… (77)
Total Investment in Fixed Assets (2014)
5－2 固定资产投资资金来源情况(2014 年) …… (78)
Capital Source of Fixed Assets Investment (2014)
5－3 施工、竣工房屋面积情况(2014 年) …… (78)
Floor Space of Buildings under Construction and Completed (2014)

5－4　2010－2014 年房地产开发建设情况 ………………………………………………………………………………… (79)
Construction of Redl Estate Development (2010－2014)
5－5　房地产开发投资完成情况(2014 年) ……………………………………………………………………………… (80)
Actually Completed Investment of Enterprises for Real Estate (2014)
5－6　房地产开发主要财务指标情况(2014 年) ………………………………………………………………………… (82)
Main financial indicators of Real Estate Develepment(2014)
5－7　房地产开发施工、销售情况(2014 年) ……………………………………………………………………………… (84)
Construction and Selling of Real Estate Development (2014)
5－8　计划总投资亿元以上房地产开发项目投资完成情况(2014 年) ……………………………………………………… (85)
Emphasis Projects of Total Investment in Real Estate Development Over 100 Million Yuan(2014)
5－9　计划总投资亿元以上重点建设项目投资完成情况(2014 年) ………………………………………………………… (86)
Emphasis Projects of Total Investment Over 100 Million Yuan (2014)
主要统计指标解释 ……………………………………………………………………………………………………… (88)
Explanatory Notes on Main Statistical Indicators

六　能源生产和消费

Production and Consumption of Energy

6－1　2005－2014 年规模以上工业企业能源消费量情况 ………………………………………………………………… (93)
Statistics Depletion of Energy of Industrial Enterprises Over Levels(2005－2014)
6－2　规模以上工业企业能源购进、消费及库存情况(2014 年) …………………………………………………………… (93)
Purchases, Sales and Inventory of Energy of Industrial Enterprises(above designated size)(2014)
6－3　规模以上工业企业分行业能源消费量情况(2014 年) ……………………………………………………………… (94)
Consumption of Energy of Industrial Enterprises by Sector (above designated size)(2014)
6－4　重点工业企业分行业产值能耗情况 ………………………………………………………………………………… (95)
Consumption of Energy of Key Industrial Enterprises by Sector
6－5　全社会用电情况 ……………………………………………………………………………………………………… (96)
Basic Statistics on Electricity Consumption
主要统计指标解释 ……………………………………………………………………………………………………… (97)
Explanatory Notes on Main Statistical Indicators

七　财政、金融和保险

Finance, Banking and Insurance

7－1　2010－2014 年财政、金融和保险情况 ……………………………………………………………………………… (101)
Main Indicators of Finance, Banking and Insurance (2010－2014)

7－2　1980－2014 年地方公共财政预算收支及指数情况 …………………………………………………………（102）
Local Government Revenue and Expenditures and Related Indices（1980－2014）
7－3　地方公共财政预算收支构成情况（2014 年）…………………………………………………………………（103）
Revenue and Expenditure of Local Government（2014）
7－4　1980－2014 年金融机构存贷款及指数情况 …………………………………………………………………（104）
Deposits and Loans of Financial Institutions and Expenditures of Financial
Institutions and Related Indices（1980－2014）
7－5　1978－2014 年个人储蓄存款余额情况 ………………………………………………………………………（105）
Savings of Households and Related indices（1978－2014）
7－6　1980－2014 年个人储蓄存款余额指数情况（上年＝100）……………………………………………………（106）
The Indices Case of Savings deposits of residents（1980－2014）
7－7　农村信用社存款、贷款及指数情况（2014 年）………………………………………………………………（107）
The Indices Case of deposits and loans Rcc（2014）
7－8　保险业务收支情况（2014 年）…………………………………………………………………………………（108）
Revenue and Expenditures of Insurance Companies（2014）
7－9　2010－2014 年证券机构及证券交易情况 ……………………………………………………………………（109）
The Situation of the Securities institutions and Securities and Exchange（2010－2014）
主要统计指标解释 …………………………………………………………………………………………………（110）
Explanatory Notes on Main Statistical Indicators

八　物价指数

Price Indices

8－1　2009－2014 年各种物价总指数（上年＝100）…………………………………………………………………（115）
General Price Indices（2009－2014）（Preceding year＝100）
8－2　工业生产者出厂价格分类指数（上年＝100）…………………………………………………………………（116）
Price Indices of Industrial Producer（Preceding year＝100）
8－3　2009－2014 年工业生产者购进价格指数（上年＝100）………………………………………………………（118）
Price Indices of Purchase prices of Industrial Producer（2009－2014）（Preceding year＝100）
8－4　2009－2014 年固定资产投资价格指数（上年＝100）…………………………………………………………（118）
Price Indices of Investment in Fixed Assets（2009－2014）（Preceding year＝100）
8－5　1978－2014 年城市居民消费和商品零售价格分类指数（上年＝100）………………………………………（119）
Consumer Price Indices and Retail Indices of Commodities by Category in Cities（1978－2014）
（Preceding year＝100）

8－6　城市居民消费价格分类指数(上年＝100) ……………… (120)
Consumer Price Indices by Category in Cities (Preceding year＝100)
8－7　城市商品零售价格分类指数(上年＝100) ……………… (121)
Retail Price Indices by Category of Commodities in Cities (Preceding year＝100)
主要统计指标解释 ……………… (122)
Explanatory Notes on Main Statistical Indicators

九　人民生活

People's Livelihood

9－1　2009－2014年城乡居民物质文化生活情况 ……………… (125)
People's Material and Cultural Life (2009－2014)
9－2　2009－2014年城镇居民家庭平均每百户主要耐用消费品拥有量情况 ……………… (126)
Number of Major Durable Consumer Goods Owned Per 100 Urban Households(2009－2014)
9－3　2009－2014年城镇居民家庭人均年消费性支出情况 ……………… (127)
Per Capita Annual Living Expenditure of Urban Households (2009－2014)
9－4　2009－2014年城镇居民家庭人均年消费性支出构成情况(消费性支出＝100) ……………… (128)
Composition of Per Capita Annual Living Expenditure of Urban Households (2009－2014)
9－5　2009－2014年农村住户基本情况 ……………… (129)
Basic Conditions of Rural Households (2009－2014)
9－6　2009－2014年农村居民人均总支出情况 ……………… (130)
Per Capita Annual Expenditures of Rural Households (2009－2014)
9－7　2009－2014年农村居民人均可支配收入情况 ……………… (131)
Pre Capita Annual Gross of Rural Households (2009－2014)
9－8　2009－2014年农村居民人均现金支出情况 ……………… (132)
Per Capita Cash Expenditures of Rural Households (2009－2014)
9－9　2009－2014年农民家庭人均主要食品消费量情况 ……………… (133)
Per Capita Consumption of Main Food in Rural Households (2009－2014)
主要统计指标解释 ……………… (134)
Explanatory Notes on Main Statistical Indicators

十　城市公用事业

Urban Public Utilities

10－1　1978－2014年城市公用事业情况 ……………… (137)
Main Indicators of Urban Public Utilities (1978－2014)

10－2　2009－2014 年工业“三废”排放及利用情况 …… (139)
Discharge and Treatment of Waste Water, Waste Gas and Solid Wastes by Industry Enterprises (2009－2014)
10－3　2009－2014 年城市供水、排水、天然气、液化石油气、集中供热情况 …… (140)
Basic Statistics on Water Supply, Water Drained, Supply of Gas, Liquefied Petroleum and Heated in Cities (2009－2014)
10－4　2009－2014 年城市道路、环境卫生及园林绿化情况 …… (141)
Basic Statistics on Urban Roads, Sanitation and Parks, Gardens and Green Areas in Cities (2009－2014)
10－5　2009－2014 年城市公共交通情况 …… (142)
Basic Statistics on Urban Public Traffic in Cities(2009－2014)
10－6　2009－2014 年城市住宅、环境质量、交通及消防设施情况 …… (143)
Basic Statistics on Living, Environment, Traffic and Fire－fighting Facilities in Cities (2009－2014)
主要统计指标解释 …… (144)
Explanatory Notes on Main Statistical Indicators

十一　农业

Agriculture

11－1　2010－2014 年农村经济发展情况 …… (147)
Basic Statistics on Rural Economy (2010－2014)
11－2　乡村户数和劳动力情况(2014 年) …… (148)
Number of Rural Households and Labor Force (2014)
11－3　耕地面积情况(2014 年) …… (149)
Cultivated Area (2014)
11－4　1978－2014 年农林牧渔业总产值情况 …… (150)
Gross Output Value of Farming, Forestry, Animal Husbandry and Fishery Composition(1978－2014)
11－5　1978－2014 年农林牧渔业总产值构成情况(总产值＝100) …… (151)
The composition of Gross Output Value of Agriculture, Forest, Animal Husbandry and Fishery(1978－2014)
11－6　1978－2014 年农林牧渔业总产值指数情况(上年＝100) …… (152)
Indices of Gross Output Value of Farming, Forestry, Animal Husbandry and Fishery (1978－2014)
11－7　主要农业机械拥有量情况 …… (153)
Number of Agricultural Machinery
11－8　农业生产条件情况 …… (154)
Conditions of Agricultural Production

11－9　全市农作物播种面积 …… (155)
The Sown Area of Farm Production

11－10　农业主要产品产量情况(2014 年) …… (156)
Conditions of Major Farm Produces of Urban District(2014)

11－11　畜牧业生产情况 …… (157)
Livestock Production

11－12　林业、果类及渔业生产情况 …… (159)
Forestry, Fruit and Fishery Production

11－13　乡镇企业情况(2014 年) …… (160)
Basic Statistics on Enterprises in Towns and Villages (2014)

主要统计指标解释 …… (161)
Explanatory Notes on Main Statistical Indicators

十二　工业

Industry

12－1　2009－2014 年全市工业总产值情况 …… (165)
Gross Output Value of Industry (2009－2014)

12－2　1978－2014 年全市工业总产值分类情况 …… (166)
Gross Output Value of Industry(1978－2014)

12－3　1978－2014 年全市工业总产值构成情况(总计＝100) …… (167)
The composition of Gross Output Value of Industry(1978－2014)

12－4　1978－2014 年全市工业总产值指数情况(上年＝100) …… (168)
Indices of Gross Output Value of Industry (1978－2014)(Preceding year＝100)

12－5　2009－2014 年规模以上工业企业单位数情况 …… (169)
Number of Industrial Enterprises Over Levels (2009－2014)

12－6　2009－2014 年规模以上工业总产值情况 …… (170)
Gross Output Value of Industry Over Levels (2009－2014)

12－7　2009－2014 年主要工业产品产量情况 …… (171)
Output of Major Industrial Products (2009－2014)

12－8　规模以上工业企业主要经济指标(2014 年) …… (174)
Major Indicators of Industrial Enterprises Over Levels (2014)

12－9　规模以上国有及国有控股工业企业主要经济指标(2014 年) …… (182)
Major Indicators of State－owned and State－holding Industrial Enterprises Over Levels (2014)

12－10　规模以上集体工业企业主要经济指标(2014 年)…………（186）
Major Indicators of Collective－owned Industrial Enterprises Over Levels (2014)

12－11　规模以上外商及港澳台工业企业主要经济指标(2014 年)…………（190）
Major Indicators of Registered Foreign－funded Industrial Enterprises and Hong Kong, Macao and Taiwan Funded Industrial Enterprises Over Levels (2014)

12－12　规模以上大中型工业企业主要经济指标(2014 年)…………（194）
Major Indicators of Large and Medium－sized Industrial Enterprises Over Levels (2014)

12－13　规模以上工业企业主要经济效益情况(2014 年)…………（202）
Major Indicators on Economic Benefit of Industrial Enterprises Over Levels (2014)

12－14　规模以上国有及国有控股工业企业主要经济效益情况(2014 年)…………（203）
Major Indicators on Economic Benefit of State－owned and State－holding Industrial Enterprises Over Levels (2014)

12－15　规模以上集体工业企业主要经济效益情况(2014 年)…………（204）
Major Indicators on Economic Benefit of Collective－Owned Industrial Enterprises Over Levels (2014)

12－16　规模以上外商及港澳台工业企业主要经济效益情况(2014 年)…………（204）
Major Indicators on Economic Benefit of Registered Foreign－funded Industrial Enterprises and Hong Kong, Macao and Taiwan Funded Industrial Enterprises Over Levels (2014)

12－17　规模以上大中型工业企业主要经济效益情况(2014 年)…………（205）
Major Indicators on Economic Benefit of Large and Medium－sized Industrial Enterprises Over Levels (2014)

12－18　规模以上工业主要产品生产能力情况…………（206）
Throughput of Major Products of Industry Over Levels

12－19　工业四大主导产业主要经济指标(2014 年)…………（207）
Major Indicators of Four Dominant Industries (2014)

12－20　全市实现主营业务收入亿元以上工业企业排序(前 100 名)(2014 年)…………（208）
Total Sales Order of Industrial Enterprises More Than 100 Million Yuan (Top 100)(2014)

12－21　全市实现利税总额 1000 万元工业企业排序(前 100 名)(2014 年)…………（209）
Total Profits and Taxes Order of Industrial Enterprises More Than 10 Million Yuan (Top 100)(2014)

12－22　全市实现利润总额 1000 万元工业企业排序(前 100 名)(2014 年)…………（210）
Total After－tax Profits Order of Industrial Enterprises More Than 10 Million Yuan (Top 100)(2014)

主要统计指标解释…………（211）
Explanatory Notes on Main Statistical Indicators

十三　建筑业

Construction

13－1　1978－2014年建筑业总产值及指数情况 …… (215)

Total Output Value of Construction Enterprises and Related Indices (1978－2014)

13－2　1978－2014年建筑业全员劳动生产率及指数情况 …… (216)

Overall Labor Productivity of Construction Enterprises and Related Indices (1978－2014)

13－3　2009－2014年建筑企业主要经济指标情况 …… (217)

Major Economic Indicators of Construction Enterprises (2009－2014)

13－4　资质以上建筑业企业生产情况(2014年) …… (218)

Productive Conditions of Construction Enterprises Above Designated Qualification Grade (2014)

13－5　资质以上建筑业企业签订合同情况(2014年) …… (220)

Contracts Signed by Construction Enterprises Above Designated Qualification Grade (2014)

13－6　资质以上建筑业企业承包工程完成情况(2014年) …… (221)

Completion of Contracted Projects by Construction Enterprises Above Designated Qualification Grade (2014)

13－7　资质以上建筑业企业财务指标情况(2014年) …… (222)

Financial Indicators of Construction Enterprises Above Designated Qualification Grade (2014)

13－8　资质以上劳务分包建筑业企业生产情况(2014年) …… (224)

Productive Conditions of Construction Enterprises Labor Subcontracted and Above Designated Qualification Grade (2014)

主要统计指标解释 …… (225)

Explanatory Notes on Main Statistical Indicators

十四　交通运输和邮电业

Transportation, Postal and Telecommunication Services

14－1　1980－2014年货物运输量情况 …… (229)

Freight Traffic (1980－2014)

14－2　1980－2014年旅客运输量情况 …… (230)

Passenger Traffic (1980－2014)

14－3　2010－2014年铁路各站货运量情况 …… (231)

Railway Freight Traffic of Cargo (2010－2014)

14－4　铁路各站旅客发送量情况 …… (232)

Number of Passengers Dispatched from Railway Station

14－5　民用车辆、船舶拥有量情况 …… (233)
Number of Civil Motor Vehicles and Transport Vessels Owned
14－6　地方轮驳运输企业经济效益情况 …… (233)
Main Indicators on Economic Benefit of Transportation Enterprises
14－7　客货运输量情况(2014年) …… (234)
Passenger and Freight Traffic (2014)
14－8　2010－2014年邮政电信业务量情况 …… (234)
Postal and Telecommunication Services (2010－2014)
主要统计指标解释 …… (235)
Explanatory Notes on Main Statistical Indicators

十五　国内贸易

Domestic Trade

15－1　2010－2014年国内贸易情况 …… (239)
Conditions of Domestic Trade (2010－2014)
15－2　1978－2014年社会消费品零售总额情况 …… (240)
Total Retail Sales of Consumer Goods (1978－2014)
15－3　1978－2014年社会消费品零售总额构成情况 …… (241)
Retail Sales of Consumer Goods and Its Composition (1978－2014)
15－4　限额以上批发零售贸易业商品销售总额情况(2014年) …… (242)
Total Sales of Enterprises above Designated Size in Wholesale and Retail Trades (2014)
15－5　限额以上批发零售贸易业经济效益情况(2014年) …… (248)
Above quota wholesale retail trade industry economic efficiency target situation (2014)
15－6　限额以上住宿法人企业经营情况(2014年) …… (272)
Above Quota Accommodation of the Corporate Business(2014)
15－7　限额以上餐饮法人企业经营情况(2014年) …… (274)
Above Quota Operating Conditions Of Catering Corporate Enterprises(2014)
15－8　限额以上住宿法人企业经济效益情况(2014年) …… (276)
Above Quota Accommodation Corporate Enterprises Of economic conditions(2014)
15－9　限额以上批发零售贸易业主要商品批发零售数量情况 …… (283)
Above Quota the Number of Wholesale and Retail Trade Wholesale and Retail of Goods
15－10　限额以上餐饮法人企业经济效益情况(2014年) …… (284)
Above Quota Economic conditions of Catering Corporate Enterprises(2014)
主要统计指标解释 …… (291)
Explanatory Notes on Main Statistical Indicators

十六　对外经济贸易和旅游

Foreign Trade and Economic Cooperation and Tourism

16－1　1988－2014 年海关进出口总值及构成情况 …………………………………………（295）
Total Value of Imports and Exports and Its Composition（Customs Statistics）（1988－2014）

16－2　利用外资情况…………………………………………………………………（295）
Utilization of Foreign Capital

16－3　海关进出口总值情况（2014 年）……………………………………………（296）
Total Value of Imports and Exports（Customs Statistics）（2014）

16－4　海关分国家（地区）进出口总值情况（2014 年）……………………………（297）
Total Value of Imports and Exports by Countries or Regions（Customs Statistics）（2014）

16－5　海关主要商品出口数量和金额情况（2014 年）………………………………（301）
Main Exports Commodities in Volume and Value（Customs Statistics）（2014）

16－6　海关主要商品进口数量和金额情况（2014 年）………………………………（303）
Main Imports Commodities in Volume and Value（Customs Statistics）（2014）

16－7　“三资”企业情况（2014 年）……………………………………………………（304）
Main Economic Indicators of Foreign－Funded Enterprises（2014）

16－8　1991－2014 年利用外资、国际旅游及指数情况 ………………………………（306）
Amount of Utilization of Foreign Capital and International Tourism and Related Indices（1991－2014）

16－9　2009－2014 年旅游业情况 ……………………………………………………（307）
Basic Statistics on Tourism（2009－2014）

主要统计指标解释………………………………………………………………（308）
Explanatory Notes on Main Statistical Indicators

十七　服务业

Service

17－1　规模以上服务业企业经济效益情况（2014 年）………………………………（310）
Economic Benefit of Service over Levels（2014）

17－2　规模以上服务业十大行业门类经济效益情况（2014 年）……………………（318）
Ten Industries Economic Benefit of Services over Levels（2014）

17－3　规模以上服务业分行业大类经济效益情况（2014 年）………………………（322）
Main industry Economic Benefit of Services over Levels（2014）

17－4　规模以上服务业各区、县（市）经济效益情况（2014 年）……………………（326）
Economic Benefit of Services over Levels In District and County（2014）

主要统计指标解释………………………………………………………………（330）
Explanatory Notes on Main Statistical Indicators

十八　教育、科技和文化

Education, Science and Technology, Culture

18－1　1978－2014 年各类学校数量和在校学生数 …………（335）

Number of Schools and Students Enrollment by Level and Type of School（1978－2014）

18－2　1978－2014 年各类学校招生数和毕业生数 …………（336）

Number of New Students Enrollment and Graduates by Level and Type of School（1978－2014）

18－3　1978－2014 年各类学校教职工情况 …………（337）

Number of School Staff and Workers by Level and Type of School（1978－2014）

18－4　各类学校基本情况(2014 年) …………（338）

Basic Statistics on Schools by Level and Type of School（2014）

18－5　普通高等学校基本情况(2014 年) …………（339）

Basic Statistics on Institutions of Higher Education（2014）

18－6　成人教育分学校情况(2014 年) …………（340）

Basic Statistics of Institution on Adult Education（2014）

18－7　高等院校分科学生情况(2014 年) …………（341）

Conditions of Students in Institutions of Higher Education by Field of Study（2014）

18－8　中等专业学校分科学生情况(2014 年) …………（341）

Conditions of Students in Specialized Secondary Schools by Field of Study（2014）

18－9　技工学校基本情况(2014 年) …………（342）

Basic Statistics on Technical Schools（2014）

18－10　普通中学基本情况(2014 年) …………（343）

Basic Statistics on Regular Secondary Schools（2014）

18－11　职业中学基本情况(2014 年) …………（344）

Basic Statistics on Vocational Secondary Schools（2014）

18－12　小学基本情况(2014 年) …………（345）

Basic Statistics on Primary Schools（2014）

18－13　中、小学招生、毕业生人数及升学情况 …………（345）

Basic Statistics on Graduates of Junior Secondary Schools and Primary Schools Entering Higher Level Schools

18－14　中、小学基础设施情况(2014 年) …………（346）

Infrastructure of Secondary School and Primary Schools（2014）

18－15　幼儿园基本情况(2014 年) …………（346）

Basic Statistics on Kindergartens（2014）

18－16　高等学校科技情况 …………（347）

Statistics Science and Technology on Colleges

18 - 17　县以上部门所属独立科研机构情况 …………………………………………………………………… (348)

Statistics Independent Research Institutions Above The Country

18 - 18　规模以上工业企业科技活动基本情况(2014 年) ……………………………………………………… (349)

Statistics Science and Technology of Industrial Enterprises Over Levels (2014)

18 - 19　规模以上工业企业 R&D 人员情况(2014 年) ………………………………………………………… (351)

Statistics of Persons for R & D of Industrial Enterprises Over Levels (2014)

18 - 20　规模以上工业企业按用途分 R&D 经费内部支出情况(2014 年) …………………………………… (353)

Statistics Expenditures by Purpose for R & D of Industrial Enterprises Over Levels (2014)

18 - 21　规模以上工业企业按经费来源分 R&D 经费内部支出情况(2014 年) ……………………………… (355)

Statistics Expenditures by source for R & D of Industrial Enterprises Over Levels (2014)

18 - 22　规模以上工业企业 R&D 经费外部支出情况(2014 年) ………………………………………………… (357)

Statistics External funding for R & D expenditures of Industrial Enterprises Over Levels (2014)

18 - 23　规模以上工业企业 R&D 项目情况(2014 年) ………………………………………………………… (359)

Statistics Expenditure on R & D projects of Industrial Enterprises Over Levels (2014)

18 - 24　规模以上工业企业科技机构情况(2014 年) …………………………………………………………… (361)

Statistics Science and technology Institutions of Industrial Enterprises Over Levels (2014)

18 - 25　规模以上工业企业自主知识产权及相关情况(2014 年) ………………………………………………… (363)

Statistics Intellectual Properties of Industrial Enterprises Over Levels (2014)

18 - 26　规模以上工业企业新产品开发、生产及销售情况(2014 年) …………………………………………… (365)

Statistics New Product Development, Production and Sales of Industrial Enterprises Over Levels (2014)

18 - 27　规模以上工业企业政府相关政策落实情况(2014 年) …………………………………………………… (367)

Statistics Implement Government Policies of Industrial Enterprises Over Levels (2014)

18 - 28　规模以上工业企业技术改造、技术获取情况(2014 年) ………………………………………………… (368)

Statistics Technological Innovation and Access of Industrial Enterprises Over Levels (2014)

18 - 29　专利申请情况(2014 年) …………………………………………………………………………………… (369)

Basic Statistics of Apply Patents (2014)

18 - 30　专利授权情况(2014 年) …………………………………………………………………………………… (370)

Basic Statistics on Patents of Authority (2014)

18 - 31　2010 - 2014 年“科教兴市”战略实施情况 ……………………………………………………………… (371)

Statistics on Target of Science & Education Rejuvenating Harbin (2010 - 2014)

18 - 32　文化事业基本情况 ……………………………………………………………………………………… (372)

Basic Statistics on Culture

18 – 33　1998 – 2014 年艺术表演场所和专业剧团基本情况 …… (373)
Basic Statistics on Performance and Professional of Art Troupes (1998 – 2014)
18 – 34　公共图书馆情况(2014 年) …… (374)
Basic Statistics on Public Libraries (2014)
18 – 35　广播电视播放节目情况(2014 年) …… (375)
Basic Statistics on Radio Programs and Television Programs (2014)
主要统计指标解释 …… (376)
Explanatory Notes on Main Statistical Indicators

十九　卫生、体育和其他社会活动

Public Health, Sports and Others

19 – 1　1978 – 2014 年卫生医疗机构、床位和人员情况 …… (379)
Basic Statistics on Medical and Health Institutions, Beds and Employed Persons (1978 – 2014)
19 – 2　2009 – 2014 年体育事业基本情况 …… (380)
Basic Statistics on Sports (2009 – 2014)
19 – 3　2009 – 2014 年享受最低生活保障人员情况 …… (381)
Basic Statistics on Lowest Living Ensure Persons (2009 – 2014)
19 – 4　2009 – 2014 年交通事故、火灾及社会治安情况 …… (381)
Basic Statistics on Traffic Accidents, Fires Accidents and Public Security (2009 – 2014)
19 – 5　律师、公证及调解工作基本情况 …… (382)
Basic Statistics on Lawyers, Notarization and Mediation
19 – 6　劳动仲裁委员会受理及处理劳动争议案件情况(2014 年) …… (383)
Basic Statistics on Labor Disputes Accepted and Handled by Labor Dispute Arbitration Committees (2014)
主要统计指标解释 …… (384)
Explanatory Notes on Main Statistical Indicators

二十　县(市)主要经济指标

Main Economic Indicators of Counties

20 – 1　地区生产总值和劳动工资(2014 年) …… (387)
National Accounts and Wages (2014)
20 – 2　固定资产投资(2014 年) …… (388)
Total Investment in Fixed Assets (2014)

20－3　农村经济(2014 年) …………………………………………………………………………………………… (390)
Economy of Agriculture (2014)

20－4　工业和财政、金融(2014 年) ……………………………………………………………………………… (392)
Industry , Finance, Banking and Insurance (2014)

20－5　建筑业和邮电业(2014 年) ………………………………………………………………………………… (394)
Construction and Telecommunication Services (2014)

20－6　社会消费品零售总额和教育、卫生(2014 年) …………………………………………………………… (396)
Retail Sales of Consumer Goods and Education, Public Health (2014)

20－7　主要经济活动平均指标(2014 年) ………………………………………………………………………… (398)
Average Indicators of Main Economic Activities (2014)

二十一　国家、省及十五个副省级城市经济发展情况

National, Province and 15 Vice－Provincial Level Urban Economy State of Play

21－1　国民经济和社会发展主要指标占全国、全省比重情况(2014 年) …………………………………………… (401)
The Proportion of Main National Economic and Social Development (2014)

21－2　副省级城市主要经济指标(2014 年) ……………………………………………………………………… (402)
Main Economic Indicators of Vice Provinces (2014)

21－3　副省级城市主要经济指标增长速度(2014 年) …………………………………………………………… (404)
Main Economic Indicators on Growth Rates of Vice Provinces (2014)

一　综　合

General Survey

1－1　行 政 区 划

（2014 年）　　单位:个

地　区	街道办事处	社区居委会	镇 政 府	乡 政 府	村民委员会
全　市	**112**	**845**	**116**	**61**	**1887**
市　区	**112**	**695**	**31**	**4**	**486**
道里区	19	129	4		42
道外区	23	116	4		40
南岗区	18	157	1	1	23
香坊区	20	111	4		46
平房区	7	25	1		11
松北区	5	34	2		46
呼兰区	8	47	8	3	170
阿城区	12	76	7		108
市辖县(市)		**150**	**85**	**57**	**1401**
五常市		21	12	12	261
双城市		6	14	10	246
尚志市		21	10	7	163
巴彦县		35	10	8	116
宾　县		12	12	5	143
依兰县		15	6	3	132
延寿县		12	5	4	106
木兰县		7	6	2	86
通河县		6	6	2	81
方正县		15	4	4	67

1－2　市区所辖街道办事处、乡、镇情况

（2014 年）　　单位：个

市区名称	指　标	数　量	名　　称
道里区	街道办事处	19	兆麟、新阳、抚顺、共乐、新华、城乡、工农、尚志、斯大林、通江、经纬、工程、安静、安和、正阳河、建国、康安、爱建、群力
	镇	4	太平、新发、新农、榆树、
	乡		
道外区	街道办事处	23	靖宇、太古、东莱、滨江、新乐、仁里、崇俭、振江、东原、大兴、胜利、南马路、黎华、太平、大有坊、三棵树、新一、火车大街、南直路、化工路、水泥路、民强、南市
	镇	4	团结、永源、巨源、民主
	乡		
南岗区	街道办事处	18	花园、奋斗、革新、文化、大成、芦家、荣市、燎原、松花江、曲线、通达、七政、和兴、哈西、保健、先锋、新春、跃进
	镇	1	王岗
	乡	1	红旗
香坊区	街道办事处	20	香坊大街、安埠、通天、新香坊、铁东、新成、红旗大街、六顺、建筑、哈平路、安乐、保健路、大庆路、进乡、通乡、和平路、民生路、文政、王兆、黎明
	镇	4	朝阳、成高子、幸福、向阳
	乡		
平房区	街道办事处	7	兴建、保国、联盟、友协、新疆、新伟、平新
	镇	1	平房
松北区	街道办事处	5	三电、太阳岛、松浦、万宝、松北
	镇	2	乐业、对青山
呼兰区	街道办事处	8	呼兰、兰河、利民、腰堡、康金、双井、建设路、学院路
	镇	8	沈家、二八、长岭、石人、白奎、大用、方台、莲花
	乡	3	杨林、许堡、孟家
阿城区	街道办事处	12	玉泉、新利、通城、河东、阿什河、金城、金都、舍利、双丰、交界、亚沟、小岭
	镇	7	平山、松峰山、蜚克图、红星、大岭、杨树、料甸
	乡		

1-3　县(市)所辖乡、镇情况

(2014年)　　单位:个

县(市)名称	指　标	数　量	名　　称
五常市	镇	12	五常、山河、小山子、杜家、向阳、冲家、背荫河、安家、沙河子、牛家、拉林、龙凤山
	乡	12	兴盛、志广、民意、卫国、二河、常堡、八家子、兴隆、长山、民乐、营城子、红旗
双城市	镇	14	双城、兰棱、周家、五家、韩甸、单城、东官、杏山、农丰、新兴、公正、西营、联兴、永胜
	乡	10	朝阳、金城、临江、水泉、万隆、幸福、乐群、青岭、希勤、同心
尚志市	镇	10	尚志、亚布力、苇河、一面坡、帽儿山、亮河、石头河子、元宝、黑龙宫、庆阳
	乡	7	珍珠山、马延、老街基、长寿、乌吉密、河东、鱼池
巴彦县	镇	10	巴彦、兴隆、洼兴、西集、龙泉、巴彦港、黑山、万发、龙庙、天增
	乡	8	富江、松花江、华山、镇东、山后、红光、德祥、丰乐
宾　县	镇	12	宾州、新甸、宾安、宾西、胜利、宁远、糖坊、居仁、平坊、摆渡、满井、常安
	乡	5	三宝、经建、民和、鸟河、永和
依兰县	镇	6	依兰、达连河、江湾、三道岗、道台桥、宏克力
	乡	3	团山子、愚公、迎兰
延寿县	镇	5	延寿、加信、延河、中和、六团
	乡	4	玉河、寿山、安山、青川
木兰县	镇	6	木兰、东兴、大贵、柳河、利东、新民
	乡	2	建国、吉兴
通河县	镇	6	通河、乌鸦泡、清河、浓河、凤山、祥顺
	乡	2	三站、富林
方正县	镇	4	方正、会发、大罗密、得莫利
	乡	4	宝兴、德善、天门、松南

1－4 气 象 情 况

（2014年）

地 区	全 年 平均气温 （℃）	最高月 平均气温 （℃）	最低月 平均气温 （℃）	全 年 日照时数 （小时）	全 年 降水量 （毫米）	最 大 月降水量 （毫米）	无霜期 天 数 （天）	湿 度 （%）	风 速 （米/秒）
全 市	**4.1**	**22.5**	**－19.6**	**2314.8**	**519.0**	**147.0**	**155**	**70.1**	**2.3**
市 区	**5.1**	**23.1**	**－18.3**	**2054.9**	**415.8**	**115.5**	**192**	**63**	**2.5**
呼兰区	4.0	22.1	－20.0	2441.9	491.6	146.6	130	67	2.0
阿城区	4.3	22.2	－19.0	2560.2	493.3	117.4	138	71	2.1
五常市	4.9	22.5	－17.5	2148.8	562.1	141.7	160	67	2.3
双城市	4.7	22.6	－18.3	2444.4	501.7	146.0	138	65	3.4
尚志市	4.0	22.6	－19.6	2248.6	544.4	140.3	150	74	1.6
巴彦县	3.8	22.5	－20.9	2517.5	599.6	230.7	158	73	2.7
宾 县	4.3	22.3	－18.8	2504.4	533.6	142.0	149	68	2.4
依兰县	4.1	22.3	－18.6	1961.9	476.3	184.5	178	72	2.4
延寿县	3.3	22.3	－21.3	2241.7	457.3	115.1	151	75	2.0
木兰县	3.8	22.9	－21.4	2390.3	614.9	145.1	159	71	2.1
通河县	3.2	22.2	－21.7	2393.1	497.3	115.9	150	77	3.0
方正县	4.1	22.6	－19.6	2184.8	558.6	170.3	163	68	1.7

1－4 续表

月　份	平均气温（℃）	月平均最高气温（℃）	月平均最低气温（℃）	月平均降水量（毫米）	月平均日照时数（小时）
一月	－19.6	－12.7	－25.7	3.1	157.8
二月	－16.4	－8.1	－23.8	4.0	190.7
三月	－2.0	4.4	－8.1	5.8	248.5
四月	9.3	16.8	1.5	7.5	257.1
五月	13.6	18.9	8.9	121.4	148.7
六月	22.0	27.5	17.0	71.6	252.5
七月	22.4	27.4	18.2	116.8	182.2
八月	21.1	26.9	16.5	90.6	219.3
九月	14.3	21.5	8.5	53.4	213.1
十月	5.3	12.6	－1.0	22.3	169.5
十一月	－2.9	3.4	－8.0	6.9	167.5
十二月	－17.8	－13.0	－22.6	15.6	107.9

1－5 自然资源

指　　标	单　位	2014年	指　　标	单　位	2014年
土地总面积	**平方公里**	**53068**	**主要矿产资源基础储量**		
土地面积构成			煤	千吨	77836
山　地	%	34.0	铅金属量	吨	876
丘　陵	%	20.7	铜金属量	吨	1015
平　原	%	45.3	钼	吨	20240
土地资源			锌	吨	1198
耕地面积	万公顷	173.49	钨	吨	30087
草地面积	万公顷	24.60	陶粒页岩	万吨	585
林木资源			水泥用大理岩	万吨	5621
活立木总蓄积量	万立方米	8970	饰面用花岗岩资源量	万立方米	97
森林资源总量有林地面积	万公顷	91.3	饰面用大理岩资源量	万立方米	371
森林覆盖率	%	45.88	泥炭资源量	千吨	2756
水利资源			蛇 纹 岩	千吨	9887
地表水资源量	亿立方米	178.55			
地下水资源量	亿立方米	46.44			

注:水利资源为2013年数据。

1-6 2009-2014年国民经济和社会发展总量与速度情况

指标	2009年	2010年	2011年	2012年	2013年	2014年
人口和劳动力						
年末总人口(万人)	991.6	992.0	993.3	993.5	995.2	987.3
市区	474.7	471.8	471.5	471.4	473.6	473.8
就业人员数(万人)	483.8	490.7	522.6	559.5	560.2	530.7
城镇非私营单位在岗职工人数	138.0	128.3	124.7	127.4	128.5	127.6
城镇登记失业人员(万人)	7.6	8.5	8.0	9.6	9.5	8.8
国民经济核算						
地区生产总值(亿元)	3175.5	3664.9	4242.2	4550.2	5017.0	5340.1
第一产业	399.1	412.7	447.2	506.8	587.1	626.5
第二产业	1148.2	1384.6	1647.2	1638.9	1743.9	1784.0
工业	837.7	1021.6	1197.2	1128.0	1191.9	1239.4
第三产业	1628.3	1867.6	2147.8	2404.5	2686.0	2929.6
财政收支						
公共财政预算总收入(亿元)	338.4	410.4	502.1	581.4	632.4	650.7
地方公共财政预算收入(亿元)	193.4	238.1	300.3	354.7	402.3	423.5
地方公共财政预算支出(亿元)	348.4	453.0	557.1	643.6	709.8	740.1
农业						
农林牧渔业总产值(亿元)	724.1	785.0	880.9	991.2	1089.5	1171.5
农业	339.5	366.6	411.4	462.0	507.7	548.1
林业	21.9	23.0	25.6	28.1	30.5	32.7
牧业	333.8	364.2	409.0	461.4	506.6	540.2
渔业	14.7	15.7	16.9	18.8	20.0	21.3
农林牧渔服务业	14.2	15.5	18.1	20.9	24.7	29.3
主要农副产品产量(万吨)						
粮食	1131.3	1259.1	1423.2	1600.7	1394.9	1427.2
肉类	69.7	75.0	83.8	93.6	103.7	109.1
蔬菜	143.4	145.4	180.8	199.9	210.3	215.0
禽蛋	32.5	34.5	35.7	37.7	39.8	41.6
工业						
工业总产值(亿元)	2874.0	3389.7	3904.9	4291.4	4536.3	4712.5
主要工业产品产量						
发电设备(万千瓦)	2610.6	2155.7	2239.5	2317.3	1903.6	2017.0
发电量(亿千瓦小时)	129.9	157.8	158.8	160.7	152.5	169.3
原油加工量(万吨)	301.6	331.7	336.2	352.1	342.4	325.3
钢材(万吨)	77.5	93.8	93.7	78.0	62.3	26.0
水泥(万吨)	921.0	1032.4	1312.8	1008.5	1080.2	988.0
汽车(万辆)	28.4	28.2	18.2	9.8	12.1	7.9
啤酒(万千升)	97.8	106.8	117.3	116.9	115.8	107.0
乳制品(万吨)	62.9	57.5	53.9	35.6	40.8	23.6
化学药品原药(吨)	4892	5578	4842	3933	3804	1664

注:地区生产总值、各产业增加值、农林牧渔业和工业总产值按当年价格计算。公共财政预算总收入不含基金收入。2013年及以后年份粮食产量为国家统计局哈尔滨调查队抽样调查数据,与以前年度不可比。城乡居民收入按城乡一体化新口径统计。

1－6续表

指　　标	2009年	2010年	2011年	2012年	2013年	2014年
运输邮电						
货运总量(万吨)	9372	10129	11431	11764	12382	10169
铁　　路	1922	2033	1975	1824	1554	1105
公　　路	7085	7682	9034	9606	9007	8577
客运总量(万人)	12689	13088	14837	15618	13192	13989
铁　　路	3647	3859	3994	3946	4041	4141
公　　路	8712	8864	10433	11210	8633	9228
邮电业务总量(亿元)	221.2	279.1	102.6	110.3	113.9	140.7
邮政业务总量	9.0	7.8	7.2	7.3	7.7	9.2
电信业务总量	212.2	271.3	95.4	103.0	106.2	131.5
建 筑 业						
建筑业总产值(亿元)	813.4	1078.9	1219.7	1447.1	1555.3	1339.1
建筑工程产值	673.6	894.4	1083.7	1250.1	1297.5	1112.8
安装工程产值	106.3	143.3	104.2	152.5	224.1	190.1
其他产值	33.4	41.2	31.8	44.5	33.8	36.2
国内贸易						
社会消费品零售总额(亿元)	1507.9	1770.2	2070.4	2394.6	2728.3	3070.9
批发零售业	1319.3	1541.1	1800.1	2080.0	2374.2	2671.3
住宿餐饮业	180.6	229.0	270.3	314.6	354.1	399.6
其他行业	8.0					
对外经济和旅游						
海关进出口总值(万美元)	369268	437349	511758	533373	654323	680795
出口总值	147404	198709	226315	186009	289994	344360
进口总值	221864	238640	285443	347364	364329	336436
外商实际直接投资(万美元)	60492	70010	79404	190001	226242	272125
旅游外汇收入(万美元)	14540	14272	16918	11333	9821	10475
金　　融						
金融机构人民币存款余额(亿元)	5031.1	5956.4	6551.9	7360.3	8488.2	8884.0
个人储蓄存款余额	2249.5	2580.1	2896.6	3320.7	3593.6	3768.8
金融机构人民币贷款余额(亿元)	3433.3	4127.0	4873.3	5558.0	6275.9	7257.5
人民生活						
城镇非私营单位在岗职工年平均工资(元)	29261	32397	36465	41774	47209	51551
城镇居民人均可支配收入(元)	16017	17857	20531	23539	26363	28816
农村居民人均可支配收入(元)	6708	7546	8572	9939	10804	12125
教育、文化和卫生						
在校生数(万人)	150.2	149.9	150.8	150.3	142.4	137.8
高等学校	46.9	48.2	48.2	48.2	49.2	50.6
中等专业学校	5.1	4.9	4.3	4.4	4.6	4.5
技工学校	3.4	3.4	6.3	7.0	4.8	3.7
普通中学	44.8	44.1	43.0	42.4	39.3	36.5
职业中学	3.3	3.1	2.8	2.5	2.2	1.9
小　　学	46.4	46.1	45.9	45.6	42.2	40.4
图书馆总藏书量(万册)	672.8	706.2	800.0	828.1	770.4	781.2
卫生技术人员(万人)	5.0	5.7	5.8	5.8	6.1	6.3
医疗床位数(万张)	4.5	5.1	5.2	5.6	6.0	6.5

1－7　国民经济和社会发展速度情况

指　　标	2014年比以下各年增长(%)				
	2009年	2010年	2011年	2012年	2013年
人口和劳动力					
就业人员数	9.7	8.2	1.5	-5.1	-5.3
城镇非私营单位在岗职工人数	-7.5	-0.5	2.3	0.2	-0.7
城镇登记失业人员	15.8	3.5	10.0	-8.3	-7.4
国民经济核算					
地区生产总值	63.9	43.8	28.1	16.4	6.9
第一产业	45.4	35.5	26.7	16.0	6.8
第二产业	70.2	45.3	27.0	14.6	5.1
工　业	70.0	45.2	27.4	17.6	7.4
第三产业	64.2	44.6	29.1	18.0	8.3
农　业					
主要农副产品产量					
粮　食	26.2	13.4	0.3	-10.8	2.3
肉　类	56.5	45.5	30.2	16.6	5.2
蔬　菜	49.9	47.9	18.9	7.6	2.2
禽　蛋	28.0	20.6	16.5	10.3	4.5
工　业					
工业总产值	64.0	39.0	20.7	9.8	3.9
主要工业产品产量					
发电设备	-22.7	-6.4	-9.9	-13.0	6.0
发电量	30.3	7.3	6.6	5.4	11.0
原油加工量	7.9	-1.9	-3.2	-7.6	-5.0
钢　材	-66.5	-72.3	-72.3	-66.7	-58.3
水　泥	7.3	-4.3	-24.7	-2.0	-8.5
汽　车	-72.2	-72.0	-56.6	-19.4	-34.7
啤　酒	9.4	0.2	-8.8	-8.5	-7.6
乳制品	-62.5	-59.0	-56.2	-33.7	-42.2
化学药品原药	-66.0	-70.2	-65.6	-57.7	-56.3
运输邮电					
货运总量	8.5	0.4	-11.0	-13.6	-17.9
铁　路	-42.5	-45.6	-44.1	-39.4	-28.9
公　路	21.1	11.7	-5.1	-10.7	-4.8

1-7 续表

指　　标	2014年比以下各年增长(%)				
	2009年	2010年	2011年	2012年	2013年
客运总量	10.2	6.9	-5.7	-10.4	6.0
铁　路	13.5	7.3	3.7	4.9	2.5
公　路	5.9	4.1	-11.5	-17.7	6.9
邮电业务总量	-36.4	-49.6	37.1	27.6	23.5
建筑业					
建筑业总产值	64.6	24.1	9.8	-7.5	-13.9
建筑工程产值	65.2	24.4	2.7	-11.0	-14.2
安装工程产值	78.8	32.7	82.4	24.7	-15.2
其他产值	8.4	-12.1	13.8	-18.7	7.1
国内贸易					
社会消费品零售总额	103.7	73.5	48.3	28.2	12.6
批发零售业	102.5	73.3	48.4	28.4	12.5
住宿餐饮业	2112.5	1644.8	1378.2	1169.9	1028.4
对外经济和旅游					
海关进出口总值	84.4	55.7	33.0	27.6	4.0
出口总值	133.6	73.3	52.2	85.1	18.7
进口总值	51.6	41.0	17.9	-3.1	-7.7
外商实际直接投资	349.9	288.7	242.7	43.2	20.3
旅游外汇收入	-28.0	-26.6	-38.1	-7.6	6.7
金　融					
金融机构人民币存款余额	76.6	49.2	35.6	20.7	4.7
个人储蓄存款余额	67.5	46.1	30.1	13.5	4.9
金融机构人民币贷款余额	111.4	75.9	48.9	30.6	15.6
人民生活					
城镇非私营单位在岗职工年平均工资	76.2	59.1	41.4	23.4	9.2
城镇居民人均可支配收入	79.9	61.4	40.4	22.4	9.3
农村居民人均可支配收入	80.8	60.7	41.4	22.0	12.2
教育、文化和卫生					
在校生数	-8.3	-8.1	-8.6	-8.3	-3.2
高等学校	7.9	5.0	5.0	5.0	2.8
中等专业学校	-11.8	-8.2	4.7	2.3	-2.2
技工学校	8.8	8.8	-41.3	-47.1	-22.9
普通中学	-18.5	-17.2	-15.1	-13.9	-7.1
职业中学	-42.4	-38.7	-32.1	-24.0	-13.6
小　学	-12.9	-12.4	-12.0	-11.4	-4.3
图书馆总藏书量	16.1	10.6	-2.3	-5.7	1.4
卫生技术人员	26.0	10.5	8.6	8.6	3.3
医疗床位数	44.4	27.5	25.0	16.1	8.3

注:表中地区生产总值、各产业增加值按可比价格计算,工业总产值按现价计算。

1－8　2009－2014年国民经济和社会发展结构情况

单位：%

指　　　标	2009年	2010年	2011年	2012年	2013年	2014年
人口性别结构						
男	50.7	50.5	50.4	50.5	50.3	50.2
女	49.3	49.5	49.6	49.5	49.7	49.8
地区生产总值产业结构						
第一产业	12.6	11.3	10.5	11.1	11.7	11.7
第二产业	36.2	37.8	38.8	36.0	34.8	33.4
第三产业	51.2	50.9	50.7	52.9	53.5	54.9
固定资产投资管理渠道结构						
建设项目	85.2	86.4	81.3	80.5	82.8	83.9
房地产开发	14.8	13.6	18.7	19.5	17.2	16.1
固定资产投资经济类型结构						
国有经济	46.2	46.6	47.3	39.3	35.3	26.7
非国有经济	53.8	53.4	52.7	60.7	64.7	73.3
固定资产投资产业结构						
第一产业	3.3	4.1	2.8	3.8	3.7	4.1
第二产业	30.4	31.1	33.1	32.4	33.5	38.0
第三产业	66.3	64.8	64.1	63.8	62.8	57.9
农林牧渔业总产值结构						
农　　业	46.9	46.7	46.7	46.6	46.6	46.8
林　　业	3.0	2.9	2.9	2.8	2.8	2.8
牧　　业	46.1	46.4	46.4	46.5	46.5	46.1
渔　　业	2.0	2.0	1.9	1.9	1.8	1.8
农林牧渔服务业	2.0	2.0	2.1	2.1	2.3	2.5
工业总产值经济类型结构						
国有经济	11.8	12.3	13.0	11.1	4.5	8.0
集体经济	2.1	0.9	0.8	0.6	0.6	0.5
其他经济	86.0	86.9	86.3	88.3	94.9	91.4

1－8 续表

指　　标	2009 年	2010 年	2011 年	2012 年	2013 年	2014 年
建筑业总产值结构						
建筑工程产值	82.8	82.9	88.9	86.4	83.4	83.1
安装工程产值	13.1	13.3	8.5	10.5	14.0	14.2
其他产值	4.1	3.8	2.5	3.1	2.6	2.7
社会消费品零售总额行业结构						
批发零售业	87.5	87.1	86.9	86.9	87.0	87.0
住宿餐饮业	12.0	12.9	13.1	13.1	13.0	13.0
社会消费品零售总额经济类型结构						
国有经济	12.5	12.1	11.7	11.8	11.8	11.8
非国有经济	87.5	87.9	88.3	88.2	88.2	88.2
社会消费品零售总额商品类别结构						
食 品 类	39.3	39.2	38.6	38.4	38.3	38.1
衣 着 类	18.0	18.0	17.9	17.8	17.8	17.7
用 品 类	38.0	37.9	38.7	38.9	38.9	39.1
燃 料 类	4.7	4.9	4.8	4.9	5.0	5.1
进出口总值结构(海关)						
进口总值	60.1	54.6	55.8	65.1	55.7	49.4
出口总值	39.9	45.4	44.2	34.9	44.3	50.6
中小学在校学生结构						
中 学 生	49.2	48.9	48.4	48.2	48.2	47.4
小 学 生	50.8	51.1	51.6	51.8	51.8	52.6
城镇居民消费结构						
食品烟酒	34.5	34.6	35.3	34.7	33.7	32.8
衣 着 类	14.3	14.0	14.1	13.8	13.2	13.0
居 住 类	10.2	10.6	11.1	12.3	11.7	11.2
其　　他	41.0	40.8	39.5	39.2	41.3	43.0

1－9　2009－2014年社会经济活动平均情况

指　　标	单位	2009年	2010年	2011年	2012年	2013年	2014年
每天创造的价值							
地区生产总值	万元	86997	100408	116225	124663	137452	146304
第一产业	万元	10545	11307	12252	13885	16085	17164
第二产业	万元	31455	37934	45129	44901	47778	48877
第三产业	万元	44997	51167	58844	65878	73589	80261
工业总产值	万元	78740	92868	106984	117573	124282	129110
建筑业总产值	万元	22284	29559	33416	39647	42612	36688
农林牧渔业总产值	万元	19840	20523	24134	27157	29849	32095
地方公共财政预算收入	万元	5298	6523	8227	9718	11022	11603
每天主要工业产品生产量							
发电设备	千瓦	71524	59060	61356	63488	52153	55260
发电量	万千瓦小时	3559	4323	4351	4403	4178	4638
原油加工量	吨	8264	9088	9211	9647	9381	8912
钢　材	吨	2125	2570	2567	2137	1707	712
水　泥	吨	22504	28285	35967	27630	29595	27068
汽　车	辆	777	773	499	268	332	216
每天消费量							
社会消费品零售总额	万元	41311	48499	56723	65605	74748	84134
城乡居民生活用电	万千瓦小时	593	609	790	805	850	1037
城市供水量	万吨	107	103	111	106	98	103
居民生活用水	万吨	43	39	41	40	41	37
城市煤气销售量	万立方米	36	71	83	91	90	141
每天其他经济活动							
每天货物运输量	万吨	26	28	31	32	34	28
每天旅客发送量	万人	35	36	41	43	36	38
每天完成邮电业务总量	万元	6060	7647	2811	3021	3121	3855
每天完成固定资产投资	万元	51838	72655	82521	108218	135343	114411
每天竣工住宅面积	平方米	32964	36868	27030	31679	37321	17110
年人均主要经济指标							
年人均地区生产总值	元	32053	36952	42736	45810	50498	53872
年人均工业总产值	元	29009	34177	39339	43193	45620	47541
年人均农林牧渔业总产值	元	7309	7553	8874	9978	10957	11818
年人均建筑业总产值	元	8210	10878	12287	14568	15641	13509

续表 1－9

指　　标	单位	2009 年	2010 年	2011 年	2012 年	2013 年	2014 年
年人均固定资产投资	元	19098	26738	30343	39762	49680	42128
年人均地方财政收入	元	1952	2401	3025	3571	4046	4272
年人均地方财政支出	元	3517	7045	5612	6479	7138	7466
年人均社会消费品零售额	元	15220	17848	20858	24105	27438	30980
城镇居民年人均可支配收入	元	16017	17857	20531	23539	26363	28816
城镇居民年人均消费性支出	元	12578	14590	17033	18615	20332	21639
农村居民年人均可支配收入	元	6708	7546	8572	9940	10804	12125
农村居民年人均总支出	元	9020	9472	10426	12094	12957	14320
全市年人均储蓄存款余额	元	22706	22989	29181	33428	36140	38021
市区年人均生活用电量	千瓦小时	446	450	481	490	522	589
市区年人均生活用水量	吨	33	30	32	32	32	28
市区年人均居住面积	平方米	20.8	22.1	23.2	24.5	25.6	26.0
市区人均占有公共绿地面积	平方米	9.4	10.1	10.0	10.0	10.5	10.4
城镇非私营单位在岗职工年平均工资	元	29261	32397	36465	41774	47209	51551
每万人平均指标							
每万人拥有专任教师	人	113.2	113.0	112.0	111.3	109.7	106.5
每万人中拥有在校学生	人	1515.9	1511.0	1519.0	1512.9	1424.4	1390.6
每万人中拥有高等学校在校生	人	473.3	485.6	485.1	485.4	495.2	510.9
每万人中拥有中等专业学校在校生	人	51.6	49.0	43.7	44.0	45.7	44.9
每万人中拥有普通中学在校生	人	452.6	444.5	433.4	426.5	394.8	367.8
每万人中拥有小学在校生	人	468.1	464.5	462.7	459.2	424.8	407.9
每万人拥有医院数	个	0.3	0.3	0.2	0.3	0.3	0.3
每万人拥有医疗床位数	张	45.8	51.6	52.7	56.4	60.3	66.0
每万人拥有卫生技术人员	人	50.2	57.9	58.0	58.4	60.8	63.5
每万人拥有医生数	人	19.2	22.2	20.8	19.1	22.5	20.6
市区每万人拥有公交汽车	辆	10.5	10.9	11.4	11.5	12.7	13.2
市区每万人拥有出租汽车	辆	28.7	27.8	32.7	32.9	33.0	34.9
市区每万人拥有环卫车辆	辆	1.5	1.8	2.7	4.6	4.9	6.4
市区每万人拥有消防车辆	辆	0.6	0.6	0.6	0.7	0.7	0.7
市区每万人拥有铺装道路	万平方米	6.2	7.0	8.7	9.8	10.1	10.3

1－10　法人及产业活动单位数

（2014 年）

指　　标	法人单位数			产业活动单位数	
	合　计	单 产 业 法人单位	多 产 业 法人单位	合　计	多产业法人单位所属的产业活动单位
总　　计	**73195**	**70902**	**2293**	**90181**	**19279**
农林牧渔业	7688	7668	20	7844	176
采矿业	171	167	4	180	13
制造业	10147	10003	144	10447	444
电力、热力、燃气及水生产和供应业	314	291	23	721	430
建筑业	3207	3062	145	3718	656
批发和零售业	19615	19201	414	24293	5092
交通运输、仓储和邮政业	1798	1732	66	2598	866
住宿和餐饮业	988	937	51	1331	394
信息传输、软件和信息技术服务业	2318	2283	35	3157	874
金融业	751	667	84	2984	2317
房地产业	2630	2558	72	2850	292
租赁和商务服务业	5998	5911	87	6597	686
科学研究和技术服务业	3022	2974	48	3353	379
水利、环境和公共设施管理业	575	561	14	657	96
居民服务、修理和其他服务业	1222	1205	17	1354	149
教育	2503	2353	150	3379	1026
卫生和社会工作	1251	1135	116	2975	1840
文化、体育和娱乐业	1055	1039	16	1151	112
公共管理、社会保障和社会组织	7942	7155	787	10592	3437
国际组织					

注：本表按《国民经济行业分类》（2011）统计，此数据含铁路不含农垦。

1－10 续表　　　　单位:个

指　　标	按注册登记类型分的法人单位数				
	内资企业	国　有	集　体	港澳台商投资企业	外　　商投资企业
总　　计	**72703**	**7390**	**1135**	**181**	**311**
农林牧渔业	7682	135	15		6
采矿业	168	6	4		3
制造业	9968	181	390	52	127
电力、热力、燃气及水生产和供应业	304	71	10	5	5
建筑业	3199	99	81	4	4
批发和零售业	19531	373	271	32	52
交通运输、仓储和邮政业	1792	185	36	3	3
住宿和餐饮业	928	80	36	22	38
信息传输、软件和信息技术服务业	2297	55	7	8	13
金融业	740	48	10	2	9
房地产业	2588	112	19	27	15
租赁和商务服务业	5968	202	41	17	13
科学研究和技术服务业	3004	382	19	4	14
水利、环境和公共设施管理业	574	235	13	1	
居民服务、修理和其他服务业	1218	74	34	2	2
教育	2501	1012	29	1	1
卫生和社会工作	1249	558	65		2
文化、体育和娱乐业	1050	209	13	1	4
公共管理、社会保障和社会组织	7942	3373	42		
国际组织					

主要统计指标解释

行政区划 指国家对行政区域的划分。根据宪法规定，我国的行政区域划分如下：⑴全国分为省、自治区、直辖市；⑵省、自治区分为自治州、县、自治县、市；⑶自治州分为县、自治县、市；⑷县、自治县分为乡、民族乡、镇；⑸直辖市和较大的市分为区、县；⑹国家在必要时设立的特别行政区。

气候 指地球与大气之间长期能量交换与质量交换所形成的一种自然环境状态，它是多种因素综合作用的结果。气候既是人类生活和生产的环境要素之一，又是供给人类生活和生产的重要资源。气温、降水、湿度等气象要素的多年平均值是用来描述一个地区气候状况的主要参数，而各种气象要素某年、某月的平均值（或总量）则可以反映出该时期天气气候状况的重要特征。

自然资源 指人类可以直接从自然界获得，并用于生产和生活的物质资源。自然资源一般可以分成可再生资源和非再生资源两大类。可再生资源指在较短时间内可以再生、可以循环利用的资源，包括土地资源、水资源、气候资源、生物资源和海洋资源等。非再生资源指在使用后不能再生的资源，包括矿产资源和地热能源。

土地资源 土地指陆地的表层部分，它主要由岩石、岩石的风化物和土壤构成。土地资源按利用类型可以分为农用地、建筑用地和未利用地。农用地包括耕地、园地、林地、牧草地和水面。建筑用地包括居民点及工矿用地、交通用地和水利设施用地。未利用地指农用地和建筑用地以外的土地，包括滩涂、荒漠、戈壁、冰川和石山等。

耕地面积 指种植各种农作物的土地面积，包括灌溉水田、望天田、水浇地、旱地、菜地等。

林业用地面积 指生长乔木、竹类、灌木、沿海红树林等林木的土地面积，包括有林地、灌木林、疏林地、未成林造林地、迹地、苗圃等。

草地面积 指牧区和农区用于放牧牲畜或割草，植被盖度在5%以上的草原、草坡、草山等面积。包括天然的和人工种植或改良的草地面积。

森林资源 指森林、林木、林地以及依托森林、林木、林地生存的野生动物、植物和微生物。林木指树木和竹子。森林指以乔木为主体的植物群落，是集生的乔木及与共同作用的植物、动物、微生物和土壤、气候等的总体。

活立木总蓄积量 指一定范围内土地上全部树木蓄积的总量，包括森林蓄积、疏林蓄积、散生木蓄积和四旁树蓄积。

森林面积 指由乔木树种构成，郁闭度0.2以上（含0.2）的林地或冠幅宽度10米以上的林带的面积，即有林地面积。森林面积包括天然起源和人工起源的针叶林面积、阔叶林面积、针阔混交林面积和竹林面积，不包括灌木林地面积和疏林地面积。

森林蓄积量 指一定森林面积上存在着的林木树干部分的总材积。它是反映一个国家或地区森林资源总规模和水平的基本指标之一，也是反映森林资源的丰富程度、衡量森林生态环境优劣的重要依据。

森林覆盖率 指一个国家或地区森林面积占土地面积的百分比。在计算森林覆盖率时，森林面积包括郁闭度0.2以上的乔木林地面积和竹林地面积，国家特别规定的灌木林地面积、农田林网以及四旁（村旁、路旁、水旁、宅旁）林木的覆盖面积。森林覆盖率是反映森林资源的丰富程度和生态平衡状况的重要指标。计算公式为：

森林覆盖率（%）＝森林面积/土地总面积×100%

水资源 水在自然界中以固体、液体和气态三种聚集状态存在，分布于海洋、陆地（包括土壤）以及大气之中，通过水循环形成水资源。水资源包括经人类控制并直接可供灌溉、发电、给水、航运、养殖等用途的地表水和地下水，以及江河、湖泊、井、泉、潮汐、港湾和养殖水域等。水资源是发展国民经济不可缺少的重要自然资源。

地表水和地下水 陆地上的水因空间分布不同，可以分为地表水和地下水。地表水指分别存在于河流、湖泊、沼泽、冰川和冰盖等水体中水分的总称，又称陆地水。地下水指储存在地面以下饱和岩土孔隙、裂隙及溶洞中的水。

径流 指大气降水扣除损耗外，从地表和地下向流域出口断面汇集的水流。径流可分为地表径流、地下径流和壤中流。地表径流指沿地表向河流、湖泊、沼泽、海洋等汇集的水流；地下径流指沿潜水层或隔水层间的含水层，向河流、湖泊、沼泽、海洋等汇集的地下水水流。

径流量 指在一定时段内通过河流某一过水断面的水量，用以反映一个国家或地区水资源的丰歉程度。计算公式为：

径流量＝降水量－蒸发量

矿产资源 矿产指由地质作用形成，富集于地壳中或出露于地表达到工农业利用要求的有用矿物。矿产是一种重要的自然资源，是社会发展的重要物质基础。从某种意义上讲，一个国家对矿产资源开发利用的广度和深度，可以作为这个国家经济发展水平的标志。

矿产保有储量 指探明的矿产储量（包括工业储量和远景储量），扣除已开采部分和地下损失量后的年末实有储量，是反映国家矿产资源现状的重要指标。

气温 指空气的温度，我国一般以摄氏度（℃）为单位表示。气象观测的温度表是放在离地面约1.5米处通风良好的百叶箱里测量的，因此，通常说的气温指的是离地面1.5米处百叶箱中的温度。其统计计算方法为：月平均气温是将全月各日的平均气温相加，除以该月的天数而得。年平均气温是将12个月的月平均气温累加后除以12而得。

相对湿度 指空气中实际水气压与当时气温下的饱合水气压之比。其统计方法与气温相同。

降水量 指从天空降落到地面的液态或固态（经融化后）水，未经蒸发、渗透、流失而在地面上积聚的深度。其统计计算方法为：月降水量是将全月各日的降水量累加而得。年降水量是将12个月的月降水量累加而得。

日照时数 指太阳实际照射地面的时间。其统计方法与降水量相同。

法人单位是指具备以下条件的单位：

(1) 依法成立，有自己的名称、组织机构和场所，能够独立承担民事责任；

(2) 独立拥有和使用（或授权使用）资产，承担负债，有权与其他单位签定合同；

(3) 会计上独立核算，能够编制资产负债表。

法人单位包括具有法人资格的企业、事业单位、机关、社会团体和经法定程序批准设立的其他单位。

产业活动单位指具备以下条件的单位：

(1) 在一个场所从事一种或主要从事一种社会经济活动；

(2) 相对独立组织生产经营或业务活动；

(3) 能够掌握收入和支出等业务核算资料。

企业（单位）登记注册类型　是以在工商行政管理机关登记注册的各类企业为划分对象，以工商行政管理部门对企业登记注册的类型为依据，将企业登记注册类型分为内资企业、港澳台商投资企业和外商投资企业三大类。内资企业包括国有企业、集体企业、股份合作企业、联营企业、有限责任公司、股份有限公司、私营公司和其他企业；港澳台商投资企业和外商投资企业分别包括合资经营企业、合作经营企业、独资经营企业和股份有限公司。对不在工商行政管理部门进行登记注册的行政机关、事业单位和社会团体，主要按其经费来源和管理方式进行划分。

登记注册类型分为以下几种：

(1) 国有企业　指企业全部资产归国家所有，并按《中华人民共和国企业法人登记管理条例》规定注册的非公司制的经济组织。不包括有限责任公司中的国有独资公司。

(2) 集体企业　指企业资产归集体所有，并按《中华人民共和国企业法人登记管理条例》规定登记注册的经济组织。

(3) 股份合作企业　指以合作制为基础，由企业职工共同出资入股，吸收一定比例的社会资产投资组建，实行自主经营，自负盈亏，共同劳动，民主管理，按劳分配与按股分红相结合的一种集体经济组织。

(4) 联营企业　指两个及两个以上相同或不同所有制性质的企业法人或事业单位法人，按自愿、平等、互利的原则，共同投资组成的经济组织。联营企业包括国有联营企业、集体联营企业、国有与集体联营企业和其他联营企业。

(5) 有限责任公司　指根据《中华人民共和国登记管理条例》规定登记注册，由两个以上，五十个以下的股东共同出资，每个股东以其所认缴的出资额对公司承担有限责任，公司以其全部资产对其债务承担责任的经济组织。有限责任公司包括国有独资公司以及其他有限责任公司。

(6) 股份有限公司　指根据《中华人民共和国公司登记管理条例》规定登记注册，其全部注册资本由等额股份构成并通过发行股票筹集资本，股东以其认购的股份对公司承担有限责任，公司以其全部资产对其债务承担责任的经济组织。

(7) 私营企业　指由自然人投资设立或由自然人控股，以雇佣劳动为基础的营利性经济组织。包括按照《公司法》、《合伙企业法》、《私营企业暂行条例》规定登记注册的私营有限责任公司、私营股份有限公司、私营合伙企业和私营独资企业。

(8) 其他内资企业　指上述第（1）条至第（7）条之外的其他内资经济组织。

(9) 与港澳台商合资经营企业　指港澳台地区投资者与内地的企业依照《中华人民共和国中外合资经营企业法》及有关法律的规定，按合同规定的比例投资设立、分享利润和分担风险的企业。

(10) 与港澳台商合作经营企业　指港澳台地区投资者与内地企业依照《中华人民共和国中外合作经营企业法》及有关法律的规定，依照合作合同的约定进行投资或提供条件设立、分配利润和分担风险的企业。

(11) 港澳台商独资经营企业　指依照《中华人民共和国外资企业法》及有关法律的规定，在内地由港澳台地区投资者全额投资设立的企业。

(12) 港澳台商投资股份有限公司　指根据国家有关规定，经外经贸部依法批准设立，其中港、澳、台商的股本占公司注册资本的比例达25%以上的股份有限公司。凡其中港、澳、台商的股本占公司注册资本的比例小于25%的，属于内资企业中的股份有限公司。

(13) 中外合资经营企业　指外国企业或外国人与中国内地企业依照《中华人民共和国中外合资经营企业法》及有关法律的规定，按合同规定的比例投资设立、分享利润和分担风险的企业。

(14) 中外合作经营企业　指外国企业或外国人与中国内地企业依照《中华人民共和国中外合作经营企业法》及有关法律的规定，依照合作合同的约定进行投资或提供条件设立、分配利润和分担风险的企业。

(15) 外资企业　指依照《中华人民共和国外资企业法》及有关法律的规定，在中国内地由外国投资者全额投资设立的企业。

(16) 外商投资股份有限公司　指根据国家有关规定，经外经贸部依法批准设立，其中外资的股本占公司注册资本的比例达25%以上的股份有限公司。凡其中外资股本占公司注册资本的比例小于25%的，属于内资企业中的股份有限公司。

国有经济控股　指在企业的全部资本中，国家资本（股本）占较高比例，并且由国家实际控制的企业。本项限法人企业中除集体企业、股份合作企业、港澳台商独资经营企业、外资企业、私营企业以外的各类企业填报。

国有经济控股情况分为以下三种：

(1) 国有绝对控股　指在企业的全部资本中，国家资本（股本）所占的比例大于50%的企业（含50%的企业），国有绝对控股企业包括纯国有企业。

(2) 国有相对控股（含协议控制）　指在企业的全部资本中，国家资本（股本）所占的比例虽未大于50%，但相对大于企业中的其他经济成分所占比例的企业（相对控股）；或者虽不大于其他经济成分，但根据协议规定，由国家拥有实际控制权的企业（协议控制）。

(3) 其他　指除以上两种情况以外的企业。

行政机关、事业单位和社会团体　参照企业登记注册类型，主要按其经费来源和管理方式划分。具体规定如下：⑴行政机关：包括国家机关和政党机关，原则上均列为“国有”。但有特殊规定的，如供销社等，则列为“集体”。⑵事业单位：包括经国家机构编制部门和有关业务主管部门批准成立的各类事业单位，不包括实行企业化管理的事业单位。事业单位的划分办法如下：①由国家财政预算拨款或列入财政预算外资金管理以及经费主要来源于国有主管部门或国有上级单位的事业单位，列为“国有”。②经费主要来源于集体单位的事业单位，列为“集体”。③公民个人（或个人合伙）开办的事业单位，列为“私营”。④上述以外的其他事业单位，如果其经费来源不明确，按管理方式进行归类。⑶社会团体：包括经民政部门批准成立以及未纳入社会团体管理条例范围的工会、妇联等各类社会团体。社会团体的划分办法如下：①未纳入民政部社会团体管理条例范围的工会、妇联、共青团、青联、工商联、科协、侨联等社会团体，国家拨款设立的基金会或基金管理组织以及经费主要来源于国有业务主管部门或国有上级单位的社会团体，列为“国有”。②经费主要来源于集体单位的社会团体，列为“集体”。③公民个人（或个人合伙）开办的社会团体，划为“私营”。④上述以外的其他社会团体，如果其经费来源不明确，改按管理方式进行归类。

二　国民经济核算

Nationnal Accounts

2－1　1978－2014年地区生产总值情况

单位:亿元

年　份	地区生产总　值	第一产业	第二产业	工　业	建筑业	第三产业	人均地区生产总值（元）
1978	39.3	9.8	20.1	18.8	1.4	9.4	505
1979	42.1	9.4	22.0	20.5	1.5	10.8	530
1980	45.7	10.0	24.6	22.8	1.8	11.1	576
1981	48.3	9.5	25.0	22.7	2.4	13.7	595
1982	51.9	9.3	27.2	24.5	2.7	15.4	633
1983	59.0	12.9	28.9	25.8	3.1	17.2	711
1984	68.8	16.2	32.1	29.1	3.0	20.5	824
1985	80.0	15.9	39.4	35.5	3.9	24.6	956
1986	96.8	22.2	43.6	38.0	5.6	31.0	1153
1987	112.0	23.1	50.0	44.5	5.5	38.9	1326
1988	144.7	29.3	64.6	57.1	7.5	50.8	1701
1989	159.8	26.2	69.3	63.0	6.3	64.2	1861
1990	180.8	39.7	67.0	60.8	6.2	74.1	2155
1991	211.8	40.8	75.6	65.7	9.9	95.5	2494
1992	247.3	45.1	87.2	73.5	13.7	115.0	2792
1993	314.6	56.7	112.3	90.6	21.6	145.7	3496
1994	417.3	87.1	134.5	108.8	25.7	196.2	4556
1995	535.0	113.7	181.2	148.4	32.8	240.2	5798
1996	633.1	144.7	206.1	169.8	36.3	282.3	6796
1997	735.8	164.1	231.5	191.7	39.8	340.2	7814
1998	800.9	176.9	243.2	199.3	44.0	380.9	8346
1999	863.5	180.8	264.4	213.7	50.8	418.3	8938
2000	979.9	182.5	321.1	257.4	63.7	476.4	10322
2001	1092.2	192.6	354.4	278.2	76.2	545.3	11547
2002	1198.8	206.9	382.5	294.2	88.3	609.3	12642
2003	1355.9	222.0	457.9	351.9	106.0	676.0	14254
2004	1604.5	275.6	552.2	421.9	130.2	776.7	16674
2005	1796.4	279.0	616.5	448.8	167.7	900.8	18471
2006	2055.1	290.0	735.7	539.0	196.7	1029.4	21022
2007	2391.4	321.7	859.5	628.9	230.5	1210.3	24306
2008	2814.8	360.2	1028.4	740.3	288.0	1426.1	28472
2009	3175.5	399.1	1148.2	837.7	310.4	1628.3	32053
2010	3664.9	412.7	1384.6	1021.6	363.0	1867.6	36951
2011	4242.2	447.2	1647.2	1197.2	450.0	2147.8	42736
2012	4550.2	506.8	1638.9	1128.0	510.9	2404.5	45810
2013	5017.0	587.1	1743.9	1191.9	552.0	2686.0	50498
2014	5340.1	626.5	1784.0	1239.4	545.9	2929.6	53872

注:为与第二次经济普查衔接后数据。

2－2　1978－2014年地区生产总值构成情况

单位：%

年份	地区生产总值	第一产业	第二产业			第三产业
				工业	建筑业	
1978	100	24.9	51.3	47.8	3.5	23.8
1979	100	22.2	52.2	48.7	3.5	25.6
1980	100	21.9	53.8	49.8	4.0	24.3
1981	100	19.7	51.9	46.9	4.9	28.4
1982	100	18.0	52.4	47.2	5.2	29.6
1983	100	21.9	48.9	43.7	5.2	29.2
1984	100	23.6	46.7	42.3	4.3	29.8
1985	100	19.9	49.3	44.4	4.9	30.8
1986	100	23.0	45.0	39.3	5.7	32.0
1987	100	20.6	44.6	39.8	4.9	34.7
1988	100	20.2	44.7	39.5	5.2	35.1
1989	100	16.4	43.4	39.5	3.9	40.2
1990	100	22.0	37.0	33.6	3.4	41.0
1991	100	19.2	35.7	31.0	4.7	45.1
1992	100	18.2	35.3	29.7	5.6	46.5
1993	100	18.0	35.7	28.8	6.9	46.3
1994	100	20.9	32.1	26.0	6.1	47.0
1995	100	21.2	33.9	27.7	6.1	44.9
1996	100	22.8	32.6	26.8	5.7	44.6
1997	100	22.3	31.5	26.1	5.4	46.2
1998	100	22.1	30.4	24.9	5.5	47.6
1999	100	20.9	30.6	24.7	5.9	48.4
2000	100	18.6	32.8	26.3	6.5	48.6
2001	100	17.6	32.4	25.5	7.0	49.9
2002	100	17.3	31.9	24.5	7.4	50.8
2003	100	16.4	33.8	26.0	7.8	49.9
2004	100	17.2	34.4	26.3	8.1	48.4
2005	100	15.5	34.3	25.0	9.3	50.1
2006	100	14.1	35.8	26.2	9.6	50.1
2007	100	13.5	35.9	26.3	9.6	50.6
2008	100	12.8	36.5	26.3	10.2	50.7
2009	100	12.6	36.2	26.4	9.8	51.2
2010	100	11.3	37.8	27.9	9.9	50.9
2011	100	10.5	38.8	28.2	10.6	50.7
2012	100	11.1	36.0	24.8	11.2	52.9
2013	100	11.7	34.8	23.8	11.0	53.5
2014	100	11.7	33.4	23.2	10.2	54.9

2－3　1979－2014年地区生产总值指数情况

（上年＝100）

年　份	地区生产总　值	第一产业	第二产业			第三产业	人均地区生产总值
				工　业	建筑业		
1979	106.7	94.2	110.5	114.9	72.9	113.2	104.3
1980	108.9	109.8	109.5	102.3	206.2	107.2	106.6
1981	106.4	93.8	104.7	101.6	125.7	121.5	105.2
1982	105.4	98.0	105.1	104.6	107.7	111.5	104.3
1983	112.9	131.1	106.9	105.9	112.3	110.8	112.1
1984	114.3	122.3	109.8	111.1	103.5	114.8	114.0
1985	109.4	88.1	118.9	119.9	113.4	112.8	109.0
1986	115.4	126.7	109.3	107.1	122.0	117.9	114.8
1987	109.6	102.5	108.7	113.0	87.6	115.7	108.7
1988	114.2	109.4	113.8	113.3	116.7	117.7	113.1
1989	99.4	83.4	98.0	102.0	73.3	110.5	98.4
1990	108.6	140.5	92.7	90.7	110.0	113.7	107.4
1991	107.4	102.1	101.6	100.9	106.7	115.8	106.5
1992	109.2	104.3	109.9	107.7	124.5	110.9	107.4
1993	111.7	114.9	113.2	113.7	110.6	114.4	109.8
1994	114.1	114.9	113.2	113.7	110.6	114.4	113.2
1995	115.3	114.1	119.3	120.4	113.9	112.4	114.2
1996	113.9	114.5	114.5	115.8	110.1	113.3	112.8
1997	111.6	110.1	111.6	112.4	108.7	112.3	110.4
1998	110.7	106.9	110.5	110.8	109.4	112.6	108.6
1999	110.2	106.0	110.8	110.0	113.8	111.7	109.5
2000	112.4	102.6	117.0	116.5	118.8	113.8	114.4
2001	111.2	104.6	113.4	112.1	118.0	112.4	111.6
2002	111.5	106.5	113.9	113.7	114.7	111.8	111.2
2003	113.5	106.5	116.8	116.5	117.7	113.8	113.1
2004	114.7	110.5	119.9	120.2	118.9	112.6	113.4
2005	114.1	108.6	116.9	116.2	119.3	113.9	112.7
2006	113.5	105.6	116.5	116.7	115.9	113.9	112.7
2007	113.9	106.0	115.5	116.9	111.8	114.9	113.1
2008	113.0	106.9	114.5	114.5	114.8	113.6	112.5
2009	113.0	106.8	113.3	113.2	113.7	114.3	112.7
2010	114.0	107.3	117.1	117.1	116.8	113.5	113.9
2011	112.3	107.0	114.4	114.0	115.6	112.0	112.2
2012	110.0	109.2	110.9	108.3	118.3	109.4	109.9
2013	108.9	108.6	109.0	109.5	107.7	109.0	109.2
2014	106.9	106.8	105.1	107.4	99.0	108.3	107.1

2－4　第三产业增加值、指数及构成情况

单位:亿元　%

指　标	增加值		指数(上年=100)		构成(合计=100)	
	2013年	2014年	2013年	2014年	2013年	2014年
第三产业增加值	2686.0	2929.6	109.0	108.3	100.0	100.0
交通运输、仓储和邮政业	273.3	275.0	103.4	99.5	10.2	9.4
批发和零售业	594.2	632.5	108.0	105.6	22.1	21.6
住宿和餐饮业	183.8	198.9	105.7	106.3	6.8	6.8
金 融 业	285.4	327.6	114.8	115.2	10.6	11.2
房地产业	178.0	174.4	113.2	98.6	6.6	6.0
其他营利性服务业	522.4	604.1	113.3	114.5	19.4	20.6
其他非营利性服务业	637.2	702.5	106.3	110.1	23.7	24.0

2－5　各时期地区生产总值指数情况

(上年=100)

时　期	地区生产总　值	第一产业	第二产业			第三产业	人均地区生产总值
				工　业	建 筑 业		
“六五”时期	109.6	105.4	109.0	108.4	112.3	114.2	108.9
“七五”时期	109.3	110.7	104.2	104.9	100.1	115.1	108.3
“八五”时期	111.5	109.9	111.3	111.1	113.1	113.6	110.2
“九五”时期	111.8	107.9	112.9	113.1	112.1	112.7	111.1
“十五”时期	113.0	107.3	116.2	115.7	117.7	112.9	112.4
“十一五”时期	113.5	106.5	115.4	115.7	114.6	114.0	113.0
“十二五”时期							
2011	112.3	107.0	114.4	114.0	115.6	112.0	112.2
2012	110.0	109.2	110.9	108.3	118.3	109.4	109.9
2013	108.9	108.6	109.0	109.5	107.7	109.0	109.2
2014	106.9	106.8	105.1	107.4	99.0	108.3	107.1

2－6　1978－2014年支出法地区生产总值情况

单位:亿元

年份	地区生产总值	最终消费	居民消费	农业	非农业	政府消费	资本形成总额	固定资本形成总额	存货增加
1978	39.2	27.2	20.3	6.1	14.2	6.9	12.9	6.3	6.7
1979	42.1	29.1	21.9	6.5	15.4	7.3	14.0	6.8	7.2
1980	45.6	33.3	25.8	7.1	18.7	7.5	16.3	8.3	8.0
1981	48.0	36.4	28.2	8.0	20.2	8.3	18.8	9.7	9.0
1982	52.5	41.0	32.0	9.6	22.4	9.0	21.4	11.2	10.3
1983	58.8	49.1	38.7	12.4	26.4	10.4	24.2	13.3	10.9
1984	68.4	56.5	44.3	15.4	29.0	12.2	27.7	16.1	11.7
1985	80.1	66.2	51.2	16.3	35.0	14.9	36.0	20.7	15.3
1986	97.4	80.0	61.0	18.6	42.4	19.0	48.3	28.7	19.6
1987	112.4	87.0	66.1	22.2	43.9	20.9	54.1	32.4	21.7
1988	145.1	106.5	81.2	25.3	55.9	25.3	66.0	41.3	24.8
1989	159.7	113.2	84.7	25.4	59.3	28.5	66.5	34.9	31.6
1990	181.0	119.5	89.3	28.1	61.2	30.2	72.1	36.3	35.8
1991	211.7	136.5	102.9	31.3	71.6	33.5	81.1	46.0	35.1
1992	249.7	156.9	118.7	35.4	83.3	38.2	101.9	61.2	40.7
1993	320.7	194.8	152.6	46.5	106.1	42.2	145.1	90.1	55.0
1994	424.3	267.4	208.7	66.5	142.2	58.7	179.2	109.5	69.7
1995	536.2	334.2	264.3	89.0	175.2	70.0	219.7	142.0	77.8
1996	626.0	392.2	308.4	101.2	207.1	83.8	252.1	161.1	91.1
1997	713.6	446.1	351.7	113.8	237.9	94.4	280.2	173.2	107.1
1998	764.7	475.5	372.9	121.6	251.3	102.6	308.4	191.0	117.4
1999	812.7	493.0	376.8	107.3	269.5	116.1	345.4	218.5	126.9
2000	904.8	528.0	396.3	105.1	291.2	131.7	405.0	267.3	137.6
2001	991.7	576.6	416.6	104.6	312.0	160.0	468.6	327.3	141.4
2002	1072.5	611.6	430.1	104.5	325.6	181.6	523.3	377.8	145.4
2003	1221.6	664.6	456.0	104.6	351.4	208.6	587.2	456.2	131.0
2004	1427.3	760.3	502.2	121.6	380.6	258.1	717.3	553.9	163.4
2005	1742.5	889.1	591.5	136.5	455.0	297.6	893.5	703.5	190.0
2006	1993.4	932.7	602.4	140.4	462.0	330.3	1035.2	836.2	199.0
2007	2335.2	1091.2	681.9	166.6	515.3	409.3	1231.0	1038.3	192.7
2008	2811.6	1311.0	799.0	199.9	599.2	512.0	1492.5	1311.3	181.2
2009	3175.2	1468.2	882.7	221.0	661.7	585.5	1701.0	1521.1	179.9
2010	3664.9	1599.8	997.2	247.9	749.3	602.6	2058.9	1872.8	186.1
2011	4242.2	1805.7	1175.8	291.0	884.9	629.8	2445.0	2216.0	229.0
2012	4550.2	1917.7	1269.0	310.4	958.6	648.7	2638.8	2408.6	230.1
2013	5021.0	2019.5	1338.0	331.2	1006.8	681.5	2994.8	2731.9	262.9
2014	5340.1	2128.6	1426.6	374.2	1052.4	702.0	3205.6	2909.6	296.0

注:本表按当年价格计算。由于统计误差,支出法计算的生产总值与生产法计算的生产总值不等。

2－7　1978－2014年支出法地区生产总值构成情况

单位:%

年份	地区生产总值	最终消费	居民消费			政府消费	资本形成总额	固定资本形成总额	存货增加
				农业	非农业				
1978	100	69.4	51.8	15.5	36.3	17.6	33.0	16.0	17.0
1979	100	69.3	52.0	15.5	36.5	17.3	33.2	16.2	17.0
1980	100	72.9	56.5	15.5	41.0	16.4	35.6	18.1	17.5
1981	100	75.9	58.6	16.5	42.0	17.3	39.1	20.2	18.8
1982	100	78.0	60.9	18.3	42.6	17.1	40.8	21.3	19.5
1983	100	83.5	65.8	21.0	44.8	17.7	41.1	22.7	18.5
1984	100	82.6	64.8	22.5	42.3	17.8	40.5	23.5	17.0
1985	100	82.6	64.0	20.3	43.7	18.6	45.0	25.8	19.1
1986	100	82.1	62.6	19.1	43.5	19.5	49.6	29.5	20.1
1987	100	77.4	58.8	19.7	39.1	18.6	48.1	28.8	19.3
1988	100	73.4	55.9	17.4	38.5	17.4	45.5	28.4	17.1
1989	100	70.9	53.1	15.9	37.2	17.8	41.6	21.8	19.8
1990	100	66.0	49.3	15.5	33.8	16.7	39.8	20.1	19.8
1991	100	64.5	48.6	14.8	33.8	15.8	38.3	21.7	16.6
1992	100	62.8	47.5	14.2	33.3	15.3	40.8	24.5	16.3
1993	100	60.7	47.6	14.5	33.1	13.1	45.3	28.1	17.1
1994	100	63.0	49.2	15.7	33.5	13.8	42.2	25.8	16.4
1995	100	62.3	49.3	16.6	32.7	13.0	41.0	26.5	14.5
1996	100	62.6	49.3	16.2	33.1	13.4	40.3	25.7	14.6
1997	100	62.5	49.3	16.0	33.3	13.2	39.3	24.3	15.0
1998	100	62.2	48.8	15.9	32.9	13.4	40.3	25.0	15.3
1999	100	60.7	46.4	13.2	33.2	14.3	42.5	26.9	15.6
2000	100	58.4	43.8	11.6	32.2	14.6	44.8	29.5	15.2
2001	100	58.1	42.0	10.5	31.5	16.1	47.3	33.0	14.3
2002	100	57.0	40.1	9.7	30.4	16.9	48.8	35.2	13.6
2003	100	54.4	37.3	8.6	28.8	17.1	48.1	37.3	10.7
2004	100	53.3	35.2	8.5	26.7	18.1	50.3	38.8	11.4
2005	100	51.0	33.9	7.8	26.1	17.1	51.3	40.4	10.9
2006	100	46.8	30.2	7.0	23.2	16.6	51.9	41.9	10.0
2007	100	46.7	29.2	7.1	22.1	17.5	52.7	44.5	8.3
2008	100	46.6	28.4	7.1	21.3	18.2	53.1	46.6	6.4
2009	100	46.2	27.8	7.0	20.8	18.4	53.6	47.9	5.7
2010	100	43.7	27.2	6.8	20.4	16.5	56.2	51.1	5.1
2011	100	42.6	27.7	6.9	20.9	14.8	57.6	52.2	5.4
2012	100	42.1	27.9	6.8	21.1	14.3	58.0	52.9	5.1
2013	100	40.2	26.6	6.6	20.1	13.6	59.6	54.4	5.2
2014	100	39.9	26.7	7.0	19.7	13.1	60.0	54.5	5.5

注:本表按当年价格计算。

2－8　1980－2014 年最终消费和资本形成总额指数情况

(上年＝100)

年　份	最终消费	居民消费	农　业	非农业	政府消费	资本形成总　额	固定资本形成总额	存货增加
1980	108.9	112.6	108.3	114.4	95.8	112.5	117.9	107.2
1985	107.0	106.4	99.3	109.7	109.6	117.7	115.9	120.2
1990	100.0	99.5	103.4	97.9	101.5	105.5	98.9	113.1
1991	106.3	107.4	104.1	109.0	103.3	105.2	120.0	90.4
1992	106.6	106.7	105.3	107.4	106.2	113.9	119.2	106.9
1993	109.3	113.5	119.0	111.1	96.4	119.4	120.9	117.2
1994	113.1	113.1	121.0	109.4	113.1	113.1	113.0	113.4
1995	112.7	114.5	120.1	111.6	106.2	114.4	121.3	103.9
1996	111.6	112.8	105.0	117.1	106.8	111.5	111.1	112.1
1997	111.8	112.9	109.0	114.8	107.1	107.6	105.3	111.7
1998	111.9	112.8	111.0	113.7	107.8	109.8	109.0	111.1
1999	103.4	100.5	110.1	96.1	116.4	112.9	115.1	109.4
2000	106.9	105.6	110.8	102.8	112.4	115.5	120.3	107.2
2001	112.4	109.2	104.7	110.8	120.3	116.0	122.9	102.7
2002	110.0	108.3	106.0	109.0	113.8	111.9	115.8	102.8
2003	110.7	108.8	105.8	109.7	114.8	110.2	118.6	88.1
2004	116.1	114.2	119.4	112.6	120.0	117.8	116.8	121.4
2005	103.9	104.9	101.8	105.8	102.1	107.9	109.7	102.0
2006	107.3	106.1	108.1	105.5	109.6	111.8	113.5	105.2
2007	111.7	108.1	113.3	106.5	118.7	114.5	119.6	93.8
2008	109.8	104.8	102.3	105.7	118.5	114.6	119.9	88.0
2009	113.1	110.7	110.8	110.7	116.7	115.2	117.5	99.3
2010	110.1	112.2	109.8	113.0	106.9	121.8	123.4	108.1
2011	110.6	115.8	114.9	116.1	102.2	114.3	114.4	112.5
2012	107.9	109.5	108.9	109.7	105.0	111.4	111.5	109.8
2013	104.3	104.5	105.3	104.2	104.1	112.2	112.3	111.0
2014	105.3	106.8	113.4	104.6	102.4	107.9	107.4	113.3

2－9　2002－2014年三次产业对地区生产总值增长贡献率情况

单位:%

年　份	地区生产总　值	第一产业	第二产业	工　业	建筑业	第三产业
2002	100.0	10.3	38.5	29.2	9.3	51.2
2003	100.0	8.3	40.4	30.6	9.8	51.3
2004	100.0	11.6	45.3	35.3	10.0	43.1
2005	100.0	9.6	41.9	30.9	11.0	48.5
2006	100.0	6.6	42.5	31.3	11.2	50.9
2007	100.0	6.3	39.5	31.4	8.1	54.2
2008	100.0	7.1	40.0	29.4	10.6	52.9
2009	100.0	6.7	37.2	27.1	10.1	56.1
2010	100.0	6.3	44.2	32.7	11.5	49.5
2011	100.0	6.4	44.2	31.6	12.6	49.4
2012	100.0	9.9	42.2	23.5	18.7	47.9
2013	100.0	10.0	38.9	29.5	9.4	51.1
2014	100.0	10.3	28.5	30.1	－1.6	61.2

注:1、本表按可比价格计算。
2、三次产业贡献率指各产业增加值增量与 GDP 增量之比。
3、根据经济普查结果对历史数据进行了修订。

2－10　2002－2014年三次产业对地区生产总值增长拉动情况

单位:百分点

年　份	地区生产总　值	第一产业	第二产业	工　业	建筑业	第三产业
2002	11.5	1.2	4.4	3.4	1.0	5.9
2003	13.5	1.1	5.5	4.1	1.4	6.9
2004	14.7	1.7	6.7	5.2	1.5	6.3
2005	14.1	1.4	5.9	4.4	1.5	6.8
2006	13.5	0.9	5.7	4.2	1.5	6.9
2007	13.9	0.9	5.5	4.4	1.1	7.5
2008	13.0	0.9	5.2	3.8	1.4	6.9
2009	13.0	0.9	4.8	3.5	1.3	7.3
2010	14.0	0.9	6.2	4.6	1.6	6.9
2011	12.3	0.8	5.4	3.9	1.5	6.1
2012	10.0	1.0	4.2	2.3	1.9	4.8
2013	8.9	0.8	3.5	2.7	0.8	4.6
2014	6.9	0.7	2.0	2.1	－0.1	4.2

注:1、本表按可比价格计算。
2、三次产业拉动指 GDP 增长速度与各产业贡献率之乘积。

主要统计指标解释

国民经济核算体系 是联合国向各国推荐的统计制度。它以国民经济作为一个整体，是用帐户形式，进行系统核算的体系，是宏观经济管理、计划、预测和决策的重要手段。

1947 年联合国发表关于《国民收入的测算及社会帐户的建立》的报告后，1953 年联合国制定了《国民经济核算帐户体系和辅助表》（简称旧 SNA），标志着规范化的国民经济核算体系的诞生。1968 年，联合国在完善国民收入和生产核算的同时，引进投入产出核算、资金流量核算、国际收支核算和资产负债核算，从而形成了比较完整的国民经济核算体系，即新 SNA。可以清晰地描述国民经济循环全过程。

1993 年联合国统计委员会通过了新修订的 SNA，我国目前正在实现向新国民经济核算体系的全面过渡。

三次产业 是根据社会生产活动历史发展的顺序对产业结构的划分，产品直接取自自然界的部门称为第一产业，对初级产品进行再加工的部分称为第二产业，为生产和消费提供各种服务的部门称为第三产业。它是世界上通用的产业结构分类，但各国的划分不尽一致。我国的三次产业划分是：

第一产业：农业（包括种植业、林业、牧业和渔业、农林牧渔服务业）。

第二产业：工业（包括采掘工业、制造业、自来水、电力、蒸气、热水、煤气）和建筑业。

第三产业：除第一、第二产业以外的其他各业。由于第三产业包括的行业多、范围广，根据我国的实际情况，第三产业可分为两大部门：一是流通部门，二是服务部门。具体又可分为四个层次：

第一层次：流通部门，包括交通运输业、邮电通讯业、批发、零售贸易业、饮食业、物资供销和仓储业。

第二层次：为生产和生活服务的部门，包括金融、保险业，地质勘查业，房地产、公用事业，居民服务业，咨询服务业和综合技术服务业，水利业，公路、内河（湖）航道养护业等。

第三层次：为提高科学文化水平和居民素质服务的部门，包括教育、文化、广播电视，科学研究、卫生、体育和社会福利事业等。

第四层次：为社会公共需要服务的部门，包括国家机关、政党机关、社会团体，以及军队和警察等。

当年价格 指报告期的实际价格，如工厂的出厂价格，农产品的收购价格，商业的零售价格等。按当年价格计算，是指一些以货币表现的实物量指标，如工农业总产值、国民生产总值等，按照当年的实际价格来计算总量。使用当年价格计算的数字，是为了使国民经济各项指标互相衔接，便于考察当年社会经济效益，便于对生产和流通、生产和分配、生产和消费进行经济核算和综合平衡。按当年价格计算的价值指标，在不同年份之间进行对比时，因为包含有各年间价格变动的因素，不能确切地反映实物量的增减变动，必须消除价格变动因素后，才能真实反映经济发展动态。因此，在计算增长速度时都使用可比价格计算的数字。

可比价格 指计算各种总量指标所采用的扣除了价格变动因素的价格，可进行不同时期总量指标的对比。按可比价格计算总量指标有两种方法：一种是直接用产品产量乘某一年的不变价格计算；另一种是用价格指数进行缩减。

不变价格 指以同类产品某年的平均价格作为固定价格，用于计算各年的产品价值。按不变价格计算的产品价值消除了价格变动因素，不同时期对比可以反映生产的发展速度。新中国成立后，随着工农业产品价格水平的变化，国家统计局先后五次制定了全国统一的工业产品不变价格和农业产品不变价格。从 1952 年到 1957 年使用 1952 年工（农）业产品不变价格，从 1957 年到 1970 年使用 1957 年不变价格，从 1971 年到 1980 年使用 1970 年不变价格，从 1981 年到 1990 年使用 1980 年不变价格，从 1991 年开始使用 1990 年不变价格。

平均增长速度 我国计算平均增长速度有两种方法：一种是习惯上经常使用的“水平法”，又称几何平均法，是以间隔期最后一年的水平同基期水平对比来计算平均每年增长（或下降）速度；另一种是“累计法”，又称代数平均法或方程法，是以间隔期内各年水平的总和同基期水平对比来计算平均每年增长（或下降）速度。在一般正常情况下，两种方法计算的平均每年增长速度比较接近；但在经济发展不平衡、出现大起大落时，两种方法计算的结果差别较大。本《年鉴》内所列的平均增长速度，除固定资产投资用“累计法”计算外，其余均用“水平法”计算。从某年到某年平均增长速度的年份，均不包括基期年在内。如建国四十三年的平均增长速度是以 1949 年为基期计算的，则写为 1950 - 1992 年平均增长速度，其余类推。

地区生产总值 是按市场价格计算的地区生产总值的简称。它是一个国家（地区）所有常住单位在一定时期内生产活动的最终成果。地区生产总值有三种表现形态，即价值形态、收入形态和产品形态。从价值形态看，它是所有常住单位在一定时期内所生产的全部货物和服务价值超过同期投入的全部非固定资产货物和服务价值的差额，即所有常住单位的增加值之和；从收入形态看，它是所有常住单位在一定时期内所创造并分配给常住单位和非常住单位的初次分配收入之和；从产品形态看，它是最终使用的货物和服务减去进口货物和服务。在实际核算中，地区生产总值的三种表现形态表现为三种计算方法，即生产法、收入法和支出法。三种方法分别从不同的方面反映地区生产总值及其构成。

支出法地区生产总值 指一个国家（或地区）所有常住单位在一定时期内用于最终消费、资本形成总额，以及货物和服务的净出口总额，它反映本期生产的地区生产总值的使用构成。

最终消费 指常住单位在一定时期内对于货物和服务的全部最终消费支出，也就是常住单位为满足物质、文化和精神生活的需要，从本国经济领土和国外购买的货物和服务的支出。它不包括非常住单位在本国经济领土内的消费支出。最终消费分为居民消费和政府消费。

居民消费 指常住住户在一定时期内对于货物和服务的全部最终消费支出。居民关于货物的最终消费支出在货物的所有权发生变化时记录，关于服务的最终消费支出在服务提供的时候记录。居民消费支出按市场价格计算，即按居民支付的购买者价格计算，货物的购买者价格是购买者取得交货所支付的价格，它包括购买者支付的运输和商业费用。居民消费支出除了直接以货币形式购买的货物和服务的消费支出外，还包括以其他方式获得的货物和服务的消费支出，即所谓的虚拟消费支出。居民虚拟消费支出包括如下几种类型：单位以实物报酬及实物转移的形式提供给劳动者的货物和服务；住户生产并由本住户消费了的货物和服务，其中的服务仅指住户的自有住房服务；金融机构提供的金融媒介服务；保险公司提供的保险服务。

政府消费 指政府部门为全社会提供的公共服务的消费支出和免费或以较低的价格向居民住户提供的货物和服务的净支出，前者等于政府服务的产出价值减去政府单位所获得的经营收入的价值，政府服务的产出价值等于它的经常性业务支出加上固定资产折旧；后者等于政府部门向居民住户提供的货物和服务的市场价值减去向居民住户收取的价值。

资本形成总额 指常住单位在一定时期内获得减去处置的固定资产和存货的净额，包括固定资产形成总额和存货增加两项。

固定资本形成总额 指常住单位在一定时期内购置、转入和自产自用的固定资产价值，扣除固定资产销售和转出后的价值。可分为有形固定资产形成总额和无形固定资产形成总额。有形固定资产形成总额包括一定时期内完成的建筑工程、安装工程和设备工器具购置（减处置）价值，以及土地改良、新增役、种、奶、毛、娱乐用牲畜和新增经济林木价值。无形固定资产形成总额包括矿藏的勘探、计算机软件、娱乐和文学艺术品原件等获得减处置。

存货增加 指常住单位在一定时期内存货实物量变动的市场价值即期末价值减期初价值的差额。存货增加可以是正值，也可以是负值，正值表示存货上升，负值表示存货下降。它包括生产单位购进的原材料、燃料和储备物资等存货，以及生产单位生产的产成品、在制品和半成品等存货。

货物和服务净出口 指货物和服务出口减货物和服务进口的差额。出口包括常住单位向非常住单位出售或无偿转让的各种货物和服务的价值；进口包括常住单位从非常住单位购买或无偿得到的各种货物和服务的价值。由于服务活动的提供与使用同时发生，因此服务的进出口业务并不发生出入境现象，一般把常住单位从国外得到的服务作为进口，非常住单位从本国得到的服务作为出口。货物的出口和进口都按离岸价格计算。

各个计划时期 表内所用各个“时期”代表的年份如下：恢复时期为1950年到1952年；第一个五年计划时期（简称“一五”时期）为1953年到1957年；第二个五年计划时期（简称“二五”时期）为1958年到1962年；第三个五年计划时期（简称“三五”时期）为1966年到1970年；第四个五年计划期（简称“四五”时期）为1971年到1975年；第五个五年计划时期（简称“五五”时期）为1976年到1980年；第六个五年计划时期（简称“六五”时期）为1981年到1985年；第七个五年计划时期（简称“七五”时期）为1986年到1990年；第八个五年计划时期（简称“八五”时期）为1991年到1995年；第九个五年计划时期（简称“九五”时期）为1996年到2000年；第十个五年计划时期（简称“十五”时期）为2001年到2005年；第十一个五年计划（简称“十一五”时期）为2006年到2010年。

三 人 口
Population

CACAO
GDYG
FURLA

3－1　人口主要指标情况

指　标	单　位	2013 年	2014 年	2014年比2013 年增长(%)
总户数	**户**	**3810790**	**3893041**	**2.2**
年末总人口	**人**	**9952122**	**9872856**	**－0.8**
按农业和非农业分				
非农业人口	人	4807990	4813044	0.1
农业人口	人	5144132	5059812	－1.6
按性别分				
男	人	5002755	4959695	－0.9
女	人	4949367	4913161	－0.7
性别比(女性＝100)		101.1	100.9	
市区人口	人	4736326	4737636	
辖县(市)人口	人	5215796	5135220	－1.5
迁人人口	人	92812	86774	－6.5
市　区	人	65655	63809	－2.8
县(市)	人	27157	22965	－15.4
迁出人口	人	104909	157536	50.2
市　区	人	58133	67477	16.1
县(市)	人	46776	90059	92.5
出生人口	人	82525	85358	3.4
人口出生率	‰	8.3	8.6	
死亡人口	人	54447	80513	47.9
人口死亡率	‰	5.5	8.2	
自然增长人口	人	28078	4845	－82.7
人口自然增长率	‰	2.8	0.4	

3－2　1978－2014年全市总人口基本情况

年　份	年末总户数（万户）	年末总人口（万人）	按农业、非农业分（万人）		市区人口（万人）
			农业	非农业	
1978	166.55	783.95	481.69	301.26	217.68
1979	172.24	804.32	480.09	324.23	235.78
1980	177.47	814.04	481.41	332.63	241.90
1981	183.79	822.58	481.07	341.51	245.99
1982	189.28	834.98	484.09	350.89	255.18
1983	191.64	833.83	481.12	352.71	255.90
1984	193.62	837.82	475.40	362.42	259.21
1985	197.27	841.71	474.06	367.65	262.55
1986	200.45	847.27	469.08	378.19	266.85
1987	206.52	854.25	471.75	382.50	270.73
1988	211.55	862.72	472.36	390.36	274.76
1989	217.07	872.63	471.55	401.08	279.82
1990	227.27	883.46	485.24	398.22	282.71
1991	231.38	888.06	489.05	399.01	284.37
1992		912.12	500.63	404.90	307.88
1993		919.82	501.99	411.18	312.12
1994		925.79	503.86	415.11	317.27
1995		937.27	507.14	421.73	323.53
1996		946.23	509.95	419.40	329.86
1997		955.79	514.14	425.23	334.72
1998		963.62	517.92	433.52	337.69
1999		968.61	521.91	436.87	338.20
2000	282.45	941.33	490.94	441.09	348.12
2001	278.93	941.10	500.21	440.89	307.39
2002	286.38	948.28	499.09	449.19	311.77
2003	292.02	954.31	499.79	454.52	315.19
2004	299.48	970.20	504.00	466.20	394.50
2005	305.94	974.84	505.35	469.49	398.96
2006	320.81	980.35	507.14	473.21	472.72
2007	320.74	987.37	510.45	476.92	475.48
2008	329.52	989.86	512.91	476.95	475.13
2009	339.70	991.59	514.58	477.01	474.68
2010	347.04	992.02	516.25	475.77	471.79
2011	366.65	993.27	516.82	476.45	471.52
2012	372.23	993.51	514.58	478.93	471.36
2013	381.08	995.21	514.41	480.80	473.63
2014	389.30	987.29	505.98	481.30	473.76

注：1992－1999年为1%人口抽样数据，2000年为人口普查数据，2001年以后为户籍人口数据。

按性别分(万人)		性别比(女=100)	年平均人口(万人)	人口自然增长率(‰)
男性	女性			
401.54	382.41	105.00		10.27
411.04	393.28	104.52	794.14	8.79
415.20	398.84	104.10	809.18	7.43
419.88	402.70	104.27	818.31	7.79
424.98	410.00	103.65	828.78	11.48
425.48	408.35	104.19	834.41	7.69
426.07	411.75	103.48	835.83	6.41
429.57	412.14	104.23	839.77	6.09
432.12	415.15	104.09	844.49	7.47
436.08	418.17	104.28	850.76	9.01
439.65	423.07	103.92	858.49	9.31
444.40	428.23	103.78	867.68	10.04
449.91	433.55	103.77	878.05	11.45
452.24	435.82	103.77	885.76	5.94
464.50	447.62	103.77	900.09	6.67
468.42	451.40	103.77	915.97	5.69
471.46	454.33	103.77	922.81	6.19
477.30	459.97	103.77	931.53	4.69
481.54	464.69	103.63	941.75	6.90
486.41	469.38	103.63	951.01	5.01
490.17	473.45	103.53	959.71	4.55
492.72	475.89	103.54	966.12	3.37
479.72	461.61	103.92	954.97	
477.54	463.56	103.02	941.22	4.04
480.79	467.48	102.85	944.69	4.20
483.74	470.57	102.80	951.30	3.38
492.70	477.50	103.18	962.26	11.86
494.67	480.17	103.02	972.52	4.39
496.42	483.93	102.58	977.60	2.80
499.30	488.07	102.30	983.86	5.19
500.25	489.61	102.17	988.62	5.10
502.62	488.97	102.79	990.73	4.10
500.95	491.07	102.01	991.81	3.20
500.62	492.65	101.62	992.64	2.70
501.52	491.99	101.94	992.77	-0.50
500.28	494.93	101.08	994.36	2.80
495.97	491.32	100.95	991.25	0.50

3－3　区、县(市)年末户数、人口情况

(2014年)

地　区	总户数(户)	总人口(人)	户均人口(人)	年平均人口(人)	人口密度(人/平方公里)
全　市	**3893041**	**9872856**	**2.5**	**9912489**	**186.0**
市　区	**1980461**	**4737636**	**2.4**	**4736981**	**669.6**
南岗区	401503	1009995	2.5	1006049	6126.2
道里区	334707	726164	2.2	727093	1515.2
道外区	312930	681906	2.2	685013	2748.1
松北区	79676	195820	2.5	198827	263.0
香坊区	309826	759912	2.5	754635	2205.7
平房区	71373	161575	2.3	161261	1719.4
呼兰区	239202	631553	2.6	630604	289.0
阿城区	231244	570711	2.5	573502	202.8
市辖县(市)	**1912580**	**5135220**	**2.7**	**5175508**	**111.7**
五常市	367478	994475	2.7	1002276	132.6
双城市	281403	808283	2.9	814384	259.7
尚志市	222300	609136	2.7	611114	69.1
巴彦县	244974	701542	2.9	704272	223.6
宾　县	227861	599209	2.6	613597	155.8
依兰县	154490	404185	2.6	405317	87.6
延寿县	105396	268309	2.5	268988	85.1
木兰县	104843	267158	2.5	270692	84.5
通河县	100872	251036	2.5	252750	44.3
方正县	102963	231887	2.3	232121	78.1

3－4　全市总人口情况

（2014 年）　　单位：人

地　区	按性别分		按农业、非农业分		按年龄分			
	男	女	农　业	非农业	18 岁以下	18－35 岁	36－60 岁	60 岁以上
全　市	**4959695**	**4913161**	**5059812**	**4813044**	**1402366**	**2484486**	**4257387**	**1728617**
市　区	**2345610**	**2392026**	**1295689**	**3441947**	**620453**	**1183526**	**2075927**	**857730**
南岗区	492714	517281	39480	970515	138456	253096	435889	182554
道里区	350943	375221	107775	618389	91143	168310	322792	143919
道外区	336088	345818	121039	560867	75414	179117	305220	122155
松北区	97518	98302	124543	71277	31058	51189	84971	28602
香坊区	375860	384052	86360	673552	89910	193939	331169	144894
平房区	80672	80903	24175	137400	17942	37530	72827	33276
呼兰区	324135	307418	453816	177737	98516	169499	263969	99569
阿城区	287680	283031	338501	232210	78014	130846	259090	102761
市辖县（市）	**2614085**	**2521135**	**3764123**	**1371097**	**781913**	**1300960**	**2181460**	**870887**
五常市	503967	490508	764812	229663	158551	257343	414166	164415
双城市	410613	397670	642270	166013	122403	204272	350696	130912
尚志市	310662	298474	363937	245199	88853	152788	242733	124762
巴彦县	358229	343313	581567	119975	101150	184576	300096	115720
宾　县	305396	293813	490601	108608	95642	145112	258037	100418
依兰县	206502	197683	277350	126835	63760	94341	177189	68895
延寿县	137514	130795	191932	76377	37830	68446	115648	46385
木兰县	136292	130866	202296	64862	42860	71280	115170	37848
通河县	127105	123931	127151	123885	34665	58393	116259	41719
方正县	117805	114082	122207	109680	36199	64409	91466	39813

3－5　各种分组人口构成情况

(2014年,总人口＝100)　　单位:%

地　区	按性别分		按农业、非农业分		按年龄分			
	男	女	农　业	非农业	18岁以下	18－35岁	36－60岁	60岁以上
全　市	**50.2**	**49.8**	**51.2**	**48.8**	**14.2**	**25.2**	**43.1**	**17.5**
市　区	**49.5**	**50.5**	**27.3**	**72.7**	**13.1**	**25.0**	**43.8**	**18.1**
南岗区	48.8	51.2	3.9	96.1	13.7	25.1	43.2	18.1
道里区	48.3	51.7	14.8	85.2	12.6	23.2	44.5	19.8
道外区	49.3	50.7	17.8	82.2	11.1	26.3	44.8	17.9
松北区	49.8	50.2	63.6	36.4	15.9	26.1	43.4	14.6
香坊区	49.5	50.5	11.4	88.6	11.8	25.5	43.6	19.1
平房区	49.9	20.1	15.0	85.0	11.1	23.2	45.1	20.6
呼兰区	51.3	48.7	71.9	25.1	15.6	26.8	41.8	15.8
阿城区	50.4	49.6	59.3	40.7	13.7	22.9	45.4	18.0
市辖县(市)	**50.9**	**49.1**	**73.3**	**26.7**	**15.2**	**25.3**	**42.5**	**17.0**
五常市	50.7	49.3	76.9	23.1	15.9	25.9	41.6	16.5
双城市	50.8	49.2	79.5	20.5	15.1	25.3	43.4	16.2
尚志市	51.0	49.0	59.7	40.3	14.6	25.1	39.8	20.5
巴彦县	51.1	48.9	82.9	17.1	14.4	26.3	42.8	16.5
宾　县	51.0	49.0	81.9	18.1	16.0	24.2	43.1	16.8
依兰县	51.1	48.9	68.6	31.4	15.8	23.3	43.8	17.0
延寿县	51.3	48.7	71.5	28.5	14.1	25.5	43.1	17.3
木兰县	51.0	49.0	75.7	24.3	16.0	26.7	43.1	14.2
通河县	50.6	49.4	50.7	49.3	13.8	23.3	46.3	16.6
方正县	50.8	49.2	52.7	47.3	15.6	27.8	39.4	17.2

3－6　人口自然增长情况

（2014年）

地　区	出　生		死　亡		自然增长	
	人数(人)	出生率(‰)	人数(人)	死亡率(‰)	人数(人)	增长率(‰)
全　市	**85358**	**8.6**	**80513**	**8.2**	**4845**	**0.4**
市　区	**46596**	**9.8**	**35823**	**7.6**	**10773**	**2.2**
南岗区	10469	10.4	6388	6.3	4081	4.1
道里区	8150	11.2	6441	8.9	1709	2.3
道外区	6698	9.8	6589	9.7	109	0.1
松北区	2205	11.3	1096	5.6	1109	5.7
香坊区	7884	10.4	6138	8.1	1746	2.3
平房区	1499	9.3	1461	9.0	38	0.3
呼兰区	5961	9.4	4223	6.7	1738	2.7
阿城区	3730	6.5	3487	6.6	－57	－0.1
市辖县(市)	**38762**	**7.5**	**44690**	**8.7**	**－5928**	**－1.2**
五常市	7722	7.8	10927	11.0	－3205	－3.2
双城市	6267	7.8	6146	7.6	121	0.2
尚志市	4972	8.2	3733	6.1	1239	2.1
巴彦县	4628	6.6	5442	7.8	－814	－1.2
宾　县	5057	8.4	8200	13.7	－3143	－5.3
依兰县	3028	7.5	2758	6.8	270	0.7
延寿县	1702	6.3	1733	6.5	－31	－0.2
木兰县	2220	8.3	2639	9.9	－419	－1.6
通河县	1293	5.2	1413	5.6	－120	－0.4
方正县	1873	8.1	1699	7.3	174	0.8

3－7　人口机械变动情况

（2014 年）　　单位:人

地　区	迁入人数	迁出人数	增(＋)、减(－)
全　市	**86774**	**157536**	**－70762**
市　区	**63809**	**67477**	**－3668**
南岗区	18158	18561	－403
道里区	7210	3604	3606
道外区	7000	6693	307
松北区	2225	2955	－730
香坊区	11333	12542	－1209
平房区	1405	713	692
呼兰区	15431	15528	－97
阿城区	1047	6881	－5834
市辖县(市)	**22965**	**90059**	**－67094**
五常市	2779	6223	－3444
双城市	3244	14391	－11147
尚志市	3691	11509	－7818
巴彦县	1008	5671	－4663
宾　县	3592	29325	－25733
依兰县	1662	4067	－2405
延寿县	670	1996	－1326
木兰县	1278	7927	－6649
通河县	781	4089	－3308
方正县	4260	4861	－601

3－8　婚姻登记情况

指　　标	单位	2013 年	2014 年	2014 年比 2013 年增长（%）
登记结婚件数	**对**	**119043**	**112900**	**-5.2**
登记结婚人数	**人**	**238086**	**225800**	**-5.2**
按居住地分				
内地结婚件数	对	117684	111781	-5.0
内地结婚人数	人	235368	223562	-5.0
涉外结婚件数	对	1359	1119	-17.7
涉外结婚人数	人	2718	2238	-17.7
按婚前状况分				
初婚人数	人	190090	203765	7.2
再婚人数	人	47996	22035	-54.1
恢复结婚件数	对	5498	9471	72.3
离婚登记				
内地	对	44233	45923	3.8
涉外	对	86	92	7.0

3－9　计划生育情况

（2014 年）

地　区	出生人口（人）	计划内	计划生育率（%）	一胎人数（人）	计划内	二胎人数（人）	计划内	多胎人数（人）	计划内
全　市	**55955**	**53117**	**94.9**	**48041**	**46371**	**7705**	**6684**	**209**	**62**
市　区	**32493**	**31952**	**98.3**	**29929**	**29679**	**2485**	**2252**	**79**	**21**
南岗区	7171	7147	99.7	6823	6822	343	321	5	4
道里区	5775	5770	99.9	5534	5532	239	236	2	2
道外区	3969	3960	99.8	3750	3747	214	210	5	3
松北区	1350	1331	98.6	1146	1138	202	192	2	1
香坊区	5969	5967	100.0	5670	5669	297	296	2	2
平房区	1064	1064	100.0	1017	1017	47	47	0	0
呼兰区	2964	2720	91.8	2501	2372	440	346	23	2
阿城区	4231	3993	94.4	3488	3382	703	604	40	7
市辖县(市)	**23462**	**21165**	**90.2**	**18112**	**16692**	**5220**	**4432**	**130**	**41**

主要统计指标解释

人口数　指一定时点、一定地区范围内的有生命的个人总和。年度统计的年末人口数是指每年12月31日24时的人口数。

市镇总人口和乡村总人口　其定义有两种口径：第一种口径（按行政建制）市人口：市管辖区域内的全部人口（含市辖镇，不含市辖区县）；镇人口：县辖镇的全部人口（不含市辖镇）；县人口：县辖乡人口。第二种口径（按常住人口划分）市人口：设区的市的区人口和不设区的市所辖的街道人口；镇人口：不设区的市所辖镇的居民委员会人口和县辖镇的居民委员会人口；县人口：除上述两种人口以外的全部人口。1952－1980年数据为第一种口径的数据，1982年以后的数据为第二种口径的数据。

出生率（又称粗出生率）　指在一定时期内（通常为一年内）平均每千人所出生的人数的比率一般用千分率表示。计算公式：

$$出生率=\frac{年出生人数}{年平均人数}\times 1000‰$$

出生人数是指活产婴儿，即胎儿脱离母体时（不管怀孕月数），有过呼吸或其他生命现象。年平均人数是年初、年末人口数的平均数，也可用年中人口数代替。

死亡率（又称粗死亡率）　指在一定时期内（通常为一年内）一定地区的死亡人数与同期平均人数（或期中人数）之比，一般用千分率表示，计算公式：

$$死亡率=\frac{年死亡人数}{年平均人数}\times 1000‰$$

人口自然增长率　在一定时期内（通常为一年内）人口自然增加数（出生人数减死亡人数）与平均人数（或期中人数）之比，一般用千分率表示，计算公式：

$$人口自然增长率=\frac{本年出生人口数-本年死亡人口数}{年平均人口}\times 1000‰$$

人口自然增长率＝人口出生率－人口死亡率

四 就业人员和职工工资

Employed Person and Wage

4－1　1978－2014年全市就业人员情况

单位：人

年份	就业人员	城镇非私营单位年末就业人员	国有单位	集体单位	城镇私营个体就业人员	农村就业人员
1978	2317900	1331800	911100	420700		986100
1979	2492900	1462800	996900	465900	10300	1019800
1980	2600800	1569300	1041500	527800	21200	1010300
1981	2732100	1685100	1108100	577000	29700	1017300
1982	2770800	1733100	1127700	605400	28900	1008800
1983	2920000	1800600	1140900	659700	34200	1085200
1984	3018200	1838200	1139300	698900	37500	1142500
1985	3142800	1957300	1217600	739700	68800	1116700
1986	3338600	2133600	1338500	795100	69100	1135900
1987	3331600	2158300	1371500	786800	73300	1100000
1988	3483600	2238800	1426100	812700	91400	1153400
1989	3559800	2266300	1440700	825600	74500	1219000
1990	3687300	2283700	1480600	803100	71500	1332100
1991	4265900	2343600	1538800	788200	114900	1807400
1992	4166200	2376800	1554200	799100	161400	1628000
1993	4227000	2363900	1516600	767200	230600	1632500
1994	4250800	2328100	1491100	711600	234600	1688100
1995	4131600	2268100	1439500	666500	235300	1628200
1996	4228000	2253900	1418800	642100	284400	1689700
1997	4316200	2243300	1416900	639300	309400	1763500
1998	4985600	2211900	1376300	591600	378600	2395100
1999	4882700	2179400	1363200	586500	420400	2282900
2000	4907100	2160700	1344400	561100	393900	2352500
2001	4927000	2132000	1310000	516000	452000	2343000
2002	4943000	2105000	1267000	496000	471000	2367000
2003	5018500	2104000	1246002	466547	524000	2390500
2004	4983500	1973700	1182344	373972	602722	2407100
2005	4563400	1519800	879000	235300	631619	2412000
2006	4520000	1490000	831000	220700	617957	2412000
2007	4747700	1483300	835000	210400	691472	2402400
2008	4795000	1454600	834100	202100	718769	2406000
2009	4838300	1440365	833059	192951	753022	2417000
2010	4906600	1351732	800488	125291	818739	2452000
2011	5226000	1313267	841558	66716	1239203	2432000
2012	5595400	1382336	859470	60348	1524400	2465000
2013	5601600	1373868	730053	69768	1521918	2476584
2014	5307300	1363026	740895	67112	1265300	2477000

4-2 全市城乡就业人员情况

单位:万人

指　　标	2013 年	2014 年	2014年比 2013 年 增长(%)
经济活动人口	**569.6**	**539.6**	**-5.3**
就业人员合计	**560.2**	**530.7**	**-5.3**
按城乡分就业人员			
城镇就业人员	**312.4**	**283.1**	**-9.4**
国有单位	73.0	74.1	1.5
集体单位	7.0	6.7	-4.3
股份合作单位	6.1	5.1	-16.4
联营单位	0.2	0.4	73.9
有限责任公司	32.6	31.2	-4.2
港澳台商投资单位	2.6	2.6	2.0
外商投资单位	6.8	6.5	-4.1
股份有限公司	8.9	9.6	7.9
其他企业	0.2	0.2	-9.1
私营企业	57.4	44.2	-23.0
个　　体	94.8	82.3	-13.2
非正规就业	22.8	20.2	-11.4
乡村就业人员	**247.8**	**247.7**	
农业就业人员	145.5	144.6	-0.6
乡镇企业	49.8	66.8	34.1
私营企业	21.3	9.1	-57.3
个　　体	31.2	27.2	-12.8

4－3　1998－2014 年全市城镇非私营单位在岗职工情况

单位：人

年　份	合　计	国有单位	集体单位	其他类型单位
全　市				
1998	1788428	1122303	461559	204566
1999	1727877	1069343	448068	210466
2000	1689804	1042200	420178	227426
2001	1696919	1028057	387867	280995
2002	1684349	1007933	375768	300648
2003	1686770	984292	351604	350874
2004	1601339	931956	290815	378568
2005	1488951	864453	231947	392551
2006	1436511	810693	218656	407162
2007	1426543	805047	208109	413387
2008	1387183	796839	197113	393231
2009	1380007	799324	188397	392286
2010	1283445	759815	118787	404843
2011	1246824	804967	60394	381463
2012	1274256	811059	56220	406977
2013	1285019	682113	66796	536110
2014	1276044	695684	64240	516120
市　区				
1998	1322583	726429	401190	194964
1999	1285944	693187	399648	193109
2000	1261094	680670	376562	203862
2001	1579088	855440	446780	276868
2002	1304806	679108	348280	277418
2003	1323977	672883	332981	318113
2004	1284871	662521	273084	349266
2005	1207096	626285	220286	360525
2006	1177057	589501	211191	376365
2007	1169400	592000	200200	377200
2008	1139500	588000	188300	363200
2009	1133843	586380	180596	366867
2010	1025270	539758	111704	373808
2011	980731	585724	51741	343266
2012	1010870	589994	47177	373699
2013	1019877	491361	55453	473063
2014	1025891	502297	54525	469069

4－4　全市城镇非私营单位就业人员情况

（2014 年）　　单位:人

指　　标	单位数（个）	就业人员年末人数	在岗职工	其他就业人员
总　　计	**11767**	**1363026**	**1276044**	**86982**
按经济类型分				
国　有	6217	740895	695684	45211
集　体	948	67112	64240	2872
其　他	4602	555019	516120	38899
按单位性质分				
企　业	6831	941475	879053	62422
事　业	3648	328584	308403	20181
机　关	1282	92806	88427	4379
按行业分				
农林牧渔业	301	50077	42706	7371
农　业	14	10857	5061	5796
林　业	74	33076	32371	705
畜牧业	30	1816	1526	290
渔　业	13	372	199	173
农林牧渔服务业	170	3956	3549	407
采矿业	8	4719	4674	45
制造业	1709	278153	269685	8468
电力、煤气及水的生产和供应业	119	71668	70435	1233
建筑业	773	126546	114073	12473
房屋建筑业	228	60865	53730	7135
土木工程建筑业	147	31453	27604	3849
建筑安装业	224	20229	19350	879
建筑装饰和其他建筑业	174	13999	13389	610
批发、零售业	1577	96112	92336	3776
批发业	843	43631	41308	2323
零售业	734	52481	51028	1453
交通运输、仓储和邮政业	370	100032	94320	5712
铁路运输业	24	48610	47818	792
道路运输业	175	24926	20539	4387
水上运输业	11	1537	1495	42
航空运输业	9	5957	5957	
管道运输业	2	148	148	
装卸搬运和运输代理业	24	2201	2201	
仓储业	104	6165	5745	420
邮政业	21	10488	10417	71
住宿和餐饮业	269	31159	29267	1892
住宿业	178	22920	22565	355
餐饮业	91	8239	6702	1537
信息传输、计算机服务和软件业	189	37214	33681	3533
电信、广播电视和卫星传输服务	40	28793	25271	3522
互联网和相关服务	12	1754	1754	
软件和信息技术服务业	137	6667	6656	11

4－4续表　　(2014年)　　单位:人

指　　标	单位数(个)	就业人员年末人数	在岗职工	其他就业人员
金融业	277	56206	42564	13642
货币金融服务	190	31151	30687	464
资本市场服务	6	906	881	25
保险业	56	21776	8623	13153
其他金融业	25	2373	2373	
房地产业	675	30324	27476	2848
租赁与商务服务业	434	34103	33369	734
租赁业	19	584	584	
商务服务业	415	33519	32785	734
科学研究、技术服务与地质勘察业	695	42219	40186	2033
研究和试验发展	174	13782	13250	532
专业技术服务业	393	24618	23157	1461
科技推广和应用服务业	128	3819	3779	40
水利、环境和公共设施管理业	293	32367	26038	6329
水利管理业	128	7826	7704	122
生态保护和环境治理业	27	1720	1716	4
公共设施管理业	138	22821	16618	6203
居民服务和其他服务	152	7411	7298	113
居民服务业	81	2916	2829	87
机动车、电子产品和日用产品修理业	28	1430	1424	6
其他服务业	43	3065	3045	20
教育	1212	156729	149582	7147
卫生、社会保障和社会福利业	626	73740	69570	4170
卫生	553	70786	66920	3866
社会工作	73	2954	2650	304
文化、体育和娱乐业	252	16109	15642	467
新闻和出版业	42	5258	5167	91
广播、电视、电影和影视录音制作业	60	3596	3500	96
文化艺术业	115	4822	4586	236
体　育	22	1562	1518	44
娱乐业	13	871	871	
公共管理与社会组织业	1836	118138	113142	4996
中国共产党机关	77	3378	3324	54
国家机构	1598	110425	105541	4884
人民政协、民主党派	27	606	606	
社会保障	35	867	811	56
群众团体、社会团体和其他成员组织	99	2862	2860	2

4－5　市区城镇非私营单位就业人员情况

（2014年）　　　　单位：人

指　　标	单位数（个）	就业人员年末人数	在岗职工	其他就业人员
总　　计	**8752**	**1097750**	**1025891**	**71859**
按经济类型分				
国　　有	3674	535946	502297	33649
集　　体	870	57219	54525	2694
其　　他	4208	504585	469069	35516
按行业分				
农林牧渔业	92	14507	8386	6121
农　业	10	10714	4918	5796
林　业	17	1420	1364	56
畜牧业	13	1307	1266	41
渔　业	11	269	153	116
农林牧渔服务业	41	797	685	112
采矿业	6	278	233	45
制造业	1500	245380	237534	7846
电力、煤气及水的生产和供应业	82	64334	64048	286
建筑业	710	108715	101203	7512
房屋建筑业	198	48292	44351	3941
土木工程建筑业	131	27449	25337	2112
建筑安装业	209	19027	18160	867
建筑装饰和其他建筑业	172	13947	13355	592
批发、零售业	1387	88934	85388	3546
批发业	768	39443	37194	2249
零售业	619	49491	48194	1297
交通运输、仓储和邮政业	243	89040	84109	4931
铁路运输业	24	48610	47818	792
道路运输业	125	20261	16221	4040
水上运输业	11	1537	1495	42
航空运输业	9	5957	5957	
管道运输业	2	148	148	
装卸搬运和运输代理业	23	2160	2160	
仓储业	38	1836	1784	52
邮政业	11	8531	8526	5
住宿和餐饮业	261	30666	28774	1892
住宿业	173	22546	22191	355
餐饮业	88	8120	6583	1537
信息传输、计算机服务和软件业	175	35716	32245	3471
电信、广播电视和卫星传输服务	29	27485	24025	3460
互联网和相关服务	11	1582	1582	
软件和信息技术服务业	135	6649	6638	11

4－5续表 （2014年） 单位:人

指　　标	单位数（个）	就业人员年末人数	在岗职工	其他就业人员
金融业	192	47629	34145	13484
货币金融服务	121	22996	22677	319
资本市场服务	6	906	881	25
保险业	40	21354	8214	13140
其他金融业	25	2373	2373	
房地产业	630	28723	26095	2628
租赁与商务服务业	387	25059	24327	732
租赁业	19	584	584	
商务服务业	368	24475	23743	732
科学研究、技术服务与地质勘察业	597	39488	37850	1638
研究和试验发展	171	13721	13189	532
专业技术服务业	317	22406	21321	1085
科技推广和应用服务业	109	3361	3340	21
水利、环境和公共设施管理业	200	23171	17342	5829
水利管理业	61	3041	3021	20
生态保护和环境治理业	27	1720	1716	4
公共设施管理业	112	18410	12605	5805
居民服务和其他服务	136	7079	6986	93
居民服务业	65	2584	2517	67
机动车、电子产品和日用产品修理业	28	1430	1424	6
其他服务业	43	3065	3045	20
教育	723	106443	101445	4998
卫生、社会保障和社会福利业	352	55227	51658	3569
卫生	300	52776	49511	3265
社会工作	52	2451	2147	304
文化、体育和娱乐业	190	14564	14139	425
新闻和出版业	42	5258	5167	91
广播、电视、电影和影视录音制作业	44	2887	2832	55
文化艺术业	72	4033	3798	235
体　育	19	1515	1471	44
娱乐业	13	871	871	
公共管理与社会组织业	889	72797	69984	2813
中国共产党机关	27	2178	2145	33
国家机构	774	67228	64450	2778
人民政协、民主党派	16	417	417	
社会保障	10	431	431	
群众团体、社会团体和其他成员组织	62	2543	2541	2

4－6　全市城镇国有经济单位就业人员情况

（2014 年）　　　　单位：人

指　　标	单位数（个）	就业人员年末人数	在岗职工	其他就业人员
总　计	**6217**	**740895**	**695684**	**45211**
按行业分				
农林牧渔业	282	47976	40605	7371
农　业	7	9821	4025	5796
林　业	73	33070	32365	705
畜牧业	24	814	524	290
渔　业	12	353	180	173
农林牧渔服务业	166	3918	3511	407
采矿业	2	593	593	
制造业	234	47080	45293	1787
电力、煤气及水的生产和供应业	66	17410	16434	976
建筑业	109	41064	36304	4760
房屋建筑业	27	20953	18978	1975
土木工程建筑业	40	11973	9475	2498
建筑安装业	29	4110	4008	102
建筑装饰和其他建筑业	13	4028	3843	185
批发、零售业	260	16303	15973	330
批发业	152	12657	12378	279
零售业	108	3646	3595	51
交通运输、仓储和邮政业	231	88840	83562	5278
铁路运输业	21	48309	47527	782
道路运输业	95	20199	16020	4179
水上运输业	9	1374	1332	42
航空运输业	2	3358	3358	
管道运输业	1	139	139	
装卸搬运和运输代理业	5	698	698	
仓储业	80	4970	4766	204
邮政业	18	9793	9722	71
住宿和餐饮业	87	13485	13354	131
住宿业	73	12386	12255	131
餐饮业	14	1099	1099	
信息传输、计算机服务和软件业	42	9561	9426	135
电信、广播电视和卫星传输服务	20	7848	7722	126
互联网和相关服务	2	923	923	
软件和信息技术服务业	20	790	781	9

4-6 续表　　　　(2014 年)　　　　单位:人

指　　标	单位数(个)	就业人员年末人数	在岗职工	其他就业人员
金融业	131	22772	22615	157
货币金融服务	115	19193	19036	157
保险业	6	2527	2527	
其他金融业	10	1052	1052	
房地产业	145	11416	11218	198
租赁与商务服务业	152	14259	13894	365
租赁业	4	113	113	
商务服务业	148	14146	13781	365
科学研究、技术服务与地质勘察业	432	30701	29016	1685
研究和试验发展	117	11440	10917	523
专业技术服务业	263	18030	16884	1146
科技推广和应用服务业	52	1231	1215	16
水利、环境和公共设施管理业	237	27090	20947	6143
水利管理业	113	5602	5485	117
生态保护和环境治理业	20	1458	1454	4
公共设施管理业	104	20030	14008	6022
居民服务和其他服务	64	1686	1609	77
居民服务业	48	1296	1219	77
机动车、电子产品和日用产品修理业	7	239	239	
其他服务业	9	151	151	
教育	1165	151097	144587	6510
卫生、社会保障和社会福利业	521	68558	64623	3935
卫生	452	65682	62051	3631
社会工作	69	2876	2572	304
文化、体育和娱乐业	222	12892	12515	377
新闻和出版业	38	3547	3530	17
广播、电视、电影和影视录音制作业	53	3084	3004	80
文化艺术业	107	4480	4244	236
体　育	18	1437	1393	44
娱乐业	6	344	344	
公共管理与社会组织业	1835	118112	113116	4996
中国共产党机关	77	3378	3324	54
国家机构	1597	110399	105515	4884
人民政协、民主党派	27	606	606	
社会保障	35	867	811	56
群众团体、社会团体和其他成员组织	99	2862	2860	2

4－7　市区城镇国有经济单位就业人员情况

（2014 年）　　单位:人

指　　标	单位数（个）	就业人员年末人数	在岗职工	其他就业人员
总　计	**3674**	**535946**	**502297**	**33649**
按行业分				
农林牧渔业	73	12406	6285	6121
农　业	3	9678	3882	5796
林　业	16	1414	1358	56
畜牧业	7	305	264	41
渔　业	10	250	134	116
农林牧渔服务业	37	759	647	112
采矿业	1	60	60	
制造业	221	43098	41449	1649
电力、煤气及水的生产和供应业	40	11452	11413	39
建筑业	94	36278	34143	2135
房屋建筑业	25	19667	18584	1083
土木工程建筑业	30	8915	8132	783
建筑安装业	27	3710	3608	102
建筑装饰和其他建筑业	12	3986	3819	167
批发、零售业	179	13394	13100	294
批发业	107	10627	10380	247
零售业	72	2767	2720	47
交通运输、仓储和邮政业	121	78665	73989	4676
铁路运输业	21	48309	47527	782
道路运输业	51	15746	11899	3847
水上运输业	9	1374	1332	42
航空运输业	2	3358	3358	
管道运输业	1	139	139	
装卸搬运和运输代理业	4	657	657	
仓储业	24	1236	1236	
邮政业	9	7846	7841	5
住宿和餐饮业	82	13230	13099	131
住宿业	70	12207	12076	131
餐饮业	12	1023	1023	
信息传输、计算机服务和软件业	33	8465	8392	73
电信、广播电视和卫星传输服务	14	6942	6878	64
互联网和相关服务	1	751	751	
软件和信息技术服务业	18	772	763	9

4－7 续表 （2014 年） 单位：人

指　　　标	单位数（个）	就业人员年末人数	在岗职工	其他就业人员
金融业	76	18527	18403	124
货币金融服务	60	14948	14824	124
保险业	6	2527	2527	
其他金融业	10	1052	1052	
房地产业	141	11341	11143	198
租赁与商务服务业	109	5325	4961	364
租赁业	4	113	113	
商务服务业	105	5212	4848	364
科学研究、技术服务与地质勘察业	335	27984	26682	1302
研究和试验发展	114	11379	10856	523
专业技术服务业	187	15818	15048	770
科技推广和应用服务业	34	787	778	9
水利、环境和公共设施管理业	147	19305	13662	5643
水利管理业	48	1368	1353	15
生态保护和环境治理业	20	1458	1454	4
公共设施管理业	79	16479	10855	5624
居民服务和其他服务	48	1354	1297	57
居民服务业	32	964	907	57
机动车、电子产品和日用产品修理业	7	239	239	
其他服务业	9	151	151	
教育	676	100811	96450	4361
卫生、社会保障和社会福利业	249	50107	46773	3334
卫生	201	47734	44704	3030
社会工作	48	2373	2069	304
文化、体育和娱乐业	160	11347	11012	335
新闻和出版业	38	3547	3530	17
广播、电视、电影和影视录音制作业	37	2375	2336	39
文化艺术业	64	3691	3456	235
体　育	15	1390	1346	44
娱乐业	6	344	344	
公共管理与社会组织业	889	72797	69984	2813
中国共产党机关	27	2178	2145	33
国家机构	774	67228	64450	2778
人民政协、民主党派	16	417	417	
社会保障	10	431	431	
群众团体、社会团体和其他成员组织	62	2543	2541	2

4－8 全市城镇集体经济单位就业人员情况

（2014 年） 单位:人

指标	单位数（个）	就业人员年末人数	在岗职工	其他就业人员
总计	**948**	**67112**	**64240**	**2872**
按行业分				
农林牧渔业	4	85	85	
农业	1	21	21	
畜牧业	1	42	42	
渔业	1	19	19	
农、林、牧、渔服务业	1	3	3	
采矿业	1	2	2	
非金属矿采选业	1	2	2	
制造业	384	24082	23735	347
电力、煤气及水的生产和供应业	5	231	231	
建筑业	89	15047	14191	856
房屋建筑业	33	7931	7229	702
土木工程建筑业	10	2954	2911	43
建筑安装业	34	2275	2211	64
建筑装饰和其他建筑业	12	1887	1840	47
批发、零售业	174	4670	4516	154
批发业	69	1217	1154	63
零售业	105	3453	3362	91
交通运输、仓储和邮政业	26	1026	865	161
铁路运输业	1	10		10
道路运输业	16	550	399	151
水上运输业	1	89	89	
装卸搬运和运输代理业	4	102	102	
仓储业	4	275	275	
住宿和餐饮业	27	2003	2000	3
住宿业	22	1313	1311	2
餐饮业	5	690	689	1
信息传输、计算机服务和软件业	3	15	15	
软件和信息技术服务业	3	15	15	

4－8 续表　　(2014 年)　　单位:人

指　　标	单位数(个)	就业人员年末人数	在岗职工	其他就业人员
金融业	27	4497	4356	141
货币金融服务	27	4497	4356	141
房地产业	8	101	96	5
租赁与商务服务业	41	3812	3636	176
租赁业	1	2	2	
商务服务业	40	3810	3634	176
科学研究、技术服务与地质勘察业	14	1279	1036	243
专业技术服务业	11	1233	990	243
科技推广和应用服务业	3	46	46	
水利、环境和公共设施管理业	19	1866	1861	5
水利管理业	5	328	323	5
生态保护和环境治理业	2	7	7	
公共设施管理业	12	1531	1531	
居民服务和其他服务	35	2441	2420	21
居民服务业	7	159	159	
机动车、电子产品和日用产品修理业	5	437	434	3
其他服务业	23	1845	1827	18
教育	14	2442	1832	610
卫生、社会保障和社会福利业	72	2901	2751	150
卫生	70	2860	2710	150
社会工作	2	41	41	
文化、体育和娱乐业	4	586	586	
新闻和出版业	1	62	62	
广播、电视、电影和影视录音制作业	1	254	254	
娱乐业	2	270	270	
公共管理与社会组织业	1	26	26	
国家机构	1	26	26	

4－9 市区城镇集体经济单位就业人员情况

（2014 年）　　单位：人

指　　标	单位数（个）	就业人员年末人数	在岗职工	其他就业人员
总　计	**870**	**57219**	**54525**	**2694**
按行业分				
农林牧渔业	4	85	85	
农业	1	21	21	
畜牧业	1	42	42	
渔业	1	19	19	
农、林、牧、渔服务业	1	3	3	
采矿业	1	2	2	
制造业	382	24067	23720	347
电力、煤气及水的生产和供应业	5	231	231	
建筑业	79	10495	9643	852
房屋建筑业	26	3582	2880	702
土木工程建筑业	10	2954	2911	43
建筑安装业	31	2072	2012	60
建筑装饰和其他建筑业	12	1887	1840	47
批发、零售业	126	3868	3760	108
批发业	63	1131	1068	63
零售业	63	2737	2692	45
交通运输、仓储和邮政业	25	955	809	146
铁路运输业	1	10		10
道路运输业	15	479	343	136
水上运输业	1	89	89	
装卸搬运和运输代理业	4	102	102	
仓储业	4	275	275	
住宿和餐饮业	27	2003	2000	3
住宿业	22	1313	1311	2
餐饮业	5	690	689	1
信息传输、计算机服务和软件业	3	15	15	
软件和信息技术服务业	3	15	15	

4－9续表 (2014年) 单位:人

指　　标	单位数（个）	就业人员年末人数	在岗职工	其他就业人员
金融业	18	1149	1120	29
货币金融服务	18	1149	1120	29
房地产业	8	101	96	5
租赁与商务服务业	38	3717	3542	175
租赁业	1	2	2	
商务服务业	37	3715	3540	175
科学研究、技术服务与地质勘察业	14	1279	1036	243
专业技术服务业	11	1233	990	243
科技推广和应用服务业	3	46	46	
水利、环境和公共设施管理业	17	944	939	5
水利管理业	4	266	261	5
生态保护和环境治理业	2	7	7	
公共设施管理业	11	671	671	
居民服务和其他服务	35	2441	2420	21
居民服务业	7	159	159	
机动车、电子产品和日用产品修理业	5	437	434	3
其他服务业	23	1845	1827	18
教育	14	2442	1832	610
卫生、社会保障和社会福利业	70	2839	2689	150
卫生	68	2798	2648	150
社会工作	2	41	41	
文化、体育和娱乐业	4	586	586	
新闻和出版业	1	62	62	
广播、电视、电影和影视录音制作业	1	254	254	
娱乐业	2	270	270	

4－10　城镇非私营其他经济单位就业人员情况

（2014 年）　　　　单位:人

指　　标	单位数（个）	就业人员年末人数	在岗职工	其他就业人员
全　市	**4602**	**555019**	**516120**	**38899**
按行业分				
农林牧渔业	15	2016	2016	
采矿业	5	4124	4079	45
制造业	1091	206991	200657	6334
电力、煤气及水的生产和供应业	48	54027	53770	257
建筑业	575	70435	63578	6857
批发和零售业	1143	75139	71847	3292
交通运输、仓储和邮政业	113	10166	9893	273
住宿和餐饮业	155	15671	13913	1758
信息传输、计算机服务和软件业	144	27638	24240	3398
金融业	119	28937	15593	13344
房地产业	522	18807	16162	2645
租赁与商务服务业	241	16032	15839	193
科学研究、技术服务与地质勘察业	249	10239	10134	105
水利、环境和公共设施管理业	37	3411	3230	181
居民服务和其他服务	53	3284	3269	15
教育	33	3190	3163	27
卫生、社会保障和社会福利业	33	2281	2196	85
文化、体育和娱乐业	26	2631	2541	90
市　区	**4208**	**504585**	**469069**	**35516**
按行业分				
农林牧渔业	15	2016	2016	
采矿业	4	216	171	45
制造业	897	178215	172365	5850
电力、煤气及水的生产和供应业	37	52651	52404	247
建筑业	537	61942	57417	4525
批发和零售业	1082	71672	68528	3144
交通运输、仓储和邮政业	97	9420	9311	109
住宿和餐饮业	152	15433	13675	1758
信息传输、计算机服务和软件业	139	27236	23838	3398
金融业	98	27953	14622	13331
房地产业	481	17281	14856	2425
租赁与商务服务业	240	16017	15824	193
科学研究、技术服务与地质勘察业	248	10225	10132	93
水利、环境和公共设施管理业	36	2922	2741	181
居民服务和其他服务	53	3284	3269	15
教育	33	3190	3163	27
卫生、社会保障和社会福利业	33	2281	2196	85
文化、体育和娱乐业	26	2631	2541	90

4－11 全市城镇非私营单位女性就业人员情况

（2014 年） 单位:人

指标	合计	国有	集体	其他	占单位就业人员比重(%)
全市	**483855**	**275458**	**24143**	**184254**	**35.5**
按单位性质分					
企业	297701	92798	20989	183914	31.6
事业	158776	155295	3154	327	48.3
机关	27338	27338			29.5
其他	40	27		13	24.8
按行业分					
农林牧渔业	14082	13274	15	793	28.1
采矿业	1114	258	1	855	23.6
制造业	92353	13437	9259	69657	33.2
电力、煤气及水的生产和供应业	17670	4125	73	13472	24.7
建筑业	23013	6045	2060	14908	18.2
批发和零售业	40557	5500	2171	32886	42.2
交通运输、仓储和邮政业	22256	19108	210	2938	22.2
住宿和餐饮业	15239	6121	951	8167	48.9
信息传输、计算机服务和软件业	13890	3681	6	10203	37.3
金融业	19583	10859	1593	7131	34.8
房地产业	9727	2784	21	6922	32.1
租赁与商务服务业	13453	5090	1989	6374	39.4
科学研究、技术服务与地质勘察业	12977	9512	306	3159	30.7
水利、环境和公共设施管理业	9227	7122	737	1368	28.5
居民服务和其他服务	3485	630	1262	1593	47.0
教育	85532	83016	1413	1103	54.6
卫生、社会保障和社会福利业	46200	42806	1733	1661	62.7
文化、体育和娱乐业	7222	5818	340	1064	44.8
公共管理与社会组织业	36275	36272	3		30.7
市区	**393776**	**201608**	**22090**	**170078**	**35.9**
按行业分					
农林牧渔业	5233	4425	15	793	36.1
采矿业	42	9	1	32	15.1
制造业	81373	12068	9253	60052	33.2
电力、煤气及水的生产和供应业	15935	2670	73	13192	24.8
建筑业	21605	5531	1847	14227	19.9
批发和零售业	37720	4449	1945	31326	42.4
交通运输、仓储和邮政业	19637	16663	174	2800	22.1
住宿和餐饮业	14963	5948	951	8064	48.8
信息传输、计算机服务和软件业	13464	3358	6	10100	37.7
金融业	16460	9231	443	6786	34.6
房地产业	9300	2754	21	6525	32.4
租赁与商务服务业	10814	2478	1965	6371	43.2
科学研究、技术服务与地质勘察业	12121	8657	306	3158	30.7
水利、环境和公共设施管理业	6355	4755	369	1231	27.4
居民服务和其他服务	3393	538	1262	1593	47.9
教育	60287	57771	1413	1103	56.6
卫生、社会保障和社会福利业	36062	32695	1706	1661	65.3
文化、体育和娱乐业	6636	5232	340	1064	45.6
公共管理与社会组织业	22376	22376			30.7

4－12　1978－2014年全市城镇非私营单位职工工资总额及平均工资情况

年份	工资总额（万元）	国有	集体	平均工资（元/人）	国有	集体
1978	91879	67058	24821	710	760	604
1979	105105	78206	26899	801	894	615
1980	123420	89362	34059	843	898	725
1981	136342	95285	41057	843	905	728
1982	143863	98468	45395	858	903	775
1983	153668	102360	51308	873	916	798
1984	178447	118617	59830	996	1066	882
1985	204175	134817	69164	1086	1174	948
1986	254913	172548	82021	1259	1377	1066
1987	276154	187800	87930	1323	1423	1149
1988	354615	246426	107569	1659	1827	1371
1989	402911	281325	120710	1838	2017	1523
1990	423316	305187	116769	2049	2340	1544
1991	484151	352637	127726	2133	2338	1711
1992	565498	411105	148255	2456	2697	1959
1993	641706	461862	159793	2810	3075	2197
1994	836229	613484	178277	3615	4096	2459
1995	945198	672905	186610	4331	4761	2811
1996	1025435	730920	170959	4657	5192	2704
1997	1119522	789641	176664	5118	5638	2805
1998	1195035	812452	167638	5585	6038	2915
1999	1350755	913993	182176	6310	6812	3190
2000	1485715	996737	181677	6975	7512	3282
2001	1682253	1091775	175736	7989	8429	3458
2002	1855884	1187346	174487	8981	9496	3546
2003	2031282	1232364	174020	12031	12530	4971
2004	2238777	1367033	173931	13928	14696	5856
2005	2431270	1504496	170049	16469	17611	7275
2006	2693009	1612022	183835	18775	19946	8304
2007	3156014	1933522	225690	22104	24158	10548
2008	3492933	2153190	258063	25525	27528	13266
2009	3969381	2469733	320596	29261	31629	17188
2010	4138898	2637265	258247	32397	34732	21795
2011	4632780	3050647	166400	36465	38041	26553
2012	5376597	3494775	195544	41774	43529	31642
2013	6223739	3188682	285227	47209	47198	41266
2014	6828341	3717182	335029	51551	53066	42141

注:2003年开始职工平均工资和工资总额均为在岗口径。

4－13　全市城镇非私营单位职工工资总额情况

（2014 年）　　单位：万元

指　　标	工资总额	国 有	集 体	其 他
合　　计	**6828341**	**3717182**	**335029**	**2776131**
按单位性质分				
企　　业	4813499	1732437	309669	2771393
事　　业	1583457	1553467	25360	4630
机　　关	430689	430689		
其　　他	697	589		107
按行业分				
农林牧渔业	112034	102419	311	9304
采矿业	19622	1922	5	17695
制造业	1284868	273603	86872	924392
电力、煤气及水的生产和供应业	511283	97013	1545	412726
建筑业	676084	164654	125489	385940
批发、零售业	422922	93733	16230	312960
交通运输、仓储和邮政业	575745	512443	3382	59921
住宿和餐饮业	129492	68219	9608	51665
信息传输、计算机服务和软件业	228846	59740	41	169065
金融业	333075	165372	28332	139372
房地产业	146524	58151	320	88053
租赁与商务服务业	152260	49813	14402	88045
科学研究、技术服务与地质勘察业	238287	183846	5384	49058
水利、环境和公共设施管理业	92696	74068	6256	12372
居民服务和其他服务	37745	9278	11712	16754
教育	850649	823093	9298	18258
卫生、社会保障和社会福利业	387653	366942	12807	7903
文化、体育和娱乐业	76004	60393	2961	12649
公共管理与社会组织业	552554	552480	74	

4－14 全市城镇非私营单位职工平均工资情况

（2014 年） 单位:元

指 标	平均工资	国 有	集 体	其 他
合 计	**51551**	**53066**	**42141**	**50976**
按单位性质分				
企 业	51761	55497	41978	50943
事 业	51755	51838	44251	85112
机 关	48660	48660		
其 他	43531	47902		29000
按行业分				
农林牧渔业	28044	27006	36600	47983
采矿业	36049	28690	24500	37088
制造业	48029	60237	37065	46531
电力、煤气及水的生产和供应业	72173	58533	64632	76391
建筑业	40197	37566	41360	41049
批发、零售业	46391	60205	37612	43906
交通运输、仓储和邮政业	59965	60018	39736	61262
住宿和餐饮业	44084	50872	48258	36975
信息传输、计算机服务和软件业	67818	63064	27267	69700
金融业	78446	72967	65161	90226
房地产业	53398	51612	33010	54773
租赁与商务服务业	46635	36619	42915	56115
科学研究、技术服务与地质勘察业	59727	64024	51030	48447
水利、环境和公共设施管理业	35805	35567	34147	38280
居民服务和其他服务业	49391	54449	50549	46270
教育	57325	57332	49853	61723
卫生、社会保障和社会福利业	55889	56934	46318	36845
文化、体育和娱乐业	48783	48610	52599	48783
公共管理与社会组织业	48886	48891	28462	

4－15 市区城镇非私营单位职工工资总额情况

（2014 年） 单位：万元

指 标	工资总额	国 有	集 体	其 他
总 计	**5951017**	**3053568**	**289645**	**2607804**
按单位性质分				
企 业	4428900	1554738	271056	2603107
事 业	1202084	1178864	18589	4630
机 关	319377	319377		
其 他	656	589		67
按行业分				
农林牧渔业	35960	26345	311	9304
采矿业	1833	359	5	1470
制造业	1173536	260119	86842	826575
电力、煤气及水的生产和供应业	484843	74697	1545	408601
建筑业	624768	157790	106174	360805
批发、零售业	395168	80996	14533	299639
交通运输、仓储和邮政业	543148	481048	3173	58927
住宿和餐饮业	128429	67759	9608	51062
信息传输、计算机服务和软件业	224233	55959	41	168232
金融业	276900	134974	7509	134417
房地产业	143446	57931	320	85195
租赁与商务服务业	128346	26291	14068	87988
科学研究、技术服务与地质勘察业	230378	175945	5384	49050
水利、环境和公共设施管理业	67595	52940	3681	10973
居民服务和其他服务业	36589	8122	11712	16754
教育	661808	634253	9298	18258
卫生、社会保障和社会福利业	312510	292125	12482	7903
文化、体育和娱乐业	71019	55408	2961	12649
公共管理与社会组织业	410509	410509		

4－16　市区城镇非私营单位职工平均工资情况

（2014 年）　　单位：元

指　　标	平均工资	国 有	集 体	其 他
总　计	**55392**	**59793**	**42353**	**52654**
按行业分				
农林牧渔业	43609	42342	36600	47983
采矿业	33212	59767	24500	29996
制造业	49692	62581	37075	48289
电力、煤气及水的生产和供应业	75162	64813	64632	77472
建筑业	41268	37835	43542	42297
批发、零售业	47109	63716	40834	44317
交通运输、仓储和邮政业	63298	63486	39908	63767
住宿和餐饮业	44464	51496	48258	37177
信息传输、计算机服务和软件业	69420	66397	27267	70514
金融业	81362	73228	66806	92848
房地产业	54891	51761	33010	57394
租赁与商务服务业	54016	54500	43126	56133
科学研究、技术服务与地质勘察业	61334	66691	51030	48449
水利、环境和公共设施管理业	39492	39323	40453	40005
居民服务和其他服务业	49916	58349	50549	46270
教育	65470	65888	49853	61723
卫生、社会保障和社会福利业	60725	62667	46178	36845
文化、体育和娱乐业	50450	50735	52599	48783
公共管理与社会组织业	58592	58592		

4－17　全市城镇私营单位就业人员、工资情况

（2014 年）

指　　标	单位个数（个）	就业人员		工资总额（万元）	平均工资（元）
		年末人数（人）	平均人数（人）		
总　计	**19184**	**441845**	**438583**	**1237200**	**28209**
农林牧渔业	509	5321	5191	12936	24917
采矿业	94	2692	2793	6021	21562
制造业	4593	117574	111283	294869	26497
电力、煤气及水的生产和供应业	55	1764	1648	4569	27729
建筑业	1262	63344	76607	244237	31882
批发和零售业	6162	112030	104779	307870	28876
交通运输、仓储及邮电业	645	11037	11007	32883	29875
住宿和餐饮业	750	11220	11043	28574	25874
信息传输、计算机服务和软件业	530	14772	14675	43788	29838
金融业	122	1324	1216	4906	40355
房地产业	847	19222	19521	58229	29828
租赁和商务服务业	1494	38024	34571	80026	23148
科学研究、技术服务和地质勘查业	666	19313	20107	63350	31929
水利、环境和公共设施管理业	91	1738	1840	4406	23951
居民服务和其他服务业	610	13095	12731	26001	20423
教　育	339	3869	3864	10797	28462
卫生、社会保障和社会福利业	116	2350	2400	5204	21684
文化、体育和娱乐业	299	3156	3307	8534	25807

注：从 2012 年起，城镇私营企业就业人员采用统计局抽样调查推算数据。

4－18 2009－2014年城镇个体、私营劳动者就业人员情况

单位:人

指标	2009年	2010年	2011年	2012年	2013年	2014年	2014年比2013年增长(%)
城镇个体、私营劳动者就业人员总计	**753022**	**818739**	**1239203**	**1387055**	**1521970**	**1265169**	**－16.9**
农林牧渔业	14948	11824	18914	21816	17841	19161	7.4
采矿业	869	1012	1154	1486	1410	3284	132.9
制造业	111985	81431	118407	110399	87818	150742	71.7
电力、煤气及水的生产和供应业	836	890	1116	1626	1188	1826	53.7
建筑业	20589	29171	46090	52758	44250	64694	46.2
交通运输、仓储及邮电通信业	48918	23742	36198	80051	62103	36667	－41.0
信息传输、计算机服务和软件业	16108	31770	41409	34226	28957	22278	－23.1
批发零售业	347205	373817	596964	734619	889602	598396	－32.7
金融业	953	1765	2862	2532	3405	1370	－59.8
住宿和餐饮业	57779	65418	80398	60817	68684	97154	41.5
房地产业	8512	13435	22837	19920	31633	21932	－30.7
租赁和商务服务业	32825	55592	83641	66564	88117	43394	－50.8
科学研究、技术服务和地质业	15437	33839	48636	33177	53676	23457	－56.3
水利、环境和公共设施管理业	1462	2156	3194	2739	2809	1934	－31.1
居民服务业和其他服务业	55573	73315	113334	149114	125004	160635	28.5
卫生、社会保障和社会福利业	2520	2180	2638	2842	1561	3510	124.9
教育	247	291	325	770	617	4017	551.1
文化、体育和娱乐业	3460	5613	7475	6926	5982	6258	4.6
其他行业	12796	11478	13611	4673	7313	4460	－39.0

4－19 2009－2014年城镇失业人员安置情况

单位:万人

指标	2009年	2010年	2011年	2012年	2013年	2014年
登记失业人数	7.6	8.5	8.0	9.6	9.5	8.8
登记失业率(%)	3.0	3.4	3.0	3.4	3.6	3.7
城镇新就业人数	12.0	12.0	12.1	13.7	15.2	15.3
个体私营经济	0.4	0.5	0.4	0.3		
灵活就业	21.6	26.7	22.3	20.2	20.0	17.4
社区就业	1.3	1.7	1.8	4.9	2.7	2.8

主要统计指标解释

就业人口 指十五周岁及十五周岁以上人口中从事一定的社会劳动并取得劳动报酬或经营收入的人口。

非就业人口 指十五周岁及十五周岁以上人口中未从事社会劳动的人口，包括在校学生、料理家务、待升学、市镇待业、离退休、退职、丧失劳动能力等非在业人口。

经济活动人口 指在16岁以上，有劳动能力，参加或要求参加社会经济活动的人口；包括就业人员和失业人员。就业人员指从事一定社会劳动并取得劳动报酬或经营收入的人员，包括全部职工、再就业的离退休人员、私营业主、个体户主、私营和个体就业人员、乡镇企业就业人员、农村就业人员、其他就业人员（包括民办教师、宗教职业者、现役军人等）。这一指标反映了一定时期内全部劳动力资源的实际利用情况，是研究我国基本国情国力的重要指标。

各单位的就业人员 指在各级国家机关、政党机关、社会团体及企业、事业单位中工作，取得工资或其他形式的劳动报酬的全部人员。包括在岗职工、再就业的离退休人员、民办教师以及在各单位中工作的外方人员和港澳台方人员、兼职人员、借用的外单位人员和第二职业者。不包括离开本单位仍保留劳动关系的职工。各单位的就业人员反映了各单位实际参加生产或工作的全部劳动力。

城镇私营和个体就业人员 城镇私营就业人员指在工商管理部门注册登记，其经营地址设在县城关镇（含城关镇）以上的私营企业就业人员；包括私营企业投资者和雇工。城镇个体就业人员指在工商管理部门注册登记，并持有城镇户口或在城镇长期居住，经批准从事个体工商经营的就业人员；包括个体经营者和在个体工商户劳动的家庭帮工和雇工。

城镇登记失业人员 指有非农业户口，在一定的劳动年龄内，有劳动能力，无业而要求就业，并在当地就业服务机构进行求职登记的人员。

城镇登记失业率 指城镇登记失业人数同城镇就业人数与城镇登记失业人数之和的比。计算公式为：

$$\text{城镇登记失业率} = \frac{\text{城镇登记失业人数}}{\text{城镇社会就业人数} + \text{城镇登记失业人数}} \times 100\%$$

职工 指在国有经济、城镇集体经济、联营经济、股份制经济、外商和港、澳、台投资经济、其他经济单位及其附属机构工作，并由其支付工资的各类人员，不包括返聘的离退休人员、民办教师、在国有经济单位工作的外方人员和港、澳、台人员（1998年以后的数据均为在岗职工数据，其他相关指标如职工工资总额，职工平均工资等指标也从1998年按此口径进行了相应调整）。

国有单位职工 指在国有经济单位及其附属机构工作，并由其支付工资的各类人员。

城镇集体单位职工 指在城镇集体经济单位及其管理部门工作，并由其支付工资的各类人员。

其他单位职工 指在联营经济、股份制经济、外商投资经济、港、澳、台投资经济单位工作，并由其支付工资的各类人员。

在岗职工 指在本单位工作并由单位支付工资的人员，以及有工作岗位，但由于学习、病伤产假等原因暂未工作，仍由单位支付工资的人员。

工资总额 是指各单位在一定时期内直接支付给本单位全部职工的劳动报酬总额。工资总额的计算原则应以直接支付给职工的全部劳动报酬为根据。各单位支付给职工的劳动报酬以及其他根据有关规定支付的工资，不论是计入成本的还是不计入成本的，不论是按国家规定列入计征奖金税项目的，还是未列入计征奖金税项目的，不论是以货币形式支付的还是以实物形式支付的，均应列入工资总额的计算范围。工资总额包括计时工资、计件工资、奖金、津贴和补贴、加班加点工资、特殊情况下支付的工资。

津贴和补贴 指为了补偿职工特殊或额外的劳动消耗和因其他特殊原因支付给职工的津贴，以及为了保证职工工资水平不受物价影响支付给职工的物价补贴。

职工平均工资 指企业、事业、机关单位的职工在一定时期内平均每人所得的货币工资额。它表明一定时期职工工资收入的高低程度，是反映职工工资水平的主要指标。计算公式为：

$$\text{职工平均工资} = \frac{\text{报告期实际支付的全部职工工资总额}}{\text{报告期全部职工平均人数}}$$

保险福利费用总额 指各单位实际支付给职工和离休、退休、退职人员，以及用于集体的劳动保险和福利的费用。

1. 职工劳保福利费用具体包括：

（1）医疗卫生费 指职工的医疗费、住院费、职工供养直系亲属的医疗补助费，职工因工负伤就医路费，住院伙食补助费，包括各企业、事业、机关单位的医疗机构医务费用。

（2）丧葬抚恤救济费 指职工因公死亡，因病或因非公死亡丧葬费，丧葬补助费和所遗供养直系亲属的抚恤费，救济费，生活补助费以及职工供养直系亲属死亡时的丧葬补助费等。

（3）生活困难补助 指对生活困难的职工，实际支付的定期补助和临时性的补助。

（4）文体宣传费 指企业、事业及机关实际支付的文娱、体育宣传费，不包括学习费。

（5）集体福利事业的补贴 指对职工浴室、理发室、洗衣房、哺乳室、托儿所等集体福利设施各项支出与收入相抵后的差额补助费。

（6）集体福利设施费 指按照国家规定开支的集体福利设施费用，如职工食堂炊事用具的购置、修缮费用等，不包括由企业、事业、机关自筹经费开支的职工福利设施的基本建设费用。

（7）计划生育补贴 指发给职工的独生子女补贴费、保健费。

（8）其他 指上述费用以外，单位支付给职工的保险福利费。

2. 离休、退休、退职人员劳保福利费用具体包括：

（1）离休金 指发给离休人员的离休费和按1982年国务院《关于发布老干部离职休养制度的几项规定的通知》发给符合规定的离休人员相当于1－2个月标准工资的生活补贴。

（2）退休金 指发给退休人员的退休费。

（3）退职生活费 指按国发（1987）104号文件规定发给退职人员的退职生活费。

（4）医疗卫生费 指离休、退休、退职人员的医疗、住院费，因工负伤就医路费，因工负伤伙食补助费等。

（5）护理费 指因工致残，饮食起居需人扶助的离休、退休人员的护理费，以及因病生活不能自理的离休干部护理费。

（6）生活补贴 指按1985年国务院《关于发给离休、退休人员生活补助费的通知》规定，发给离休、退休人员生活补贴费。

（7）交通补贴费 指按月发给离休人员的交通费补贴。

（8）丧葬抚恤救济费 指离休、退休、退职人员死亡的丧葬费，丧葬补贴费以及所遗供养直系亲属的抚恤费，救济费和死亡丧葬补助费。

（9）其他 包括易地安置的离休、退休、退职人员安家补贴费，生活困难补助以及书报费，洗理费，副食品价格补贴，房贴，水电贴，少数民族补贴等。

五　固定资产投资和房地产开发

Investment in Fixed Assets and Real Estate Developmnt

5－1　固定资产投资情况

（2014 年）

指　标	投资总额（万元）		指数（上年＝100）		按管理渠道分（万元）		指数（上年＝100）	
	全 市	市 区	全 市	市 区	建设项目	房地产开　发	建设项目	房地产开　发
投资总额	**41759761**	**29629225**	**112.2**	**107.8**	**35024084**	**6735677**	**122.0**	**79.3**
住　　宅	5237911	4547093	79.3	81.8	344940	4892971	44.0	84.1
按经济类型分								
国有及国有控股经济	11140210	7686429	104.8	102.0	9835583	1304627	110.3	76.5
非国有经济	30619551	21942796	115.2	109.9	25188501	5431050	127.3	80.0
按投资主体分								
第一产业	1695594	607447	160.3	103.5	1695594		160.3	
第二产业	15873530	8904255	121.4	118.6	15873530		121.4	
第三产业	24190637	20117523	104.8	103.7	17454960	6735677	119.8	79.3
按行业分								
农林牧渔业	1695594	607447	160.3	103.5	1695594		160.3	
采 矿 业	354757	202402	120.9	142.5	354757		120.9	
制 造 业	12663523	7449955	118.4	122.6	12663523		118.4	
电力、煤气及水的生产和供应业	2015733	799506	196.2	248.6	2015733		196.2	
建 筑 业	839517	452392	78.9	46.7	839517		78.9	
交通运输、仓储和邮政业	2502719	2215857	104.8	100.8	2502719		104.8	
信息传输、计算机服务和软件业	1667428	1110533	141.2	141.6	1667428		141.2	
批发和零售业	1463812	1398612	345.2	401.5	1463812		345.2	
住宿和餐饮业	714355	700025	156.7	156.4	714355		156.7	
金 融 业	213576	213576	274.6	274.6	213576		274.6	
房地产业	7851518	7089891	77.8	76.4	1115841	6735677	69.8	79.3
租赁和商务服务业	1167447	956788	114.6	129.9	1167447		114.6	
科学研究、技术服务和地质勘查业	731471	638991	82.9	77.0	731471		82.9	
水利、环境和公共设施管理业	3801203	2475417	118.1	105.6	3801203		118.1	
居民服务和其他服务业	379285	344385	136.6	201.2	379285		136.6	
教　　育	897789	749629	91.7	90.2	897789		91.7	
卫生、社会保障和社会福利业	998515	940073	142.4	143.2	998515		142.4	
文化、体育和娱乐业	637619	513675	150.5	136.7	637619		150.5	
公共管理与社会组织	1163900	770071	122.7	245.6	1163900		122.7	
国际组织								
新增固定资产	**34602088**	**25626264**	**126.7**	**127.0**	**29304987**	**5297101**	**127.0**	**124.9**
竣工房屋建筑面积（万平方米）	**2026.8**	**1527.2**	**52.7**	**59.0**	**692.9**	**1333.9**	**24.8**	**126.3**
竣工住宅面积（万平方米）	**1081.2**	**881.6**	**80.8**	**110.2**	**108.6**	**972.6**	**22.0**	**115.1**

注：2014 年固定资产投资由全社会口径调整为固定资产投资新口径，范围是 500 万元及以上项目。

5－2　固定资产投资资金来源情况

（2014 年）

指　标	绝对额(万元)			指数(上年＝100)		
	全　市	建设项目	房地产开发	全　市	建设项目	房地产开发
固定资产投资资金来源	**50060242**	**40501989**	**9558253**	**104.1**	**112.5**	**78.9**
上年末结余资金	4204888	2100522	2104366	129.6	158.7	109.6
本年资金来源小计	45855354	38401467	7453887	102.2	110.8	73.2
国家预算内资金	618296	618296		45.8	45.8	
国内贷款	860213	158915	701298	39.2	11.4	87.8
债　　券	2859	2859		100.0	100.0	
利用外资	32589	5589	27000	96.1	16.5	100.0
自筹资金	41623600	37461542	4162058	112.7	117.9	80.5
其他资金来源	2717797	154266	2563531	62.7	128.2	60.8

5－3　施工、竣工房屋面积情况

（2014 年）

指　标	绝对额(万平方米)			指数(上年＝100)		
	全　市	建设项目	房地产开发	全　市	建设项目	房地产开发
施工面积	**7664.3**	**1701.2**	**5963.1**	**70.8**	**34.1**	**102.1**
住宅	4276.0	128.8	4147.2	88.3	22.0	97.5
竣工面积	**2026.8**	**692.9**	**1333.9**	**52.7**	**24.8**	**126.3**
住宅	1081.2	108.6	972.6	80.8	22.0	115.1

注:2014 年固定资产投资由全社会口径调整为固定资产投资新口径,范围是 500 万元及以上项目。

5-4　2010-2014年房地产开发建设情况

指　　标	单位	2010年	2011年	2012年	2013年	2014年	2014年比2013年增长（%）
本年完成投资	**万元**	**3607358**	**5619957**	**7720153**	**8496514**	**6735677**	**-20.7**
按构成分							
建筑工程	万元	2491871	4154786	5481344	6065256	4602407	-24.1
安装工程	万元	97225	89130	426651	593770	540625	-9.0
设备、工器具购置	万元	79090	81724	92017	158498	155453	-1.9
其他费用	万元	939172	1294317	1720141	1678990	1437192	-14.4
按工程用途分							
住　宅	万元	2884105	4214891	5301145	5818335	4892971	-15.9
90平方米住房	万元	1053658	1905756	2265443	2142477	1860333	-13.2
别墅、高档公寓	万元	72353	59009	122459	157011	232092	47.8
办公楼	万元	38250	123189	210634	233314	187621	-19.6
商业房	万元	369904	521714	1209740	1485068	1009479	-32.0
其　他	万元	315099	760163	998634	959797	645606	-32.7
本年新增固定资产	**万元**	**2228058**	**2626698**	**3329649**	**4242740**	**5297101**	**24.9**
本年购置土地面积	**平方米**	**3885761**	**7517678**	**3346304**	**2634028**	**1282010**	**-51.3**
房屋施工面积	**万平方米**	**2939.0**	**4552.7**	**5482.3**	**5839.0**	**5963.1**	**2.1**
住　宅	万平方米	2435.9	3560.8	4093.9	4254.1	4147.2	-2.5
房屋竣工面积	**万平方米**	**749.9**	**718.8**	**1067.4**	**1056.3**	**1333.9**	**26.3**
住　宅	万平方米	642.0	609.4	875.0	845.1	972.6	15.1
商品房销售面积	**万平方米**	**881.7**	**953.1**	**1168.3**	**1348.0**	**1021.4**	**-24.2**
住　宅	万平方米	809.9	883.2	1005.3	1206.6	900.7	-25.4
商品房空置面积	**万平方米**	**447.6**	**740.8**	**736.1**	**919.3**	**982.7**	**6.9**
空置1-3年面积	万平方米	264.4	497.0	487.0	674.8	621.9	-7.8
住　宅	万平方米	275.8	520.1	540	680.1	691.9	1.7

5－5　房地产开发投资完成情况

（2014 年）

指　　标	计划总投资	自开始建设累计完成投资	本年完成投资
总　计	**35334408**	**25619871**	**6735677**
按登记注册类型分			
内资企业	33498178	24564241	6583345
国有企业	903599	342527	96748
集体企业	4000	3950	50
国有独资公司	1725771	1618498	151588
其他有限责任公司	21064094	14793312	4582858
股份有限公司	1093550	846792	120482
私营独资企业	40400	18800	18800
私营合伙企业			
私营有限责任公司	8345188	6695021	1540243
私营股份有限公司	292527	214846	56378
其他企业	29049	30495	16198
港澳台商投资企业	747401	511175	130232
与港澳台商合资经营企业	541221	374379	95362
与港澳台商合资合作经营企业	60000	19317	19317
港澳台商独资经营企业	146180	117479	15553
港澳台商投资股份有限公司			
其他港澳台投资			
外商投资企业	1088829	544455	22100
中外合资经营企业	58829	69579	
中外合作经营企业			
外资企业	1030000	474876	22100
外商投资股份有限公司			
其他外商投资			
按控股情况分			
国有控股	7493567	6095579	1304627
集体控股	484059	453435	79108
私人控股	16404296	11853746	3224920
港澳台商控股	466941	351997	75715
外商控股	1528829	960155	115400
其他	8956716	5904959	1935907
按资质等级分			
一级	2429553	1872561	215309
二级	10143584	7840002	1382436
三级	12578936	10595017	2715294
四级	134968	93840	69140
暂定	9054274	4689517	1937155
其他	993093	528934	416343
按隶属关系分			
中央	461386	324239	29146
省（自治区、直辖市）	1274969	899660	156286
地区（州、盟、省辖市）	5370699	4399165	989059
县（区、市、旗）	3175413	2655736	680778
街道	177499	152302	50701
镇	657956	370152	108623
乡	25000	10000	6000
其他	24191486	16808617	4715084

单位:万元

本年完成投资					本年新增固定资产	本年购置土地面积(平方米)
按工程用途分						
商品住宅	别墅、高档公寓	办公楼	商业营业用房	其　他		
4892971	**232092**	**187621**	**1009479**	**645606**	**5297101**	**1282010**
4778177	222842	176621	1000697	627850	5263002	1134705
77939		2738	9235	6836	86630	183093
30			20			
113347		2	23392	14847	1168354	
3354639	173066	100608	681492	446119	1776605	731274
52516	100	10600	56626	740	182628	
16150			2650			
1099211	32676	57624	225131	158277	1970151	207085
52693	17000	553	2151	981	78634	13253
11652		4496		50		
92694		11000	8782	17756	34099	147305
59887		11000	7049	17426	34099	
17286			1711	320		147305
15521			22	10		
22100	9250					
22100	9250					
1072605	7797	22252	95623	114147	2033949	183093
38382	100	240	16749	23737	147229	
2281358	104906	145135	450036	348391	2558487	744659
49208		2000	7071	17436	34099	
104950	9250		3001	7449		
1346468	110039	17994	436999	134446	523337	354258
169802	17943	4000	19352	22155	101617	
970358	13244	12618	243445	156015	2586478	111063
2037572	74494	103074	400870	173778	2036508	28978
29239		1805	37433	663	66671	68233
1392600	126411	61024	239135	244396	414504	646173
293400		5100	69244	48599	91323	427563
19904			7665	1577	61745	183093
115456	42009	11061	10910	18859	302972	
791069	7897	14608	103681	79701	1767719	95007
446922		4057	187134	42665	88793	139516
		18304	23312	9085		
94863			7698	6062	33414	74563
6000	6000					
3418757	176186	139591	669079	487657	3042458	789831

5－6 房地产开发主要财务指标情况

（2014 年）

指　　标	资产总计	流动资产合计	固定资产原价	累计折旧
总　　计	**72169114**	**43661725**	**1021213**	**215273**
按登记注册类型分				
内资企业	70610244	42388673	992534	203298
国有企业	913865	541394	262404	22858
集体企业	5957	4410	951	951
国有独资公司	22392939	6102757	12066	4507
其他有限责任公司	32331282	22129403	449945	85335
股份有限公司	1778951	1455732	24269	6684
私营有限责任公司	12856948	11865704	233814	80345
私营股份有限公司	307206	267831	8135	2088
其他企业	23096	21442	950	530
港澳台商投资企业	936828	816724	5006	2562
与港澳台商合资经营企业	736701	658019	3748	2012
与港澳台商合资合作经营企业	43004	4292	70	9
港澳台商独资经营企业	157123	154413	1188	541
港澳台商投资股份有限公司				
其他港澳台投资				
外商投资企业	622044	456329	23673	9414
中外合资经营企业	278916	272735	5780	1948
中外合作经营企业	16852	15366	597	112
外资企业	326276	168228	17296	7354
按控股情况分				
国有控股	39078257	14123333	488164	59468
集体控股	1105805	857901	13621	6195
私人控股	20559002	18646630	411887	113935
港澳台商控股	676252	595549	4921	2552
外商控股	1423755	1257847	24396	10004
其他	9326042	8180465	78224	23119
按资质等级分				
一级	2545928	2488103	36495	16158
二级	16763211	15411862	228399	77327
三级	39331749	20333867	630508	98819
四级	76248	52198	2554	532
暂定	12769060	4739488	95053	10370
其他	682918	636207	28205	12068
按隶属关系分				
中央	454054	423439	25880	2575
省(自治区、直辖市)	1914408	1789010	25075	9336
地区(州、盟、省辖市)	35965037	11443660	104243	33427
县(区、市、旗)	3955275	3012747	216121	21271
街道	154911	132628	1257	901
镇	512658	481349	1529	688
乡				
居委会				
村委会	1990	1000	286	
其他	29210781	26377893	646821	147076

单位:万元

负债合计	主营业务收入	主营业务成本	主营业务税金及附加	营业利润	利润总额
41237916	**4122745**	**3043715**	**334106**	**50200**	**113552**
40146300	3790479	2800634	300118	16966	76853
543582	41481	27659	5522	-3837	-3129
4410				-11	-11
6600596	181529	147378	9329	9386	8021
20432186	1959046	1425379	159956	-57407	-2011
1417637	417554	269031	25048	93717	95381
10878462	1184434	924802	99760	-20568	-16965
253320	6435	6385	503	-4281	-4400
16107				-33	-33
564777	231372	155763	23484	39994	37565
451016	177495	124273	18672	26239	26146
8553				-548	-548
105208	53877	31490	4812	14303	11967
526840	100896	87319	10504	-6760	-864
266529	21211	15708	2103	-1215	-1209
5102	15	11	21	-245	-229
255209	79670	71600	8380	-5300	574
13485307	728092	567712	59846	10579	36749
992570	134496	102609	12103	-4807	-2726
17093583	2143166	1571197	174441	41634	42761
410631	231372	155763	23485	41888	39455
1379346	100895	87319	10505	-73336	-67558
7876480	784724	559117	53727	34242	64871
2242761	128925	97095	10830	-19471	-21230
14356991	1667176	1180969	135777	102222	105216
19296372	2001270	1539365	157149	69837	127796
43818	20714	18095	1335	-861	-243
4725458	277541	182780	27060	-86232	-88670
572517	27118	25412	1955	-15294	-9317
353777	74361	54845	6384	2943	2949
1549336	297661	181155	25325	72083	70721
11002301	568995	468094	39168	-26969	781
3147693	183344	129489	21523	-48557	-42861
146368	128	96	14	-2749	-2873
509415	116448	98269	8328	-3332	-2702
1				-10	-10
24529026	2881808	2111767	233364	56790	87546

5－7　房地产开发施工、销售情况

（2014 年）

指　　标	单位	合　计	住　宅	90 平方米以下住房	140 平方米以上住房	别墅、高档公寓	办公楼	商业营业用　房	其　他
房屋施工面积	平方米	59631110	41472027	16574380	5114805	751260	1905108	8920205	7333770
本年新开工面积	平方米	10536114	6947972	3654576	421165	163060	527623	1463843	1596676
房屋竣工面积	平方米	13339112	9726429	3234109	1045512	86138	498589	1472185	1641909
不可销售面积	平方米	1889914	983066	132779			5198	395042	506608
商品住宅竣工套数	套	106536	106536	46488	5844	238			
竣工房屋价值	万元	4041573	2659721	749758	244585	28302	135620	759677	486555
商品房销售面积	平方米	10213509	9006730	3933340	1665670	127118	124235	900060	182484
现房销售面积	平方米	3550711	3066084	1252903	705294	22528	31026	331545	122056
期房销售面积	平方米	6662798	5940646	2680437	960376	104590	93209	568515	60428
商品房销售额	万元	6326925	5188170	1857579	1248556	197333	103759	934685	100311
现房销售额	万元	1996254	1533452	472979	457540	43135	24437	375741	62624
期房销售额	万元	4330671	3654718	1384600	791016	154198	79322	558944	37687
商品住宅销售套数	套	95139	95139	55078	9681	804			
现房销售套数	套	30784	30784	17117	4174	33			
期房销售套数	套	64355	64355	37961	5507	771			
商品房空置面积	平方米	9826505	6919342	2809630	1421079	61921	301190	1634497	971476
空置 1－3 年面积	平方米	6219380	4547185	2060376	765186	53117	162119	1040336	469740
空置 3 年以上面积	平方米	370537	167897	64195	59849	3475	14842	146816	40982

5-8　计划总投资亿元以上房地产开发项目投资完成情况

（2014 年）　　单位：万元

项　目　名　称	开工日期（年月）	计　划总投资	累　计完成投资	本年完成投　资
哈尔滨万达文化旅游城配建住宅项目	201305	1100000	357065	180689
哈尔滨世茂滨江新城	201003	1030000	474876	22100
富力江湾新城	201208	950000	544280	271300
群力家园	201105	907000	878000	179950
松北区富力城	201405	684490	110000	110000
松浦观江国际	201005	500000	253158	25800
宏润·翠湖天地	201110	480059	179200	32300
海富御景（二期）	201407	400000	72639	72639
哈尔滨哈南万达广场项目	201402	400000	113000	113000
华风海城湾	200706	400000	231565	1500
陶瓷小区	201104	390000	407416	17296
鲁商松江新城	201105	380000	396162	8162
中海寰宇天下项目	201409	362000	15992	15992
北岸润和城	201011	336700	196705	48770
哈尔滨鲁商置业有限公司鲁商松江新城二期 4 号地块	201404	320000	206527	206527
哈尔滨汇雄生活汇	201403	300000	51770	51770
海富城	201108	300000	37658	265
华南城现代商贸物流城（3 号广场及商业办公区）	201206	294430	304475	37975
亚麻住宅小区二期	201104	280000	285068	93300
黑龙江汇雄房地产开发有限公司汇雄时代	201403	270000	26000	26000
恒大绿洲	201103	258116	203924	45745
华鸿·红星美凯龙国际商业广场	201103	250000	256625	31388
玫瑰湾二期	201108	240000	104935	25600
中房·金蓝湾	201211	238139	236150	105165
中海雍景熙岸项目	201403	232017	136790	136790
恒大名都	201105	222870	204149	49726
水木清华	201104	220000	107455	27490
恒大御景湾	201304	219057	123433	86358
玫瑰湾	201010	210000	210000	957
天地人和	201111	204000	99153	30171
纳帕英郡	201109	202289	188618	24357
广信新城	201105	200000	203764	5270
会展新经典（善上居）	201402	200000	13000	13000
远大购物广场一期	201104	200000	285919	200

5－9　计划总投资亿元以上重点建设项目投资完成情况

（2014 年）　　　　单位:万元

项　目　名　称	开工日期（年月）	计　划 总投资	累　计 完成投资	本年完成 投　资
哈尔滨万达城投资有限公司哈尔滨万达文化旅游城产业综合体项目	201304	1400000	233372	184579
哈尔滨市建设委员会轨道交通一期工程	200809	1309600	1152920	78152
松北防洪、灌排体系灌排改扩建及水生态环境建设	201009	1080000	1008150	89000
黑龙江省省直机关职工住房建设管理中心职工住宅	201004	890000	706299	42250
建设中国双城果蔬、绿色（有机）净菜物流基地项目	201109	813341	543300	240600
哈尔滨群力西区易地安置保障住房民生尚都项目二期	201403	744500	231874	231874
松花江北岸堤防防汛抢险通道工程	201207	683535	361706	116020
哈尔滨市轨道交通一号线 3 期工程	201409	515200	12794	12794
哈先发置业有限公司国家试点新发镇小城镇建设	201204	500000	180000	30000
哈尔滨万达城投资有限公司哈尔滨万达文化旅游城酒店群项目	201405	500000	27206	27206
哈尔滨哈南国际开发开放总部投资有限公司哈尔滨哈南国际商贸会展中心	201304	412888	92970	73970
国有哈尔滨平南热电厂新建供热工程项目	200910	344100	334191	136006
义乌中国小商品城东北市场	201209	341500	181408	62500
哈尔滨东安发动机（集团）有限公司先进民用直升机发动机产业化项目	200906	319985	64370	9100
哈尔滨建荣文化康体城产业综合体一期项目	201406	300000	29006	29006
哈尔滨国裕数据技术服务有限公司绿色国际数据中心群项目	201010	280000	46058	8058
地铁 3 号线一期工程	201301	274200	141102	23702
东北林业大学科技园区项目	201307	270000	119675	25000
中煤能源黑龙江化工有限公司 240 万吨/年矿井项目	201208	269000	227555	65555
基础设施 2.4 平方公里道路桥涵	201003	253400	253478	1200
哈尔滨市松北区东北亚园区烟厂整体搬迁改造	200811	249000	214314	12180
黑龙江省国辉房地产开发有限责任公司闽南国际商贸城一期项目	201307	240000	83500	77000
中国移动哈尔滨数据中心（一期）项目	201304	234000	78083	65000
哈尔滨七合牧业有限公司饲料加工	201205	222600	214060	90000
哈尔滨哈飞空客复合材料制造中心有限公司哈飞空客复合材料制造中心项目（密）	201001	206000	97799	4639
巴彦正帮养殖有限公司养殖加工	201305	200000	166000	165326
哈尔滨飞机工业集团 Z15C 通用直升机研发、制造项目	200807	194400	169000	2000
中国船舶重工集团公司第七 0 三研究所中船重工中小型燃气轮机产业园建设项目	201307	186000	113312	84144
哈尔滨哈南华夏饭店项目	201407	183224	19020	19020
哈尔滨热电有限责任公司“上大压小”扩建工程	201409	175848	13006	13006
哈尔滨市建设委员会地铁南延段工程	201006	164000	141180	1000
哈尔滨阳光热电有限公司西南部供热工程	200306	161571	159338	46742
黑龙江省印联包装印刷股份有限公司印刷出版文化科技产业园区项目	201210	160000	70300	30300
中航哈轴新哈轴工业园区建设项目	200805	160000	102622	2694
中国船舶重工集团公司第七 0 三研究所试验基地一期项目	201303	159000	156221	11294
中国船舶重工集团公司第七 0 三研究所试验基地二期项目	201303	154000	74826	58949
国际建材城综合项目	201103	150000	117394	20500

5－9 续表

项　目　名　称	开工日期（年月）	计　划总投资	累　计完成投资	本年完成投　资
哈尔滨宇光虚拟网络技术有限公司哈南工业新城宇光－英特尔产业园区	201207	150000	57294	7294
哈尔滨晟通工程塑料有限责任公司汽车专用改性塑料项目	201005	144000	144000	36659
哈尔滨医科大学附属第四医院松北医院一期	200811	140000	82626	150
百威英博哈尔滨啤酒有限公司 100 万千升啤酒易地改造项目	201210	139000	136760	26802
东安发动机（集团）有限公司东安－意大利 AVIO 公司合资	201101	136813	52460	6469
东北农业大学建设成栋学院东北农业大学成栋学院新校区工程项目	201405	128831	50110	50110
黑龙江东方学院平房校区建设项目	201006	125272	47387	35000
哈尔滨大剧院工程	201104	125000	104915	23100
新建哈尔滨海宁皮革城	201305	120000	103179	67451
哈尔滨市香坊南部开发有限责公司建设香坊食品医药工业园区	201006	120000	104465	47633
哈尔滨理工大学教师公寓项目	201409	120000	15300	15300
国际农业科技创新中心	201104	114662	94819	13685
哈尔滨市木兰县松花江公路大桥及引道工程建设项目	201406	111400	21986	21986
哈尔滨松北奥特莱斯广场有限公司哈尔滨枫叶小镇奥特莱斯项目	201403	110110	85201	85201
哈尔滨轴承制造有限公司新厂区建设项目	201104	109900	50187	1000
哈尔滨润恒农副产品批发大市场	201304	106000	63147	30497
广瀚产业园建设项目	201303	105000	26704	2036
呼兰区利民开发区北京东路建设项目	201107	103375	103375	20515
红星美凯龙世博家居广场项目	201309	99856	12025	1000
呼兰区利业镇小朱家轻工业产业基地建设项目	201406	99800	99800	99800
哈尔滨市呼兰区利业镇人民政府吕刚屯制鞋轻工产业园项目	201405	99800	99800	99800
哈尔滨利民经济技术开发区基础设施建设二期项目	201406	99700	99700	99700
哈尔滨市黄河公园（地下红博世纪广场二期）项目	201301	99000	48016	7000
呼兰区利业镇轻工业产业基地建设项目	201406	98000	98000	98000
哈尔滨华强皮草有限公司养殖加工销售产业链建设工程	201305	98000	79000	20000
哈尔滨市佟二堡皮草有限公司国际皮草城一期项目	201305	97031	96463	21463
龙葵路跨线桥工程	201403	96602	2357	2357
黑龙江建筑职业技术学院新校区建设	200505	96000	96000	1120
哈尔滨顶益食品有限公司迁建工程项目	201305	95788	30000	20000
杉杉商业综合体	201305	90000	85739	27000
五常市农业局国家级现代农业示范区建设项目	201301	90000	75632	26250
呼兰区呼口大桥建设项目	201107	89211	89211	17116
东安汽车动力股份公司 VVT 小排量汽车发动机开发及产业化项目	201004	88404	41070	5100

主要统计指标解释

固定资产投资 以货币形式表现的在一定时期内全社会建造和购置固定资产的工作量以及与此有关的费用的总称。该指标是反映固定资产投资规模、结构和发展速度的综合性指标，又是观察工程进度和考核投资效果的重要依据。全社会固定资产投资按登记注册类型可分为国有、集体、个体、联营、股份制、外商、港澳台商、其他等。自2011年起，国家统计局将投资统计起点由计划总投资50万元以上的项目调整为500万元以上。

房地产开发投资 指各种登记注册类型的房地产开发公司、商品房建设公司及其他房地产开发法人单位和附属于其他法人单位实际从事房地产开发或经营活动的单位统一开发的包括统代建、拆迁还建的住宅、厂房、仓库、饭店、宾馆、度假村、写字楼、办公楼等房屋建筑物和配套的服务设施，土地开发工程（如道路、给水、排水、供电、供热、通讯、平整场地等基础设施工程）的投资；不包括单纯的土地交易活动。

城镇和工矿区私人建房投资 包括市、县城、城关镇、工矿区所辖范围内的全部私人建房，不论其房主是否系本地的常住户口均应包括。

农村投资 包括在农村区域范围内进行固定资产投资活动的企业、事业、行政单位及农村个人投资。

建设总规模 是指在报告期内所有施工项目的计划总投资。这个指标和施工项目相对应。

在建总规模 是指在报告期末所有在建项目的计划总投资。

在建净规模 是指报告期末所有在建项目建成投产尚需的投资总量。在建净规模=在建总规模-累计完成投资。

固定资产投资的资金来源 根据固定资产投资的资金来源不同，分为国家预算内资金、国内贷款、利用外资、自筹资金和其他资金。

（1）国家预算内资金：分为财政拨款和财政安排的贷款两部分。包括中央财政的基本建设基金（分经营性基金和非经营性基金两部分）、专项支出（如煤代油专项等）、收回再贷、贴息资金，财政安排的挖潜改造和新产品试制支出、城建支出、商业部门简易建筑支出、不发达地区发展基金等资金中用于固定资产投资的资金；地方财政中由国家统筹安排的资金等。

（2）国内贷款：指报告期固定资产投资单位向银行及非银行金融机构借入的用于固定资产投资的各种国内借款，包括银行利用自有资金及吸收的存款发放的贷款、上级主管部门拨入的国内贷款、国家专项贷款（包括煤代油贷款、劳改煤矿专项贷款等）、地方财政专项资金安排的贷款、国内储备贷款、周转贷款等。

（3）利用外资：指报告期收到的用于固定资产建造和购置的国外资金（包括设备、材料、技术在内）。包括对外借款（外国政府、国际金融组织贷款、出口信贷、外国银行商业贷款、对外发行债券和股票）、外商直接投资及外商其他投资。不包括我国自有外汇资金（国家外汇、地方外汇、留成外汇、调剂外汇和中国银行自有资金发行的外汇贷款等）。计算利用外资时，需要折算成人民币，折算中所使用的外汇汇率按现汇计算，即按使用外汇时的汇率计算。

（4）自筹资金：指固定资产投资单位报告期收到的，由各地区、各部门及企、事业单位筹集用于固定资产投资的预算外资金，包括中央各部门、各级地方和企、事业单位的自筹资金。

（5）其他资金：指在报告期收到的除以上各种资金之外其他用于固定资产投资的资金，包括企业或金融机构通过发行各种债券筹集到的资金、群众集资、个人资金、无偿捐赠的资金及其他单位拨入的资金等。

固定资产投资按国民经济行业分 根据建设项目建成投产后的主要产品或主要用途及社会经济活动性质来确定国民经济行业。一般情况下，一个建设项目或一个企业、事业单位只能属于一种国民经济行业。

固定资产投资按隶属关系分 是按建设单位或企业、事业、行政单位的主管上级机关确定的。

（1）中央：是指中共中央、人大常委会和国务院各部、委、局、总公司以及直属机构直接领导的建设项目和企业、事业、行政单位。这些单位的固定资产投资计划由国务院各部门直接编制和下达，建设中所需物资、主要设备以及建设中的问题都由中央有关部门安排和解决。

（2）地方：是由省（自治区、直辖市）、地区（州、盟、省辖市）、县（旗、县级市）三级政府及业务主管部门直接领导和管理的建设项目、企业、事业、行政单位。地方项目还包括不隶属以上各级政府及主管部门的建设项目和企业、事业单位，如外商投资企业和无主管部门的企业等。

固定资产投资按建设性质分 根据整个建设项目情况来确定。建设项目的性质一般分为新建、扩建、改建和技术改造、迁建、恢复。房地产开发单位、农村投资、城镇工矿区私人建房投资不划分建设性质。

（1）新建：一般指从无到有“平地起家”开始建设的企业、事业和行政单位或建设项目。现有企业、事业、行政单位一般不属于新建。但如有的单位原有基础很小，经过建设后新增的固定资产价值超过该企、事业、行政单位原有固定资产价值（原值）三倍以上的也应作为新建。

（2）扩建：指在厂内或其他地点，为扩大原有产品的生产能力（或效益）或增加新的产品生产能力，而增建主要的生产车间（或主要工程）、分厂、独立的生产线。行政、事业单位在原单位增建业务用房（如学校增建教学用房、医院增建门诊部、病房等）也作为扩建。

现有企、事业单位为扩大原有主要产品生产能力或增加新的产品生产能力，增建一个或几个主要生产车间（或主要工程）、分厂，同时进行一些更新改造工程的，也应作为扩建。

（3）改建和技术改造：指现有企业、事业单位，对原有设施进行技术改造或更新（包括相应配套的辅助性生产、生活福利设施）的建设项目。现有企业、事业单位为适应市场变化的需要，而改变企业的主要产品种类（如军工企业转产民用品等）的建设项目，应作为改建。原有产品生产作业线由于各工序（车间）之间能力不平衡，为填平补齐充分发挥原有生产能力而增建不增加本企业主要产品设计能力的车间，也应作为改建。技术改造是指企业、事业单位在现有基础上，用先进的技术代替落后的技术，用先进的工艺和装备代替落后的工艺和装备，以改变企业落后的技术经济面貌，实现以内涵为主的扩大再生产，达到提高产品质量、促进产品更新换代、节约能源、降低消耗、扩大生产规模、全面提高社会经济效益的目的。技术改造具体包括以下内容：机器设备和工具的更新改造；生产工艺改革、节约能源和原材料的改造；厂房建筑和公共设施的改造；劳动条件和生产环境的改造等。

固定资产投资按构成分　固定资产投资活动按其工作内容和实现方式分为建筑安装工程，设备、工具、器具购置，其他费用三个部分。

（1）建筑安装工程（建筑安装工作量）：指各种房屋、建筑物的建造工程和各种设备、装置的安装工程。包括各种房屋建造工程，各种用途设备基础和各种工业窑炉的砌筑工程及金属结构工程；为施工而进行的各种准备工作和临时工程以及完工后的清理工作等；铁路、道路的铺设，矿井的开凿及石油管道的架设等；水利工程；防空地下建筑等特殊工程；列入房屋工程预算内的暖气、卫生、通风、照明、煤气等设备的价值及装设油饰工程；列入建筑工程预算内的各种管道（蒸汽、压缩空气、石油、给排水等管道）、电力、电讯电缆导线等的敷设工程；以及各种机械设备的安装工程；为测定安装工程质量，对设备进行的试运工作；房地产开发单位进行的商品房屋开发建设工程、土地开发工程。

在安装工程中，不包括被安装设备本身的价值。

（2）设备、工具、器具购置：指建设单位或企、事业单位购置或自制的，达到固定资产标准的设备、工具、器具的价值。新建单位及扩建单位的新建车间，按照设计或计划要求购置或自制的全部设备、工具、器具，不论是否达到固定资产标准均计入“设备、工具、器具购置”中。

（3）其他费用：指在固定资产建造和购置过程中发生的，除上述几项内容以外的各种应分摊计入固定资产的费用。

施工项目　指报告期内进行过建筑或安装施工活动的项目。凡是报告期内施过工的建设项目，不论施工时间长短，均作为施工项目统计。施工项目个数可以反映一定时期固定资产投资的实际规模，与同期全部建成投产项目个数相比，可以从建设速度的角度反映固定资产投资的效果。根据建设项目施工活动的不同性质，施工项目又分为：本年正式施工项目、本年收尾项目和以前年度全部停缓建项目。

全部建成投产项目　工业项目指设计文件规定形成生产能力的主体工程及其相应配套的辅助设施全部建成，经负荷试运转，证明具备生产设计规定合格产品的条件，并经过验收鉴定合格或达到竣工验收标准，与生产性工程配套的生活福利设施可以满足近期正常生产的需要，正式移交生产的建设项目。非工业项目指设计文件规定的主体工程和相应的配套工程全部建成，能够发挥设计规定的全部效益，经验收鉴定合格或达到竣工验收标准，正式移交使用的建设项目。

新增生产能力（或工程效益）　指通过固定资产投资活动而增加的设计能力（或工程效益），该指标是以实物形态表现的反映固定资产投资成果的指标，也是考核投资经济效果的重要依据之一。

新增生产能力（或工程效益）一般有以下几种表现形式：

（1）用产品数量表示，以工程在单位时间内（一般是一年）所能生产的产品数量（即年产量）表示。如原煤开采用万吨/年表示，化学农药用吨/年表示，拖拉机制造用台/年表示等。某些化工产品由于含量差别较大，按其设计含量计算折合量表示，如硫酸、纯碱、烧碱等。

（2）用单位时间内所能处理的原料数量表示，以工程每天（或小时）所能处理原料的数量表示。如机制糖工程日处理原料吨，食用植物油日处理原料吨，城市污水处理能力用万吨/日表示等。

（3）用新增加的主要设备的数量或容量表示，如新增棉布织机、丝织机等台数，毛纺锭等锭数，发电厂新增发电机组容量用千瓦表示等。

（4）用建筑物容积、容量、面积、长度表示，是非工业项目或工程新增效益的一种表现形式。如铁路投产里程、新建公路、水库容量、粮食仓库、学校学生席位、医院病床、有效灌溉面积等。

根据工程的特点，有时需要用两种或两种以上的复合计量单位表示新增生产能力（或工程效益），如新增内燃机生产能力同时用年产台数、千瓦数表示等。

为了规范新增生产能力（或工程效益）的名称和计算单位，国家统计局制订了《新增生产能力（或工程效益）目录及代码》。各固定资产投资单位在统计新增生产能力（或工程效益）时，必须按目录中规定的名称、计量单位和代码填报。

房屋建筑面积　指房屋建筑物勒脚以上外墙外围的水平截面面积，包括房屋建筑物的有效面积和结构面积。该指标是从实物形态上反映建设规模和建设成果的重要指标之一，也是检查工程形象进度、计算工程造价、分析投资效果、研究施工任务和建筑材料之间平衡情况的重要依据。

住宅建筑面积　指施工和竣工房屋建筑面积中供居住用的房屋建筑面积。

施工面积　指报告期内施工的全部房屋建筑面积。包括本期新开工的面积和上期开工跨入本期继续施工的房屋面积，以及上期已停建在本期恢复施工的房屋面积。本期竣工和本期施工后又停缓建的房屋，其建筑面积仍计入本期房屋施工面积中。

竣工面积　指在报告期内房屋建筑按照设计要求已经全部完工，达到住人和使用条件，经验收鉴定合格（或达到竣工验收标准)，正式移交使用单位的各栋房屋建筑面积的总和。

房屋建筑面积竣工率 指一定时期内房屋竣工面积占同期房屋施工面积的比率。是从房屋建筑施工速度的角度反映投资效果的指标。

新增固定资产 指报告期内已经完成建造和购置过程，并已交付生产或使用单位的固定资产价值。该指标是表示固定资产投资成果的价值指标，也是反映建设进度，计算固定资产投资效果的重要指标。

建设项目投产率 指一定时期内全部建成投产项目个数与同期施工项目个数的比率。该指标是从建设单位建设速度的角度反映投资效果的指标。

固定资产交付使用率 指一定时期新增固定资产与同期完成投资额的比率。该指标是反映固定资产动用速度，衡量建设过程中宏观投资效果的综合指标。由于新增固定资产是较长时期内形成的结果，而投资额则是当年完成的，因此，该指标一般适宜于反映较长时期内固定资产的动用情况。

经济适用房 指根据地方经济适用房计划安排建设的政策性住宅。经济是指房屋建筑造价和销售价格低于一般商品住宅；适用是指适合中低收入家庭购买使用。经济适用房主要是由国家统一下达投资计划，房地产公司开发，对外销售；用地一般采用行政划拨或招标投标方式，免收土地出让金；对各种经批准的收费减半征收，开发利润不超过3%；销售价格实行政府指导价。该指标可以分析房地产投资结构，反映中低收入家庭商品住宅的供求平衡情况。

六　能源生产和消费

Production and Consumption of Energy

6－1　2005－2014年规模以上工业企业能源消费量情况

年　份	能源合计（吨标煤）	原煤（吨）	焦炭（吨）	天然气（万立方米）	汽油（吨）	原油（吨）	煤油（吨）	柴油（吨）	电力（万千瓦时）
2005	14354009	12630888	261273	364	37492	2705695	1777	47048	626153
2006	15972825	13350879	435654	175	82603	2907367	1282	58413	594777
2007	16788049	14134512	467025	412	55030	3008373	2545	61314	661852
2008	16486068	14787991	453049	1046	24681	2763446	3878	42220	703744
2009	16087591	13951795	393530	2520	22860	3016795	2417	48199	618933
2010	17148055	17163475	394587	7414	22409	3317488	2948	49994	656941
2011	17329659	18064577	391901	8471	17595	3362023	3297	49447	700641
2012	17767062	18582950	612973	10113	18261	3521457	2204	35709	710314
2013	17671596	18387984	585190	11116	22547	3424482	2490	32357	770859
2014	17259223	19232183	170019	12491	21490	3252539	1785	31799	838347

6－2　规模以上工业企业能源购进、消费及库存情况

（2014年）

指　　标	计量单位	年初库存量	购进量		消费量			期末库存
			实物量	金额（万元）	合计	工业生产消费	非工业生产消费	
原煤	吨	2954520	20134887	698413	19232183	18987224	244959	3847976
炼焦烟煤	吨	274	2299	96	2412	2280	132	68
一般烟煤	吨	1877300	15210573	538660	14557458	14322837	234621	2521075
褐煤	吨	1059644	4813136	154250	4607342	4599983	7359	1267585
洗精煤	吨	7250	4210	472	10812	7740	3072	648
其它洗煤	吨	52985	88464	4657	89560	36892	52667	51839
煤制品	吨	160	2043	90	1898	1078	820	320
焦炭	吨	47766	138883	21939	170019	162066	7953	16630
发生炉煤气	万立方米							
天然气（气态）	万立方米	14	12244	42930	12491	12072	420	
液化天然气（液态）	吨		144	10	142	140	2	
原油	吨	82445	3242800	149713	3252539	3252532	7	70109
汽油	吨	284	20863	16907	21490	9998	11492	356
煤油	吨	156	1723	1349	1785	1752	33	100
柴油	吨	855	31526	24656	31799	21697	10100	734
燃料油	吨	1195	34722	1442	37101	37062	39	1217
液化石油气	吨		146	7	16671	16671		
炼厂干气	吨				95500	95500		
润滑油	吨	3	138	13	137	137		4
其它石油制品	吨	6	99	10	100	83	17	5
热力	百万千焦		4139047	23138	4896335	4451473	444862	
电力	万千瓦时		688576	476785	838347	803155	36591	
煤矸石用于燃料	吨		51969	103	41984	41978	6	
其它燃料	吨标准煤	50	1756	37	2046	1381	666	
能源合计	**吨标准煤**				**17259223**	**16979668**	**279555**	

6－3　规模以上工业企业分行业能源消费量情况

（2014 年）

指　　标	综合能源（吨标准煤）	煤　炭（吨）	汽　油（吨）	柴　油（吨）	电　力（万千瓦小时）
合　计	**7263561**	**19232183**	**21490**	**31799**	**838347**
采 矿 业	**41344**	**4011**	**321**	**6524**	**7985**
煤炭开采和洗选业	32614	3244	289	4746	3224
有色金属矿采选业	3676	730	13	15	2462
非金属矿采选业	3463	37	19	1762	685
制 造 业	**3841906**	**4735497**	**18234**	**21850**	**653759**
农副食品加工业	241666	207468	1293	679	93658
食品制造业	157183	90083	350	845	26209
饮料制造业	171280	206733	347	741	29861
烟草制品业	22028	21797	50	2525	3540
纺织业	22915	5796	8	5	15425
纺织服装、鞋、帽制造业	148		14		25
皮革、毛皮、羽毛(绒)及其制品业					
木材加工及木、竹、藤、棕、草制品业	37154	25036	981	451	14309
家具制造业	4453	2560	250	243	2224
造纸及纸制品业	24146	25669	589	542	5749
印刷业和记录媒介的复制	17129	10301	166	254	6129
文教体育用品制造业	7765	2247	235	79	4716
石油加工、炼焦及核燃料加工业	364751	116654	155	228	34063
化学原料及化学制品制造业	328336	366523	181	476	25640
医药制造业	393847	741813	5963	2169	69246
化学纤维制造业					
橡胶和塑料制品业	24027	2394	255	20	18723
非金属矿物制品业	1008948	1202588	905	9091	119927
黑色金属冶炼及压延加工业	238813	93165	27	362	20122
有色金属冶炼及压延加工业	67715	17312	140	186	30333
金属制品业	33878	19187	543	127	11958
通用设备制造业	88465	23670	1837	806	24609
专用设备制造业	32709	9386	813	339	17263
汽车制造业	97510	59931	1319	421	24002
铁路、船舶、航空航天和其他运输设备制造业	16937	12662	268	72	3007
电气机械及器材制造业	49530	11085	981	393	23495
通信设备、计算机及其他电子设备制造业	4350	730	196	30	2840
仪器仪表及文化、办公用机械制造业	11868	276	290	133	2826
工艺品及其他制造业	372884	1460420	66	8	23390
废弃资源和废旧材料回收加工业	1000	12	12	624	143
金属制品、机械和设备修理业	472				329
电力、燃气及水的生产和供应业	**3380311**	**14492676**	**2935**	**3426**	**176604**
电力、热力的生产和供应业	3360130	14485621	1845	2623	164964
燃气生产和供应业	6171	493	682	667	3319
水的生产和供应业	14010	6562	408	136	8321

6-4 重点工业企业分行业产值能耗情况

指标	综合能源消费量（吨标准煤）		产值综合能耗（吨标准煤/万元）		2014年比2013年增长(%)
	2013年	2014年	2013年	2014年	
合计	**7682031**	**7263561**	**0.2613**	**0.1983**	**-24.1**
采矿业	**38881**	**41344**	**0.2466**	**0.2528**	**2.5**
煤炭开采和洗选业	33012	32614	0.3576	0.5692	59.2
制造业	**4379685**	**3841906**	**0.1569**	**0.1102**	**-29.8**
农副食品加工业	173320	241666	0.0290	0.0220	-24.2
食品制造业	200046	157183	0.1290	0.0784	-39.2
酒、饮料和精制茶制造业	177149	171280	0.1488	0.1357	-8.9
烟草制品业	21358	22028	0.0218	0.0243	11.5
纺织业	23131	22915	0.1050	0.0780	-25.7
纺织服装、服饰业	571	148	0.0436	0.0174	-60.0
皮革、毛皮、羽毛及其制品和制鞋业					
木材加工和木、竹、藤、棕、草制品业	41287	37154	0.0445	0.0332	-25.4
家具制造业	3695	4453	0.0301	0.0223	-26.0
造纸和纸制品业	20439	24146	0.1048	0.0791	-24.5
印刷和记录媒介复制业	11720	17129	0.0710	0.0980	37.9
文教、工美、体育和娱乐用品制造业	5892	7765	0.0186	0.0268	44.2
石油加工、炼焦和核燃料加工业	314290	364751	0.1425	0.1807	26.8
化学原料和化学制品制造业	364079	328336	0.3081	0.3299	7.1
医药制造业	390522	393847	0.1813	0.1718	-5.3
化学纤维制造业	1963		0.8310		
橡胶和塑料制品业	14646	24027	0.0244	0.0287	17.6
非金属矿物制品业	1038176	1008948	0.9570	0.7468	-22.0
黑色金属冶炼和压延加工业	708535	238813	0.8207	0.6049	-26.3
有色金属冶炼和压延加工业	67650	67715	0.2174	0.2635	21.2
金属制品业	34294	33878	0.0567	0.0481	-15.2
通用设备制造业	83825	88465	0.0361	0.0260	-28.0
专用设备制造业	22840	32709	0.0271	0.0335	23.4
汽车制造业	122442	97510	0.1142	0.1088	-4.8
铁路、船舶、航空航天和其他运输设备制造业	113117	16937	0.0841	0.0119	-85.8
电气机械和器材制造业	51581	49530	0.0399	0.0412	3.2
计算机、通信和其他电子设备制造业	1682	4350	0.0138	0.0322	134.0
仪器仪表制造业	12254	11868	0.0883	0.0665	-24.7
其他制造业	358595	372884	3.3153	1.8177	-45.2
废弃资源综合利用业		1000		0.1435	
金属制品、机械和设备修理业	588	472	0.0200	0.0198	-1.1
电力、燃气及水的生产和供应业	**3263465**	**3380311**	**2.3646**	**2.0803**	**-12.0**
电力、热力的生产和供应业	3224728	3360130	2.8614	2.4911	-12.9
燃气生产和供应业	7544	6171	0.0451	0.0346	-23.3
水的生产和供应业	31193	14010	0.3628	0.1433	-60.5

6-5 全社会用电情况

单位:亿千瓦时

指　　标	2013 年	2014 年	指　　标	2013 年	2014 年
全市用电量	**197.49**	**200.38**	**市区用电量**	**157.32**	**172.63**
各行业用电量	**149.51**	**151.58**	**各行业用电量**	**126.29**	**134.77**
农林牧渔水利业	3.53	4.09	农林牧渔水利业	1.40	2.93
工　业	92.77	91.99	工　业	77.30	81.27
轻工业	24.74	25.69	轻工业	16.85	19.07
重工业	68.03	66.31	重工业	60.45	62.21
建筑业	5.51	5.58	建筑业	4.95	4.94
交通运输、仓储和邮政业	4.56	5.45	交通运输、仓储和邮政业	3.41	4.41
信息传输、计算机服务和软件业	3.41	3.44	信息传输、计算机服务和软件业	2.89	3.03
商业、住宿和餐饮业	14.08	13.97	商业、住宿和餐饮业	12.43	12.64
金融、房地产、商务及居民服务	11.62	12.28	金融、房地产、商务及居民服务	10.95	11.46
公共事业及管理组织	14.04	14.78	公共事业及管理组织	12.96	14.08
城乡居民生活用电量	**47.97**	**48.81**	**城乡居民生活用电量**	**31.03**	**37.86**
城　镇	31.43	32.28	城　镇	24.68	27.91
乡　村	16.54	16.53	乡　村	6.35	9.95

主要统计指标解释

能源生产总量 指一定时期内，全国一次能源生产量的总和。该指标是观察全国能源生产水平、规模、构成和发展速度的总量指标。一次能源生产量包括原煤、原油、天然气、水电、核能及其他动力能（如风能、地热能等）发电量，不包括低热值燃料生产量、生物质能、太阳能等的利用和由一次能源加工转换而成的二次能源产量。

能源消费总量 指一定时期内，全国物质生产部门、非物质生产部门和生活消费的各种能源的总和。该指标是观察能源消费水平、构成和增长速度的总量指标。能源消费总量包括原煤和原油及其制品、天然气、电力，不包括低热值燃料、生物质能和太阳能等的利用。能源消费总量分为终端能源消费量、能源加工转换损失量和能源损失量三部分。

（1）终端能源消费量：指一定时期内，全国生产和生活消费的各种能源在扣除了用于加工转换二次能源消费量和损失量以后的数量。

（2）能源加工转换损失量：指一定时期内，全国投入加工转换的各种能源数量之和与产出各种能源产品之和的差额。该指标是观察能源在加工转换过程中损失量变化的指标。

（3）能源损失量：指一定时期内，能源在输送、分配、储存过程中发生的损失和由客观原因造成的各种损失量，不包括各种气体能源放空、放散量。

能源生产弹性系数 是研究能源生产增长速度与国民经济增长速度之间关系的指标。计算公式：

$$\text{能源生产弹性系数} = \frac{\text{能源生产总量年平均增长速度}}{\text{国民经济年平均增长速度}}$$

国民经济年平均增长速度，可根据不同的目的或需要，用国民生产总值、国内生产总值等指标来计算，本年鉴是采用国内生产总值指标计算的。

电力生产弹性系数 是研究电力生产增长速度与国民经济增长速度之间关系的指标。一般来说，电力的发展应当快于国民经济的发展，也就是说电力应超前发展。计算公式为：

$$\text{电力生产弹性系数} = \frac{\text{电力生产量年平均增长速度}}{\text{国民经济年平均增长速度}}$$

能源消费弹性系数 是反映能源消费增长速度与国民经济增长速度之间比例关系的指标。计算公式为：

$$\text{能源消费弹性系数} = \frac{\text{能源消费量年平均增长速度}}{\text{国民经济年平均增长速度}}$$

电力消费弹性系数 是反映电力消费增长速度与国民经济增长速度之间比例关系的指标。计算公式为：

$$\text{电力消费弹性系数} = \frac{\text{电力消费量年平均增长速度}}{\text{国民经济年平均增长速度}}$$

能源加工转换效率 指一定时期内，能源经过加工、转换后，产出的各种能源产品的数量与同期内投入加工转换的各种能源数量的比率。该指标是观察能源加工转换装置和生产工艺先进与落后、管理水平高低等的重要指标。计算公式为：

$$\text{能源加工转换效率} = \frac{\text{能源加工转换产出量}}{\text{能源加工转换投入量}} \times 100\%$$

单位生产总值能耗 指一定时期内，一个国家或地区每生产一个单位的生产总值所消耗的能源。计算公式为：

$$\text{单位生产总值能耗} = \frac{\text{能源消费总量}}{\text{生产总值}}$$

单位生产总值电耗 指一定时期内，一个国家或地区每生产一个单位的生产总值所消耗的电力。计算公式为：

$$\text{单位生产总值电耗} = \frac{\text{全社会用电量}}{\text{生产总值}}$$

单位工业增加值能耗 指一定时期内，一个国家或地区每生产一个单位的工业增加值所消耗的能源。计算公式为：

$$\text{单位工业增加值能耗} = \frac{\text{工业能源消费量}}{\text{工业增加值}}$$

七　财政、金融和保险

Finance, Banking and Insurance

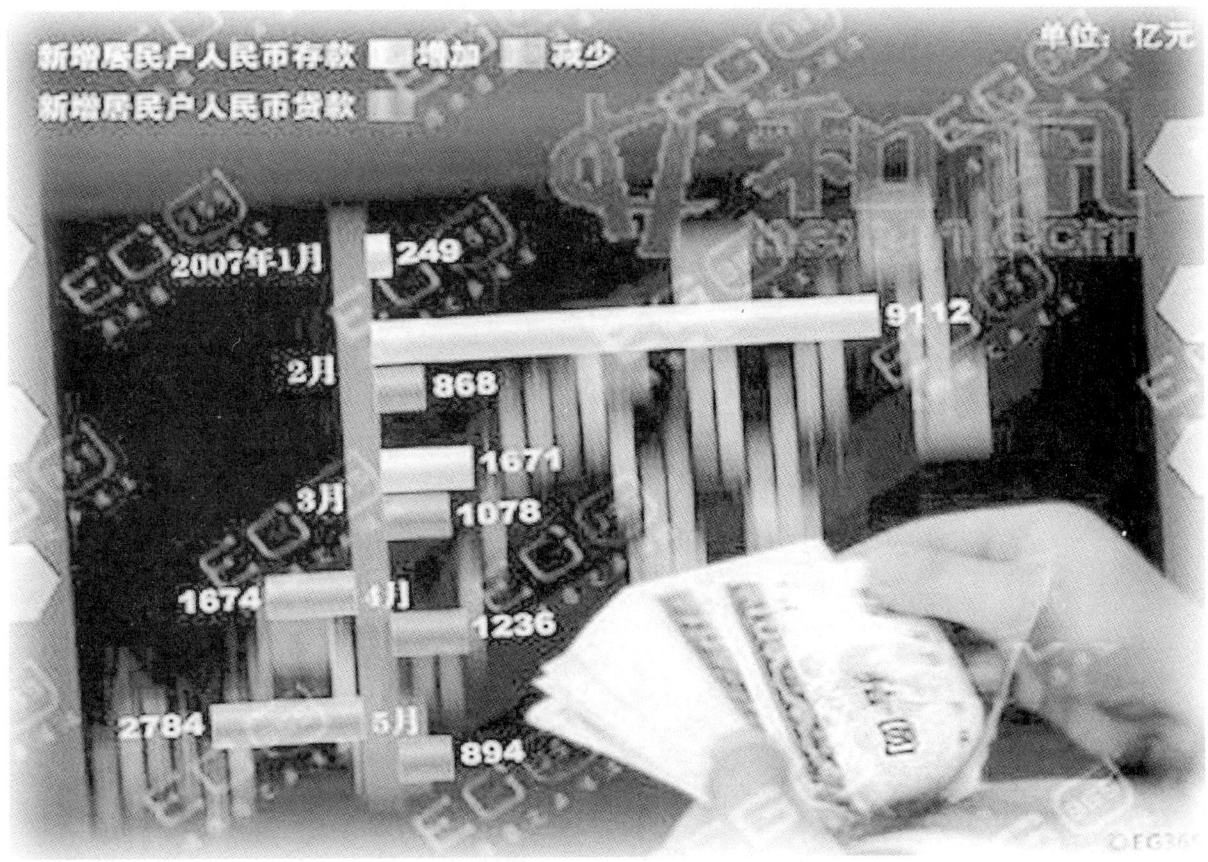

7－1　2010－2014 年财政、金融和保险情况

单位:亿元

指　　标	2010 年	2011 年	2012 年	2013 年	2014 年	2014年比2013 年增长(%)
财　政						
公共财政预算总收入	410.4	502.1	581.4	632.4	650.7	2.9
地方公共财政预算收入	238.1	300.3	354.7	402.3	423.5	5.3
基金收入	251.8	307.0	172.9	234.0	204.9	－12.4
地方公共财政预算支出	453.0	557.1	643.6	709.8	740.1	4.3
基金支出	245.7	348.1	198.2	248.6	195.2	－21.5
金　融						
金融机构本外币存款余额	6015.0	6612.5	7513.2	8588.8	9012.1	4.9
金融机构本外币贷款余额	4273.5	5070.1	5880.4	6661.2	7642.7	14.7
金融机构人民币存款余额	5956.4	6551.9	7360.3	8488.2	8884.0	4.7
个人储蓄存款	2580.1	2896.6	3320.7	3593.6	3768.8	4.9
金融机构人民币贷款余额	4127.0	4873.3	5558.0	6275.9	7257.5	15.6
农村信用社各项存款余额	296.2	347.9	420.1	444.7	548.0	23.2
农村信用社各项贷款余额	222.1	263.9	329.7	344.5	380.0	10.3
保　险						
保费收入	103.0	103.1	121.6	139.7	226.3	62.0
保险业务支出	34.4	34.3	40.9	61.1	83.4	36.5
赔付支出	22.4	26.4	32.2	47.9	52.1	8.8
退　保	12.0	7.9	8.6	13.3	31.3	135.3

注:2012 年,财政一般预算总收入改为公共财政预算总收入;地方财政一般预算收入改为地方公共财政预算收入;地方财政一般预算支出改为地方公共财政预算支出。地方公共财政预算支出增长为财政局提供可比口径,金融数据增长均为银行提供。

7-2　1980-2014年地方公共财政预算收支及指数情况

单位:亿元

年　份	地方公共财政预算收入	地方公共财政预算支出	收支差额	指数(上年=100)	
				财政收入	财政支出
1980	7.8	3.2	4.6	107.6	95.5
1981	7.8	3.5	4.3	100.3	110.2
1982	7.7	3.9	3.8	99.1	110.7
1983	7.6	4.3	3.3	98.2	110.9
1984	9.0	4.9	4.1	118.9	113.3
1985	11.0	7.0	4.0	121.7	142.7
1986	12.5	12.7	-0.2	113.8	181.9
1987	14.4	13.4	0.9	115.1	105.6
1988	16.4	15.9	0.6	114.5	118.1
1989	19.4	17.4	1.9	117.9	110.0
1990	20.2	19.1	1.1	104.4	109.4
1991	24.6	21.4	3.2	121.6	112.2
1992	22.9	20.0	2.9	93.2	93.4
1993	26.8	23.5	3.2	116.8	117.6
1994	21.3	33.8	-12.5	79.6	143.9
1995	25.4	40.8	-15.4	119.2	120.5
1996	31.3	44.2	-12.9	123.2	108.4
1997	36.6	49.5	-12.9	117.0	112.1
1998	41.9	58.7	-16.8	114.5	118.6
1999	48.1	69.6	-21.4	114.9	118.5
2000	53.6	77.5	-23.8	111.4	111.4
2001	65.4	93.6	-28.2	121.9	120.8
2002	67.7	105.8	-38.1	103.6	113.0
2003	76.4	121.6	-45.2	112.7	114.9
2004	95.6	150.4	-54.8	125.2	123.7
2005	98.0	164.6	-66.6	102.5	109.4
2006	118.3	194.7	-76.4	120.7	118.3
2007	132.0	232.4	-100.4	111.6	119.4
2008	164.0	301.3	-137.3	124.2	129.6
2009	193.4	348.4	-155.0	117.9	115.6
2010	238.1	453.0	-214.9	123.1	130.0
2011	300.3	557.1	-256.8	126.1	123.0
2012	354.7	643.6	-288.9	118.1	115.5
2013	402.3	709.8	-307.5	113.4	110.3
2014	423.5	740.1	-316.6	105.3	104.3

注:财政收支指数为自然口径。

7－3　地方公共财政预算收支构成情况

（2014 年）

指标	绝对数(万元)			指数(上年=100)		
	全市	市区	市辖县(市)	全市	市区	市辖县(市)
地方公共财政预算收入	**4235203**	**3638224**	**596979**	**105.3**	**107.4**	**94.0**
税收收入小计	3460543	3067958	392585	108.9	110.9	95.5
增值税	435575	345134	90441	128.5	127.2	133.6
营业税	1219950	1106207	113743	97.2	100.4	73.9
企业所得税	427307	367782	59525	106.1	107.7	97.6
个人所得税	161313	147614	13699	117.9	120.5	95.3
资源税	4737	1344	3393	85.8	95.4	82.6
城市维护建设税	201656	182529	19127	109.9	111.3	98.3
耕地占用税	40506	35502	5004	53.6	49.3	140.4
契税	278866	256931	21935	108.1	108.8	99.6
非税收入小计	774660	570266	204394	91.5	91.6	91.3
专项收入	105531	90483	15048	110.3	112.2	100.1
行政事业性收费收入	249791	205230	44561	93.9	91.3	108.1
地方公共财政预算支出	**7400780**	**5034040**	**2366740**	**104.3**	**105.5**	**101.7**
一般公共服务支出	549627	385518	164109	100.4	105.6	90.0
国防支出	15300	14195	1105	109.1	109.9	100.4
公共安全	308347	220282	88065	95.8	96.9	93.1
教育支出	1115150	704091	411059	99.9	101.9	96.8
科学技术支出	100276	69282	30994	84.2	79.6	96.3
文化体育与传媒支出	124237	104783	19454	127.8	126.7	134.0
社会保障和就业支出	1175773	815798	359975	112.3	114.6	107.2
医疗卫生与计划生育支出	524555	291465	233090	116.7	108.0	130.0
节能环保支出	109581	61780	47801	108.9	173.3	73.5
城乡社区支出	1749169	1510615	238554	116.4	116.7	114.4
农林水支出	668188	196606	471582	96.8	95.6	97.3
交通运输支出	240826	158881	81945	92.7	85.2	112.1

注：所有指数均为自然生成。

7－4　1980－2014年金融机构存贷款及指数情况

单位:亿元

年　份	金融机构存款余额	金融机构贷款余额	金融机构存款余额指数(上年＝100)	金融机构贷款余额指数(上年＝100)
1980	25.9	31.3	123.3	116.8
1985	64.7	83.0	155.2	140.2
1990	147.2	200.2	125.2	123.4
1991	181.6	244.6	123.4	122.2
1992	230.1	290.4	126.7	118.7
1993	267.5	356.0	116.3	122.6
1994	322.9	422.6	120.7	118.7
1995	545.4	441.5	168.9	104.5
1996	633.4	559.6	116.1	126.7
1997	732.8	615.1	115.7	109.9
1998	859.6	700.0	117.3	113.8
1999	1009.1	883.7	117.4	126.2
2000	1256.7	1050.4	124.5	118.9
2001	1495.4	1466.6	119.0	139.6
2002	1726.1	1614.1	115.4	110.1
2003	2015.2	1919.5	116.7	118.9
2004	2260.7	2113.4	112.2	110.1
2005	2630.2	1964.1	116.3	92.9
2006	3036.9	2190.0	115.5	111.5
2007	3339.5	2384.5	110.0	108.9
2008	3974.8	2636.8	119.0	110.6
2009	5031.1	3433.3	126.6	130.2
2010	5956.4	4127.0	118.4	120.2
2011	6551.9	4873.3	110.0	118.1
2012	7360.3	5558.0	112.3	114.1
2013	8488.2	6275.9	115.3	112.9
2014	8884.0	7257.5	104.7	115.6

注:1996年及以后数据为人民币金融机构口径(2001年数据不可比),指数为自然生成。

7-5　1978-2014年个人储蓄存款余额情况

单位:亿元

年　份	储蓄存款余额		比年初增加额	
	全　市	农村信用社	全　市	农村信用社
1978	2.6	0.3	0.5	0.1
1980	5.5	1.0	2.1	0.6
1985	21.1	3.0	4.6	0.5
1990	92.1	7.7	21.6	1.4
1991	115.5	9.7	23.3	2.1
1992	142.5	11.7	27.1	2.0
1993	173.9	15.3	31.3	3.6
1994	236.0	18.7	62.2	3.4
1995	334.0	27.9	110.7	9.2
1996	443.5	27.4	96.8	-0.5
1997	504.2	33.6	60.7	6.2
1998	575.3	37.4	71.1	3.8
1999	645.0	40.1	106.4	2.7
2000	714.1	43.6	32.4	3.5
2001	831.4	47.7	117.3	4.1
2002	977.8	52.0	146.4	4.3
2003	1153.7	60.1	175.9	8.1
2004	1261.2	65.3	99.8	5.2
2005	1461.5	74.9	200.3	9.6
2006	1563.8	91.6	102.3	16.7
2007	1541.1	106.5	-22.7	10.1
2008	1916.8	136.8	375.7	30.3
2009	2249.5	161.7	344.0	24.9
2010	2580.1	207.1	330.4	45.3
2011	2896.6	246.1	328.8	39.0
2012	3320.7	287.0	424.1	40.9
2013	3593.6	333.6	267.4	46.6
2014	3768.8	410.1	175.3	76.5

注:1996年及以后为金融机构口径(2001年数据不可比),2011年以后居民储蓄存款余额口径改为个人储蓄存款。

7－6　1980－2014 年个人储蓄存款余额指数情况

（上年＝100）

年　份	储蓄存款余额		比年初增加额	
	全　市	农村信用社	全　市	农村信用社
1980	159.9	232.6	228.6	438.5
1985	128.2	121.9	101.5	64.3
1990	130.7	122.4	104.6	162.1
1991	125.3	126.8	107.9	145.4
1992	123.4	120.8	116.0	98.5
1993	122.0	130.4	115.8	176.7
1994	135.8	122.1	198.3	94.7
1995	141.5	149.4	178.0	272.8
1996	132.8	98.1	87.4	
1997	113.7	122.8	62.7	
1998	114.1	111.3	117.2	
1999	112.1	107.3	149.6	71.6
2000	110.7	108.6	30.4	127.2
2001	116.4	109.4	362.2	119.1
2002	117.6	109.0	124.8	104.4
2003	118.0	115.6	120.1	188.8
2004	109.3	108.6	56.7	64.2
2005	115.9	114.7	200.7	183.5
2006	107.0	122.3	51.1	174.7
2007	98.5	116.3		60.5
2008	124.4	128.5		300.0
2009	117.4	118.2	91.6	82.2
2010	114.7	128.1	96.0	181.9
2011	112.3	118.8	99.5	86.1
2012	114.6	116.6	129.0	104.9
2013	108.2	116.2	63.1	113.9
2014	104.9	122.9	65.6	164.2

注：所有指数为自然生成。

7－7 农村信用社存款、贷款及指数情况

（2014 年）

指 标	绝对数(万元)			指数(上年=100)		
	全市	市区	市辖县(市)	全市	市区	市辖县(市)
各项存款	**5479550**	**2369948**	**3109602**	**123.2**	**128.6**	**119.4**
活期单位存款	1201851	894028	307823	128.5	143.8	98.2
定期单位存款	168004	132673	35331	148.5	156.8	123.9
活期储蓄存款	1651833	560533	1091300	113.1	115.2	112.1
定期储蓄存款	2448975	775329	1673646	130.6	120.2	136.0
财政性存款	8887	7385	1502	14.2	157.7	2.6
各项贷款	**3800126**	**1207403**	**2592723**	**110.3**	**114.5**	**108.4**
短期农业贷款	99858	25125	74733	155.4	136.7	162.9
短期乡镇企业贷款	1086	1086				
短期其他贷款	111149	31288	79861	109.7	362.7	86.1
中长期农业贷款	141640	86482	55158	88.5	82.8	99.3
中长期乡镇企业贷款	2868	2868		71.0	90.0	
中长期其他贷款	146468	36639	109829	138.0	342.3	115.1
农户小额信用贷款	210	147	63	5.1	28.7	1.7
农户联保贷款	572503	6698	565805	75.5	62.2	75.6
助学贷款						
抵押农业贷款	782880	484221	298659	89.7	84.5	99.5
抵押乡镇企业贷款	10722	10722		136.6	197.6	
抵押其它贷款	1237107	309517	927590	138.0	142.6	136.5
质押农业贷款	21548	2104	19444	284.0	1026.3	263.4
质押乡镇企业贷款						
质押其他贷款	7535	1397	6138	90.0	243.8	78.7
贴　现	267829	70887	196942	219.7		161.5
逾期农业贷款	18740	14720	4020	89.6	125.1	43.9
逾期乡镇企业贷款	674	674				
逾期其他贷款	7600	2128	5472	126.8	173.1	114.9
逾期农户小额信用贷款	110	22	88	19.1	157.1	15.6
逾期农户联保贷款	14883	1272	13611	58.7	86.5	57.0
逾期助学贷款						
两呆农业贷款	141323	101480	39843	155.0	135.5	244.6
两呆乡镇企业贷款	614	614		26.5	78.7	
两呆其他贷款	44058	8108	35950	144.9	237.6	133.2
两呆农户小额信用贷款	2979	20	2959	4513.6	500.0	4772.6
两呆农户联保贷款	165742	9184	156558	108.1	132.0	107.0
两呆助学贷款						

注：市辖县（市）数据为含呼兰和阿城口径。

7－8　保险业务收支情况

（2014 年）　　单位:万元

指　　标	保费收入	保险业务支出	赔付支出	退　保
总　计	**2263227**	**833742**	**520843**	**312899**
财产险公司	**466275**	**219150**	**219150**	
企业财产保险	24655	14828	14828	
家庭财产保险	1440	601	601	
机动车辆保险	333743	171289	171289	
工程保险	5712	2633	2633	
责任保险	8975	4518	4518	
信用保险	34950	655	655	
保证保险	29224	4996	4996	
船舶保险	58			
货物运输保险	2886	5622	5622	
特殊风险保险	2671	47	47	
农业保险	14898	10450	10450	
健康险	2173	1756	1756	
意外伤害保险	4308	1223	1223	
其他险	582	531	531	
人身险公司	**1796952**	**614592**	**301693**	**312899**
寿险	1649884	557041	245860	311181
意外伤害险	30618	4352	4352	
健康险	116450	53199	51481	1718

7－9　2010－2014年证券机构及证券交易情况

指　　标	单　位	2010年	2011年	2012年	2013年	2014年
注册地在哈尔滨证券公司数	个	1	1	1	1	1
证券营业部	个	59	59	59	60	62
有价证券交易成交额	万元	86643417	68328295	73257056	121679939	182113689
A股	万元	83528016	59161020	42493002	58476866	92648640
B股	万元	331103	188344	105886	179957	121171
债券	万元	193021	304568	515689	1569813	1794709
基金	万元	567591	324953	1351067	2254837	5464230
权证	万元	1874990	348074			
其他证券	万元	148696	374612	1684988	1379791	1271200
债券融资回购交易	万元		650695	264238	708452	633863
债券融券回购交易	万元		6976028	26842188	57110223	80179873

主要统计指标解释

财政收入 国家财政参与社会产品分配所取得的收入，是实现国家职能的财力保证。财政收入所包括的内容几经变化，目前主要包括：(1)各项税收：包括增值税、营业税、消费税、土地增值税、城市维护建设税、资源税、城市土地使用税、印花税、固定资产投资调节税、个人所得税、企业所得税、关税、农牧业税和耕地占用税等。(2)专项收入：包括征收排污费、征收城市水资源费收入，教育费附加收入等。(3)其他收入：包括基本建设贷款归还收入、基本建设收入、捐赠收入等。(4)国有企业计划亏损补贴：这项为负收入，冲减财政收入。

地方公共财政预算收入 现行分税制财政体制规定，属地方收入范围内的，缴入地方金库。

财政支出 国家财政将筹集起来的资金进行分配使用，以满足经济建设和各项事业的需要，主要包括：

(1)基本建设支出 指按国家有关规定，属于基本建设范围内的基本建设有偿使用、拨款、资本金支出以及经国家批准对专项和政策性基建投资贷款，在部门的基建投资额中统筹支付的贴息支出。

(2)企业挖潜改造资金 指国家预算内拨给的用于企业挖潜、革新和必造的资金。包括各部门企业挖潜改造资金和企业挖潜改造贷款资金，为农业服务的县办“五小”企业技术改造补助，挖潜改造贷款利息支出。

(3)地质勘探费用 国家预算用于地质勘探单位的勘探工作费用，包括地质勘探管理机构及其事业单位经费、地质勘探经费。

(4)科技三项费用 国家预算用于科技支出的费用，包括新产品试制费、中间试验费，重要科学研究补助费。

(5)支援农村生产支出 国家财政支援农村集体(户)各项生产的支出。包括对农村举办的小型农田水利和打井、喷灌等的补助费；对农村水土保持措施的补助费；对农村举办的小水电站的补助费；特大抗旱的补助费；农村开荒补助费；扶持乡镇企业资金；农村农技推广和植保补助费；农村草场和畜禽保护补助费；农村造林和林木保护补助费；农村水产补助费；发展粮食生产专项资金。

(6)农林水利气象等部门的事业费用 国家财政用于农垦、农场、农业、畜牧、农机、林业、森工、水利、水产、气象、乡镇企业的技术推广、良种推广(示范)、植物(畜禽、森林)保护、水质监测、勘探设计、资源调查、干部训练等项费用，园艺特产场补助费，中等专业学校经费，飞播牧草试验补助费，营林机构、气象机构经费，渔政费以及农业管理事业费等。

(7)工业交通商业等部门的事业费 国家预算支付给工交商各部门用于事业发展的经费。包括勘探设计费、中等专业学校经费、技术学校经费、干部训练费。

(8)文教科学卫生事业费 国家预算用于文化、出版、文物、教育、卫生、中医、公费医疗、体育、档案、地震、海洋、通讯、电影电视、计划生育、党政群干部训练、自然科学、社会科学、科协等项事业的经费支出和高技术研究专项经费。主要包括工资、补助工资、福利费、离退费、助学金、公务费、设备购置费、修缮费、业务费、差额补助费。

(9)抚恤和社会福利救济费 国家预算用于抚恤和社会福利救济事业的经费，包括由民政部门开支的烈士家属和牺牲病残人员家属的一次性、定期抚恤金，革命伤残人员的抚恤金，各种伤残补助费、烈军属、复员退伍军人生活补助费、退伍军人安置费，优抚事业单位经费，烈士纪念建筑物管理、维修费，自然灾害救济事业费和特大自然灾害灾后重建补助费等。

(10)国防支出 国家预算用于国防建设和保卫国家安全的支出，包括国防费、国防科研事业费、民兵建设以及专项工程支出等。

(11)行政管理费 包括行政管理支出，党派团体补助支出，外交支出，公安安全支出，司法支出，法院支出，检察院支出和公检法办案费用补助。

(12)价格补贴支出 经国家批准，由国家财政拨给的政策性补贴支出，主要包括粮食加价款，粮、棉、油差价被贴，棉花收购价外奖励款，副食品风险基金，市镇居民的肉食价格补贴，平抑市价肉食、蔬菜价差补贴等以及经国家批准的教材课、报刊新闻纸等价格补贴。

地方公共财政预算支出 通过地方财政金库拨补的各项开支，包括地方财政收入中安排的各项支出和中央的专项拨款。

预算外资金收支 预算外资金指国家机关、事业单位和社会团体为履行或代行政府职能，依据国家法律、法规和具有法律效力的规章而收取、提取和安排使用的未纳入国家预算管理的各种财政性资金。其范围主要包括：法律、法规规定的行政事业性收费、基金和附加收入等；国务院或省级人民政府及其财政、计划(物价)部门审批的行政事业性收费；国务院及财政部审批建立的基金、附加收入等；主管部门所属单位集中上缴资金；用于乡镇政府开支的乡自筹和乡统筹资金；其他未纳入预算管理的财政性资金。社会保障基金在国家财政尚未建立社会保障预算制度以前，先按预算外资金管理制度进行管理，专款专用。财政部门在银行开设统一的专户，用于预算外资金收入和支出管理。部门和单位的预算外收入必须上缴同级财政专户，支出由同级财政按预算外资金收支计划和单位财务收支计划统筹安排，从财政专户中拨付，实行收支两条线管理。

信贷资金 指金融机构以信用方式积聚和分配的货币资金。金融机构信贷资金的来源有各项存款、对国际金融机构负债、流通中货币、银行自有资金及当年结益等；信贷资金的运用有各项贷款、黄金占款、外汇占款、财政借款及在国际金融机构中的资产等。

存款 企业、机关、团体或居民根据可以收回的原则，把货币资金存入银行或其他信用机构保管并取得一定利息的一种信用活动形式。根据存款对象的不同可划分为企业存款、财政存款、机关团体存款、基本建设存款、城镇储蓄存款、农村储蓄存款等科目。它是银行信贷资金的主要来源。

城乡居民储蓄存款余额　城乡居民储蓄存款，包括城镇居民储蓄存款和农民个人储蓄存款两部分。不包括居民的手存现金和工矿企业、部队、机关团体等集团存款。储蓄存款余额，是指城乡居民存入银行及农村信用社储蓄的时点数（存入数扣除取出数的余额），如月末，季末或年末数额。

贷款　银行或其他信息机构根据必须归还的原则，按一定利率，为企业、个人等提供资金的一种信用活动形式。我国银行贷款分为流动资金贷款、固定资产贷款、城乡个体工商户贷款以及农业贷款等科目。

承保额　又叫保险金额。它是保险人对被保险人负担损失补偿或约定给付的金额。它是保险合同上的最高责任额，也是计算保费的依据。

保费　又指投保人为取得保险人在约定范围内所承担赔偿责任而支付给保险人的费用。

赔款　指保险人根据保险合同的规定，向被保险人支付的赔偿保险责任损失的金额。

给付　包括死伤医疗给付和满期给付。死伤医疗给付是指保险人根据人寿保险及长期健康保险合同的规定，因被保险人在保险期内发生保险责任范围内的保险事故支付给被保险人（或受益人）的金额。满期给付是指被保险人生存期满，保险人按人寿保险合同规定支付给被保险人的满期保险金额。

八　物价指数

Price Indices

8－1　2009－2014年各种物价总指数

（上年＝100）

指　　标	2009年	2010年	2011年	2012年	2013年	2014年
工业生产者出厂价格指数	**97.7**	**104.1**	**105.8**	**102.7**	**98.5**	**98.8**
轻工业	100.6	103.2	110.1	107.2	99.8	98.2
重工业	96.2	104.6	103.2	99.9	97.6	99.1
生产资料	96.2	105.1	105.2	101.9	98.2	98.2
生活资料	101.2	102.1	107.0	104.3	98.9	99.8
工业生产者购进价格指数	**92.9**	**114.3**	**107.1**	**100.4**	**100.5**	**98.3**
固定资产投资价格指数	**102.8**	**114.3**	**109.4**	**97.9**	**101.5**	**100.3**
建筑安装工程投资	100.3	105.4	112.5	96.9	102.2	100.2
设备工器具投资	97.8	100.4	101.2	99.1	98.7	99.7
其他费用投资	121.6	173.6	109.5	100.0	102.7	101.3
城市商品零售价格总指数	**98.5**	**101.9**	**104.4**	**102.5**	**101.2**	**101.5**
食品类	101.4	106.6	112.0	107.0	103.7	103.2
饮料、烟酒类	101.8	102.9	103.7	102.2	100.6	100.2
服装、鞋帽类	96.9	96.5	102.6	104.2	104.9	104.4
纺织品类	100.8	101.7	106.1	102.9	97.3	102.3
家用电器及音像器材类	86.2	91.9	88.4	91.1	95.6	98.5
文化办公用品类	91.5	91.9	92.1	96.1	96.8	98.9
日用品类	103.7	101.2	102.6	102.0	100.9	99.7
体育娱乐用品类	94.7	99.4	99.3	103.3	99.4	98.7
交通、通信用品类	92.2	89.6	94.7	92.9	95.0	97.5
家具类	97.3	99.2	92.9	103.8	99.5	108.6
化妆品类	102.6	104.1	103.1	104.9	102.8	100.5
金银珠宝类	93.1	115.4	123.0	103.1	102.2	83.4
中西药品及医疗保健用品类	104.4	113.3	100.3	100.9	101.7	102.0
书报杂志及电子出版物类	106.6	101.6	99.2	98.4	99.3	102.4
燃料类	94.9	115.4	111.7	103.6	97.9	99.5
建筑材料及五金电料类	96.1	102.0	103.3	99.6	99.1	102.5

8－2 工业生产者出厂价格分类指数

（上年＝100）

指　　标	2014 年	指　　标	2014 年
总指数	**98.8**	烟草制品业	100.0
轻 工 业	98.2	卷烟制造	100.0
以农产品为原料	97.8	其他烟草制品加工	100.0
以非农产品为原料	99.9	纺织业	108.6
重 工 业	99.1	棉、化纤纺织及印染精加工	102.5
采　掘	100.3	麻纺织	111.2
原　料	98.9	针织品、编织品及其制品制造	100.0
加　工	99.2	纺织服装、鞋、帽制造业	103.0
生产资料	98.2	纺织服装制造	103.0
采　掘	100.3	皮革、毛皮、羽毛(绒)及其制品业	100.5
原　料	98.5	皮革制品制造	100.5
加　工	98.1	木材加工及木、竹、藤、棕、草制品业	100.3
生活资料	99.8	人造板制造	100.0
食　品	99.6	木制品制造	100.7
衣　着	101.6	家具制造业	100.9
一般日用品	100.6	木质家具制造	100.4
耐用消费品	100.1	金属家具制造	103.9
按工业行业大、中类分		其他家具制造	100.0
煤炭开采和洗选业	100.0	造纸及纸制品业	100.0
烟煤和无烟煤的开采洗选	100.0	纸浆制造	99.6
有色金属矿采选业	103.1	造纸	100.1
常用有色金属矿采选	100.5	纸制品制造	100.1
稀有稀土金属矿采选	103.3	印刷业和记录媒介的复制	103.4
非金属矿采选业	95.3	印刷	103.5
土砂石开采	94.4	装订及其他印刷服务活动	100.0
石棉及其他非金属矿采选	99.8	文教体育用品制造业	96.4
农副食品加工业	94.0	文化用品制造	96.0
谷物磨制	98.1	乐器制造	100.0
饲料加工	100.5	石油加工、炼焦及核燃料加工业	97.3
植物油加工	89.3	精炼石油产品的制造	97.3
屠宰及肉类加工	101.1	化学原料及化学制品制造业	95.7
蔬菜、水果和坚果加工	100.8	基础化学原料制造	92.8
其他农副食品加工	87.4	肥料制造	95.3
食品制造业	105.4	农药制造	105.4
焙烤食品制造	99.9	涂料、油墨、颜料及类似产品制造	100.3
糖果、巧克力及蜜饯制造	101.0	合成材料制造	100.0
方便食品制造	102.7	专用化学产品制造	100.0
液体乳及乳制品制造	107.3	医药制造业	100.0
罐头制造	100.0	化学药品原药制造	102.5
调味品、发酵制品制造	102.2	化学药品制剂制造	100.1
其他食品制造	98.4	中药饮片加工	114.8
饮料制造业	99.6	中成药制造	96.6
酒精制造	103.0	兽用药品制造	100.0
酒的制造	98.8	生物、生化制品的制造	99.9
软饮料制造	99.9	卫生材料及医药用品制造	100.0

8-2 续表 （上年=100）

指　　标	2014 年	指　　标	2014 年
橡胶制品业	100.4	专用设备制造业	98.7
橡胶板、管、带的制造	100.1	矿山、冶金、建筑专用设备制造	98.0
橡胶零件制造	100.4	化工、木材、非金属加工专用设备制造	95.5
其他橡胶制品制造	100.3	食品、饮料、烟草及饲料生产专用设备制造	100.0
塑料制品业	100.2	印刷、制药、日化生产专用设备制造	101.0
塑料薄膜制造	102.2	电子和电工机械专用设备制造	99.9
塑料板、管、型材的制造	100.1	农、林、牧、渔专用机械制造	99.5
塑料丝、绳及编织品的制造	97.2	医疗仪器设备及器械制造	100.0
泡沫塑料制造	99.9	环保、社会公共安全及其他专用设备制造	100.0
塑料包装箱及容器制造	113.0	交通运输设备制造业	99.7
塑料零件制造	98.3	铁路运输设备制造	100.0
日用塑料制造	83.8	汽车制造	99.6
其他塑料制品制造	100.2	船舶及浮动装置制造	100.0
非金属矿物制品业	100.5	航空航天器制造	100.0
水泥、石灰和石膏的制造	98.3	交通器材及其他交通运输设备制造	100.0
水泥及石膏制品制造	98.7	电气机械及器材制造业	101.3
砖瓦、石材及其他建筑材料制造	137.4	电机制造	100.3
玻璃及玻璃制品制造	93.8	输配电及控制设备制造	98.7
陶瓷制品制造	100.8	电线、电缆、光缆及电工器材制造	97.1
耐火材料制品制造	98.9	电池制造	107.6
石墨及其他非金属矿物制品制造	100.0	照明器具制造	100.3
黑色金属冶炼及压延加工业	94.2	其他电气机械及器材制造	100.0
炼铁	98.6	通信设备、计算机及其他电子设备制造业	100.2
炼钢	92.9	通信设备制造	99.8
钢压延加工	93.7	广播电视设备制造	96.2
有色金属冶炼及压延加工业	92.2	电子计算机制造	100.0
常用有色金属冶炼	98.3	电子器件制造	100.1
有色金属合金制造	86.6	其他电子设备制造	100.6
有色金属压延加工	92.5	仪器仪表及文化、办公用机械制造业	100.6
金属制品业	100.8	通用仪器仪表制造	105.7
结构性金属制品制造	100.0	专用仪器仪表制造	100.0
金属工具制造	102.4	光学仪器及眼镜制造	106.9
集装箱及金属包装容器制造	102.3	文化、办公用机械制造	95.7
建筑、安全用金属制品制造	98.3	其他仪器仪表的制造及修理	96.3
金属表面处理及热处理加工	96.2	工艺品及其他制造业	97.4
搪瓷制品制造	100.0	工艺美术品制造	104.9
其他金属制品制造	100.0	煤制品制造	97.3
通用设备制造业	99.2	电力、热力的生产和供应业	102.2
锅炉及原动机制造	99.9	电力生产	100.4
金属加工机械制造	100.0	电力供应	103.1
起重运输设备制造	100.0	热力生产和供应	104.8
泵、阀门、压缩机及类似机械的制造	99.9	燃气生产和供应业	108.3
轴承、齿轮、传动和驱动部件的制造	87.5	水的生产和供应业	100.0
烘炉、熔炉及电炉制造	100.0	自来水的生产和供应	100.0
风机、衡器、包装设备等通用设备制造	99.9	污水处理及其再生利用	100.0
通用零部件制造及机械修理	99.6		

8－3　2009－2014年工业生产者购进价格指数

（上年＝100）

指　　标	2009年	2010年	2011年	2012年	2013年	2014年
总指数	**92.9**	**114.3**	**107.1**	**100.4**	**100.5**	**98.3**
燃料、动力类	84.6	124.0	123.4	98.9	97.6	96.2
黑色金属材料类	89.3	105.4	106.4	96.2	96.4	96.2
有色金属材料和电线类	76.1	104.2	108.3	99.9	99.5	100.4
化工材料类	93.5	119.0	102.9	97.9	101.1	100.0
木材及纸浆类	100.0	102.0	101.2	99.8	102.4	100.5
建筑材料及非金属矿类	103.1	108.1	101.9	102.5	103.1	101.5
其他工业原材料及半成品类	101.4	106.5	102.8	99.7	100.5	101.1
农副产品类	100.3	105.9	102.0	107.5	106.7	98.6
纺织原料类	98.3	101.9	117.4	106.9	99.5	100.6

8－4　2009－2014年固定资产投资价格指数

（上年＝100）

指　　标	2009年	2010年	2011年	2012年	2013年	2014年
总指数	**102.8**	**114.3**	**109.4**	**97.9**	**101.5**	**100.3**
建筑安装、装饰工程	100.3	105.4	112.5	96.7	102.2	100.2
人工费	113.6	110.9	116.0	93.5	105.0	101.9
材料费	90.6	103.7	111.7	96.9	100.3	99.6
设备、工器具购置	97.8	100.4	101.2	99.1	98.7	99.7
其他费用投资	121.6	173.6	109.5	100.0	102.7	101.3

8-5　1978-2014年城市居民消费和商品零售价格分类指数

（上年=100）

年份	居民消费价格指数	食品类	衣着类	家庭设备及用品类	医疗保健	娱乐教育文化用品	服务项目	商品零售价格指数
1978	100.3	100.3	100.0	100.0	100.4	100.0	100.0	100.3
1979	102.0	103.5	99.6	99.8	100.8	102.2	100.0	102.1
1980	107.7	111.1	100.1	99.9	101.7	100.7	100.0	108.1
1981	101.7	101.6	100.4	100.2	104.1	99.7	103.0	101.6
1982	103.9	106.5	98.3	97.9	101.0	98.9	106.2	103.7
1983	101.3	102.4	97.7	99.4	105.1	97.9	102.3	101.3
1984	104.5	106.4	100.1	100.5	107.9	99.7	103.6	104.6
1985	113.0	116.4	105.8	105.1	101.5	101.8	113.4	113.0
1986	105.9	105.5	104.0	104.9	103.4	100.8	107.2	105.8
1987	109.2	112.0	106.5	106.2	103.3	102.9	104.0	109.6
1988	119.6	123.4	119.1	112.8	134.1	112.9	107.8	120.7
1989	116.3	113.6	120.2	116.1	120.3	113.7	117.5	116.2
1990	107.5	104.9	108.1	106.5	100.9	103.2	123.3	105.7
1991	109.3	108.2	107.4	103.6	107.9	100.1	124.2	107.5
1992	109.8	112.1	103.0	102.8	109.2	99.1	117.5	108.8
1993	119.1	117.9	118.9	110.4	103.3	97.9	133.6	117.0
1994	124.1	128.8	124.4	116.8	100.7	109.6	118.6	121.2
1995	115.8	119.4	112.1	105.1	108.4	105.9	110.0	113.2
1996	109.0	105.4	110.0	102.7	105.5	115.0	127.3	105.3
1997	104.5	100.0	104.9	101.1	106.2	105.8	119.6	101.8
1998	100.6	96.9	99.5	98.7	106.6	92.6	118.7	97.8
1999	97.2	95.3	94.7	96.7	101.6	95.8	102.4	96.9
2000	100.2	98.2	98.5	98.6	100.7	95.4	108.0	98.8
2001	101.0	103.3	98.4	97.4	100.7	100.1	101.4	101.0
2002	99.6	101.0	91.9	99.7	101.0	98.6	101.1	98.2
2003	100.1	103.4	99.4	98.7	93.5	99.1	100.5	98.9
2004	103.1	104.6	101.7	99.9	105.4	100.4	100.8	100.9
2005	100.5	100.9	96.3	98.7	98.9	101.6	102.5	99.2
2006	101.1	102.1	101.6	99.2	100.3	98.9	101.1	100.3
2007	104.1	110.2	100.9	104.9	99.6	99.0	101.4	103.7
2008	104.7	109.6	101.0	108.5	102.9	100.4	102.0	105.3
2009	100.2	101.4	96.9	101.5	103.8	100.0	101.4	98.5
2010	103.7	106.4	96.8	103.5	109.1	98.4	101.1	101.9
2011	105.6	111.7	103.0	101.0	103.4	98.1	105.0	104.4
2012	103.2	106.8	104.4	102.1	101.5	98.5	101.3	102.5
2013	102.1	103.7	104.8	100.3	101.3	100.2	101.3	101.2
2014	102.0	103.1	104.5	101.3	102.4	100.8	100.8	101.5

注：由于指标计算方法调整，2001年以后的消费价格指数与以前年度不可比。

8-6　城市居民消费价格分类指数

（上年=100）

指　　标	2013年	2014年	指　　标	2013年	2014年
居民消费价格总指数	**102.1**	**102.0**	儿童服装	104.4	110.5
食　品	**103.7**	**103.1**	衣着材料	101.9	103.1
粮　食	103.0	103.4	鞋袜帽	104.5	108.8
大　米	105.3	102.7	衣着加工服务	104.1	100.0
面　粉	102.0	101.5	**家庭设备用品及维修服务**	**100.3**	**101.3**
淀　粉	100.1	100.1	耐用消费品	98.7	101.5
干豆类及豆制品	102.8	101.2	家　具	99.4	108.6
油　脂	98.1	96.6	家庭设备	98.6	100.2
肉禽及其制品	106.3	100.2	室内装饰品	98.7	99.6
蛋	102.9	113.4	床上用品	94.7	99.8
水产品	103.5	115.0	家庭日用杂品	101.9	101.5
菜	106.6	96.5	家庭服务及加工维修服务	108.5	101.5
鲜　菜	106.6	96.0	**医疗保健和个人用品**	**101.3**	**102.4**
干菜及菜制品	102.6	104.4	医疗保健	101.5	104.6
调味品	100.6	100.6	中药及中成药	102.5	101.2
糖	101.3	101.0	西　药	100.5	101.8
食　糖	103.0	100.8	个人用品及服务	100.8	98.1
糖　果	101.1	102.6	**交通和通信**	**97.9**	**99.5**
茶及饮料	100.9	100.2	交　通	98.0	99.0
茶　叶	100.3	100.2	交通工具	95.6	96.1
饮　料	101.2	100.2	市区公共交通费	99.6	100.0
干鲜瓜果	100.6	111.7	城市间交通费	94.0	97.9
鲜瓜果	99.8	114.4	通　信	97.9	100.0
干(坚)果	104.0	100.5	通信工具	73.5	97.4
糕点饼干	102.3	100.3	通信服务	100.0	100.1
液体乳及乳制品	102.9	104.7	**娱乐教育文化用品及服务**	**100.2**	**100.8**
在外用膳食品	103.2	101.1	文娱用耐用消费品及服务	89.5	98.2
主　食	100.0	102.6	教　育	103.4	102.2
炒　菜	103.5	100.3	教材及参考书	102.1	103.1
地方小吃	100.4	100.6	学前教育	111.5	107.4
其他食品	100.1	101.6	文化娱乐类	97.4	99.1
烟酒及用品	**100.5**	**100.1**	文化娱乐用品	100.3	98.2
烟　草	100.0	100.0	书报杂志	96.0	99.5
酒	100.9	100.3	文娱费	96.4	99.5
吸烟饮酒用品			旅　游	95.1	97.7
衣　着	**104.8**	**104.5**	**居　住**	**102.1**	**100.3**
服　装	105.1	103.2	建房及装修材料	99.2	105.1
男式服装	106.3	103.1	住房租金	103.4	100.5
女式服装	104.3	102.6	自有住房	102.8	98.2
			水、电、燃料	102.7	100.2

注：取消烟酒饮料用品类，学杂托幼费改为学前教育，房租改为住房租金。

8－7 城市商品零售价格分类指数

（上年＝100）

指　　标	2013 年	2014 年	指　　标	2013 年	2014 年
商品零售价格总指数	**101.2**	**101.5**	音像器材	100.0	97.5
食　品	**103.7**	**103.2**	**文化办公用品**	**96.8**	**98.9**
粮　食	103.0	103.4	**日 用 品**	**100.9**	**99.7**
淀　粉	100.1	100.1	日用百货	100.5	98.8
干豆类及豆制品	102.8	101.2	日用杂品	100.4	101.4
油　脂	98.0	96.6	洗涤用品	102.4	99.8
肉禽及其制品	106.3	100.2	其他日用品	99.8	99.4
蛋	102.9	113.3	**体育娱乐用品**	**99.4**	**98.7**
水 产 品	102.9	114.1	体育用品	102.2	101.8
菜	106.5	96.6	娱乐用品	97.5	96.5
调 味 品	100.6	100.6	**交通、通信用品**	**95.0**	**97.5**
糖	101.3	101.0	交通运输机械	96.6	97.2
干鲜瓜果	100.6	111.7	通信器材	88.7	98.5
糕点饼干面包	102.0	100.3	**家　具**	**99.5**	**108.6**
液体乳及乳制品	102.9	104.7	**化妆品**	**102.8**	**100.5**
在外用膳食品	103.2	101.1	**金银珠宝**	**102.2**	**83.4**
其他食品	100.1	101.6	**中西药品及医疗保健用品**	**101.7**	**102.0**
饮料、烟酒	**100.6**	**100.2**	医疗器具及用品	100.0	102.7
茶及饮料	100.9	100.2	中药材及中成药	103.0	101.5
烟　草	100.0	100.0	西　药	100.7	101.8
酒	101.0	100.3	保健品及器具	112.6	104.6
服装、鞋帽类	**104.9**	**104.4**	**书报杂志及电子出版物**	**99.3**	**102.4**
服　装	105.1	103.2	教材及参考书	102.1	103.1
鞋 袜 帽	104.5	108.8	书报杂志	96.0	99.5
其　他	99.7	98.0	电子音像制品	101.6	107.3
纺织品类	**97.3**	**102.3**	**燃　料**	**97.9**	**99.5**
衣着材料	101.9	103.1	煤炭及制品	84.2	101.7
床上用品	94.6	101.9	石油及制品	101.8	99.0
家用电器及音像器材	**95.6**	**98.5**	**建筑材料及五金电料**	**99.1**	**102.5**
家庭设备	98.8	100.3	建筑装璜材料	97.8	102.4
文娱用耐用消费品	88.7	95.6	五金电料类	104.5	102.9

主要统计指标解释

商品零售价格指数 是反映城乡商品零售价格变动趋势的一种经济指数。零售物价的变动直接影响到城乡居民的生活支出和国家的财政收入，影响居民购买力和供需平衡，影响消费与积累的比例。因此，计算零售价格指数，可以从一个侧面对上述经济活动进行观察和分析。

居民消费价格指数 是反映一定时期内城乡居民所购买的生活消费品价格和服务项目价格变动趋势和程度的相对数。是综合了城市居民消费价格指数和农民消费价格指数计算取得。利用居民 消费价格指数，可以观察和分析消费品的零售价格和服务价格变动对城乡居民实际生活费支出的影响程度。

城市居民消费价格指数 是反映城市职工及其家庭所购买的生活消费品和服务项目价格变动趋势及其程度的相对数。编制城市居民消费价格指数，可以观察和分析消费品的零售价格和服务项目价值变动对职工货币工资的影响，作为研究职工生活和确定工资政策的依据。

工业品出厂价格指数 是反映全部工业产品出厂价格总水平的变动趋势和程度的相对数。其中除包括工业企业售给商业、外贸、物资部门的产品外，还包括售给工业和其他部门的生产资料以及直接售给居民的 生活消费品。通过工业生产价格指数能观察出厂价格变动对工业总产值的影响。

固定资产投资价格指数 是反映固定资产投资额价格变动趋势和程度的相对数。固定资产投资额是由建筑安装工程投资完成额、设备、工器具购置投资完成额和其他费用投资完成额三部分组成的。编制固定资产投资价格指数应首先分别编制上述三部分投资的价格指数，然后采用加权算术平均法求出固定资产投资价格总指数。

编制固定资产投资价格指数可以准确地反映固定资产投资中涉及的各类商品和取费项目价格变动趋势和变动幅度，消除按现价计算的固定资产投资指标中的价格变动因素，真实地反映固定资产投资的规模、速度、结构和效益，为国家科学地制定，检查固定资产投资并提高宏观调控水平，为完善国民经济核算体系提供科学的，可靠的依据。

九　人民生活

People's Livelihood

9－1　2009－2014 年城乡居民物质文化生活情况

指　　　　标	2009 年	2010 年	2011 年	2012 年	2013 年	2014 年
就　　业						
每一农村劳动力负担人数(人)	1.4	1.3	1.3	1.3	1.3	1.3
每一城镇就业者负担人数(人)	2.0	2.1	2.0	2.1	1.8	2.0
收　　入						
农村居民家庭人均可支配收入(元)	6707.7	7546.1	8572.4	9939.7	10804.0	12125.0
城镇居民家庭人均可支配收入(元)	16017.0	17856.8	20530.6	23538.6	26363.4	28815.9
在岗职工年平均工资(元/人)	29261	32397	36465	41774	47209	51551
消　　费						
农村居民家庭恩格尔系数(%)	40.5	40.3	40.2	39.4	39.0	38.7
城镇居民家庭恩格尔系数(%)	34.2	33.3	32.7	32.9	32.8	32.6
农村居民家庭人均生活消费支出(元)	3924.3	4665.9	5513.4	6378.2	7361.1	8274.8
城镇居民家庭人均消费支出(元)	12578.1	14589.5	17032.7	18614.6	20331.8	21638.5
储　　蓄						
城乡居民年末储蓄存款余额(亿元)	2249.5	2580.1	2896.6	3320.7	3593.6	3768.8
平均每人储蓄存款余额(元)	22705.7	26014.2	29180.6	33427.7	36139.8	38020.7
住房面积						
农村人均住房居住面积(平方米)	24.1	24.4	24.8	25.2	26.0	26.7
砖瓦化钢木结构住房比重(%)	85.9	87.7	89.5	91.7	93.9	95.1
城市人均住房使用面积(平方米)	20.8	22.1	23.2	24.5	25.6	26.0
城市公用事业						
自来水普及率(%)	85.2	89.2	92.2	100.0	100.0	100.0
燃气普及率(%)	95.7	97.6	99.1	100.0	100.0	100.0
人均公共绿地(平方米)	9.4	10.1	10.0	10.0	10.5	10.4
教育、文化、卫生						
学龄儿童入学率(%)	100.0	100.0	100.0	100.0	100.0	100.0
每万人口在校大学生数(人)	473.3	485.7	484.8	485.4	494.8	510.9
城镇每百户有家用电脑(台)	57.5	63.8	70.0	75.0	78.4	82.5
农村每百户有彩色电视机(台)	101.0	102.0	102.0	108.0	108.0	109.0
每万人有医院、卫生院病床(张)	45.8	51.6	52.7	56.4	60.3	66.0
每万人有医生数(人)	19.2	22.2	20.8	19.1	22.5	20.5

注:城乡居民收支按城乡一体化新口径统计。

9－2　2009－2014年城镇居民家庭平均每百户主要耐用消费品拥有量情况

指　标	单　位	2009年	2010年	2011年	2012年	2013年	2014年
家用汽车	辆	7.4	8.8	10.1	14.3	17.2	18.6
摩托车	辆	2.5	2.4	1.4	1.0	1.1	1.0
洗衣机	台	99.0	99.2	99.2	99.6	99.9	100.9
电冰箱	台	98.8	100.2	100.8	101.4	102.8	102.2
彩色电视机	台	108.6	111.6	111.2	110.5	112.4	112.2
家用电脑	台	57.5	63.8	70.0	75.0	78.4	82.5
摄像机	台	10.8	11.6	13.6	14.1	19.1	17.8
照像机	架	51.5	45.2	45.0	47.2	49.6	50.1
微波炉	台	62.0	64.6	64.7	65.5	69.7	67.6
空　调	台	16.4	18.6	18.6	20.0	23.1	23.8
沐浴热水器	台	71.8	72.0	72.9	76.6	80.1	81.7
健身器材	件	3.5	3.6	3.7	4.0	4.9	5.1
移动电话	台	161.5	188.8	195.4	204.8	223.7	231.9

9－3　2009－2014年城镇居民家庭人均年消费性支出情况

单位:元

指　　标	2009年	2010年	2011年	2012年	2013年	2014年
消费性支出	**12578.1**	**14589.5**	**17032.7**	**18614.6**	**20331.8**	**21638.5**
食品支出	4354.1	5147.4	5915.5	6277.8	6668.8	7043.9
食品	3264.1	3840.1	4335.2	4524.1	4759.5	4981.8
谷物	353.5	448.2	562.8	570.4	613.3	637.1
薯类	47.6	60.7	78.0	80.3	89.4	91.2
豆类	56.1	62.9	69.5	73.8	78.1	82.1
食用油	160.5	165.4	179.6	193.2	202.8	210.8
蔬菜和食用菌	482.0	556.1	587.1	612.0	665.5	689.5
肉类	819.2	920.0	1054.8	1085.7	1128.4	1164.1
禽类	101.5	138.4	159.7	160.3	167.4	176.4
水产品	241.6	289.2	338.4	358.4	369.9	384.9
蛋类	113.1	135.7	148.8	156.0	162.4	178.4
奶类	203.8	229.4	261.2	273.6	275.9	300.9
干鲜瓜果类	423.9	531.8	571.3	610.5	632.1	672.1
糖果糕点类	142.7	173.6	184.2	200.6	211.9	221.9
其他食品	118.6	128.7	139.8	149.3	162.3	172.3
饮料	100.3	121.0	127.1	132.5	137.9	143.8
烟酒	287.7	324.5	389.3	413.7	429.9	453.0
饮食服务	702.0	861.8	1063.9	1207.5	1341.6	1456.3
衣着	1765.4	2058.9	2342.9	2463.1	2643.1	2748.7
居住	1331.2	1622.3	2090.3	2178.8	2277.2	2424.6
生活用品及服务	1034.8	1102.9	1136.7	1131.0	1219.9	1307.2
交通和通讯	1159.8	1418.0	1753.1	2190.4	2704.1	2952.9
交通	409.7	574.5	829.6	1233.1	1718.7	1902.8
通信	750.1	843.5	923.5	957.3	985.3	1050.1
教育文化娱乐	1451.2	1565.4	1823.1	2130.4	2256.8	2432.6
教育	897.4	861.4	916.7	980.0	1030.5	1080.3
文化娱乐	553.8	704.0	906.4	1150.4	1226.3	1352.3
医疗保健	1074.5	1161.7	1339.6	1481.0	1646.9	1817.0
其他用品和服务	407.1	512.9	631.5	762.2	914.9	911.6
其他用品	247.0	375.4	461.4	548.7	609.3	590.2

9－4　2009－2014 年城镇居民家庭人均年消费性支出构成情况

（消费性支出＝100）　　单位：%

指　　标	2009 年	2010 年	2011 年	2012 年	2013 年	2014 年
消费性支出	**100.0**	**100.0**	**100.0**	**100.0**	**100.0**	**100.0**
食品烟酒	34.5	34.6	35.3	34.7	33.7	32.8
食品	25.8	26.0	26.3	25.5	24.3	23.4
谷物	2.8	2.8	3.1	3.3	3.1	3.0
薯类	0.4	0.4	0.4	0.5	0.4	0.4
豆类	0.5	0.4	0.4	0.4	0.4	0.4
食用油	1.3	1.3	1.1	1.1	1.0	1.0
蔬菜和食用菌	3.8	3.8	3.8	3.4	3.3	3.3
肉类	6.4	6.5	6.3	6.2	5.8	5.5
禽类	0.8	0.8	0.9	0.9	0.9	0.8
水产品	1.9	1.9	2.0	2.0	1.9	1.8
蛋类	0.9	0.9	0.9	0.9	0.8	0.8
奶类	1.6	1.6	1.6	1.5	1.5	1.4
干鲜瓜果类	3.4	3.4	3.6	3.4	3.3	3.1
糖果糕点类	1.2	1.1	1.2	1.1	1.1	1.0
其他食品	1.0	0.9	0.9	0.8	0.8	0.8
饮料	0.8	0.8	0.8	0.7	0.7	0.7
烟酒	2.3	2.3	2.2	2.3	2.2	2.1
饮食服务	5.6	5.6	5.9	6.2	6.5	6.6
衣着	14.3	14.0	14.1	13.8	13.2	13.0
居住	10.2	10.6	11.1	12.3	11.7	11.2
生活用品及服务	7.8	8.2	7.6	6.7	6.1	6.0
交通通信	8.7	9.2	9.7	10.3	11.8	13.3
交通	3.0	3.3	3.9	4.9	6.6	8.5
通信	5.7	6.0	5.8	5.4	5.1	4.8
教育文化娱乐	12.4	11.5	10.7	10.7	11.4	11.1
教育	8.4	7.1	5.9	5.4	5.3	5.1
文化娱乐	4.0	4.4	4.8	5.3	6.2	6.0
医疗保健	8.9	8.5	8.0	7.9	8.0	8.1
其他用品和服务	3.1	3.2	3.5	3.7	4.1	4.5
其他用品	1.9	2.0	2.6	2.7	2.9	3.0

9－5　2009－2014年农村住户基本情况

指　　标	2009年	2010年	2011年	2012年	2013年	2014年
调查户数(户)	**6920**	**6920**	**6920**	**1510**	**1510**	**1510**
劳动力文化程度(人)						
不识字或识字很少	185	103	101	39	36	34
小学文化程度	2285	1672	1654	637	621	618
初中文化程度	6064	4999	5018	2053	2047	2045
高中文化程度	728	653	664	214	223	226
中专文化程度	121	123	126	51	56	59
大专以上文化	142	148	145	58	71	73
年末拥有主要固定资产(台/百户)						
大中型拖拉机	12	13	17	18	16	17
小型和手扶拖拉机	44	49	27	29	35	15
机动脱粒机	4	3	2	3	4	5
胶轮大车	4	5	2	2	3	3
使用房屋情况						
人均年末住房面积(平方米)	24.1	24.4	24.8	25.2	26.0	26.7
年末住房价值(元)	14324.6	15079.9	19882.6	21861.5	23378.5	24625.1
年末每百户耐用消费品拥有量						
自行车(辆)	58	53	50	45	28	27
空调机(台)	2	3	4	4	4	4
洗衣机(台)	78	79	82	83	88	90
电冰箱(台)	43	48	58	65	72	73
摩托车(辆)	40	44	49	53	51	52
黑白电视机(台)	2	1	1	1		
彩色电视机(台)	101	102	102	108	108	109
摄像机(台)	1	1	2	2	2	3
照相机(架)	5	7	8	13	12	13
抽油烟机(台)	12	13	18	21	22	23
吸尘器(台)	2	2	2	2	2	2

9－6　2009－2014年农村居民人均总支出情况

单位:元

指　　标	2009年	2010年	2011年	2012年	2013年	2014年
总支出	**9020.0**	**9472.3**	**10425.9**	**12094.4**	**12957.2**	**14319.8**
消费支出	**4592.4**	**4769.6**	**5665.8**	**6625.2**	**7266.9**	**8074.8**
食品烟酒	1852.8	1879.8	2201.1	2508.7	2611.6	2725.3
衣着	310.5	317.9	406.6	481.9	581.5	670.0
居住	1124.2	1166.5	1378.3	1594.5	1628.8	1814.6
生活用品及服务	150.5	178.1	203.2	239.0	288.4	351.2
交通通信	347.8	371.6	434.7	537.3	739.6	811.4
教育文化娱乐	418.6	434.2	523.6	634.5	621.7	754.7
医疗保健	313.3	337.7	421.6	517.3	654.0	770.2
其他用品和服务	74.7	83.8	96.7	112.0	141.3	177.4
生产经营费用支出	**3070.7**	**3072.5**	**3152.0**	**3464.4**	**3719.3**	**3943.7**
第一产业经营现金费用支出	2815.7	2751.1	2834.4	2944.9	3144.0	3301.4
第二产业经营现金费用支出	44.8	51.6	60.2	66.3	76.9	81.4
第三产业经营现金费用支出	210.2	269.8	257.4	453.2	498.4	560.9
财产性支出	**137.8**	**160.3**	**3.5**	**4.2**	**2.2**	**2.4**
转移性支出	**212.0**	**329.1**	**386.5**	**502.0**	**509.6**	**611.2**
个人所得税	0.6	0.7	0.8	1.0	1.0	1.1
社会保障支出	70.3	81.7	86.0	101.2	102.1	118.8
外来从业人员寄给家人的支出	102.3	185.2	210.9	295.3	300.1	362.1
赡养支出	30.1	50.6	75.4	88.8	90.4	112.3
其他转移性支出	8.7	10.9	13.4	15.7	16.0	16.9
部分商业保险支出	**3.1**	**22.1**	**24.4**	**31.2**	**28.7**	**33.1**
购置资产及非经常性转移支出	**210.3**	**223.7**	**295.3**	**337.2**	**292.5**	**325.8**
借贷性支出	**793.7**	**895.0**	**898.4**	**1130.2**	**1138.0**	**1328.8**

9－7　2009－2014年农村居民人均可支配收入情况

单位:元

指　　标	2009年	2010年	2011年	2012年	2013年	2014年
可支配收入	**6707.7**	**7546.1**	**8572.4**	**9939.7**	**10804.0**	**12125.0**
工资性收入	**1952.5**	**2112.9**	**2470.1**	**2787.4**	**3158.0**	**3617.2**
工资	1552.5	1640.3	1927.6	2170.0	2473.5	2871.0
实物福利	19.7	25.1	29.8	33.3	37.0	41.2
其他	380.3	447.5	512.7	584.1	647.5	705.0
经营净收入	**3867.8**	**4465.7**	**5014.2**	**5957.9**	**6314.0**	**6925.0**
第一产业经营净收入	2852.3	3397.5	3498.7	4112.7	4414.0	4752.1
农业	2202.3	2703.0	2746.1	3071.1	3326.8	3515.2
林业	287.1	301.1	324.5	359.9	386.5	446.3
牧业	307.5	331.6	357.7	603.9	620.1	694.4
渔业	55.4	61.8	70.4	77.8	80.6	96.2
第二产业经营净收入	245.4	260.7	288.1	301.2	326.4	355.6
采矿业	1.6	1.7	1.8	1.8	1.8	1.8
制造业	52.7	57.2	61.8	67.7	69.1	73.8
电力、热力、燃气及水生产和供应业	10.2	10.8	11.1	12.2	13.3	14.9
建筑业	180.9	191.0	213.4	219.5	242.2	265.1
第三产业经营净收入	770.1	807.5	1227.4	1544.0	1573.6	1817.3
批发和零售业	301.8	322.2	500.4	507.5	512.2	597.3
交通运输、仓储和邮政业	253.1	249.8	413.1	653.3	645.1	737.0
住宿和餐饮业	12.2	14.4	17.6	19.5	20.4	23.4
房地产业	15.8	16.8	19.8	22.1	24.4	27.7
租赁和商务服务业	20.3	21.1	25.8	29.7	33.6	38.6
居民服务、修理和其他服务业	67.2	72.6	110.7	147.7	154.1	182.5
其他	28.6	30.4	39.7	41.8	51.7	65.0
农林牧渔服务业	71.1	80.2	100.3	122.4	132.2	145.7
财产净收入	**289.8**	**317.3**	**350.7**	**387.3**	**430.8**	**502.8**
转移净收入	**597.6**	**650.2**	**737.4**	**807.1**	**901.2**	**1080.0**

9-8 2009-2014年农村居民人均现金支出情况

单位:元

指标	2009年	2010年	2011年	2012年	2013年	2014年
现金支出	**8864.4**	**9308.6**	**10213.5**	**11787.4**	**12145.9**	**13459.8**
生活消费支出	**4496.8**	**4665.9**	**5513.4**	**6378.2**	**6515.6**	**7274.8**
食品烟酒	1852.8	1879.8	2201.1	2508.7	2611.6	2725.3
衣着	310.5	317.9	406.6	481.9	581.5	670.0
居住	1028.6	1062.8	1225.9	1347.5	877.5	1014.6
生活用品及服务	150.5	178.1	203.2	239.0	288.4	351.2
交通通信	347.8	371.6	434.7	537.3	739.6	811.4
教育文化娱乐	418.6	434.2	523.6	634.5	621.7	754.7
医疗保健	313.3	337.7	421.6	517.3	654.0	770.2
其他用品和服务	74.7	83.8	96.7	112.0	141.3	177.4
生产经营现金费用支出	**3010.7**	**3012.5**	**3092.0**	**3404.4**	**3659.3**	**3883.7**
第一产业经营现金费用支出	2755.7	2691.1	2774.4	2884.9	3084.0	3241.4
第二产业经营现金费用支出	44.8	51.6	60.2	66.3	76.9	81.4
第三产业经营现金费用支出	210.2	269.8	257.4	453.2	498.4	560.9
现金财产性支出	**137.8**	**160.3**	**3.5**	**4.2**	**2.2**	**2.4**
现金转移性支出	**212.0**	**329.1**	**386.5**	**502.0**	**509.6**	**611.2**
个人所得税	0.6	0.7	0.8	1.0	1.0	1.1
社会保障支出	70.3	81.7	86.0	101.2	102.1	118.8
外来从业人员寄给家人的支出	102.3	185.2	210.9	295.3	300.1	362.1
赡养支出	30.1	50.6	75.4	88.8	90.4	112.3
其他转移性支出	8.7	10.9	13.4	15.7	16.0	16.9
部分商业保险支出	**3.1**	**22.1**	**24.4**	**31.2**	**28.7**	**33.1**
购置资产及非经常性转移支出	**210.3**	**223.7**	**295.3**	**337.2**	**292.5**	**325.8**
借贷性支出	**793.7**	**895.0**	**898.4**	**1130.2**	**1138.0**	**1328.8**

9－9　2009－2014年农民家庭人均主要食品消费量情况

单位:千克

指　　标	2009年	2010年	2011年	2012年	2013年	2014年
粮食消费量	183.3	178.4	172.2	163.1	165.6	167.1
油脂类消费量	9.9	9.6	10.2	13.0	14.2	15.0
植物油	9.6	9.5	10.1	12.9	14.1	14.7
动物油	0.3	0.1	0.1	0.1	0.1	0.3
蔬菜及菜制品消费量	94.2	93.8	97	99.4	95.1	95.7
肉类	13.9	14.6	15.2	15.7	15.6	16.7
禽类	1.7	1.7	2.2	3.2	3.8	4.0
水产品	4.2	4.5	5.0	4.6	5.1	5.9
蛋类及蛋制品	7.2	8.5	9.7	7.3	7.8	7.8
奶和奶制品	5.1	5.5	6.4	6.7	7.1	7.2
干鲜瓜果类	18.2	20.3	22.9	21.5	20.2	21.4
糖果糕点类	4.0	4.3	4.4	4.8	4.7	4.8
饮料	4.1	5.5	7.1	6.6	6.0	7.1
烟叶消费量	17.8	19.8	21.6	20.3	22.3	24.9
酒	14.4	15.5	16.8	17.5	16.1	17.1

主要统计指标解释

城镇居民家庭就业人口 指城镇居民从事社会劳动并取得劳动报酬或经营收入的人口。就业人口包括通过国家统筹规划和指导由劳动部门介绍就业，自愿组织起来就业和自谋职业等方式，在国有制、集体所有制、中外合资、中外合作、外资在华独资的企事业单位和私营企业单位工作或从事个体劳动的有固定性职业或临时性职业的人口。被聘用和留用的离退休人员也计入就业人口。本指标可以反映城镇居民的就业情况，是计算就业面、负担系数的重要资料。

城镇居民家庭总收入 指调查户中生活在一起的所有家庭在调查期得到的工薪收入、经营净收入、转移性收入的总和，不包括出售财物和借贷收入。

城镇居民家庭可支配收入 指被调查城镇居民家庭在支付个人所得税之后，所余下的实际收入。

城镇居民家庭消费性支出 指被调查的城镇居民家庭用于日常生活的全部支出，包括购买商品支出和文化生活、服务等非商品性支出。不包括罚没、丢失款和缴纳的各种税款（如个人所得税、牌照税、房产税等），也不包括个体劳动者生产经营过程中发生的各项费用。

城镇居民家庭购买商品支出 指被调查的城镇居民家庭为自用或赠送亲友而购买商品的全部支出，包括从商店、工厂、饮食业、工作单位食堂、集市以及直接从农民手中购买各种商品的开支。商品支出分为以下八类：食品；衣着；家庭设备用品及服务；医疗保健；交通与通信；娱乐、教育、文化服务；居住；杂项商品和服务。

生产性固定资产 指生产过程中使用年限较长、单位价值较高，并在使用过程中保持原有物质形态的资产，包括厂房、机器设备等。农民家庭使用的固定资产，需同时具备两个条件，即使用年限在两年以上，单位价值在50元以上。在乡村企业及其他部门中，规定单位价值在200元以上，使用年限在一年以上。如果企业的主要设备虽低于200元，但使用年限在一年以上，也划为固定资产。

固定资产原值 指固定资产当初的购进价、新建价或开始转为固定资产的价值。自繁自养的幼畜成龄转作役畜、产品畜、种畜，按市场同类牲畜的平均价格计价。国家奖励和外单位赠送的固定资产按购置同类固定资产的价格参照其新旧程度酌情计价。

住房价值 指房屋当初购买或新建时的价值。新建房屋的价值可按实际消耗的建筑材料和人工的报酬计算，有的地方，人工不要报酬，只管吃喝，可将吃喝的费用，当作报酬，计入房价内。原有房屋，按房屋质量和新旧程度，根据当地实际情况进行估价。对原有房屋进行大翻修的，也应考虑在内。

总收入 指调查期内农村住户和住户成员从各种来源渠道得到的收入总和。按收入的性质划分为工资性收入、家庭经营收入、财产性收入和转移性收入。

工资性收入 指农村住户成员在不具备企业性质的行政事业单位和各种组织中劳动得到的收入。包括村干部和民办教师的工资，乡及以上行政、事业单位工作人员的工资等。

家庭经营收入 指农村住户以家庭为生产经营单位进行生产筹划和管理而获得的收入。

财产性收入 指金融资产或有形非生产性资产的所有者向其他机构单位提供资金或将有形非生产性资产供其支配，作为回报而从中获得的收入。

转移性收入 指农村住户和住户成员无须付出任何对应物而获得的货物、服务、资金或资产所有权等。

总支出 指农村住户用于生产、生活和再分配的全部支出。

家庭经营费用支出 指农村住户以家庭为基本生产经营单位从事生产经营活动而消费的商品和服务，自产自用产品。

购置生产性固定资产支出 指农村住户用于建造和购置生产性固定资产所支出的费用。

生产性固定资产折旧 指农村住户在家庭经营生产活动中，因使用固定资产，而转移到新产品中的那部分固定资产价值。

税费支出 指农村住户以现金和实物形式缴纳的从事生产经营活动的各种税费、附加费、村提留、乡统筹、一事一议费和各种集资摊派费用。

生活消费支出 指农村住户用于物质生活和精神生活方面的支出。

财产性支出 为获得其他住户财产（包括无形资产）的使用权而支付的各种费用。

转移性支出 指农村住户和住户成员没有获得任何对应物而支出的货物、服务、资金或资产所有权等。

纯收入 指农村住户当年从各个来源得到的总收入相应地扣除所发生的费用后的收入总和。纯收入主要用于再生产投入和当年生活消费支出，也可用于储蓄和各种非义务性支出。

城乡居民储蓄存款余额 指某一时点城乡居民存入银行及农村信用社的储蓄金额，包括城镇居民储蓄存款和农民个人储蓄存款，不包括居民的手存现金和工矿企业、部队、机关、团体等单位存款。

十　城市公用事业

Urban Public Utilities

10－1　1978－2014年城市公用事业情况

年　份	城市用电量合　计（万千瓦时）	居　民生活用电	公共交通实有车辆（辆）	实有道路铺装面积（万平方米）	城市公共绿地面积（公顷）
1978	139055	22236	644	475	560
1979	155385	23902	666	496	558
1980	160036	26280	708	515	568
1981	163984	28807	767	543	283
1982	177662	31784	754	578	283
1983	195356	35809	758	599	327
1984	208734	39775	807	615	531
1985	226195	45637	873	632	565
1986	236427	20930	967	649	565
1987	262281	26174	1043	663	577
1988	281349	29592	1034	684	602
1989	283250	32772	1028	703	756
1990	290741	42557	1005	723	779
1991	310391	45303	1027	746	793
1992	331554	49983	1229	847	818
1993	349231	65031	1344	880	842
1994	362199	72753	1497	906	850
1995	387873	89748	1680	882	1047
1996	418721	105442	3143	923	1194
1997	447408	144240	3139	939	1183
1998	436707	127904	3324	963	1386
1999	465906	122946	3420	1014	1202
2000	524150	127996	3631	1144	1278
2001	554874	132650	3365	1200	1327
2002	581827	144777	3580	1750	1408
2003	638684	163493	4019	1843	1823
2004	715828	164336	3925	2192	2195
2005	864560	174181	4293	2389	2525
2006	902450	181067	4667	2665	2636
2007	914382	163970	4705	2784	2768
2008	1192200	179200	4847	2826	3479
2009	1210600	216300	5010	2931	3909
2010	1323300	222400	5173	3296	4198
2011	1499300	288300	5395	4114	4238
2012	1525900	293800	5433	4624	4333
2013	1573200	310300	5990	4757	4333
2014	1726300	378600	6270	4872	4346

10－1续表

年　份	城　市　自　来　水			天　然　气		
	供水量（万吨）	生活用水（万吨）	普及率（%）	供应总量（万立方米）	销售总量（万立方米）	普及率（%）
1978	7977	3540	70.0	2054	1893	4.0
1979	8345	3698	72.0	2202	2065	4.7
1980	8813	4186	72.0	2327	2200	5.1
1981	9299	4296	72.0	2437	2355	5.7
1982	10218	4645	73.0	2567	2475	5.5
1983	10535	4915	73.0	2595	2511	5.6
1984	11189	5266	73.0	2931	2821	7.0
1985	12029	6273	78.0	3317	3183	8.0
1986	20602	8806	98.0	3165	3090	8.5
1987	25774	12272	98.0	3082	2978	9.4
1988	26667	12102	97.0	3618	3516	11.6
1989	26715	12903	97.1	4072	3968	11.5
1990	26640	9170	96.2	4510	4369	12.3
1991	28140	14455	82.5	4729	4582	12.6
1992	28249	15395	88.0	5028	4835	13.1
1993	29772	16133	92.9	5245	4339	25.0
1994	29660	17631	86.4	6488	5999	35.0
1995	29443	15988	94.3	11200	9409	43.0
1996	33015	16040	94.7	16091	12696	47.0
1997	35634	16732	95.4	20108	14486	51.6
1998	35797	16955	92.0	18942	16101	53.1
1999	36181	19380	91.7	22805	19384	57.8
2000	34422	19717	91.7	28522	22375	64.7
2001	34120	21522	91.0	29063	25140	67.0
2002	34078	21798	91.7	29870	24279	73.4
2003	32870	21522	92.3	32873	27175	76.9
2004	35481	20796	83.4	35386	30251	71.5
2005	33635	17171	83.5	37160	32407	76.5
2006	37003	16835	80.7	40743	31791	82.8
2007	39496	15842	77.1	37372	31921	85.0
2008	39985	15278	80.9	35262	32771	49.6
2009	39223	15701	85.2	16375	13006	95.7
2010	37652	14162	89.2	29083	25904	97.6
2011	40405	14858	92.2	32585	30327	99.1
2012	38653	15115	100.0	33323	30740	100.0
2013	35731	15070	100.0	35118	33019	100.0
2014	37639	13391	100.0	53445	51377	100.0

注：天然气2009年以前为煤气数据，2009年天然气普及率为天然气与液化石油气等全口径燃气普及率，市区用电量统计口径有变化，数据有调整。

10－2　2009－2014 年工业“三废”排放及利用情况

指　　标	单 位	2009 年	2010 年	2011 年	2012 年	2013 年	2014 年
全　市							
废水排放量	万吨	3509.7	3283.0	5838.1	6496.6	4486.8	5178.8
废气排放总量	亿标立米	1182.3	1181.3	1995.3	2027.0	2543.5	2863.0
二氧化硫排放量	万吨	5.2	5.4	9.0	8.1	6.6	6.0
烟(粉)尘排放量	万吨	5.0	3.0	4.8	5.2	8.2	13.0
固体废物产生量	万吨	1328.0	1442.0	566.8	573.0	574.5	684.7
固体废物综合利用量	万吨	1013.0	1294.0	519.5	573.7	539.2	671.5
市　区							
废水排放量	万吨	2369.0	2115.0	2956.9	3915.3	2332.4	2459.2
废气排放总量	亿标立米	1054.9	1041.0	1653.0	1822.5	2128.1	1876.9
二氧化硫排放量	万吨	4.8	5.0	7.2	5.8	4.9	4.0
烟(粉)尘排放量	万吨	4.6	2.4	3.6	4.4	4.9	6.9
固体废物产生量	万吨	371.0	425.0	346.7	350.0	355.6	379.6
固体废物综合利用量	万吨	305.0	366.0	313.7	351.2	320.5	366.5

注:2011 年煤矸石产生量的计算比例发生改变,固体废物产生量与综合利用量数据小于 2010 年。烟(粉)尘排放量 2011 年以前为烟尘排放量数据。

10－3　2009－2014年城市供水、排水、天然气、液化石油气、集中供热情况

指　　标	单　位	2009年	2010年	2011年	2012年	2013年	2014年
供　水							
公用水厂个数	个	15	15	16	11	11	12
公用水厂生产能力	万立方米/日	147.6	174.2	177.9	175.0	137.6	145.6
各单位自备水源能力	万立方米/日	49.2	49.2	47.0	46.1	36.6	33.7
供水管道总长度	公里	1615.6	1611.5	1822.2	2075.1	2114.3	1997.5
公用水厂制水总量	万立方米	30530	30439	30767	31393	31594	34946
供水总量	万立方米	39223	37652	40405	38653	35731	37639
生活用水	万立方米	15701	14162	14858	15115	15070	13391
生产用水	万立方米	9064	7397	6408	6456	5439	5046
生活用水人口	万人	353.0	371.7	390.8	430.6	412.0	403.9
生活用水普及率	%	85.2	89.2	92.2	100.0	100.0	100.0
排　水							
排水管道总长度	公里	1666	1796	2122	2613	2748	2830
排水泵站	座	22	22	22	36	48	48
污水排放量	万立方米	39680	32016	35127	35257	36428	37557
天然气							
供气总量	万立方米	16375	29083	32585	33323	35118	53445
销售总量	万立方米	13006	25904	30327	30740	33019	51377
家　庭	万立方米	6846	11229	11512	12708	12475	13023
用气总人口	万人	315	331	347	370	375	404
供气管道	公里	2363	2543	2774	2888	3002	3175
液化石油气							
销 售 量	万吨	8.6	8.3	8.1	6.0	6.9	7.8
生活用量	万吨	2.5	2.5	2.4	1.9	1.5	2.4
用气人口	万人	82.0	76.0	73.0	60.7	36.8	13.4
集中供热							
供热面积	万平方米	11893	13058	15338	17555	19240	20523
集中供热普及率	%	65.0	67.0	72.0	82.0	84.0	86.0

10－4　2009－2014 年城市道路、环境卫生及园林绿化情况

指　　标	单　位	2009 年	2010 年	2011 年	2012 年	2013 年	2014 年
年末道路	条	1957	1992	2160	2194	2325	2332
年末实有铺装道路长度	公里	1385	1427	1692	1974	1665	2017
年末实有铺装道路面积	万平方米	2931	3296	4114	4624	4757	4872
年末桥梁	座	223	258	288	303	348	353
年末路灯	万盏	8.5	8.7	8.7	8.7	10.0	11.1
年末城市防洪堤	公里	114.0	114.7	114.7	114.7	198.3	198.3
环卫机械数量	辆	710	843	1288	2172	2314	3011
压缩垃圾收运车	辆	120	97	151	151	129	179
大中型洒水车	辆	12	31	91	102	137	147
真空吸粪车	辆	24	28	43	22	32	44
大型垃圾车	辆	111	121	131	235	232	223
铲　　车	辆	93	93	97	97	219	256
完成工作量	万吨	141	141	143	146	151	157
清运垃圾	万吨	119	119	121	126	131	139
清运粪便	万吨	22	22	22	20	20	18
清扫面积	万平方米	4562	4835	5720	6689	7125	7945
垃圾容器	个	1585	968	28720	34720	35220	32220
公共厕所	座	550	550	550	558	781	1248
垃 圾 站	个	1073	1165	967	912	663	511
城市园林绿地面积	公顷	12174	12805	12929	13177	13333	13452
公共绿地	公顷	3909	4198	4238	4333	4333	4346
建成区绿化覆盖面积	公顷	13504	13787	13923	14181	14099	14219
建成区绿化覆盖率	%	39.1	38.4	37.9	37.0	36.1	35.5
人均占有公共绿地面积	平方米	9.4	10.1	10.0	10.0	10.5	10.4
公　　园	个	76	82	90	90	90	90
公园面积	公顷	1731	1764	1868	1868	1868	1868
年游人量	万人次	8000	7559	8000	7200	7900	8200
苗圃个数	个	12	12	7	7	3	3
苗圃面积	公顷	507	507	314	423	336	258
育苗株数	万株	244.6	244.0	234.0			9.4
种花面积	万平方米	38.5	11.5	9.1	16.9	24.8	19.3
铺草坪面积	万平方米	35.2	6.9	10.9	16.3	16.8	6.5
全年植树	万株	122.3	102.0	71.9	53.5	59.2	50.2
成 活 率	%	97	97	93	93	92	93
苗木自给率	%	90	90	60	24	14	
年末实有树木	万株	1388	1468	1525	1579	1588	1588
人行道树	万株	25.1	30.2	28.1	28.8	28.8	28.8

10－5　2009－2014 年城市公共交通情况

指　　　标	2009 年	2010 年	2011 年	2012 年	2013 年	2014 年
年末营运车辆(辆)	5010	5173	5395	5433	5990	6270
公共汽车	4990	5173	5395	5433	5990	6270
系统外	2892	2728	2763	2747	2897	3014
营运线路(条)	188	195	200	205	211	211
公共汽车	187	195	200	205	211	211
系统外	121	113	118	121	123	121
营运线路长度(公里)	3413	3766	3861	4439	4514	4673
公共汽车	3402	3766	3861	4439	4514	4673
系统外	2201	2148	2168	2172	2198	2207
营运行驶里程(万公里)	42863	47221	49184	50304	50703	52980
公共汽车	42863	47221	49184	50304	50703	52980
公共汽车完好车率(%)	95.0	95.0	93.5	94.0	94.0	94.0
公共汽车工作车率(%)	90.7	90.6	90.0	90.5	90.2	90.3
客运总数(万人次)	107492	109078	113044	116164	118343	127877
公共汽车	107492	109078	113044	116164	118343	127877
系统外	65144	64928	66063	65719	66136	63302
客票收入(万元)	24378	85131	83306	88227	93652	100155
公共汽车	24378	85131	83306	88227	93652	100155
公共车辆平均每日客运量(万人次)	294	299	310	318	324	350
年末出租汽车(辆)	13636	14366	15435	15519	15587	16518
轮　渡						
年末机运船数(艘)	100	79	69	45	45	45
年末航线条数(条)	13	16	12	12	12	12
航运线路长度(公里)	148	147	46	45	45	45
年末客运总数(万人次)	461	505	398	327	320	412

10－6 2009－2014年城市住宅、环境质量、交通及消防设施情况

指标	2009年	2010年	2011年	2012年	2013年	2014年
城市住宅						
年末实有房屋建筑面积(万平方米)	18515	19854	20312	21116	22772	23916
住宅(万平方米)	10698	11273	11828	12661	13722	14481
年末住宅使用面积(万平方米)	7132	7515	7885	8441	9148	9654
人均使用面积(平方米)	20.8	22.1	23.2	24.5	25.6	26.0
市区商品住宅销售面积(万平方米)	570.2	704.9	829.9	854.5	1015.9	786.2
环境质量						
细颗粒物年均值(微克/立方米)					81	72
可吸入颗粒物年均值(毫克/立方米)	0.101	0.101	0.099	0.094	119	111
二氧化氮年均值(毫克/立方米)	0.054	0.048	0.046	0.047	56	52
二氧化硫年均值(毫克/立方米)	0.045	0.045	0.041	0.036	44	57
市区饮用水源水质达标率(%)	99.4	100.0	100.0	100.0	100.0	100.0
市区区域环境噪声平均等效声级值[dB(A)]	55.6	56.0	55.9	55.9	55.8	59.3
市区道路交通噪声平均等效声级值[dB(A)]	68.0	67.9	67.9	67.8	67.7	69.2
城市交通设施						
信号灯岗(处)	471	500	710	710	900	919
安全隔离桩(万延长米)	0.6	0.6	1.6	3.0	3.2	3.2
交通标线(万延长米)	236	427	561	594	660	733
交通安全护栏(万延长米)	7.1	7.0	6.1	7.1	7.8	7.8
交通标志(个)	19400	14000	15374	15534	13574	13574
消防设施						
消防队(个)	33	35	35	36	37	36
消防车(辆)	264	265	289	327	318	315
企业消防队(个)	23	21	21	21	21	21
企业消防车(辆)	81	76	76	82	94	98

主要统计指标解释

废水排放总量 包括生产废水和生活污水。生产废水指企、事业单位在生产、科研过程中向外环境排放的所有排放口的废水量总和。生活污水指城镇居民区和企事业单位职工集中居住区排放的污水量。

工业废水排放量 指经过工业企业所有排放口排到企业外的生产废水总量，包括外排的直接冷却水和矿区超标排放的有毒有害矿井地下水，但不包括外排的间接冷却水（清污不分流的应计算在内）。

工业废水排放达标量 指各项指标都达到国家或地方排放标准的外排工业废水量，包括未经处理外排达标和经过处理后外排达标两部分。

工业废水处理量 指经过各种水处理装置净化处理后的外排工业废水量（包括虽经处理仍未达到国家或地方标准的外排工业废水量）。

废气排放总量 指燃料燃烧和生产工艺过程中排放的各种废气总量，以达标状态下每年万标立方米表示。

工业废气排放量 指企业厂区内燃料燃烧和生产工艺过程中产生的各种排入空气的含有污染物的气体总量，按标准状态〔273K，101325Pa〕计算。

工业二氧化硫排放量 指企业在燃料燃烧和生产工艺过程中排入大气的二氧化硫数量。

烟尘排放量 指企业厂区内燃料燃烧产生的烟气中夹带的颗粒物数量。

工业粉尘排放量 指企业在生产工艺过程中排放的颗粒物重量，如钢铁企业的耐火材料粉尘、焦化企业的筛焦系统粉尘、烧结机的粉尘、石灰窑的粉尘、建材企业的水泥粉尘等。不包括电厂排入大气的烟尘。

工业粉尘回收量 指经过各种回收处理装置回收的工业粉尘和尘泥量（包括干法和湿法）。

工业固体废物产生量 指企业在生产过程中产生的固体状、半固体状和高浓度液体状废弃物的总量，包括危险废物、冶炼废渣、粉煤灰、炉渣、煤矸石、尾矿、放射性废物和其他废物等；不包括矿山开采的剥离废石和掘进废石（煤矸石和呈酸性或碱性的废石除外）。酸性或碱性废石指采掘的废石其流经水、雨淋水的 pH 值小于 4 或 pH 值大于 10.5 者。

工业固体废物处理量 指以填埋、焚烧等方式最终处理的工业固体费物量。

工业固体废物综合利用量 指通过回收、加工、循环、交换等方式，从固体废物中提取或者使其转化为可以利用的资源、能源和其他原材料的固体废物量（包括当年利用往年的工业固体废物累计贮存量），如用作农业肥料、生产建筑材料、筑路等。综合利用量由原产生固体废物的单位统计。

年底自来水生产能力 指年底城建部门管理的自来水厂和自备水源的社会单位取水、净化、送水、出厂输水干管等环节的实际生产能力。

年底供水管道长度 指从送水泵到用户水表之间所有管道的长度。

全年供水总量 指公用自来水厂和自备水源的社会单位全年的供水总量，包括有效供水量及损失水量。

生活用水量 指居民日常生活与公共福利设施的用水量。包括居民、饮食店、旅馆、医院、理发店、浴池、洗衣店、旅游池、商店、学校、机关、部队等单位的用水量。

城市人口用水普及率 指城市用水的非农业人口数（不包括临时人口和流动人口）与城市非农业人口总数之比。计算公式：

$$用水普及率=\frac{城市用水的非农业人口数}{城市非农业人口数}\times 100\%$$

全年供气总量 指全年售给各类用户的全部煤气量。包括工业用量、家庭用量和其他用量。

城市用气普及率 指使用煤气（包括人工煤气、液化石油气、天然气）的城市非农业人口数（不包括临时人口和流人口）与城市非农业人口总数之比。计算公式：

$$城市煤气普及率=\frac{城市用气的非农业人口数}{城市非农业人口总数}\times 100\%$$

年底实有铺装道路长度 指除土路外，路面经过铺装宽度在3.5米以上的道路，包括高级、次高级道路和普通道路。

城市桥梁 指城市范围内，修建在河道上的桥梁和道路与道路立交、道路跨越铁路的立交桥，以及人行天桥。包括永久性桥和半永久性桥，不包括临时性桥、铁路桥、涵洞。

年末实有公共气（电）车 指年底可参加营运的全部车辆数，包括年底营运车辆数和库存查封未参加营运的车辆，不包括非营运车辆，如架线车、油罐车、工程车、货车及专用车辆和借人的客运车辆。

营运线路长度 指设置的固定营运线路长度，包括郊区营运线路长度，不包括临时行驶的线路长度。

城市园林绿地面积 指城市公共绿地、专用绿地、生产绿地、防护绿地、郊区风景名胜区的全部面积。

公共绿地 指供游览的各种公园、动物园、植物园、陵园以及花园、游园和供游览用的林荫道绿地、广场绿地，不包括一般栽植的行道树及林荫道的面积。

十一 农 业

Agriculture

11－1　2010－2014 年农村经济发展情况

指　　　标	2010 年	2011 年	2012 年	2013 年	2014 年	2014年比2013 年增长(%)
乡村劳动力(万人)	245.2	243.2	246.5	247.7	272.1	9.9
第一产业	143.9	147.2	145.5	145.5	144.6	-0.6
年末常用耕地面积(万公顷)	196.5	196.9	196.8	196.7	197.9	0.6
水　田	48.6	53.9	58.0	61.5	61.9	0.7
旱　田	146.0	141.5	137.2	133.6	134.4	0.6
农业机械总动力(万千瓦)	753.2	806.7	891.1	926.7	977.3	5.5
大中型农用拖拉机(万台)	9.7	10.4	11.7	12.6	13.6	7.9
小型农用拖拉机(万台)	20.8	21.2	20.7	21.0	20.6	-1.7
农用动力排灌机械(万台)	8.2	8.6	8.9	9.1	9.2	1.1
农村用电量(亿千瓦小时)	15.1	16.3	17.3	17.7	18.1	2.3
农用化肥施用量(折纯)(万吨)	43.6	45.0	47.1	48.6	49.0	0.8
粮食总产量(万吨)	1259.1	1423.2	1600.7	1394.5	1427.2	2.3
水　稻	383.5	464.6	533.1	415.1	431.0	3.8
玉　米	776.0	876.2	1001.8	928.0	951.0	2.5
大　豆	82.0	63.0	50.0	31.7	30.6	-3.5
油料产量(吨)	11598.0	12668.0	18485.0	20328.0	24670.0	21.4
蔬菜总产量(万吨)	145.4	180.8	199.9	210.3	215.0	2.2
大牲畜总头数(万头)	203.4	213.0	212.0	219.2	220.5	0.6
年末生猪存栏(万头)	397.7	432.4	477.6	522.8	490.4	-6.2
年末羊存栏(万只)	72.5	70.6	73.3	78.4	80.3	2.4
年末家禽存栏(万只)	5914.1	6400.0	6800.8	6880.2	6577.3	-4.4
肉类总产量(万吨)	75.0	83.8	93.6	103.7	109.1	5.2
猪　肉	40.8	44.9	50.6	55.7	59.0	5.9
牛　肉	13.6	15.6	17.2	18.4	18.9	2.7
羊　肉	0.8	0.8	0.8	0.9	0.9	
禽　肉	19.5	22.2	24.6	28.4	29.8	4.9
奶类产量(万吨)	143.1	143.0	144.1	149.1	154.7	3.8
牛　奶	140.1	140.2	141.6	147.8	153.4	3.8
羊　奶	3.0	2.8	2.5	1.3	1.3	
禽蛋产量(万吨)	34.5	35.7	37.7	39.8	41.6	4.5
水产品产量(万吨)	11.5	12.1	12.6	12.2	11.1	-9.0
养殖收获面积(万公顷)	5.3	5.1	5.5	5.3	4.8	-9.4
当年造林面积(公顷)	34907	30680	25276	18749	22515	20.1
育苗面积(公顷)	3328	3307	2725	3035	3575	17.8
农林牧渔业总产值(亿元)	785.0	880.9	991.2	1089.5	1171.5	7.1

注:2013 年起粮食产量为国家统计局哈尔滨调查队抽样调查数据。

11－2　乡村户数和劳动力情况

（2014 年）

地　区	乡村户数（户）	乡村劳动力（人）			农业从业人员
			男	女	
全　市	**1373509**	**2720521**	**1500233**	**1220288**	**1445945**
市　区	**415298**	**712406**	**391697**	**320709**	**296320**
道里区	41148	74296	43929	30367	35838
道外区	44828	55732	31013	24719	24848
南岗区	12932	31811	18468	13343	
香坊区	34616	48050	26040	22010	15687
平房区	9601	12873	6822	6051	2070
松北区	41772	74472	40605	33867	39554
呼兰区	141164	267907	149632	118275	127757
阿城区	89237	147265	75188	72077	50566
市辖县（市）	**958211**	**2008115**	**1108536**	**899579**	**1149625**
五常市	180218	370156	198678	171478	255597
双城市	164765	347197	199017	148180	134591
尚志市	87767	169621	96779	72842	103351
巴彦县	168952	319503	180839	138664	169607
宾　县	117922	259959	140672	119287	149421
依兰县	62284	136483	71859	64624	83162
延寿县	46163	101931	53526	48405	66878
木兰县	61695	133314	72848	60466	86385
通河县	37528	88294	44942	43352	44869
方正县	30917	81657	49376	32281	55764

11－3　耕地面积情况

（2014 年）　　单位：公顷

地　区	年末常用耕地面积	水　田	旱　田	水浇地
全　市	**1979287**	**619496**	**1343811**	**15980**
市　区	**318078**	**48522**	**268025**	**1531**
道里区	17202	1081	16121	
道外区	30117	6213	23904	
南岗区	5774		5774	
香坊区	11853	1535	9847	471
平房区	2187		2187	
松北区	28339	1480	26221	638
呼兰区	143038	19582	123258	198
阿城区	79568	18631	60713	224
市辖县(市)	**1661209**	**570974**	**1075786**	**14449**
五常市	259169	133787	125382	
双城市	224107	13542	200115	10450
尚志市	157322	41728	115594	
巴彦县	229645	41733	187356	556
宾　县	167381	7882	159499	
依兰县	222059	49811	171465	783
延寿县	108761	66814	41947	
木兰县	101046	62182	38864	
通河县	120143	93435	24048	2660
方正县	71576	60060	11516	

11－4　1978－2014年农林牧渔业总产值情况

单位:万元

年　份	农林牧渔业总产值	农　业	林　业	牧　业	渔　业	农林牧渔服务业
1978	141968	117456	3591	17993	2928	
1980	151113	121882	3398	22556	3277	
1985	255009	178820	15427	56855	3907	
1990	591896	418771	14741	146723	11661	
1991	664545	460128	18242	173319	12856	
1992	727007	497659	21233	192548	15567	
1993	888563	612547	22731	234146	19139	
1994	1374363	947668	33044	368234	25417	
1995	1830708	1208942	55135	532828	33803	
1996	2260511	1500288	56639	661041	42543	
1997	2426931	1550916	65892	761219	48904	
1998	2608950	1628462	69187	858974	52327	
1999	2663895	1576351	72508	957846	57190	
2000	2805569	1580981	75193	1090389	59006	
2001	2954391	1578091	79344	1236078	60878	
2002	3162443	1659301	82533	1359609	61000	
2003	3510538	1669810	138404	1554468	63982	83874
2004	3998056	1876010	148021	1806212	78011	89802
2005	4451411	2107885	158382	1992726	89474	102944
2006	4769191	2324011	169012	2067056	101103	108009
2007	5831289	2729108	204334	2660322	116289	121236
2008	6702098	3096125	220378	3101487	146082	138026
2009	7241470	3395102	219146	3338054	147156	142012
2010	7850481	3666052	230112	3642084	157212	155021
2011	8809355	4114474	255625	4089540	168855	180861
2012	9912304	4620154	281346	4613721	188108	208975
2013	10895184	5076848	305065	5066169	199781	247321
2014	11714720	5480525	327356	5401519	212580	292740

11－5　1978－2014年农林牧渔业总产值构成情况

（总产值＝100）　　单位：%

年　份	农林牧渔业总产值	农　业	林　业	牧　业	渔　业	农林牧渔服务业
1978	100	82.7	2.5	12.7	2.1	
1980	100	80.7	2.2	14.9	2.2	
1985	100	70.1	6.0	22.3	1.6	
1990	100	70.8	2.5	24.8	1.9	
1991	100	69.2	2.7	26.1	2.0	
1992	100	68.5	2.9	26.5	2.1	
1993	100	68.9	2.6	26.4	2.1	
1994	100	69.0	2.4	26.8	1.8	
1995	100	66.0	3.0	29.1	1.9	
1996	100	66.4	2.5	29.2	1.9	
1997	100	63.9	2.7	31.4	2.0	
1998	100	62.4	2.7	32.9	2.0	
1999	100	59.2	2.7	36.0	2.1	
2000	100	56.3	2.6	38.8	2.3	
2001	100	53.4	2.7	41.8	2.1	
2002	100	52.5	2.6	43.0	1.9	
2003	100	47.6	3.9	44.3	1.8	2.4
2004	100	46.9	3.7	45.2	1.9	2.3
2005	100	47.4	3.5	44.8	2.0	2.3
2006	100	48.7	3.5	43.4	2.1	2.3
2007	100	46.8	3.5	45.6	2.0	2.1
2008	100	46.2	3.3	46.3	2.2	2.0
2009	100	46.9	3.0	46.1	2.0	2.0
2010	100	46.7	2.9	46.4	2.0	2.0
2011	100	46.7	2.9	46.4	1.9	2.1
2012	100	46.6	2.8	46.5	1.9	2.1
2013	100	46.6	2.8	46.5	1.8	2.3
2014	100	46.8	2.8	46.1	1.8	2.5

11－6　1978－2014 年农林牧渔业总产值指数情况

（上年＝100）

年　份	农林牧渔业总产值	农　业	林　业	牧　业	渔　业	农林牧渔服务业
1978	106.2	106.2	103.1	106.8	101.0	
1980	97.4	96.4	89.7	104.8	104.4	
1985	106.0	102.0	120.7	121.5	108.0	
1990	109.6	110.7	92.3	108.4	121.5	
1991	105.3	100.2	109.5	120.3	114.4	
1992	102.9	101.2	100.9	106.9	112.8	
1993	110.2	111.5	105.1	107.3	113.2	
1994	114.0	109.1	132.8	125.7	102.8	
1995	112.3	108.2	152.6	117.1	119.6	
1996	114.0	113.6	89.8	117.7	119.6	
1997	108.2	106.3	107.6	111.8	112.5	
1998	107.8	105.7	105.3	112.2	106.8	
1999	106.8	104.0	105.2	111.8	109.2	
2000	103.0	97.0	103.4	113.0	102.6	
2001	105.2	99.5	103.6	113.5	103.1	
2002	106.8	105.7	105.7	108.5	104.7	
2003	106.6	96.2	105.1	109.5	104.6	102.5
2004	111.5	111.0	106.9	112.5	114.9	104.5
2005	108.8	106.0	107.0	111.4	113.0	113.5
2006	106.7	106.5	107.0	107.1	105.5	104.0
2007	106.3	105.5	107.2	107.3	106.0	108.0
2008	107.0	107.7	103.9	106.8	103.4	105.8
2009	106.9	106.8	107.3	107.2	104.8	105.1
2010	107.1	107.9	104.6	106.5	104.8	106.3
2011	107.5	108.6	104.8	106.7	105.3	106.2
2012	109.3	109.9	106.3	109.1	106.6	107.5
2013	107.8	107.1	106.2	108.6	106.1	107.8
2014	107.1	107.4	106.1	106.8	105.8	108.9

11－7　主要农业机械拥有量情况

指　　　标	单　位	2013年			2014年		
		全　市	市　区	市辖县(市)	全　市	市　区	市辖县(市)
农业机械总动力	**万千瓦**	**926.7**	**152.3**	**774.4**	**977.3**	**154.1**	**823.2**
柴油发动机	万千瓦	869.1	142.3	726.8	906.1	144.0	762.1
汽油发动机	万千瓦	14.4	0.6	13.8	25.5	0.7	24.8
电动机	万千瓦	43.2	9.4	33.8	45.7	9.4	36.3
拖拉机	**台**	**335451**	**38826**	**296625**	**342596**	**38972**	**303624**
大中型	台	125887	14518	111369	136131	15083	121048
小　型	台	209564	24308	185256	206465	23889	182576
小四轮	台	91423	10421	81002	91140	10421	80719
排灌机械							
农用排灌动力机械	台	90529	15431	75098	92220	15625	76595
柴油机	台	65125	11693	53432	65629	11837	53792
电动机	台	25404	3738	21666	26591	3788	22803
农用水泵	台	95787	18675	77112	99938	18600	81338
收获机械							
联合收获机	台	10748	1194	9554	17368	1101	16267
割晒机	台	2963	105	2858	3053	105	2948
玉米收获机	台	3957	961	2996	8844	866	7978
机动脱粒机	台	44210	4865	39345	45758	4858	40900
种子精选机	台	1041	6	1035	1477	6	1471
农产品加工机械							
粮食加工机械	台	14833	2432	12401	16162	2434	13728
油料加工机械	台	3047	347	2700	3399	347	3052
运输机械							
农用机动三轮车	辆	43383	16137	27246	44682	15877	28805
牧、渔业及其他							
饲草料加工机械	台	20665	1370	19295	21502	1365	20137

11－8　农业生产条件情况

指　　标	单　位	2013年			2014年		
		全　市	市　区	市辖县(市)	全　市	市　区	市辖县(市)
农业机械化情况							
当年实际机耕地面积	公顷	1988080	316613	1671467	2000467	306534	1693933
占全部耕地面积	%	98.4	97.0	98.7	99.0	97.4	99.3
当年机械播种面积	公顷	1821047	298007	1523040	1948353	310180	1638173
占全部耕地面积	%	90.2	91.3	89.9	96.5	95.1	96.7
当年机械收割面积	公顷	1144927	220934	923993	1545147	199127	1346020
农业电气化情况							
农村用电量	万千瓦小时	176995	62061	114934	180641	58880	121761
平均每公顷耕地用电	千瓦小时	900	1950	697	913	1851	733
农用化肥施用量(折纯计算)	**吨**	**485584**	**97380**	**388204**	**489878**	**93873**	**396005**
氮　肥	吨	172740	34091	138649	176520	36223	140297
磷　肥	吨	69121	7489	61632	71571	8481	63090
钾　肥	吨	80422	11821	68601	81955	11325	70630
复合肥	吨	163301	43979	119322	159832	37844	121988
平均每公顷耕地用肥	公斤	247	306	235	248	295	238
农用塑料薄膜使用量	**吨**	**17405**	**3036**	**14369**	**18074**	**3522**	**14552**
地膜使用量	吨	6550	1423	5127	6289	1651	4638
农药使用量(实物量)	**吨**	**16631**	**2982**	**13649**	**17038**	**3177**	**13861**

注:农业机械化情况为部门数据。

11－9　全市农作物播种面积

单位：公顷

指　　标	2013年			2014年		
	全　市	市　区	市辖县(市)	全　市	市　区	市辖县(市)
农作物总播种面积	**2033375**	**328670**	**1704705**	**2043959**	**326158**	**1717801**
粮食作物	**1932329**	**296247**	**1636082**	**1945812**	**293714**	**1652098**
谷　物	1771703	285055	1486648	1744844	283132	1461712
水　稻	631109	57513	573596	638101	49764	588337
小　麦						
玉　米	1138807	227376	911431	1104808	233176	871632
谷　子	902	105	797	992	80	912
高　粱	724	24	700	798	82	716
其他谷物	161	37	124	145	30	115
豆　类	140079	3651	136428	181076	2766	178310
大　豆	136344	3600	132744	178497	2744	175753
杂　豆	3735	51	3684	2579	22	2557
绿　豆	1179	30	1149	1045	6	1039
红小豆	1583	21	1562	1218	16	1202
薯　类	20547	7541	13006	19659	7818	11841
马铃薯	20476	7541	12935	19536	7818	11718
饲料作物	**1171**	**134**	**1037**	**1267**	**134**	**1133**
青饲料	1021	134	887	899	134	765
饲　草	150		150	368		368
油　料	**5316**	**53**	**5263**	**6109**	**22**	**6087**
花　生	2487		2487	2570		2570
油菜籽	10		10	21		21
芝　麻	1		1	554		554
向日葵	1145	51	1094	778	20	758
白瓜籽	1673	2	1671	2186	2	2184
麻　类	**8**		**8**	**7**		**7**
亚　麻	8		8	7		7
甜　菜	**10**		**10**	**10**		**10**
烟　叶	**3914**	**2**	**3912**	**3669**	**2**	**3667**
烤　烟	3689	2	3687	3406	1	3405
药　材	**3600**	**2**	**3598**	**2366**	**8**	**2358**
蔬菜、食用菌	**65866**	**26124**	**39742**	**63852**	**24282**	**39570**
蔬菜(含菜用瓜)	65866	26124	39742	63852	24282	39570
瓜果类	**12431**	**1278**	**11153**	**11296**	**1050**	**10246**
西　瓜	5919	650	5269	5497	558	4939
甜　瓜	3654	563	3091	3337	426	2911
草　莓	2283	1	2282	2288	1	2287
其他农作物	**8730**	**4830**	**3900**	**9571**	**6946**	**2625**
其他经济作物	7886	4473	3413	7887	5942	1945

11－10　农业主要产品产量情况

（2014 年）　　单位:吨

指　标	全　市	市　区	辖县(市)
粮食作物	**14271730**	**445260**	**13826470**
谷　物	13824589	438580	13386009
水　稻	4309638	63442	4246196
小　麦			
玉　米	9509592	372123	9137469
谷　子	1408	950	458
高　粱	1450	242	1208
其他谷物	2501	1823	678
豆　类	312727	896	311831
大　豆	305901	877	305024
杂　豆	5849	19	5830
绿　豆	2487		2487
红小豆	3362	19	3343
薯　类	134414	5784	128630
马铃薯	133522	5784	127738
油　料	**24670**	**62**	**24608**
花　生	14529		14529
油菜籽	630		630
芝　麻	5	5	
向日葵	1968	52	1916
白瓜籽	7538	5	7533
麻　类	**42**		**42**
亚　麻	42		42
甜　菜	**260**		**260**
烟　叶	**11575**	**3**	**11572**
烤　烟	10545	2	10543
药　材			
蔬菜、食用菌	**2150352**	**1036424**	**1113928**
蔬菜(含菜用瓜)	2074968	1027421	1047547
瓜果类	**349954**	**36167**	**313787**
西　瓜	181885	25778	156107
甜　瓜	93717	8915	84802
草　莓	51070	2	51068

注:粮食产量为国家统计局哈尔滨调查队抽样调查数据。

11－11　畜牧业生产情况

指　　标	单　位	2013 年			2014 年		
		全　市	市　区	市辖县(市)	全　市	市　区	市辖县(市)
大牲畜总头数	头	2192053	330342	1861711	2204741	276548	1928193
黄　牛	头	1650625	232251	1418374	1666586	199099	1467487
奶　牛	头	460499	89708	370791	452656	70255	382401
马	匹	53893	5541	48352	56041	5021	51020
驴	头	17430	2122	15308	19166	1559	17607
骡	头	9606	720	8886	10292	614	9678
农役畜	头	205141	32881	172260	197194	28145	169049
年末生猪存栏	头	5228058	1036932	4191126	4903933	927625	3976308
能繁殖的母畜	头	576433	153799	422634	562990	143818	419172
年末羊存栏	只	784025	161323	622702	802513	150708	651805
山　羊	只	360694	61742	298952	380866	66027	314839
绵　羊	只	423331	99581	323750	421647	84681	336966
家禽存栏	万只	6880	2165	4715	6577	1811	4766
养兔只数	只	82815	2199	80616	93595	1980	91615
当年出售和自宰的肥猪	头	7353633	1630630	5723003	7729144	1603393	6125751
当年出售和自宰的肉用牛	头	1210403	236210	974193	1269136	220284	1048852
当年出售和自宰的肉用羊	只	557786	154479	403307	584899	152775	432124
当年出售和自宰的成禽	万只	13956	4987	8969	14454	4874	9580
当年肉类产量	吨	1037194	265959	771235	1090693	258683	832010
猪　肉	吨	556829	128137	428692	590449	124782	465667
牛　肉	吨	183867	35129	148738	189177	32179	156998
羊　肉	吨	8723	2532	6191	8928	2405	6523
禽　肉	吨	284339	99709	184630	298356	98996	199360
奶类产量	吨	1490768	305967	1184801	1546577	249707	1296870
牛奶产量	吨	1478198	301031	1177167	1534094	246628	1287466
羊奶产量	吨	12570	4936	7634	12483	3079	9404
禽蛋产量	吨	397883	119559	278324	415906	117663	298243
绵羊毛产量	吨	1178	187	991	1251	226	1025
蜂蜜产量	公斤	1611580	11400	1600180	1648802	13400	1635402

11－11 续表

（2014 年）

指　　标	单　位	道里区	道外区	南岗区	香坊区	平房区	松北区	呼兰区	阿城区
大牲畜总头数	头	24487	27977	1353	15102	1815	16956	69032	119826
黄　牛	头	617	23272	51	7527	801	4156	50456	112219
奶　牛	头	23679	4275	1232	7411	910	12337	15502	4909
马	匹	121	223	54	143	82	357	2121	1920
驴	头	68	193	16	9	19	97	634	523
骡	头	2	14		12	3	9	319	255
农役畜	头	67	976		184	39	940	8412	17527
年末生猪存栏	头	83394	95198	29861	87148	10080	52946	346620	222378
能繁殖的母畜	头	11944	15612	3610	16630	1269	10359	51847	32547
年末羊存栏	只	10512	18432	2760	7119	4370	15362	64578	27575
山　羊	只	2643	3291		2824		3863	37431	15975
绵　羊	只	7869	15141	2760	4295	4370	11499	27147	11600
家禽存栏	万只	176	187	47	188	32	181	766	234
养兔只数	只								1980
当年出售和自宰的肥猪	头	213271	132923	24600	156599	11239	80105	706679	277977
当年出售和自宰的肉用牛	头	19761	15628	205	7743	1910	8266	34137	132634
当年出售和自宰的肉用羊	只	26836	15537	3220	7729	3940	18229	54292	22992
当年出售和自宰的成禽	万只	450	266	38	265	63	781	2742	269
当年肉类产量	吨	27253	19267	2641	21614	2458	23015	115906	46529
猪　肉	吨	16420	10362	1913	14561	841	6083	53754	20848
牛　肉	吨	1605	2514	33	1251	286	1317	5278	19895
羊　肉	吨	526	238	37	116	61	266	816	345
禽　肉	吨	8702	6124	658	5686	1255	15335	55848	5388
奶类产量	吨	87144	8327	4583	24686	5036	63925	39466	16540
牛奶产量	吨	86943	8327	4583	24686	5036	62965	38755	15333
羊奶产量	吨	201					960	711	1207
禽蛋产量	吨	24358	16502	5770	17766	4252	5963	29432	13620
绵羊毛产量	吨	31			17	10	17	109	42
蜂蜜产量	公斤						2000		11400

11－12　林业、果类及渔业生产情况

指　　标	单 位	2013 年			2014 年		
		全 市	市 区	市辖县(市)	全 市	市 区	市辖县(市)
林业生产							
当年造林面积	公顷	18749	1948	16801	22515	3281	19234
按工程分							
退耕还林工程面积	公顷						
三北四期防护林工程	公顷	12282	934	11348	8937	1535	7402
更新面积	公顷						
育苗面积	公顷	3035	1706	1329	3575	2444	1131
四旁零星植树	万株	120	1	119	107	1	106
果类生产							
水果生产	吨	86845	1321	85524	97750	8394	89356
苹　果	吨	9680		9680	11614		11614
梨	吨	4982		4982	5242		5242
葡　萄	吨	9537	1100	8437	8750	1749	7001
果园面积	公顷	6330	87	6243	7078	257	6821
苹　果	公顷	1085		1085	1142		1142
梨	公顷	321		321	353		353
葡　萄	公顷	916	73	843	817	75	742
渔业生产							
水产品产量	吨	122070	28867	93203	111202	26278	84924
养　殖	吨	117100	27602	89498	106513	24938	81575
池　塘	吨	90246	25335	64911	81441	22546	58895
湖　泊	吨	3415	320	3095	3243	470	2773
水　库	吨	19104	1907	17197	17816	1882	15934
河　沟	吨	1140		1140	1180		1180
稻　田	吨	355		355	353		353
其　他	吨	2840	40	2800	2480	40	2440
养殖收获面积	公顷	52618	11142	41476	47792	9549	38243
成鱼面积	公顷	49432	9907	39525	44865	8549	36316
池　塘	公顷	19444	5178	14266	15355	3703	11652
湖　泊	公顷	2828		2828	3172	344	2828
水　库	公顷	24497	4714	19783	23978	4487	19491
河　沟	公顷	848		848	895		895
其　他	公顷	1815	15	1800	1465	15	1450
育种面积	公顷	3186	1235	1951	2927	1000	1927
鱼种池	公顷	3186	1235	1951	2927	1000	1927

11－13 乡镇企业情况

（2014 年）

指标	企业单位数（个）	从业人员（人）	现价总产值（万元）	上交税金（万元）	营业收入（万元）	利润总额（万元）	劳动者报酬（万元）
合计	**18341**	**393586**	**13809947**	**304719**	**13802050**	**584378**	**623632**
按登记注册类型分							
内资企业	18339	393428	13808286	304174	13800410	584248	623331
集体企业	121	4323	60723	3762	57468	4756	7529
港、澳、台商投资企业							
外商投资企业	2	158	1661	545	1640	130	301
按国民经济行业分							
工业	9841	241374	9790392	177918	9104427	391497	393498
建筑业	857	66968	2339776	32793	2222833	70482	95951
交通运输仓储业	1161	12626	690634	30782	690634	22726	19586
批发零售业	2813	32761	326649	31465	1121660	48994	48279
住宿及餐饮业	1796	24811	278819	13400	278819	24792	40837
居民服务、其他服务业和娱乐业	1873	15046	383677	18361	383677	25887	25481
其他							

注：此表不包括个体工商户。

主要统计指标解释

乡镇个数 指经省、市、自治区人民政府批准设立农村乡一级行政区划的数量，包括除县城关镇、城市街道办事处和工矿区以外的所有乡镇。对于在大中城市的以农业为主的郊区，按建制也计算在内。

农林牧渔业劳动力 指全社会直接参加农林牧渔业生产活动的劳动力。

农林牧渔业总产值 指以货币表现的农林牧渔业全部产品的总量，它反映一定时期内农业生产总规模和总成果。农业总产值的计算方法通常是按农林牧渔业产品及其副产品的产量分别乘以各自单位产品价格求得；少数生产周期较长，当年没有产品或产品产量不易统计的，则采用间接方法匡算其产值；然后将四业产品产值相加即为农业总产值。1957 年以前的农业总产值中包括了厩肥和农民自给性手工业（如农民自制衣服、鞋、袜，自己从事粮食初步加工等）。1958 年及以后的农业总产值，林业中增加了村及村以下竹木采伐产值；牧业中取消了厩肥产值；副业中取消了农民自给性手工业产值，增加了村及村以下办的工业产值；渔业中增加了海洋捕捞水产品产值。1980 年及以后的农业总产值，在副业中增加了农民家庭兼营工业商品部分的产值。从 1984 年起村及村以下工业产值划归工业。从 1993 年起取消副业，将野生动物的捕猎划入牧业、野生植物采集和农民家庭兼营商品性工业划归农业。

农林牧渔业增加值 是指农林牧渔生产单位在报告期内进行农林牧渔业生产活动的最终成果。计算增加值可以采用生产法和分配法两种：生产法是指农林牧渔总产值减去中间投入来计算；分配法也称收入法是根据各种生产要素在生产过程中应取得的份额来计算；农林牧渔业增加值 = 固定资产折旧 + 劳动报酬 + 生产净税额（生产税 − 生产补贴） + 营业盈余。

农用机械总动力 指主要用于农林牧渔业的各种动力机械的动力总和。包括耕作机械、排灌机械、收获机械、农用运输机械、植物保护机械、牧业机械、林业机械、渔业机械和其他农业机械〔内燃机按引擎马力折成瓦（特）计算、电动机按功率折成瓦（特）计算〕。不包括专门用于乡、镇、村、组办工业、基本建设、非农业运输、科学试验和教学等非农业生产方面用的动力机械与作业机械。

农用化肥施用量 指本年内实际用于农业生产的化肥数量，包括氮肥、磷肥、肥、钾肥和复合肥。化肥施用量要求按折纯量计算数量。折纯量是指把氮肥、磷肥、钾肥分别按含氮、含五氧化二磷、含氧化钾的百分之一百成份进行折算后的数量。复合肥按其所含主要成分折算。

期初（末）畜禽存栏头（只）数 指报告期初（末）农村各种合作经济组织和国营农场、农民个人、机关、团体、学校、工矿企业、部队等单位以及城镇居民饲养的大牲畜、猪、羊、家禽等畜禽的存栏数。

耕地面积 指可以用来种植农作物、经常进行耕锄的田地，包括熟地、当年新开荒地、连续撂荒未满三年的耕地和当年的休闲地（轮歇地），还包括以种植农作物为主并附带种植桑树、茶树、果树和其他林木的土地，以及沿海、沿湖地区已围垦利用的“海涂”、“湖田”等面积。不包括属于专业性的桑园、茶园、果园、果木苗圃、林地、芦苇地、天然或人工草地面积。

农作物播种面积 指实际播种或移植有农作物的面积。凡是实际种植有农作物的面积，不论种植在耕地上还是种植在非耕地上，均包括在农作物播种面积中。在播种季节基本结束后，因遭灾而重新改种和补种的农作物面积，也包括在内。

有效灌溉面积 指具有一定的水源，地块比较平整，灌溉工程或设备已经配套，在一般年景下当年能够进行正常灌溉的耕地面积。

粮食产量 指全社会的产量。包括国有经济经营的、集体统一经营的和农民家庭经营的粮食产量，还包括工矿企业办的农场和其他生产单位的产量。粮食包括稻谷、小麦、玉米、高粱、谷子、大豆及其他杂粮。按粮、经、饲新的划分标准，从 2002 年报开始，薯类、杂豆和大麦不做为粮食作物统计，列入经济作物进行统计。粮食一律按脱粒后的原粮计算。

油料产量 指全部油料作物的生产量。包括花生、油菜籽、芝麻、向日葵籽、胡麻籽（亚麻籽）和其他油料。不包括大豆、木本油料和野生油料。花生以带壳干花生计算。

水产品产量 指人工养殖的水产品和天然生长的水产品的捕捞量。包括海水的鱼类、虾蟹类、贝类和藻类以及内陆水域的鱼类、虾蟹类和贝类，不包括淡水生植物。

猪、牛、羊肉产量 指当年出栏并已屠宰、除去头蹄下水后带骨肉（即胴体重）的重量。

十二 工 业

Industry

12-1 2009-2014年全市工业总产值情况

单位:亿元

指 标	2009年	2010年	2011年	2012年	2013年	2014年	2014年比2013年增长(%)
全部工业总产值(当年价)	**2874.0**	**3389.7**	**3904.9**	**4291.4**	**4536.3**	**4712.5**	**3.9**
按登记注册类型分							
国有企业	340.5	415.4	506.2	475.8	201.3	379.2	88.4
集体企业	61.7	29.7	30.5	25.9	28.4	25.4	-10.6
其他企业	2471.8	2944.6	3368.2	3789.7	4306.6	4307.9	
按轻重工业分							
轻工业	1430.4	1763.8	2124.6	2424.3			
重工业	1443.6	1625.9	1780.3	1867.1			
按企业规模分							
大型企业	1078.9	1003.0	1368.5	1443.5	1525.5	1511.5	-0.9
中型企业	507.5	752.5	545.9	475.9	488.0	522.9	7.2
小、微型企业	1287.6	1634.2	1990.5	2372.0	2522.8	2678.1	6.2

注:1.2011年9月2日起执行统计大中小微型企业划分标准。

2.根据《国民经济行业分类》(GB/T4754-2011),从2013年起工业行业不再使用“轻工业”,“重工业”分类,而以采矿业、制造业、电力热力燃气及水生产和供应业的标准行业分类代替,下同。

12－2　1978－2014 年全市工业总产值分类情况

单位:亿元

年　份	总　计	按登记注册类型分			按轻重工业分	
		国有经济	集体经济	其他经济	轻工业	重工业
1978	75.8	58.6	16.3	0.8	31.0	44.7
1980	88.8	66.8	20.7	1.3	42.1	46.7
1985	152.8	110.5	38.2	4.1	70.9	82.0
1990	191.3	138.3	39.0	14.1	91.2	100.1
1991	244.6	177.8	48.0	18.8	112.5	132.1
1992	279.4	208.9	54.8	15.7	120.4	159.0
1993	347.8	222.4	74.0	51.3	149.3	198.5
1994	433.5	204.3	92.7	136.6	188.2	245.3
1995	531.9	232.7	109.3	189.9	230.9	301.0
1996	652.2	238.3	165.4	248.6	291.7	360.6
1997	763.7	241.5	208.1	314.1	336.4	427.3
1998	802.5	199.0	279.5	324.0	363.5	439.0
1999	870.3	182.7	331.2	356.4	402.4	467.9
2000	1011.1	172.0	445.1	394.0	461.4	549.7
2001	1101.0	130.4	319.8	650.8	526.9	574.1
2002	1167.0	166.1	305.8	695.1	557.0	610.0
2003	1300.5	171.5	270.2	858.8	590.0	710.0
2004	1334.8	180.3	128.1	1026.4	587.3	747.5
2005	1674.1	194.6	150.7	1328.8	676.3	997.7
2006	1910.6	238.1	159.7	1512.8	874.9	1035.7
2007	2148.8	260.4	190.1	1698.3	1018.5	1130.3
2008	2441.0	335.7	52.8	2052.5	1179.6	1261.4
2009	2874.0	340.5	61.7	2471.8	1430.4	1443.6
2010	3389.7	415.4	29.7	2944.6	1763.8	1625.9
2011	3904.9	506.2	30.5	3368.2	2124.6	1780.3
2012	4291.4	475.8	25.9	3789.7	2424.3	1867.1
2013	4536.3	201.3	28.4	4306.6		
2014	4712.5	379.2	25.4	4307.9		

12－3　1978－2014年全市工业总产值构成情况

（总计＝100）　　单位：%

年份	总计	按登记注册类型分			按轻重工业分	
		国有经济	集体经济	其他经济	轻工业	重工业
1978	100	77.4	21.5	1.1	41.0	59.0
1980	100	75.2	23.3	1.5	47.4	52.6
1985	100	72.3	25.0	2.7	46.4	53.6
1990	100	72.3	20.4	7.4	47.7	52.3
1991	100	72.7	19.6	7.7	46.0	54.0
1992	100	74.8	19.6	5.6	43.1	56.9
1993	100	64.0	21.3	14.8	42.9	57.1
1994	100	47.1	21.4	31.5	43.4	56.6
1995	100	43.8	20.5	35.7	43.4	56.6
1996	100	36.5	25.4	38.1	44.7	55.3
1997	100	31.6	27.3	41.1	44.0	56.0
1998	100	24.8	34.8	40.4	45.3	54.7
1999	100	21.0	38.0	41.0	46.2	53.8
2000	100	17.0	44.0	39.0	45.6	54.4
2001	100	11.8	29.0	59.1	47.9	52.1
2002	100	14.2	26.2	59.6	47.7	52.3
2003	100	13.2	20.8	66.0	45.4	54.6
2004	100	13.5	9.6	76.9	44.0	56.0
2005	100	11.6	9.0	79.4	40.4	59.6
2006	100	12.5	8.4	79.1	45.8	54.2
2007	100	10.8	7.9	81.3	47.4	52.6
2008	100	13.8	2.1	84.1	48.3	51.7
2009	100	11.8	2.1	86.0	49.8	50.2
2010	100	12.3	0.9	86.9	52.0	48.0
2011	100	13.0	0.8	86.3	54.4	45.6
2012	100	11.1	0.6	88.3	56.5	43.5
2013	100	4.5	0.6	94.9		
2014	100	8.0	0.5	91.4		

12－4 1978－2014年全市工业总产值指数情况

（上年＝100）

年份	总计	按登记注册类型分			按轻重工业分	
		国有经济	集体经济	其他经济	轻工业	重工业
1978	108.5	107.5	110.8	128.8	107.3	109.3
1980	102.3	100.7	106.0	142.5	117.6	91.6
1985	120.9	118.1	125.3	178.0	110.8	131.4
1990	102.8	104.5	82.2	101.4	107.9	98.5
1991	106.8	109.2	101.4	100.3	103.1	110.3
1992	109.6	112.7	109.6	80.0	102.7	115.5
1993	110.2	94.3	119.6	290.1	109.8	110.6
1994	114.6	86.8	118.3	251.3	119.1	116.7
1995	118.6	117.2	125.4	112.9	109.8	120.4
1996	117.9	107.0	116.2	135.1	119.4	116.7
1997	115.1	99.6	130.1	122.4	118.5	112.4
1998	114.5	83.3	133.0	129.8	116.6	112.7
1999	114.5	97.8	124.1	117.2	114.6	114.4
2000	120.2	104.0	129.8	120.5	121.4	119.1
2001	113.4	64.8	94.7	150.4	122.6	105.3
2002	113.1	103.0	95.1	124.7	111.5	114.7
2003	121.2	107.1	91.0	135.9	121.4	121.0
2004	121.5	105.1	62.4	143.4	117.8	124.5
2005	125.4	107.9	117.6	129.5	115.2	133.5
2006	114.1	123.2	106.0	113.8	129.4	103.8
2007	112.5	97.5	106.3	115.5	116.4	109.1
2008	113.6	128.9	27.8	120.9	115.8	111.6
2009	117.7	101.4	116.9	120.4	121.3	114.4
2010	117.9	122.0	48.1	119.1	123.3	112.6
2011	115.2	121.9	102.7	114.4	120.5	109.5
2012	109.9	94.0	84.9	112.5	114.1	104.9
2013	105.7	42.3	109.7	113.6		
2014	103.9	188.4	89.4	100.0		

注：本表2003年以前按可比价格计算。

12－5　2009－2014年规模以上工业企业单位数情况

单位：个

指　标	2009年	2010年	2011年	2012年	2013年	2014年
总　计	**1436**	**1433**	**908**	**1148**	**1342**	**1397**
亏损企业	253	255	130	217	218	210
国有及国有控股企业	195	195	152	158	163	156
按登记注册类型分						
内资企业	1307	1301	806	1047	1240	1304
国有企业	89	85	67	66	50	38
中央企业	17	19	24	20	16	12
省属企业	22	22	12	14	12	7
地方企业	50	44	31	32	22	19
集体企业	46	33	14	14	11	7
股份合作企业	38	32	10	11	11	10
联营企业	1	1		1	1	
国有联营企业						
其他联营企业					1	
有限责任公司	412	442	338	442	474	502
国有独资公司	10	11	10	10	15	18
其他有限责任公司	402	431	328	432	459	484
股份有限公司	85	84	63	92	102	107
私营企业	636	624	310	391	581	634
私营独资企业	61	92	37	72	17	14
私营合伙企业	10	8	5	8	4	1
私营有限责任公司	536	493	252	298	524	583
私营股份有限公司	29	31	16	13	36	36
其他企业			4	30	10	6
港、澳、台商投资企业	36	35	25	25	28	23
合资经营企业（港或澳、台资）	24	25	18	16	16	12
合作经营企业（港或澳、台资）	1	1	1	1	1	1
港澳台商独资经营企业	10	8	6	7	10	10
港澳台商投资股份有限公司	1	1		1	1	
外商投资企业	93	97	77	76	74	70
中外合资经营企业	52	50	40	40	35	33
中外合作经营企业	1	2	1	1	1	1
外资企业	35	41	32	31	34	34
外商投资股份有限公司	5	4	3	4	4	2
其他外商投资			1			
按轻重工业分						
轻工业	579	569	402	522		
重工业	857	864	506	626		
按企业规模分						
大型企业	32	29	46	48	50	45
中型企业	142	145	158	131	126	137
小型企业	1262	1259	667	904	1082	1121
微型企业			37	65	84	94
按行业分						
采矿业	7	7	6	6	9	9
煤炭开采和洗选业	1	1	1	1	1	1
石油和天然气开采业						
制造业	1362	1355	854	1088	1272	1328
电力、燃气及水的生产和供应业	67	71	48	54	61	60

注：2010年前为年主营业务收入500万元及以上的工业法人单位。2011年以后为年主营业务收入2000万元及以上的工业法人企业，下同。

12－6　2009－2014年规模以上工业总产值情况

单位:万元

指　标	2009年	2010年	2011年	2012年	2013年	2014年
总　计	**19906135**	**23047364**	**25641388**	**28516437**	**33992630**	**36500529**
亏损企业	2179719	1986220	5280786	6413694	4290686	558510
国有及国有控股企业	11497427	14170119	14531846	14735905	15209405	15344983
按登记注册类型分						
内资企业	15781860	18753784	21186878	23642205	27961535	30523722
国有企业	3394832	4127656	5020482	4729819	1953826	3758127
中央企业	2235990	3644222	2012859	3889499	1629304	3419221
省属企业	74306	95365	94840	126365	101439	96940
地方企业	1084536	388069	2912783	713955	223084	241966
集体企业	205665	214522	161248	137226	40603	33990
股份合作企业	91063	130292	53952	77965	57604	46504
联营企业	3996	5105		10465	18831	
国有联营企业						
其他联营企业						
有限责任公司	8369345	9879303	9119033	12590131	15592992	13916294
国有独资公司	558949	760620	842454	828461	1043643	1211321
其他有限责任公司	7810396	9118683	8276580	11761670	14549349	12704974
股份有限公司	1540234	1662904	3739610	2064998	2412541	2810830
私营企业	2176724	2734001	3048675	3771301	7742729	9830180
私营独资企业	196215	388258	505611	922498	375904	319624
私营合作企业	22693	21099	28750	67810	11090	20600
私营有限责任公司	1820426	2129527	2298139	2597140	6878324	8932966
私营股份有限公司	137390	195118	216174	183853	477411	556991
其他企业			43878	260302	142408	127797
港、澳、台商投资企业	211192	316001	365061	409112	798828	904724
合资经营企业(港或澳、台资)	153897	258146	267989	286886	259204	247978
合作经营企业(港或澳、台资)	945	4155		2440	3422	
港澳台商独资经营企业	52119	48988	97072	100584	515638	656746
港澳台商投资股份有限公司	4231	4711		19202	20565	
外商投资企业	3913083	3977579	4089448	4465120	5232267	5072083
中外合资经营企业	2678129	2639331	2288237	2371533	2585351	2860208
中外合作经营企业	9911	11154	21800	29568	54104	88216
外资企业	664234	814568	1185218	1488148	1984161	1731464
外商投资股份有限公司	560809	512527	567193	575871	608651	392196
其他外商投资			27000			
按轻重工业分						
轻工业	8137963	9732413	11896292	14095766		
重工业	11768172	13314951	13745095	14420671		
按企业规模分						
大型企业	10788651	10030141	13685408	14435080	13409515	15115478
中型企业	5075193	7525077	5459042	4759411	15254620	5528542
小型企业	4042291	5492145	6305143	9027860	4880396	15417641
微型企业			191795	294086	448099	438868
按行业分						
采矿业	86012	98694	89055	143196	164182	110157
煤炭开采和洗选业	66500	73808	68023	88028	92306	57294
石油和天然气开采业						
制造业	19032763	21938422	24456125	27074586	32407409	34808914
电力、燃气及水的生产和供应业	787360	1010247	1096207	1298655	1421039	1581457

12－7　2009－2014年主要工业产品产量情况

产 品 名 称	计量单位	2009年	2010年	2011年	2012年	2013年	2014年
原　煤	吨	4262510	4500515	3270326	2601453	2600155	2622863
钼精矿折含量(含纯钼45%)	吨		1073	1073	1077	450	240
发电量	万千瓦时	1299172	1578127	1588028	1607440	1524883	1692679
火　电	万千瓦时	1251935	1494426	1514900	1508303	1446064	1593070
大　米	吨	597389	836245	1053468	1413675	3259123	3521559
精用食用植物油	吨	176051	272869	301838	265396	149441	235759
鲜冷藏冻肉	吨	159894	195307	168898	295458	465008	228574
配混合饲料	吨	637588	771822	860685	1003196	532035	1166622
方便面	吨	97057	115425	132797	143918	153980	119991
乳制品	吨	628849	575330	539108	356287	408128	236299
液体乳	吨	495899	460219	417337	234470	178641	162702
酱　油	吨	29850	38450	37953	18691	9523	7738
发酵酒精(折96度,商品量)	千升		59060	33027	58165	93743	92990
饮料酒	千升	1006210	1101786	1263679	1307973	1560889	1357648
白酒(折65度,商品量)	千升	28618	33309	90795	138541	334789	287270
啤　酒	千升	977509	1068422	1172884	1169305	1158155	1070364
软饮料	吨	1231483	1346399	1911949	2009660	2620955	2145657
碳酸饮料	吨	273532	286147	803467	258283	215135	386874
果汁及果汁饮料	吨	558565	640893	758238	901030	921085	1015665
瓶(罐)装饮用水	吨	332731	296239	230860	258607	159985	182148
冷冻饮品	吨	13512	14070	13049	9988	25960	9536
卷　烟	万支	4260000	4310000	4360614	4370000	4395461	4130000
化学纤维	吨	63161	15352	62247	35951	1761	
合成纤维	吨	63161	15352	62247	35951	1761	
涤纶纤维	吨	63161	15352	62247	35951	1761	
纱	吨	2903	2339	1629	6685	12603	6553
布	万米	3900	3350	1607	1356	1311	1009
棉混纺布(混纺交织布)	万米	2700	2039	1607	1356	1311	1009
苎麻布及亚麻布	万米	1678	1769	1215	1402	916	824
服　装	万件	82	175	59	37	54	25
梭织服装	万件	52	58	59	37	54	25
人造板	立方米	243144	415363	23147	211562	849112	291281
复合地板	平方米	640239	846361	429489	321860	718485	124668
家　具	件	689267	963443	798722	549203	574628	336948
木制家具	件	587949	702288	496338	126600	243751	23314
软体家具(包括床垫、沙发)	件	48400	48974	55593	52582	13839	43042

12－7 续表 1

产 品 名 称	计量单位	2009 年	2010 年	2011 年	2012 年	2013 年	2014 年
机制纸及纸板	吨	33597	107228	34945	40200	50009	98125
纸 制 品	吨	94347	81357	101805	77864	5956607	144121
瓦楞纸箱(纸箱)	吨	58334	49152	68563	63075	105744	112799
原油加工量	吨	3016431	3317488	3362023	3521457	3424428	3252526
汽　　油	吨	1000504	1101647	1159308	1232530	1201814	1053848
煤　　油	吨	15490	35670	78108	159992	209553	235096
柴　　油	吨	1284673	1437931	1333987	1307322	1189532	1075825
润 滑 油	吨	21273	20111	13275	12687	13095	12032
燃 料 油	吨	114064	139655	122592	86458	76477	78028
液化石油气	吨	124157	138260	169705	223911	205713	179939
煤气生产量(煤气)	万立方米	55646	76651	60362	55101	53392	66325
精 甲 醇	吨	148496	270066	233450	180944	172163	178838
涂料(油漆)	吨	3695	4230	3255	3349	4066	1881
化学药品原药(化学原料药)	吨	4892	5578	4842	3933	3804	1664
中 成 药	吨	28573	85640	145889	134178	55636	23989
塑料制品	吨	55615	158932	126133	146457	96493	91991
塑料薄膜	吨	9410	10461	14409	17287	13679	15071
农用薄膜	吨	8933	9918	13847	16750	10713	12680
日用塑料制品	吨	200	227	4686	8082	14067	21513
水泥熟料	万吨	457	594	775	694	724	615
水　　泥	万吨	921	1032	1313	1008	1080	988
水泥排水管	千米	45	58	59	55	56	687
水泥电杆	根	16291	21313	21414	18296	31143	23831
商品混凝土	立方米	1006392	2367951	2801334	2082665	2354011	1977761
砖(折标准砖)	万块	2586	2234	7433	14759	19132	21160
石墨及碳素制品	吨	335	575	728	633	4874	1295
生　　铁	吨	710028	702926	638961	1240905	1149763	413506
粗　　钢	吨	687847	843097	840408	1114883	1211269	401078
钢　　材	吨	775466	937953	936846	780429	622627	259923
铁道用钢材	吨	84442	113117	113855	74380	52393	22823
大型型材	吨	506284	583433	507614	448631	359656	192276
冷轧窄钢带	吨	47324	59424	53998	43134	33712	6983
焊接钢管	吨	127408	169788	243923	177059	128179	6790
铝　　材	吨	57006	72493	107127	60867	70166	75162
金属切削工具	万件	4332	6633	7110	4830	5292	4136
工业锅炉	蒸发量吨	7720	9762	11488	25297	16067	15588
电站锅炉	蒸发量吨	109503	128955	114022	201471	107703	134155
电站汽轮机	万千瓦	2083	2083	2026	1405	1019	1525

12－7 续表 2

产品名称	计量单位	2009 年	2010 年	2011 年	2012 年	2013 年	2014 年
金属切削机床	台	213	240	178	165	231	38
数控机床	台	213	240	178	165		
起重设备	吨	2179	2473	2671	2484	2603	2370
泵(液体泵)	台	1677	2104	349	398	770	605
风　　机	台	6817	6640	2899	122	87	91
滚动轴承(轴承)	万套	3044	14933	3978	3097	6080	5949
阀　　门	吨	865	895	1088	928	3774	3087
汽　　车	辆	283689	282123	181703	97989	121477	78861
载货汽车	辆	88233	95587	66736	33337	27972	9186
公路客车	辆	161680	160414	107903	32886	14103	1202
小型(9—20 座)	辆	161657	160413	107903	32886	14103	1202
轿　　车	辆	33776	20164	7064	31766	79402	68473
排气量 1.0—1.6 升(含 1.6 升)	辆	33776	20164	7064	31766	79402	68473
改装汽车	辆	2714	1314	828	692	162	
民用钢质船舶	总吨	1958	177	1132	400	450	165
发电设备	万千瓦	2611	2156	2240	2317	1904	2017
水轮发电机组	万千瓦	531	362	710	653	500	476
汽轮发电机	万千瓦	2079	1794	1530	1665	1404	1541
交流电动机	万千瓦	82	100	93	89	74	35
变 压 器	万千伏安	483	457	774	1055	589	601
电力电缆	千米	25630	34254	268216	35945	63598	87235
绝缘制品	吨	1890	1985	1883	1683	1569	1264
蓄 电 池	千伏安时	2320008	1590851	737628	966491	3793181	717000
工业用电炉	台	36	82	158	206	104	101
电工仪器仪表	台	1993153	1649950	1427597	2303552	2418532	883267
汽车仪器仪表	台	958387	1208624	617959	1026471	475129	

12－8　规模以上工业企业主要经济指标

（2014 年）

指　　标	单位数（个）	亏损企业	工业总产值（当年价格）	工业销售产值（当年价格）	出口交货值
总　　计	**1397**	**210**	**36500529**	**35790838**	**821944**
亏损企业	210	210	3401358	3249307	98997
国有及国有控股企业	156	48	15344983	15175882	566037
农村工业	12	1	150755	149549	2203
按登记注册类型分					
内资企业	1304	187	30523722	29884528	561125
国有企业	38	14	3758127	3636108	124515
中央企业	12	3	3419221	3337596	123908
省属企业	7	3	96940	71738	
地方企业	19	8	241966	226774	607
集体企业	7	5	33990	35051	
股份合作企业	10	2	46504	45019	2155
有限责任公司	502	94	13916294	13849880	365843
国有独资公司	18	7	1211321	1083706	11722
其他有限责任公司	484	87	12704974	12766174	354121
股份有限公司	107	13	2810830	2581309	17996
私营企业	634	59	9830180	9609364	50616
私营独资企业	14	1	319624	299105	
私营合伙企业	1		20600	20415	
私营有限责任公司	583	53	8932966	8747334	30060
私营股份有限公司	36	5	556991	542509	20557
其他企业	6		127797	127797	
港、澳、台商投资企业	23	5	904724	822911	83086
合资经营企业（港或澳、台资）	12	1	247978	238906	1576
合作经营企业（港或澳、台资）	1	1			
港澳台商独资经营企业	10	3	656746	584005	81510
外商投资企业	70	18	5072083	5083399	177733
中外合资经营企业	33	4	2860208	2750863	136360
中外合作经营企业	1		88216	88216	
外资企业	34	14	1731464	1851334	41373
外商投资股份有限公司	2		392196	392987	
按经济组织类型分					
独资企业	103	37	6499950	6405604	247397
国有企业	38	14	3758127	3636108	124515
集体企业	7	5	33990	35051	
私营独资企业	14	1	319624	299105	
港澳台商独资经营企业	10	3	656746	584005	81510
外资企业	34	14	1731464	1851334	41373
合作、合伙企业	19	3	283116	281446	2155
股份合作企业	10	2	46504	45019	2155
私营合伙企业	1		20600	20415	
合作经营企业（港或澳、台资）	1	1			
中外合作经营企业	1		88216	88216	
其他企业（内资）	6		127797	127797	
股份有限公司	145	18	3760017	3516805	38552
股份有限公司（内资）	107	13	2810830	2581309	17996
私营股份有限公司	36	5	556991	542509	20557
外商投资股份有限公司	2		392196	392987	
有限责任公司	1130	152	25957446	25586983	533839
国有独资公司	18	7	1211321	1083706	11722
私营有限责任公司	583	53	8932966	8747334	30060
合资经营企业（港或澳、台资）	12	1	247978	238906	1576
中外合资经营企业	33	4	2860208	2750863	136360
其他有限责任公司	484	87	12704974	12766174	354121

单位:万元

资产总计	应收帐款	存货	产成品	流动资产合计	固定资产净值	负债合计
42296678	**5043701**	**7348114**	**1715131**	**24139429**	**11377171**	**28575832**
8255620	875821	1504864	362049	4326101	2424592	7845618
25561730	2787845	4831223	853635	15307776	6320716	18885352
176289	71444	66360	4098	157416	13719	120868
34391982	4185429	6193051	1370946	20010852	8722334	23426786
4072750	220040	865179	71884	1947796	1222358	2709616
3572018	179190	836359	61138	1751479	958892	2278275
105341	1033	1680	599	19027	83840	98331
395390	39817	27140	10146	177290	179626	333011
53692	8669	14111	6584	38862	9307	66761
99576	38289	12323	2185	81117	8880	50343
21546071	2769299	4106607	814326	13508147	5229132	16484532
3543803	106236	260623	52039	1392706	1333409	2727302
18002268	2663063	3845984	762288	12115442	3895723	13757230
3947841	484573	409540	155241	1849784	857349	1647155
4657466	664045	783176	318757	2579818	1388981	2464719
87154	15599	14464	6523	41085	38615	53614
1088	64	83	36	362	584	548
4228930	589847	702123	276517	2331902	1267467	2242934
340294	58536	66506	35681	206470	82316	167624
14586	514	2116	1969	5329	6327	3659
1458507	106262	180473	17173	766966	355183	973314
775747	37095	43554	8430	296147	188594	539835
8400	1649	46	22	5116	2360	779
674360	67518	136873	8722	465704	164228	432700
6446189	752010	974590	327012	3361610	2299654	4175732
4379638	543199	581511	197510	2386944	1541574	2705087
12352	1832	1234	1234	5531	6821	10334
1633768	199931	309003	90303	783529	582136	1124059
420431	7047	82842	37965	185606	169123	336252
6521724	511757	1339631	184015	3276975	2016645	4386750
4072750	220040	865179	71884	1947796	1222358	2709616
53692	8669	14111	6584	38862	9307	66761
87154	15599	14464	6523	41085	38615	53614
674360	67518	136873	8722	465704	164228	432700
1633768	199931	309003	90303	783529	582136	1124059
136001	42348	15801	5446	97454	24972	65662
99576	38289	12323	2185	81117	8880	50343
1088	64	83	36	362	584	548
8400	1649	46	22	5116	2360	779
12352	1832	1234	1234	5531	6821	10334
14586	514	2116	1969	5329	6327	3659
4708566	550156	558887	228888	2241860	1108788	2151032
3947841	484573	409540	155241	1849784	857349	1647155
340294	58536	66506	35681	206470	82316	167624
420431	7047	82842	37965	185606	169123	336252
30930386	3939440	5433795	1296783	18523140	8226767	21972388
3543803	106236	260623	52039	1392706	1333409	2727302
4228930	589847	702123	276517	2331902	1267467	2242934
775747	37095	43554	8430	296147	188594	539835
4379638	543199	581511	197510	2386944	1541574	2705087
18002268	2663063	3845984	762288	12115442	3895723	13757230

12－8 续表 1　　（2014 年）

指　标	单位数（个）	亏损企业	工业总产值（当年价格）	工业销售产值（当年价格）	出口交货值
按企业规模分					
大型企业	45	11	15115478	14933224	679252
中型企业	137	30	5528542	5321107	77602
小微型企业	1215	169	15856509	15536508	65089
按行业分					
采矿业	9	2	110157	110080	
煤炭开采和洗选业	1	1	57294	56311	
黑色金属矿采选业	1		4201	4201	
有色金属矿采选业	3	1	31523	31775	
非金属矿采选业	4		17140	17792	
制造业	1328	191	34808914	34253441	821824
农副食品加工业	384	33	11063012	11270397	55899
食品制造业	57	11	1818155	1648918	17291
酒、饮料和精制茶制造业	61	8	1271274	1221417	6
烟草制品业	1		903356	892471	
纺织业	15	3	225860	265672	22894
纺织服装、服饰业	1		8497	9986	
皮革、毛皮、羽毛及其制品和制鞋业	1		15850	15850	
木材加工和木、竹、藤、棕、草制品业	75	5	1071760	1029190	9478
家具制造业	16	1	187044	191443	12702
造纸和纸制品业	16	2	297123	285373	
印刷和记录媒介复制业	22	4	199454	197682	
文教、工美、体育和娱乐用品制造业	31	1	350583	342066	5884
石油加工、炼焦和核燃料加工业	7		2013461	2021386	
化学原料和化学制品制造业	48	7	1160334	1152119	812
医药制造业	53	11	2383803	2213366	70020
橡胶和塑料制品业	43	3	873379	771270	81510
非金属矿物制品业	95	20	1297216	1261856	11833
黑色金属冶炼和压延加工业	19	8	388976	368447	
有色金属冶炼和压延加工业	11	6	276314	274621	9741
金属制品业	51	4	708236	689420	1448
通用设备制造业	109	22	2858509	2817730	158045
专用设备制造业	60	9	1006148	963175	13756
汽车制造业	32	10	986577	983942	15514
铁路、船舶、航空航天和其他运输设备制造业	20	5	1465749	1376314	123681
电气机械和器材制造业	49	9	1412634	1431648	202153
计算机、通信和其他电子设备制造业	16		170436	171332	8282
仪器仪表制造业	18	5	194747	190291	877
其他制造业	11	4	188859	184031	
废弃资源综合利用业	4		4241	4706	
金属制品、机械和设备修理业	2		7326	7326	
电力、燃气及水的生产和供应业	60	17	1581457	1427318	120
电力、热力生产和供应业	51	15	1336380	1182492	34
燃气生产和供应业	4		155453	155202	85
水的生产和供应业	5	2	89624	89624	

单位:万元

资产总计	应收帐款	存 货	产成品	流动资产合计	固定资产净值	负债合计
22733464	2503412	4489622	717799	14418585	5067042	17080329
7435801	887516	1203335	387077	3755261	2515273	4779935
12127413	1652774	1655158	610256	5965582	3794856	6715568
383758	7481	12980	8822	220415	122288	267728
219653	3060	4703	1337	115755	92005	231368
24488		1549	1480	4254		9049
129322	2648	6273	5576	94418	28172	20300
10295	1773	455	429	5988	2111	7012
36426678	4890108	7207903	1702254	22448909	8368150	24149852
7159596	406607	1879285	663018	5188926	1282076	5575019
1303613	115858	185674	71623	591907	475494	832766
1135095	91442	176152	43055	417680	480729	657227
808487	139995	222263	11194	476076	219709	126871
194095	16457	46087	33336	97404	41755	60169
5060	105	2622	1858	4090	651	2687
4796	1131	1322	1322	3085	1247	3710
297056	32265	53494	29292	128551	127771	140953
184216	12206	36811	10723	81232	85863	103103
199504	31010	25125	10799	104963	69332	94922
201779	31931	25282	7018	123096	55597	93316
63719	6376	19204	8136	37667	21449	31127
482840	4564	89486	41354	165049	335355	186147
876388	46330	92553	27570	345036	331667	374444
3496062	433082	537214	159607	2083694	911237	1681636
793561	98242	170917	26441	544894	175767	482162
1831730	356314	173742	54225	923662	525133	1081701
899731	127851	75195	41440	443650	354714	934839
715089	20910	80995	13200	180719	60547	525902
436616	75648	79097	28900	242929	121696	243502
5935710	1449274	1406083	120877	4520265	679387	4404643
1395316	412484	263392	72678	927660	308463	872472
1446857	132514	95201	40140	781229	526163	1750158
2730884	232407	735441	49347	1555952	437097	1750449
2764798	451456	584781	69799	1931784	362843	1550285
354430	72494	37773	12588	216064	57034	176516
418583	50943	88773	38631	243894	73208	164418
259622	28898	19174	9883	69130	241569	235334
23109	6167	4255	4195	11366	3692	10092
8335	5150	511	3	7258	907	3284
5486242	146112	127231	4056	1470106	2886732	4158251
4234566	121254	105820	2490	818566	2626511	3294043
298945	13324	20224	1303	117238	116199	183939
952731	11534	1187	263	534301	144024	680269

12－8 续表2　　(2014 年)

指　　标	主营业务收入	主营业务成本	主营业务税金及附加	销售费用	管理费用
总　计	**37656074**	**32045625**	**1002797**	**1289443**	**1789560**
亏损企业	3633538	3473668	37159	110137	353892
国有及国有控股企业	17273182	14632935	865779	552694	1026734
农村工业	143687	129947	591	3128	3996
按登记注册类型分					
内资企业	30913158	26843060	945971	631670	1384041
国有企业	3743251	3167003	305140	29951	191954
中央企业	3392496	2841301	304042	21721	163363
省属企业	108077	107170	320	133	11744
地方企业	242678	218532	778	8098	16847
集体企业	34211	32578	108	91	3928
股份合作企业	85601	81028	255	1280	4041
有限责任公司	14996256	13126717	571053	289093	762766
国有独资公司	1408723	1262087	5019	23842	155167
其他有限责任公司	13587533	11864630	566034	265251	607599
股份有限公司	2484732	1854338	18050	166476	175391
私营企业	9441662	8459724	51320	144589	245594
私营独资企业	300219	263600	544	4576	8331
私营合伙企业	20415	18476	34	353	1483
私营有限责任公司	8599907	7721895	46577	131458	217315
私营股份有限公司	521121	455753	4166	8203	18465
其他企业	127446	121673	46	189	368
港、澳、台商投资企业	880609	662206	2940	70956	58049
合资经营企业(港或澳、台资)	294661	183527	1813	56092	29184
合作经营企业(港或澳、台资)				30	359
港澳台商独资经营企业	585948	478680	1127	14835	28505
外商投资企业	5862308	4540359	53886	586817	347470
中外合资经营企业	3376152	2484511	19401	430425	245531
中外合作经营企业	88216	85516	65	225	251
外资企业	1930758	1604647	27651	97016	84018
外商投资股份有限公司	467183	365685	6769	59151	17671
按经济组织类型分					
独资企业	6594386	5546507	334569	146469	316735
国有企业	3743251	3167003	305140	29951	191954
集体企业	34211	32578	108	91	3928
私营独资企业	300219	263600	544	4576	8331
港澳台商独资经营企业	585948	478680	1127	14835	28505
外资企业	1930758	1604647	27651	97016	84018
合作、合伙企业	321678	306693	399	2077	6502
股份合作企业	85601	81028	255	1280	4041
私营合伙企业	20415	18476	34	353	1483
合作经营企业(港或澳、台资)				30	359
中外合作经营企业	88216	85516	65	225	251
其他企业(内资)	127446	121673	46	189	368
股份有限公司	3473036	2675775	28985	233830	211527
股份有限公司(内资)	2484732	1854338	18050	166476	175391
私营股份有限公司	521121	455753	4166	8203	18465
外商投资股份有限公司	467183	365685	6769	59151	17671
有限责任公司	27266975	23516649	638844	907067	1254795
国有独资公司	1408723	1262087	5019	23842	155167
私营有限责任公司	8599907	7721895	46577	131458	217315
合资经营企业(港或澳、台资)	294661	183527	1813	56092	29184
中外合资经营企业	3376152	2484511	19401	430425	245531
其他有限责任公司	13587533	11864630	566034	265251	607599

单位：万元

财务费用	利息支出	利润总额	亏损企业亏损总额	利税总额	本年应交增值税	全部从业人员年平均人数(人)
407075	**473564**	**1304358**	**558510**	**3192513**	**883491**	**318007**
151036	148353	-558510	558510	-464068	57045	68355
242033	314783	69226	438583	1439447	503135	149386
298	216	6583	14	10838	3664	1091
334311	375854	897762	521525	2489939	645296	254113
31899	35789	50157	14585	446566	91089	23655
21340	25906	51821	7844	437581	81658	15247
2611	2665	-420	1700	3178	3263	2066
7949	7218	-1245	5042	5807	6167	6342
219	219	-2281	3111	-1421	751	1006
239	264	-712	4805	1445	1902	700
224387	265289	5212	474512	914003	337392	137595
59337	59059	-31263	48816	31967	58178	28991
165050	206231	36475	425696	882035	279214	108604
34944	35700	331275	12310	453175	103835	25987
42591	38561	508971	12201	670676	110018	64875
3397	3244	19579	18	24499	4376	1154
26	26	44		263	186	55
36785	33037	456090	11355	596499	93471	59170
2383	2254	33259	828	49415	11985	4496
31	31	5140		5495	310	295
19115	24021	99852	6529	124959	21209	10813
8561	10480	38470	3921	54474	13240	6875
		-255	255	-255		30
10555	13541	61638	2353	70741	7969	3908
53649	73689	306744	30456	577616	216985	53081
33630	51861	185547	2189	364115	159167	33940
146	146	2012		2566	489	106
14870	16416	103600	28267	171572	40321	13160
5003	5266	15585		39362	17009	5875
60940	69209	232693	48335	711956	144506	42883
31899	35789	50157	14585	446566	91089	23655
219	219	-2281	3111	-1421	751	1006
3397	3244	19579	18	24499	4376	1154
10555	13541	61638	2353	70741	7969	3908
14870	16416	103600	28267	171572	40321	13160
441	466	6229	5060	9514	2886	1186
239	264	-712	4805	1445	1902	700
26	26	44		263	186	55
		-255	255	-255		30
146	146	2012		2566	489	106
31	31	5140		5495	310	295
42330	43220	380118	13138	541953	132828	36358
34944	35700	331275	12310	453175	103835	25987
2383	2254	33259	828	49415	11985	4496
5003	5266	15585		39362	17009	5875
303363	360668	685318	491978	1929091	603270	237580
59337	59059	-31263	48816	31967	58178	28991
36785	33037	456090	11355	596499	93471	59170
8561	10480	38470	3921	54474	13240	6875
33630	51861	185547	2189	364115	159167	33940
165050	206231	36475	425696	882035	279214	108604

12－8 续表 3　　（2014 年）

指　标	主营业务收入	主营业务成　本	主营业务税金及附加	销售费用	管理费用
按企业规模分					
大型企业	16555684	13708151	861883	723743	946551
中型企业	5637488	4540083	60675	286847	360127
小微型企业	15462902	13797391	80238	278853	482882
按行业分					
采矿业	108398	99181	1708	5040	10673
煤炭开采和洗选业	56310	56693	1263	819	6653
黑色金属矿采选业	4072	3062	36	49	857
有色金属矿采选业	31775	29041	196	200	2330
非金属矿采选业	16241	10385	213	3972	833
制造业	35903307	30541774	994312	1236383	1680887
农副食品加工业	12078305	11224547	112901	159940	219054
食品制造业	1661264	1230654	7581	247056	59591
酒、饮料和精制茶制造业	1219623	951083	49084	93702	54975
烟草制品业	891608	302734	430770	7919	73294
纺织业	190389	171113	519	2847	5170
纺织服装、服饰业	9986	8497	50	548	805
皮革、毛皮、羽毛及其制品和制鞋业	5591	5170	1	12	252
木材加工和木、竹、藤、棕、草制品业	953976	876107	5293	7583	10307
家具制造业	187163	167629	561	5776	7579
造纸和纸制品业	301495	263202	815	7832	10523
印刷和记录媒介复制业	195601	168564	494	2158	12376
文教、工美、体育和娱乐用品制造业	337029	293443	575	915	2218
石油加工、炼焦和核燃料加工业	2022206	1661967	301842	3481	42726
化学原料和化学制品制造业	1224540	1110041	2829	11777	31427
医药制造业	2879673	1923128	22947	421119	294683
橡胶和塑料制品业	766365	664849	3645	6076	31968
非金属矿物制品业	1244667	1032511	5966	30810	62355
黑色金属冶炼和压延加工业	430783	399335	820	5817	13569
有色金属冶炼和压延加工业	274800	229042	837	7372	31351
金属制品业	685478	606148	3652	8477	24048
通用设备制造业	2725429	2366449	9082	71389	193828
专用设备制造业	904242	777321	5413	24178	65085
汽车制造业	987718	924090	11657	24836	112615
铁路、船舶、航空航天和其他运输设备制造业	1688150	1492692	1846	21650	155832
电气机械和器材制造业	1458212	1232540	9332	38211	97806
计算机、通信和其他电子设备制造业	181924	127699	1920	7798	25011
仪器仪表制造业	194691	147271	1296	11146	27695
其他制造业	179088	165381	2304	5429	13165
废弃资源综合利用业	15990	12067	212	455	1010
金属制品、机械和设备修理业	7326	6501	70	78	573
电力、燃气及水的生产和供应业	1644369	1404669	6777	48020	98000
电力、热力生产和供应业	1346459	1197543	5367	7418	61425
燃气生产和供应业	209645	150549	1020	36152	12273
水的生产和供应业	88265	56577	390	4450	24303

单位:万元

财务费用		利润总额	亏损企业亏损总额	利税总额	本年应交增值税	全部从业人员年平均人数(人)
	利息支出					
176511	259153	186566	355527	1511612	462056	138209
104687	106536	361706	103335	637374	214865	73402
125876	107875	756086	99648	1043528	206570	106396
					883491	
534	513	-5826	7961	480	4598	5269
4		-6269	6269	-1069	3937	4281
20		109		145		120
57	62	-59	1692	654	518	660
453	450	394		750	143	208
286783	351439	1220623	523772	3004309	788663	288714
80075	115976	315591	70642	491261	62635	49500
3856	7892	115569	14133	193205	70029	17229
6128	6430	60551	13078	151989	42355	11077
-1922		80462		618296	107064	4553
958	782	7982	544	12953	4448	5360
-1		46		516	420	253
84		94		95		52
3073	2757	49270	440	66263	11680	7508
1321	1201	4799	1240	8034	2674	2512
4979	5214	15495	224	18414	2103	2702
1449	766	11279	929	19214	7441	3077
387	362	22891	42	28140	4673	3299
395	1858	13499		382811	67441	2246
4224	4292	64636	12639	77282	9818	6372
6446	16492	231628	5660	417130	162555	36317
11890	14094	57292	710	70372	9425	5178
22772	21014	114087	10597	152608	32537	12703
19183	19768	-5364	15048	438	4983	4389
9547	9455	-329	6221	1729	1221	5837
3081	2634	37593	2497	48741	7315	5590
14732	19043	2410	135303	67537	55880	32000
18014	15351	35160	10894	58950	18376	8508
26839	35824	-147755	188385	-113549	22521	15794
25912	27928	33721	8493	45023	9393	17289
12524	14238	72624	8379	132277	50321	16811
3827	3389	21124		29616	6573	3254
5779	3655	13305	3697	24125	9494	5123
1188	998	-9372	13978	-2361	4707	3640
37	29	2228		2439		483
7		109		760	581	58
119757	121612	89561	26777	187725	90230	24024
107255	107138	60010	22706	144917	79339	17193
-1788	346	31466		41411	7975	3065
14290	14128	-1916	4071	1397	2916	3766

12－9 规模以上国有及国有控股工业企业主要经济指标

（2014 年）

指 标	单位数（个）	亏损企业	工业总产值（当年价格）	工业销售产值（当年价格）	出口交货值
总 计	**156**	**48**	**15344983**	**15175882**	**566037**
亏损企业	48	48	2004635	1863208	82160
按隶属关系分					
中央企业	49	16	8324060	8142718	473928
省属企业	16	6	594401	582437	
地方企业	91	26	6426522	6450728	92109
按企业规模分					
大型企业	29	10	13012381	13002263	538531
中型企业	41	14	1405002	1251956	10952
小微型企业	86	24	927600	921662	16554
按行业分					
采矿业	2	1	60628	59646	
煤炭开采和洗选业	1	1	57294	56311	
非金属矿采选业	1		3335	3335	
制造业	118	36	14113236	14098518	566003
农副食品加工业	12	4	3950637	4166171	16644
食品制造业	5	1	423405	422880	
酒、饮料和精制茶制造业	3	2	95363	86086	
烟草制品业	1		903356	892471	
木材加工和木、竹、藤、棕、草制品业	2		3967	3878	
家具制造业					
造纸和纸制品业					
印刷和记录媒介复制业	6	1	43798	41271	
文教、工美、体育和娱乐用品制造业	1		5084	5314	200
石油加工、炼焦和核燃料加工业	1		1964739	1973875	
化学原料和化学制品制造业	5	3	328250	329701	32
医药制造业	7	2	1149334	1026712	68628
橡胶和塑料制品业	3		19985	22480	
非金属矿物制品业	9	4	242722	223381	
黑色金属冶炼和压延加工业	1	1	4750	6281	
有色金属冶炼和压延加工业	2	1	181674	180358	9741
金属制品业	5	1	60385	62128	1063
通用设备制造业	23	6	1845279	1828655	157028
专用设备制造业	2		110721	109315	4005
汽车制造业	8	3	719169	714136	15474
铁路、船舶、航空航天和其他运输设备制造业	10	3	1347346	1245058	123681
电气机械和器材制造业	7	2	540430	594148	168661
计算机、通信和其他电子设备制造业	1		12184	13215	
仪器仪表制造业	2	1	74910	70150	846
其他制造业	2	1	85749	80852	
电力、燃气及水的生产和供应业	36	11	1171118	1017718	34
电力、热力生产和供应业	30	9	1035450	882050	34
燃气生产和供应业	1		46045	46045	
水的生产和供应业	5	2	89624	89624	

单位:万元

资产总计	应收帐款	存　货		流动资产合计	固定资产净值	负债合计
			产成品			
25561730	**2787845**	**4831223**	**853635**	**15307776**	**6320716**	**18885352**
5017120	476963	1054819	184701	2648893	1394161	5253245
14563158	1889228	2824351	223106	8300147	3954260	10743092
1029851	44470	367568	122499	622603	336347	969198
9968720	854146	1639304	508030	6385025	2030110	7173063
19594696	2095844	4126559	650440	12725702	4204121	14915868
3045183	382877	525831	143793	1474516	1218975	2379202
2921851	309124	178833	59402	1107557	897620	1590282
221507	3626	4740	1369	116823	92791	232568
219653	3060	4703	1337	115755	92005	231368
1854	566	37	32	1068	786	1200
21003963	2686114	4749217	850717	14099207	3916917	15427010
4142089	63550	1225336	408167	3443680	440229	3887972
420997	14885	85061	38151	182671	174757	339934
81170	2894	12238	5401	24301	43458	64703
808487	139995	222263	11194	476076	219709	126871
5673	211	148	77	1140	4533	3810
99623	12020	10518	3553	68800	22490	42986
13426	1642	3009	1458	7791	3388	4723
463377		83936	40505	150529	332560	173081
567532	15434	38101	4210	204554	199101	227699
1909519	311496	366226	101035	1268508	478898	1016659
25905	3618	6438	2291	17080	5097	12412
518335	61299	35373	11752	242665	155684	288686
16760	3488	2608	555	11870	4109	20617
619366	8699	69267	12043	140271	40941	474238
116416	17921	28801	14397	70448	30236	64334
4996885	1271911	1220009	57906	3977264	400239	3864672
273598	114327	42947	4683	189718	57748	186707
1253930	102583	70260	30146	691224	458932	1647733
2478188	190655	689703	39445	1371634	393456	1611170
1716202	300548	466242	21891	1351617	191893	1083789
28224	12746	5968	1458	24251	3749	9908
263723	17013	50327	31907	141854	41112	75728
184540	19179	14439	8493	41260	214598	198579
4336260	98105	77266	1549	1091746	2311008	3225775
3174858	81825	58340	1285	476546	2086416	2415463
208670	4746	17738		80899	80568	130043
952731	11534	1187	263	534301	144024	680269

12－9 续表　　　　(2014 年)

指　标	主营业务收入	主营业务成　本	主营业务税金及附加	销售费用	管理费用
总　计	**17273182**	**14632935**	**865779**	**552694**	**1026734**
亏损企业	2242086	2193191	17682	54014	224942
按隶属关系分					
中央企业	8469704	6815464	760973	144823	642578
省属企业	945863	846027	2388	62034	43562
地方企业	7857615	6971444	102419	345837	340594
按企业规模分					
大型企业	14636044	12353120	853977	491436	827460
中型企业	1698107	1478191	5462	44348	130419
小微型企业	939031	801625	6341	16910	68854
按行业分					
采矿业	59645	59692	1307	819	6875
煤炭开采和洗选业	56310	56693	1263	819	6653
非金属矿采选业	3335	2999	44		223
制造业	15991915	13542332	859063	512727	944753
农副食品加工业	5008143	4864596	83100	42863	52285
食品制造业	510783	413882	1918	58179	18182
酒、饮料和精制茶制造业	83903	83837	3099	689	4446
烟草制品业	891608	302734	430770	7919	73294
木材加工和木、竹、藤、棕、草制品业	5214	4899	6	14	7
家具制造业					
造纸和纸制品业					
印刷和记录媒介复制业	40354	30328	165	426	6234
文教、工美、体育和娱乐用品制造业	4081	2989	51	180	894
石油加工、炼焦和核燃料加工业	1973877	1615722	301820	2731	42055
化学原料和化学制品制造业	350883	336868	527	4838	19095
医药制造业	1768849	1274481	11448	250766	192024
橡胶和塑料制品业	16799	12377	122	1103	1596
非金属矿物制品业	206555	129956	1765	4955	15411
黑色金属冶炼和压延加工业	8418	9673	7	139	726
有色金属冶炼和压延加工业	186919	153062	694	6234	26655
金属制品业	62852	56373	350	2675	8282
通用设备制造业	1758151	1516009	4710	54240	142763
专用设备制造业	97455	74120	535	6171	10409
汽车制造业	719008	676990	10630	20647	98642
铁路、船舶、航空航天和其他运输设备制造业	1554199	1391853	1101	17086	135616
电气机械和器材制造业	581822	462023	3723	19803	65991
计算机、通信和其他电子设备制造业	10979	6178	94	241	3458
仪器仪表制造业	67493	49245	544	7304	17010
其他制造业	83573	74138	1885	3526	9680
电力、燃气及水的生产和供应业	1221622	1030911	5410	39148	75106
电力、热力生产和供应业	1032869	915761	4341	2579	41686
燃气生产和供应业	100488	58573	679	32120	9117
水的生产和供应业	88265	56577	390	4450	24303

单位:万元

财务费用		利润总额	亏损企业亏损总额	利税总额	本年应交增值税	全部从业人员年平均人数(人)
	利息支出					
242033	**314783**	**69226**	**438583**	**1439447**	**503135**	**149386**
114194	115976	-438583	438583	-390322	30398	44178
136570	158187	-86829	358753	1017386	343016	84643
30057	30439	-16312	33945	5267	19176	9818
75406	126157	172368	45885	416794	140944	54925
133259	208626	-12156	343653	1234800	391872	115054
71189	69610	19555	72100	116386	91247	23753
37586	36547	61827	22830	88261	20016	10579
4		-6199	6269	-821	4072	4341
4		-6269	6269	-1069	3937	4281
		70		248	135	60
133936	205967	7728	407869	1280128	413081	125789
37971	82427	-23033	42560	62285	2218	7062
5154	5350	15927	164	34101	16256	6469
1360	1180	-3218	5111	194	313	543
-1922		80462		618296	107064	4553
7		283		346	56	178
46	80	3470	586	5100	1465	1649
-14		332		677	293	199
283	1772	12950		382078	67278	2009
1641	2547	-11122	11884	-6135	4461	3408
-2730	5389	44863	1232	148714	92403	21822
339	324	1401		2130	607	393
8402	8381	58107	2759	76698	16826	2591
54	111	-1353	1353	-1263	82	335
8309	8220	-5225	5251	-3745	786	5086
705	671	-200	1808	2249	2100	2222
8314	14526	-49264	129675	-9216	35217	22074
7960	7368	2540		7254	4179	891
25198	34722	-149704	181055	-121355	17690	13223
25854	25886	17042	7382	22727	4522	15036
1899	4003	21244	4515	55801	30834	9372
108	103	2060		2934	781	221
4789	2686	-3190	3426	1608	4242	3538
209	221	-6645	9106	-1350	3410	2915
108094	108816	67698	24445	160140	85982	19256
95739	94493	47442	20375	129104	77227	12989
-1935	195	22172		29640	5839	2501
14290	14128	-1916	4071	1397	2916	3766

12－10　规模以上集体工业企业主要经济指标

（2014 年）

指　　　标	单位数（个）	亏损企业	工业总产值（当年价格）	工业销售产值（当年价格）	出口交货值
总　计	**7**	**5**	**33990**	**35051**	
亏损企业	5	5	14857	15919	
农村工业					
按企业规模分					
大型企业					
中型企业	1	1	4811	4811	
小微型企业	6	4	29178	30240	
按行业分					
制造业	7	5	33990	35051	
造纸和纸制品业	2	1	6161	7088	
橡胶和塑料制品业					
黑色金属冶炼和压延加工业					
有色金属冶炼和压延加工业	1		15287	15287	
通用设备制造业	4	4	12542	12676	
汽车制造业					
电气机械和器材制造业					

单位:万元

资产总计	应收帐款	存　货	产成品	流动资产合计	固定资产净值	负债合计
53692	**8669**	**14111**	**6584**	**38862**	**9307**	**66761**
47447	6333	13872	6584	35675	6286	64689
11934	-20	8159	6432	8983	1201	32864
41759	8689	5952	151	29879	8107	33897
53692	8669	14111	6584	38862	9307	66761
7005	2667	740	82	5274	1731	4247
1876	123			402	1437	710
44812	5879	13371	6502	33186	6140	61804

12－10 续表　　（2014 年）

指　标	主营业务收入	主营业务成　本	主营业务税金及附加	销售费用	管理费用
总　计	**34211**	**32578**	**108**	**91**	**3928**
亏损企业	15105	14413	96	43	3796
农村工业					
按企业规模分					
大型企业					
中型企业	2456	2507	8	28	1593
小微型企业	31755	30071	101	63	2336
按行业分					
制造业	34211	32578	108	91	3928
造纸和纸制品业	7820	6934	59	63	1242
橡胶和塑料制品业					
黑色金属冶炼和压延加工业					
有色金属冶炼和压延加工业	15260	14536			32
通用设备制造业	11131	11108	49	28	2654
汽车制造业					
电气机械和器材制造业					

单位:万元

财务费用	利息支出	利润总额	亏损企业亏损总额	利税总额	本年应交增值税	全部从业人员年平均人数(人)
219	**219**	**-2281**	**3111**	**-1421**	**751**	**1006**
171	171	-3111	3111	-2387	628	768
		-1715	1715	-1644	63	310
219	219	-566	1396	223	688	696
219	219	-2281	3111	-1421	751	1006
48	48	-73	211	334	347	432
		692		692		95
171	171	-2900	2900	-2447	405	479

12－11　规模以上外商及港澳台工业企业主要经济指标

（2014 年）

指　　标	单位数（个）	亏损企业	工业总产值（当年价格）	工业销售产值（当年价格）	出口交货值
总　　计	**93**	**23**	**5976806**	**5906310**	**260819**
亏损企业	23	23	420462	452086	10850
国有及国有控股企业	11	2	2000096	1875461	95764
按登记注册类型分					
港、澳、台商投资企业	23	5	904724	822911	83086
合资经营企业(港或澳、台资)	12	1	247978	238906	1576
合作经营企业(港或澳、台资)	1	1			
港澳台商独资经营企业	10	3	656746	584005	81510
外商投资企业	70	18	5072083	5083399	177733
中外合资经营企业	33	4	2860208	2750863	136360
中外合作经营企业	1		88216	88216	
外资企业	34	14	1731464	1851334	41373
外商投资股份有限公司	2		392196	392987	
按企业规模分					
大型企业	13		3307470	3130932	220307
中型企业	22	4	1249243	1309566	20
小微型企业	58	19	1420093	1465812	40492
按行业分					
采矿业					
有色金属矿采选业					
制造业	86	22	5567439	5497570	260819
农副食品加工业	14	3	776851	875214	41826
食品制造业	10	2	1112282	1098963	16097
酒、饮料和精制茶制造业	10	2	578626	558381	
纺织业	2	1	66003	105750	
木材加工和木、竹、藤、棕、草制品业	2		81882	81882	
家具制造业	1	1	5926	6052	
造纸和纸制品业	2		102419	102419	
印刷和记录媒介复制业	1		4450	4450	
文教、工美、体育和娱乐用品制造业	1		2330	2294	2253
化学原料和化学制品制造业	4		422387	412502	690
医药制造业	11	3	1254439	1124214	68959
橡胶和塑料制品业	3		418583	351374	81510
非金属矿物制品业	5	2	99952	99335	4140
金属制品业	3	1	17283	26126	
专用设备制造业	5	2	146295	169380	20
汽车制造业	6	4	272807	272198	11833
铁路、船舶、航空航天和其他运输设备制造业	1	1	24274	36130	
电气机械和器材制造业	2		164282	153757	33492
计算机、通信和其他电子设备制造业	2		14282	14282	
废弃资源综合利用业	1		2087	2868	
电力、燃气及水的生产和供应业	7	1	409367	408740	
电力、热力生产和供应业	4		320578	320202	
燃气生产和供应业	2		71932	71681	
水的生产和供应业	1	1	16857	16857	

单位:万元

资产总计	应收帐款	存　货	产成品	流动资产合计	固定资产净值	负债合计
7904696	**858272**	**1155062**	**344186**	**4128577**	**2654837**	**5149045**
1092182	54400	145255	40047	454402	307216	783894
3742339	376298	496004	159242	2063129	1234522	2546184
1458507	106262	180473	17173	766966	355183	973314
775747	37095	43554	8430	296147	188594	539835
8400	1649	46	22	5116	2360	779
674360	67518	136873	8722	465704	164228	432700
6446189	752010	974590	327012	3361610	2299654	4175732
4379638	543199	581511	197510	2386944	1541574	2705087
12352	1832	1234	1234	5531	6821	10334
1633768	199931	309003	90303	783529	582136	1124059
420431	7047	82842	37965	185606	169123	336252
4903846	549631	696759	195761	2806151	1537759	3191435
1532251	175232	237690	67170	590682	655463	1025957
1468599	133409	220613	81255	731743	461614	931654
6438404	814282	1106810	343405	3808112	1825482	3913724
602980	80030	182799	54254	375820	191997	496108
875567	85556	122950	58863	396705	334567	560194
651398	64306	77964	16638	233461	267368	365560
77908	-986	10406	7130	20136	10052	9151
26945	2063	4994	4447	7512	19432	10606
3948	547	949	345	2454	1292	3362
30619	4487	1752	1272	9798	18947	26677
9864	2371	409	79	6499	2730	2204
3111	858	411	34	2485	626	634
68618	4069	11958	4770	32669	31515	27912
2012829	314296	370361	99266	1308171	521819	1078761
551199	59457	126272	6518	417103	95023	370249
102236	21503	8214	3984	45937	40771	65649
24669	5650	4559	1749	14507	8933	8861
324636	76772	80810	44153	176935	106928	266797
525623	46181	29089	19613	434920	119240	374912
60757		25360		56176	4157	24157
456882	40204	42957	17092	250469	39642	210729
22792	6919	4537	3198	15495	7264	7559
5823		60		860	3180	3642
1466292	43990	48253	781	320464	829355	1235321
919777	29916	29113	781	107185	741500	839992
236578	9542	18823		95477	86018	133936
309938	4533	316		117802	1837	261394

12－11 续表　　　　　　　　　　（2014 年）

指　标	主营业务收入	主营业务成　本	主营业务税金及附加	销售费用	管理费用
总　计	**6742917**	**5202565**	**56826**	**657773**	**405519**
亏损企业	454636	387972	15475	19809	54872
国有及国有控股企业	2777890	2087247	16489	342041	232448
按登记注册类型分					
港、澳、台商投资企业	880609	662206	2940	70956	58049
合资经营企业（港或澳、台资）	294661	183527	1813	56092	29184
合作经营企业（港或澳、台资）				30	359
港澳台商独资经营企业	585948	478680	1127	14835	28505
外商投资企业	5862308	4540359	53886	586817	347470
中外合资经营企业	3376152	2484511	19401	430425	245531
中外合作经营企业	88216	85516	65	225	251
外资企业	1930758	1604647	27651	97016	84018
外商投资股份有限公司	467183	365685	6769	59151	17671
按企业规模分					
大型企业	3981395	2938312	20338	507944	286305
中型企业	1322000	997560	34111	115203	60100
小微型企业	1439521	1266693	2377	34626	59115
按行业分					
采矿业					
有色金属矿采选业					
制造业	6277315	4849446	53994	622424	379123
农副食品加工业	912583	824642	713	26878	26865
食品制造业	1108541	761380	5264	207836	37761
酒、饮料和精制茶制造业	610086	403151	31835	83556	33826
纺织业	37582	35392	41	761	962
木材加工和木、竹、藤、棕、草制品业	81882	71449	1129	439	543
家具制造业	6017	3353	57	3020	811
造纸和纸制品业	102471	97904	126	712	945
印刷和记录媒介复制业	3671	2736	37	121	654
文教、工美、体育和娱乐用品制造业	2294	1943	6	103	150
化学原料和化学制品制造业	392973	334581	112	1386	2075
医药制造业	1890307	1362818	12365	268398	184983
橡胶和塑料制品业	346007	287601	235	1785	20910
非金属矿物制品业	104482	93198	115	1442	4274
金属制品业	28471	26052	72	618	1768
专用设备制造业	165861	151796	123	4386	18609
汽车制造业	271344	215228	1466	12758	30839
铁路、船舶、航空航天和其他运输设备制造业	36118	34780		1659	1834
电气机械和器材制造业	159675	128114	241	6227	9594
计算机、通信和其他电子设备制造业	14082	11241	56	284	1262
废弃资源综合利用业	2868	2086	1	54	458
电力、燃气及水的生产和供应业	465602	353118	2832	35349	26396
电力、热力生产和供应业	323980	266938	1999	925	12146
燃气生产和供应业	126123	77059	823	34424	11206
水的生产和供应业	15499	9122	10		3044

单位:万元

财务费用		利润总额	亏损企业亏损总额	利税总额	本年应交增值税	全部从业人员年平均人数(人)
	利息支出					
72764	**97710**	**406596**	**36986**	**702575**	**238195**	**63894**
15866	14634	-36986	36986	-10676	10835	5242
27802	45903	103884	4177	255211	133887	32488
19115	24021	99852	6529	124959	21209	10813
8561	10480	38470	3921	54474	13240	6875
		-255	255	-255		30
10555	13541	61638	2353	70741	7969	3908
53649	73689	306744	30456	577616	216985	53081
33630	51861	185547	2189	364115	159167	33940
146	146	2012		2566	489	106
14870	16416	103600	28267	171572	40321	13160
5003	5266	15585		39362	17009	5875
35161	59664	242483		439081	175309	42572
14140	15527	95735	6175	176300	46454	13724
23463	22518	68378	30811	87194	16432	7598
33492	55357	370065	33065	640660	216593	56969
13209	11664	27183	1284	37486	9584	5326
1413	6171	96434	7440	157419	55721	9927
1488	2936	42759	5085	105613	31019	5935
14	12	80	52	536	415	1737
262	262	8060		11101	1913	422
9		-1240	1240	-702	480	116
817	795	2284		3393	982	209
96	195	20		364	307	60
-13		117		141	18	25
407	240	54597		55596	887	388
-1843	6429	65879	2521	177717	99472	24259
9768	12551	34369		36160	1556	1438
332	172	6974	3908	7587	498	712
168	203	839	174	1263	352	324
6009	5226	-5834	9030	-4722	989	782
-7290	896	20347	1260	32424	10611	2096
164		-1071	1071	-1070		207
8241	7386	16958		18531	1332	2717
219	195	1047		1560	457	204
24	24	263		263		85
39272	42353	36531	3921	61914	21601	6925
32683	34046	15878		32457	14580	3937
-1935	195	24575		33287	6940	2735
8524	8113	-3921	3921	-3830	82	253

12－12　规模以上大中型工业企业主要经济指标

（2014 年）

指　　标	单位数（个）	亏损企业	工业总产值（当年价格）	工业销售产值（当年价格）	出口交货值
总　　计	**182**	**41**	**20644020**	**20254330**	**756855**
亏损企业	41	41	2324259	2136168	85784
国有及国有控股企业	70	24	14417383	14254220	549483
农村工业	5		107595	107495	
按登记注册类型分					
内资企业	147	37	16087307	15813833	536528
国有企业	20	7	3643234	3519010	124315
中央企业	7	1	3394979	3311896	123908
省属企业	3	1	78873	53877	
地方企业	10	5	169382	153236	407
集体企业	1	1	4811	4811	
股份合作企业					
联营企业					
其他联营企业					
有限责任公司	70	23	9611853	9671186	346676
国有独资公司	12	7	1155042	1024197	11722
其他有限责任公司	58	16	8456811	8646989	334954
股份有限公司	19	4	1333494	1140851	15965
私营企业	37	2	1493915	1477974	49572
私营独资企业					
私营合作企业					
私营有限责任公司	35	2	1416427	1404158	29016
私营股份有限公司	2		77488	73816	20557
其他企业					
港、澳、台商投资企业	9	1	673831	595854	81510
合资经营企业（港或澳、台资）	4		141010	135309	
合作经营企业（港或澳、台资）					
港澳台商独资经营企业	5	1	532820	460544	81510
外商投资企业	26	3	3882883	3844644	138817
中外合资经营企业	11	1	2529718	2419681	114687
中外合作经营企业					
外资企业	13	2	960969	1031977	24130
外商投资股份有限公司	2		392196	392987	
按经济组织类型分					
独资企业	39	11	5141835	5016342	229954
国有企业	20	7	3643234	3519010	124315
集体企业	1	1	4811	4811	
私营独资企业					
港澳台商独资经营企业	5	1	532820	460544	81510
外资企业	13	2	960969	1031977	24130
合作、合伙企业					
其他企业（内资）					
股份有限公司	23	4	1803177	1607654	36521
股份有限公司（内资）	19	4	1333494	1140851	15965
私营股份有限公司	2		77488	73816	20557
外商投资股份有限公司	2		392196	392987	
有限责任公司	120	26	13699009	13630335	490379
国有独资公司	12	7	1155042	1024197	11722
私营有限责任公司	35	2	1416427	1404158	29016
合资经营企业（港或澳、台资）	4		141010	135309	
中外合资经营企业	11	1	2529718	2419681	114687
其他有限责任公司	58	16	8456811	8646989	334954

单位:万元

资产总计	应收帐款	存　货	产成品	流动资产合计	固定资产净值	负债合计
30169265	**3390928**	**5692956**	**1104876**	**18173846**	**7582315**	**21860264**
5612592	600446	1130746	227754	2929620	1733150	5863547
22639879	2478721	4652390	794233	14200219	5423097	17295070
112032	41383	50042	92	100177	7912	90153
23733168	2666065	4758507	841945	14777013	5389093	17642872
3863295	203456	842063	65458	1832465	1157444	2550318
3497076	170031	819987	58297	1689121	952316	2236215
78890	472	13		13576	62649	73615
287329	32952	22062	7161	129769	142479	240488
11934	-20	8159	6432	8983	1201	32864
16679000	1967653	3502594	602156	11104372	3592580	13687466
3289501	87734	253418	48066	1331406	1167057	2541607
13389499	1879919	3249175	554090	9772966	2425523	11145860
2347367	364206	280577	109166	1314326	464871	993267
831572	130769	125114	58732	516867	172997	378957
743586	113999	106631	46601	457919	151963	350630
87986	16771	18484	12131	58948	21034	28328
1017496	84739	162138	10322	581255	305788	667765
387307	19807	30292	3913	134741	164217	259715
630189	64931	131846	6409	446514	141570	408050
5418601	640124	772312	252609	2815579	1887434	3549627
3959100	488924	482311	154559	2130136	1394863	2459526
1039070	144153	207159	60085	499836	323448	753849
420431	7047	82842	37965	185606	169123	336252
5544487	412521	1189227	138385	2787799	1623662	3745080
3863295	203456	842063	65458	1832465	1157444	2550318
11934	-20	8159	6432	8983	1201	32864
630189	64931	131846	6409	446514	141570	408050
1039070	144153	207159	60085	499836	323448	753849
2855784	388023	381902	159262	1558880	655030	1357846
2347367	364206	280577	109166	1314326	464871	993267
87986	16771	18484	12131	58948	21034	28328
420431	7047	82842	37965	185606	169123	336252
21768993	2590383	4121828	807229	13827168	5303623	16757337
3289501	87734	253418	48066	1331406	1167057	2541607
743586	113999	106631	46601	457919	151963	350630
387307	19807	30292	3913	134741	164217	259715
3959100	488924	482311	154559	2130136	1394863	2459526
13389499	1879919	3249175	554090	9772966	2425523	11145860

12－12 续表1　　（2014年）

指　标	单位数（个）	亏损企业	工业总产值（当年价格）	工业销售产值（当年价格）	出口交货值
按企业规模分					
大型企业	45	11	15115478	14933224	679252
中型企业	137	30	5528542	5321107	77602
按行业分					
采矿业	1	1	57294	56311	
煤炭开采和洗选业	1	1	57294	56311	
有色金属矿采选业					
制造业	162	33	19577208	19344900	756820
农副食品加工业	31	4	5804575	6077114	38183
食品制造业	14	1	1337999	1221836	1289
酒、饮料和精制茶制造业	9	3	540888	534731	
烟草制品业	1		903356	892471	
纺织业	5	2	125065	162344	22894
纺织服装、服饰业	1		8497	9986	
木材加工和木、竹、藤、棕、草制品业	5	1	157034	152104	7447
家具制造业	2		22084	22350	
造纸和纸制品业	1		70621	56496	
印刷和记录媒介复制业	3		35802	35912	
文教、工美、体育和娱乐用品制造业	2	1	49239	48384	1228
石油加工、炼焦和核燃料加工业	1		1964739	1973875	
化学原料和化学制品制造业	2	2	271754	273356	32
医药制造业	14		1806413	1636766	68628
化学纤维制造业					
橡胶和塑料制品业	1		397366	329145	81510
非金属矿物制品业	10	1	483758	451668	5445
黑色金属冶炼和压延加工业	3	3	155821	136649	
有色金属冶炼和压延加工业	1	1	179089	177841	9741
金属制品业	2	1	19217	18583	1063
通用设备制造业	18	3	1851205	1837895	156893
专用设备制造业	6		353456	337438	12394
汽车制造业	6	2	716416	711485	15474
铁路、船舶、航空航天和其他运输设备制造业	6	1	1350151	1244737	123321
电气机械和器材制造业	10	5	724142	762506	202153
计算机、通信和其他电子设备制造业	4		91475	90712	8282
仪器仪表制造业	3	1	84294	80662	846
其他制造业	1	1	72752	67854	
电力、燃气及水的生产和供应业	19	7	1009518	853119	34
电力、热力生产和供应业	17	7	903787	747387	34
燃气生产和供应业	1		46045	46045	
水的生产和供应业	1		59687	59687	

单位:万元

资产总计	应收帐款	存　货	产成品	流动资产年平均余额	固定资产净值年平均余额	负债合计
22733464	2503412	4489622	717799	14418585	5067042	17080329
7435801	887516	1203335	387077	3755261	2515273	4779935
219653	3060	4703	1337	115755	92005	231368
219653	3060	4703	1337	115755	92005	231368
26848725	3326405	5607781	1102268	17273801	5506558	18961895
4946079	151105	1396115	463353	3903209	649895	4415240
866150	84887	133797	58512	409646	291480	560281
645283	51302	107838	16498	234704	257762	401272
808487	139995	222263	11194	476076	219709	126871
146871	4235	37850	28042	72721	20665	32619
5060	105	2622	1858	4090	651	2687
108965	16824	12736	6787	44313	53228	47719
66244	2033	12162	1402	28755	34793	24103
78953	12794	6580	1836	50445	18169	29701
41882	8488	4282	647	23909	13837	14017
17469	998	3670	1009	9611	6246	12916
463377		83936	40505	150529	332560	173081
264918	4346	34077	808	153967	78794	157278
2923134	372683	450198	128827	1798267	729972	1402351
528344	54361	119910	4270	402751	90249	355834
999694	149125	89641	28694	422622	310465	512005
720452	95491	28408	8870	333212	327555	811683
614937	8070	67759	11394	137058	39811	472417
93629	13690	21892	10838	53490	25607	53934
4995923	1217742	1252144	72426	3943391	429707	3858166
805851	243604	149881	29634	550334	178022	471924
1227980	101397	64165	29082	679573	449502	1634081
2478850	157418	681523	44397	1359501	408686	1645317
2342388	374725	537257	56138	1716361	251879	1361641
206491	35061	19332	7425	135496	30326	101349
292752	24809	55881	31907	162150	42504	94322
158565	1117	11862	5916	17622	214485	189090
3100887	61462	80473	1271	784290	1983752	2667000
2368316	56704	62474	1010	307285	1824749	2185092
208670	4746	17738		80899	80568	130043
523901	13	261	261	396107	78436	351866

12－12 续表 2　　　　(2014 年)

指　　标	主营业务收入	主营业务成　本	主营业务税金及附加	销售费用	管理费用
总　　计	**22193172**	**18248234**	**922559**	**1010590**	**1306678**
亏损企业	2543026	2444264	31384	72614	243910
国有及国有控股企业	16334150	13831311	859439	535784	957880
农村工业	102677	94922	475	1711	2242
按登记注册类型分					
内资企业	16889776	14312362	868110	387443	960274
国有企业	3625129	3061301	304672	28342	180956
中央企业	3364330	2819811	303903	21709	159210
省属企业	88251	87359	270		9188
地方企业	172549	154132	498	6634	12558
集体企业	2456	2507	8	28	1593
股份合作企业					
联营企业					
其他联营企业					
有限责任公司	10738341	9394599	543473	189871	595483
国有独资公司	1350525	1219099	4738	22809	152146
其他有限责任公司	9387816	8175500	538735	167062	443337
股份有限公司	1065166	619578	9218	137978	114845
私营企业	1458684	1234377	10739	31223	67397
私营独资企业					
私营合作企业					
私营有限责任公司	1388650	1184747	10091	27950	62486
私营股份有限公司	70034	49630	648	3274	4911
其他企业					
港、澳、台商投资企业	654113	476437	2505	63008	46574
合资经营企业(港或澳、台资)	192470	108071	1485	51557	20406
合作经营企业(港或澳、台资)					
港澳台商独资经营企业	461642	368365	1020	11451	26168
外商投资企业	4649283	3459436	51944	560139	299831
中外合资经营企业	3054074	2204662	18374	419425	232388
中外合作经营企业					
外资企业	1128026	889089	26801	81564	49772
外商投资股份有限公司	467183	365685	6769	59151	17671
按经济组织类型分					
独资企业	5217254	4321261	332501	121385	258489
国有企业	3625129	3061301	304672	28342	180956
集体企业	2456	2507	8	28	1593
私营独资企业					
港澳台商独资经营企业	461642	368365	1020	11451	26168
外资企业	1128026	889089	26801	81564	49772
合作、合伙企业					
其他企业(内资)					
股份有限公司	1602383	1034893	16635	200403	137427
股份有限公司(内资)	1065166	619578	9218	137978	114845
私营股份有限公司	70034	49630	648	3274	4911
外商投资股份有限公司	467183	365685	6769	59151	17671
有限责任公司	15373535	12892080	573423	688802	910763
国有独资公司	1350525	1219099	4738	22809	152146
私营有限责任公司	1388650	1184747	10091	27950	62486
合资经营企业(港或澳、台资)	192470	108071	1485	51557	20406
中外合资经营企业	3054074	2204662	18374	419425	232388
其他有限责任公司	9387816	8175500	538735	167062	443337

单位:万元

财务费用	利息支出	利润总额	亏损企业亏损总额	利税总额	本年应交增值税	全部从业人员年平均人数(人)
281198	**365689**	**548272**	**458862**	**2148986**	**676921**	**211611**
119149	121179	-458862	458862	-389089	38244	51570
204448	278236	7399	415753	1351187	483119	138807
53	135	3408		7045	3162	712
231898	290497	210054	452687	1533605	455159	155315
29696	34323	46794	11949	439428	87851	21006
21506	26079	49303	7646	433795	80559	14490
2124	2150	221	777	3277	2772	1510
6066	6094	-2730	3527	2355	4520	5006
		-1715	1715	-1644	63	310
170119	222322	-166001	435432	647638	269997	100117
50381	51862	-33756	48816	28371	57356	28476
119737	170460	-132245	386616	619267	212641	71641
26044	26792	212757	3440	293443	71469	16610
6039	7061	118219	151	154740	25779	17272
5232	6367	107623	151	139821	22104	16025
806	694	10596		14919	3675	1247
10126	15261	86245	1038	107644	17944	8995
-252	2026	32564		45731	10733	5693
10378	13235	53681	1038	61913	7212	3302
39175	59930	251973	5137	507736	203818	47301
25802	44577	169812	52	341406	153218	31058
8370	10087	66576	5085	126968	33591	10368
5003	5266	15585		39362	17009	5875
48444	57645	165336	19786	626665	128717	34986
29696	34323	46794	11949	439428	87851	21006
		-1715	1715	-1644	63	310
10378	13235	53681	1038	61913	7212	3302
8370	10087	66576	5085	126968	33591	10368
31853	32752	238938	3440	347725	92152	23732
26044	26792	212757	3440	293443	71469	16610
806	694	10596		14919	3675	1247
5003	5266	15585		39362	17009	5875
200901	275292	143998	435636	1174595	456052	152893
50381	51862	-33756	48816	28371	57356	28476
5232	6367	107623	151	139821	22104	16025
-252	2026	32564		45731	10733	5693
25802	44577	169812	52	341406	153218	31058
119737	170460	-132245	386616	619267	212641	71641

12－12 续表 3　　　　　　　　　　（2014 年）

指　　　标	主营业务收入	主营业务成　本	主营业务税金及附加	销售费用	管理费用
按企业规模分					
大型企业	16555684	13708151	861883	723743	946551
中型企业	5637488	4540083	60675	286847	360127
按行业分					
采矿业	56310	56693	1263	819	6653
煤炭开采和洗选业	56310	56693	1263	819	6653
有色金属矿采选业					
制造业	21075586	17290176	916474	970485	1238511
农副食品加工业	6886624	6535391	91689	88743	102736
食品制造业	1231709	857401	5942	218269	40503
酒、饮料和精制茶制造业	590578	393406	34380	78580	35152
烟草制品业	891608	302734	430770	7919	73294
纺织业	91423	77437	349	2135	3881
木材加工和木、竹、藤、棕、草制品业	150583	125454	1736	3272	4877
家具制造业	23585	18270	154	256	2914
造纸和纸制品业	66654	44321	222	5022	5021
印刷和记录媒介复制业	35912	30104	54	967	3409
文教、工美、体育和娱乐用品制造业	49512	46671	380	263	712
石油加工、炼焦和核燃料加工业	1973877	1615722	301820	2731	42055
化学原料和化学制品制造业	272140	266202	216	308	17306
医药制造业	2317616	1471367	18750	381159	265826
化学纤维制造业					
橡胶和塑料制品业	329145	275028	131	437	19437
非金属矿物制品业	430026	294821	2861	11030	30480
黑色金属冶炼和压延加工业	170451	161530	70	3266	7083
有色金属冶炼和压延加工业	184402	150974	694	6125	26367
金属制品业	18968	17463	154	1390	6493
通用设备制造业	1768875	1508496	5517	58696	158462
专用设备制造业	326915	249850	1592	15102	35034
汽车制造业	715916	671542	10661	20251	97349
铁路、船舶、航空航天和其他运输设备制造业	1548745	1388762	1171	16976	139447
电气机械和器材制造业	749683	594152	4021	30791	80521
计算机、通信和其他电子设备制造业	92723	62411	685	4997	12538
仪器仪表制造业	78005	58088	620	7942	17734
其他制造业	69931	64083	1785	3309	9076
电力、燃气及水的生产和供应业	1061275	901364	4822	39286	61515
电力、热力生产和供应业	901101	804679	3818	3198	33192
燃气生产和供应业	100488	58573	679	32120	9117
水的生产和供应业	59687	38113	326	3969	19207

单位:万元

财务费用	利息支出	利润总额	亏损企业亏损总额	利税总额	本年应交增值税	全部从业人员年平均人数(人)
176511	259153	186566	355527	1511612	462056	138209
104687	106536	361706	103335	637374	214865	73402
4		-6269	6269	-1069	3937	4281
4		-6269	6269	-1069	3937	4281
195025	275184	522796	433250	2031066	591606	188479
50111	90118	75500	56012	187491	20299	21823
1643	6084	110322	1038	177980	61716	12182
447	1899	35185	7076	98014	28449	6006
-1922		80462		618296	107064	4553
686	574	4976	72	9366	4041	3914
1245	1181	15458	88	20497	3303	1943
198	45	1793		3213	1267	1231
2756	3007	9305		9769	242	1250
-39		1553		2030	423	1145
252	280	1118	42	3031	1533	1011
283	1772	12950		382078	67278	2009
866	1703	-11804	11804	-9921	1667	3032
1830	12021	186921		352590	146919	31000
9430	12227	33230		34449	1088	1068
18710	17368	91283	300	113642	19498	6302
13916	15243	-14045	14045	-11091	2883	3242
8290	8191	-5251	5251	-3774	784	4986
651	618	-1804	1808	-366	1285	1964
7813	14700	-42316	128754	4677	41395	24408
11370	10429	27504		41070	11974	4571
24692	33908	-145871	179082	-117145	18037	13063
24664	26830	19733	7184	26675	5738	15430
9494	11580	34185	8162	70371	32164	13170
2365	2080	14011		18869	4173	2213
5270	3326	-2542	3426	2784	4692	3830
7	1	-9106	9106	-4045	3276	2880
86169	90505	31745	19343	118989	81378	18851
83301	85280	8403	19343	85142	72827	13454
-1935	195	22172		29640	5839	2501
4803	5030	1170		4208	2712	2896

12－13　规模以上工业企业主要经济效益情况

（2014 年）

指　标	总资产贡献率（%）	资　产负债率（%）	流动资产周转率（次/年）	成本费用利润率（%）	产　品销售率（%）
总　计	**8.4**	**67.6**	**1.6**	**3.6**	**98.1**
按行业分					
煤炭开采和洗选业	-0.5	105.3	0.6	-8.7	98.3
黑色金属矿采选业	0.6	37.0	1.0	2.7	100.0
有色金属矿采选业	0.6	15.7	0.3	-0.2	100.8
非金属矿采选业	11.7	68.1	2.7	2.5	103.8
农副食品加工业	7.5	77.9	2.3	2.7	101.9
食品制造业	15.1	63.9	2.9	7.4	90.7
酒、饮料和精制茶制造业	13.8	57.9	3.0	5.3	96.1
烟草制品业	76.2	15.7	1.9	20.7	98.8
纺织业	7.1	31.0	2.0	4.2	117.6
纺织服装、服饰业	10.2	53.1	2.5	0.5	117.5
皮革、毛皮、羽毛及其制品和制鞋业	2.0	77.4	1.8	1.7	100.0
木材加工和木、竹、藤、棕、草制品业	23.2	47.5	7.4	5.5	96.0
家具制造业	5.0	56.0	2.3	2.6	102.4
造纸和纸制品业	11.7	47.6	2.9	5.4	96.1
印刷和记录媒介复制业	9.8	46.3	1.6	6.1	99.1
文教、工美、体育和娱乐用品制造业	44.6	48.9	9.0	7.4	97.6
石油加工、炼焦和核燃料加工业	79.4	38.6	12.3	0.8	100.4
化学原料和化学制品制造业	9.3	42.7	3.6	5.6	99.3
医药制造业	12.1	48.1	1.4	8.7	92.9
橡胶和塑料制品业	10.0	60.8	1.5	7.4	88.3
非金属矿物制品业	9.5	59.1	1.4	9.9	97.3
黑色金属冶炼和压延加工业	2.0	103.9	1.1	-1.2	94.7
有色金属冶炼和压延加工业	1.6	73.5	1.6	-0.1	99.4
金属制品业	11.7	55.8	2.9	5.8	97.3
通用设备制造业	1.3	74.2	0.6	0.1	98.6
专用设备制造业	5.3	62.5	1.0	3.9	95.7
汽车制造业	-6.0	121.0	1.3	-13.4	99.7
铁路、船舶、航空航天和其他运输设备制造业	2.5	64.1	1.1	2.0	93.9
电气机械和器材制造业	5.1	56.1	0.8	5.2	101.4
计算机、通信和其他电子设备制造业	9.3	49.8	0.9	12.7	100.5
仪器仪表制造业	6.6	39.3	0.8	6.8	97.7
其他制造业	-0.5	90.7	2.8	-4.8	97.4
废弃资源综合利用业	10.7	43.7	1.4	16.4	111.0
金属制品、机械和设备修理业	9.1	39.4	1.0	1.5	100.0
电力、热力生产和供应业	5.9	77.8	1.7	4.3	88.5
燃气生产和供应业	13.5	61.5	2.0	14.8	99.8
水的生产和供应业	1.6	71.4	0.2	-1.9	100.0

12－14　规模以上国有及国有控股工业企业主要经济效益情况

（2014年）

指　标	总资产贡献率（%）	资　产负债率（%）	总资产周转率（倍）	成本费用利润率（%）	产　品销售率（%）
总　计	**6.43**	**73.88**	**1.15**	**0.42**	**98.90**
按行业分					
煤炭开采和洗选业	-0.49	105.33	0.57	-8.70	98.29
非金属矿采选业	13.34	64.75	3.12	2.17	100.00
农副食品加工业	1.82	93.87	1.47	-0.46	105.46
食品制造业	9.24	80.75	2.90	3.12	99.88
酒、饮料和精制茶制造业	1.69	79.71	3.49	-3.52	90.27
烟草制品业	76.24	15.69	1.89	20.65	98.80
木材加工和木、竹、藤、棕、草制品业	6.10	67.15	4.57	5.75	97.77
家具制造业	0.00	0.00	0.00	0.00	0.00
造纸和纸制品业	0.00	0.00	0.00	0.00	0.00
印刷和记录媒介复制业	5.16	43.15	0.60	9.06	94.23
文教、工美、体育和娱乐用品制造业	4.92	35.18	0.54	8.19	104.54
石油加工、炼焦和核燃料加工业	82.51	37.35	13.13	0.78	100.46
化学原料和化学制品制造业	-0.64	40.12	1.74	-3.04	100.44
医药制造业	7.65	53.24	1.40	2.61	89.33
橡胶和塑料制品业	9.44	47.91	1.05	8.49	112.48
非金属矿物制品业	16.40	55.69	0.87	35.79	92.03
黑色金属冶炼和压延加工业	-7.31	123.01	0.78	-12.77	132.24
有色金属冶炼和压延加工业	0.71	76.57	1.46	-2.49	99.28
金属制品业	2.46	55.26	0.91	-0.29	102.89
通用设备制造业	-0.09	77.34	0.45	-2.84	99.10
专用设备制造业	5.28	68.24	0.59	2.32	98.73
汽车制造业	-7.69	131.41	1.06	-18.02	99.30
铁路、船舶、航空航天和其他运输设备制造业	1.87	65.01	1.16	1.07	92.41
电气机械和器材制造业	3.30	63.15	0.44	3.78	109.94
计算机、通信和其他电子设备制造业	10.72	35.10	0.54	18.12	108.47
仪器仪表制造业	1.60	28.71	0.49	-3.97	93.65
其他制造业	-0.61	107.61	2.36	-6.89	94.29
电力、热力生产和供应业	6.97	76.08	2.19	4.47	85.19
燃气生产和供应业	13.66	62.32	1.59	19.64	100.00
水的生产和供应业	1.58	71.40	0.17	-1.92	100.00

12－15　规模以上集体工业企业主要经济效益情况

（2014 年）

指　标	总资产贡献率（%）	资　产负债率（%）	流动资产周转率（次/年）	成本费用利润率（%）	产　品销售率（%）
总　计	**－2.24**	**124.34**	**0.88**	**－6.14**	**103.12**
按行业分					
造纸和纸制品业	5.45	60.64	1.48	－0.88	115.06
橡胶和塑料制品业					
黑色金属冶炼和压延加工业					
有色金属冶炼和压延加工业	36.92	37.87	38.00	4.75	100.00
通用设备制造业	－5.08	137.92	0.34	－20.28	101.07
汽车制造业					
电气机械和器材制造业					

12－16　规模以上外商及港澳台工业企业主要经济效益情况

（2014 年）

指　标	总资产贡献率（%）	资　产负债率（%）	流动资产周转率（次/年）	成本费用利润率（%）	产　品销售率（%）
总　计	**9.75**	**65.14**	**1.68**	**6.27**	**98.82**
按行业分					
有色金属矿采选业					
农副食品加工业	8.12	82.28	2.46	3.02	112.66
食品制造业	18.22	63.98	2.86	9.34	98.80
酒、饮料和精制茶制造业	16.46	56.12	2.69	7.78	96.50
纺织业	0.70	11.75	1.87	0.21	160.22
木材加工和木、竹、藤、棕、草制品业	42.17	39.36	10.90	11.09	100.00
家具制造业	－17.93	85.16	2.45	－17.24	102.14
造纸和纸制品业	13.65	87.13	10.46	2.28	100.00
印刷和记录媒介复制业	4.65	22.35	0.57	0.56	100.00
文教、工美、体育和娱乐用品制造业	4.25	20.37	0.93	5.35	98.45
化学原料和化学制品制造业	81.37	40.68	12.03	16.13	97.66
医药制造业	8.74	53.59	1.45	3.62	89.62
橡胶和塑料制品业	7.92	67.17	0.98	9.03	83.94
非金属矿物制品业	7.58	64.21	2.28	7.02	99.38
金属制品业	5.86	35.92	2.14	2.75	151.16
专用设备制造业	0.15	82.18	0.98	－3.22	115.78
汽车制造业	4.78	71.33	0.63	8.08	99.78
铁路、船舶、航空航天和其他运输设备制造业	－2.11	39.76	0.64	－2.79	148.84
电气机械和器材制造业	5.57	46.12	0.64	11.14	93.59
计算机、通信和其他电子设备制造业	7.68	33.16	0.91	8.05	100.00
废弃资源综合利用业	4.92	62.55	3.34	10.01	137.47
电力、热力生产和供应业	7.17	91.33	3.11	4.96	99.88
燃气生产和供应业	13.59	56.61	1.62	18.09	99.65
水的生产和供应业	1.35	84.34	0.14	－18.95	100.00

12－17　规模以上大中型工业企业主要经济效益情况

（2014 年）

指　标	总资产贡献率（%）	资　产负债率（%）	流动资产周转率（次/年）	成本费用利润率（%）	产　品销售率（%）
总　计	**7.92**	**72.46**	**1.24**	**2.59**	**98.11**
按行业分					
煤炭开采和洗选业	-0.49	105.33	0.57	-8.70	98.29
有色金属矿采选业	0.00	0.00	0.00	0.00	0.00
农副食品加工业	4.25	89.27	1.78	1.11	104.70
食品制造业	20.90	64.69	3.07	9.68	91.32
酒、饮料和精制茶制造业	15.28	62.19	2.57	6.66	98.86
烟草制品业	76.24	15.69	1.89	20.65	98.80
纺织业	6.85	22.21	1.33	5.38	129.81
纺织服装、服饰业	10.22	53.10	2.48	0.46	117.53
木材加工和木、竹、藤、棕、草制品业	19.89	43.79	3.46	11.22	96.86
家具制造业	4.92	36.38	0.82	8.29	101.21
造纸和纸制品业	15.79	37.62	1.32	16.29	80.00
印刷和记录媒介复制业	4.78	33.47	1.51	4.49	100.31
文教、工美、体育和娱乐用品制造业	18.78	73.94	5.15	2.33	98.26
石油加工、炼焦和核燃料加工业	82.51	37.35	13.13	0.78	100.46
化学原料和化学制品制造业	-3.10	59.37	1.80	-4.10	100.59
医药制造业	12.12	47.97	1.29	8.81	90.61
化学纤维制造业	0.00	0.00	0.00	0.00	0.00
橡胶和塑料制品业	7.88	67.35	0.97	9.14	82.83
非金属矿物制品业	13.08	51.22	1.03	25.30	93.37
黑色金属冶炼和压延加工业	0.32	112.66	0.61	-6.54	87.70
有色金属冶炼和压延加工业	0.70	76.82	1.47	-2.53	99.30
金属制品业	0.21	57.60	0.38	-6.71	96.70
通用设备制造业	0.19	77.23	0.45	-2.42	99.28
专用设备制造业	6.36	58.56	0.63	8.48	95.47
汽车制造业	-7.57	133.07	1.07	-17.72	99.31
铁路、船舶、航空航天和其他运输设备制造业	1.98	66.37	1.16	1.24	92.19
电气机械和器材制造业	3.31	58.13	0.44	4.70	105.30
计算机、通信和其他电子设备制造业	10.14	49.08	0.69	17.01	99.17
仪器仪表制造业	2.07	32.22	0.50	-2.79	95.69
其他制造业	-2.55	119.25	4.74	-10.68	93.27
电力、热力生产和供应业	7.16	92.26	2.98	0.90	82.70
燃气生产和供应业	13.66	62.32	1.59	19.64	100.00
水的生产和供应业	1.70	67.16	0.15	1.77	100.00

12－18 规模以上工业主要产品生产能力情况

产品名称	计量单位	生产能力	
		2013 年	2014 年
原煤	吨	2600218	2623358
原油	吨	5000000	5042287
发电设备容量总计/发电量	万千瓦/万千瓦小时	360	444
卷烟	万支	5000000	5000000
化学纤维	吨	105331	
棉纺锭(环锭纺)	锭	11083	97318
棉布织机	台	285	86
水泥熟料	吨	8672730	8420000
水泥	吨	17707421	18137251
生铁	吨	1970000	1740000
粗钢	吨	2208000	2208300
钢材	吨	1493797	1046718
金属切削机床	台	215	558
汽车	辆	335162	400162
轿车	辆	150000	150000

12－19　工业四大主导产业主要经济指标

（2014 年）

行　　业	单位数（个）	工业总产值（万元）	工业销售产值（万元）	出口交货值（万元）	资产总计（万元）
合　计	**1009**	**30289811**	**29815194**	**749293**	**31538836**
食品工业	503	15055798	15033202	73196	10406792
石化工业	98	4047174	3944774	82322	2152789
医药工业	53	2383803	2213366	70020	3496062
装备制造业	355	8803036	8623851	523756	15483193
四大主导产业占全市比重（%）	72.2	83.0	83.3	91.2	74.6

12－19 续表

行　　业	负债合计（万元）	主营业务收入（万元）	利润总额（万元）	税金总额（万元）	从业人员（人）
合　计	**20828712**	**31569426**	**1007409**	**2695067**	**236841**
食品工业	7191882	15850799	572172	1454751	82359
石化工业	1042752	4013111	135427	530466	13796
医药工业	1681636	2879673	231628	417130	36317
装备制造业	10912442	8825842	68182	292720	104369
四大主导产业占全市比重（%）	72.9	83.8	77.2	84.4	74.5

12－20 全市实现主营业务收入亿元以上工业企业排序(前100名)

(2014年)

位次	企业名称	位次	企业名称
1	黑龙江九三粮油工业集团有限公司	51	五常市顺泽米业有限公司
2	中国石油天然气股份有限公司哈尔滨石化分公司	52	五常市龙源米业有限责任公司
3	哈药集团有限公司	53	华润雪花啤酒(黑龙江)有限公司
4	黑龙江烟草工业有限责任公司	54	黑龙江江南电气有限公司
5	哈尔滨飞机工业集团有限责任公司	55	哈尔滨宝乐环保设备有限责任公司
6	哈尔滨锅炉厂有限责任公司	56	五常市日升米业有限公司
7	哈尔滨电机厂有限责任公司	57	黑龙江恒事达建筑安装工程有限公司
8	黑龙江省完达山乳业股份有限公司	58	哈尔滨市兴鹏工贸有限公司
9	哈尔滨汽轮机厂有限责任公司	59	五常市金鑫米业有限公司
10	双城雀巢有限公司	60	大连运城制版有限公司哈尔滨分公司
11	汉枫缓释肥料黑龙江有限公司	61	哈尔滨市豪能包装有限公司
12	哈尔滨东安发动机(集团)有限公司	62	哈尔滨富尔斯特生物工程有限责任公司
13	黑龙江鑫达企业集团有限公司	63	黑龙江中捷彩涂板材有限公司
14	黑龙江省北大荒米业集团有限公司	64	五常市三和米业有限公司
15	哈尔滨哈飞汽车工业集团有限公司	65	哈尔滨市盛兴经济技术发展有限公司
16	哈尔滨东安汽车发动机制造有限公司	66	五常市汇丰米业有限公司
17	益海嘉里(哈尔滨)粮油食品工业有限公司	67	哈尔滨林顿电气有限公司
18	华电能源股份有限公司哈尔滨第三发电厂	68	五常市丰禾米业有限公司
19	中国船舶重工集团公司第七〇三研究所	69	乐能生物工程股份有限公司
20	东北轻合金有限责任公司	70	哈尔滨大众肉联食品有限公司
21	哈尔滨顶津食品有限公司	71	黑龙江省一辰北药制药有限公司
22	临沂新程金锣肉制品集团有限公司兴隆分公司	72	五常市盛亚粮食储运有限公司
23	哈尔滨顶益食品有限公司	73	五常市天禾米业有限公司
24	西林钢铁集团阿城钢铁有限公司	74	哈尔滨龙源油脂有限公司
25	哈尔滨誉衡药业股份有限公司	75	哈尔滨四海数控设备制造有限公司
26	东方集团五常米业有限公司	76	黑龙江天顺源清真食品有限公司
27	航天科工哈尔滨风华有限公司	77	黑龙江建华管桩有限公司
28	哈尔滨第一机械集团有限公司	78	哈尔滨晟翔电线电缆制造有限公司
29	五常市昌旺米业有限公司	79	哈尔滨旭康农业高科技有限公司
30	黑龙江省宾州水泥有限公司	80	哈尔滨旺林包装材料有限公司
31	哈尔滨轨道交通装备有限责任公司	81	哈尔滨中孚能源有限公司
32	中国蓝星哈尔滨石化有限公司	82	黑龙江远东木业有限公司
33	黑龙江省五常大仓米业有限公司	83	哈尔滨东安汽车动力股份有限公司
34	黑龙江正大实业有限公司	84	可口可乐(黑龙江)饮料有限公司
35	北大荒丰缘集团有限公司	85	五常市宏阳米业有限公司
36	哈尔滨热电有限责任公司	86	亚泰集团哈尔滨水泥有限公司
37	大唐黑龙江发电有限公司哈尔滨第一热电厂	87	国电哈尔滨热电有限公司
38	哈尔滨中庆燃气有限责任公司	88	五常市常星米业有限公司
39	凯斯纽荷兰机械(哈尔滨)有限公司	89	哈尔滨市宾县禹王植物蛋白有限公司
40	麦肯食品(哈尔滨)有限公司	90	黑龙江省荣耀牧业有限公司
41	哈尔滨建成集团有限公司	91	中煤能源黑龙江煤化工有限公司
42	黑龙江省五常金禾米业有限责任公司	92	哈尔滨华拓金属结构有限公司
43	百威英博哈尔滨啤酒有限公司	93	中煤龙化哈尔滨煤化工有限公司
44	哈尔滨锅炉厂预热器有限责任公司	94	哈尔滨电缆(集团)有限公司
45	黑龙江哈沈电缆制造有限公司	95	哈尔滨市光宇蓄电池股份有限公司
46	哈尔滨空调股份有限公司	96	哈尔滨轴承制造有限公司
47	五常市天富金属物资回收加工有限公司	97	哈尔滨中昌环保能源开发有限公司
48	哈尔滨光宇电源股份有限公司	98	哈尔滨和鑫实业(集团)有限公司
49	黑龙江葵花药业股份有限公司	99	黑龙江龙江福粮油有限公司
50	黑龙江宾哈钢结构有限公司	100	蒙牛乳业尚志有限责任公司

12－21　全市实现利税总额1000万元工业企业排序(前100名)

(2014年)

位　次	企业名称	位　次	企业名称
1	黑龙江烟草工业有限责任公司	51	哈尔滨一洲制药有限公司
2	中国石油天然气股份有限公司哈尔滨石化分公司	52	黑龙江省五常金禾米业有限责任公司
3	哈药集团有限公司	53	哈尔滨建成集团有限公司
4	黑龙江九三粮油工业集团有限公司	54	华润雪花啤酒(依兰)有限公司
5	双城雀巢有限公司	55	哈尔滨威克科技有限公司
6	哈尔滨誉衡药业股份有限公司	56	哈尔滨晟翔电线电缆制造有限公司
7	哈尔滨锅炉厂有限责任公司	57	五常市三和米业有限公司
8	黑龙江省宾州水泥有限公司	58	黑龙江建华管桩有限公司
9	哈尔滨电机厂有限责任公司	59	五常市顺泽米业有限公司
10	汉枫缓释肥料黑龙江有限公司	60	哈尔滨莱博通药业有限公司
11	国电哈尔滨热电有限公司	61	亚泰集团哈尔滨水泥(阿城)有限公司
12	哈尔滨哈投投资股份有限公司	62	五常市日升米业有限公司
13	华润雪花啤酒(黑龙江)有限公司	63	哈尔滨森鹰窗业股份有限公司
14	黑龙江鑫达企业集团有限公司	64	亚泰集团哈尔滨水泥有限公司
15	哈尔滨顶益食品有限公司	65	黑龙江哈沈电缆制造有限公司
16	哈尔滨东安汽车发动机制造有限公司	66	百威英博哈尔滨啤酒有限公司
17	黑龙江省完达山乳业股份有限公司	67	哈尔滨四海数控设备制造有限公司
18	哈尔滨中庆燃气有限责任公司	68	五常市天禾米业有限公司
19	黑龙江天宏药业股份有限公司	69	哈尔滨太子乳品工业有限公司
20	哈尔滨博实自动化股份有限公司	70	黑龙江省延寿县继嘉亚麻纺织有限公司
21	哈尔滨顶津食品有限公司	71	黑龙江恒事达建筑安装工程有限公司
22	黑龙江葵花药业股份有限公司	72	哈尔滨中孚能源有限公司
23	中国船舶重工集团公司第七〇三研究所	73	哈尔滨秋林里道斯食品有限责任公司
24	哈尔滨三联药业股份有限公司	74	哈尔滨空调股份有限公司
25	华电能源股份有限公司哈尔滨第三发电厂	75	黑龙江中捷彩涂板材有限公司
26	哈尔滨圣泰生物制药有限公司	76	哈尔滨工业大学软件工程股份有限公司
27	黑龙江江南电气有限公司	77	哈尔滨热电有限责任公司
28	哈尔滨奥瑞德光电技术股份有限公司	78	哈尔滨锅炉厂预热器有限责任公司
29	临沂新程金锣肉制品集团有限公司兴隆分公司	79	五常市民乐乡华米米业有限公司
30	黑龙江江世药业有限公司	80	可口可乐(黑龙江)饮料有限公司
31	乐能生物工程股份有限公司	81	哈尔滨泰富实业有限公司
32	东方集团五常米业有限公司	82	哈尔滨光宇电源股份有限公司
33	大唐黑龙江发电有限公司哈尔滨第一热电厂	83	黑龙江宾哈钢结构有限公司
34	哈尔滨飞机工业集团有限责任公司	84	哈尔滨东安发动机(集团)有限公司
35	哈尔滨市光宇蓄电池股份有限公司	85	哈尔滨蒲公英药业有限公司
36	哈尔滨东安实业发展有限公司	86	华润雪花啤酒(哈尔滨)有限公司
37	哈尔滨市鑫锚防盗门制造有限公司	87	五常市盛亚粮食储运有限公司
38	黑龙江省一辰北药制药有限公司	88	五常市宏阳米业有限公司
39	哈尔滨双汇北大荒食品有限公司	89	哈尔滨市呼兰水泥制造有限责任公司
40	哈尔滨威帝电子股份有限公司	90	五常市汇丰米业有限公司
41	黑龙江远东木业有限公司	91	五常市金鑫米业有限公司
42	哈尔滨市盛兴经济技术发展有限公司	92	五常市龙源米业有限责任公司
43	五常市昌旺米业有限公司	93	哈尔滨亿汇达电气科技发展股份有限公司
44	哈尔滨林顿电气有限公司	94	哈尔滨新中新电子股份有限公司
45	哈尔滨旺林包装材料有限公司	95	哈尔滨海格集团有限公司
46	哈尔滨和鑫实业(集团)有限公司	96	五常市丰禾米业有限公司
47	哈尔滨市豪能包装有限公司	97	哈尔滨市宾州酿酒厂
48	黑龙江省五常大仓米业有限公司	98	哈尔滨大北农牧业科技有限公司
49	哈尔滨派斯菲科生物制药股份有限公司	99	哈尔滨红光锅炉集团有限公司
50	黑龙江省老村长酒业有限公司	100	哈尔滨旭康农业高科技有限公司

12－22　全市实现利润总额1000万元工业企业排序(前100名)

(2014年)

位　次	企 业 名 称	位　次	企 业 名 称
1	黑龙江烟草工业有限责任公司	51	五常市顺泽米业有限公司
2	双城雀巢有限公司	52	哈尔滨中孚能源有限公司
3	黑龙江省宾州水泥有限公司	53	五常市日升米业有限公司
4	汉枫缓释肥料黑龙江有限公司	54	哈尔滨威克科技有限公司
5	哈尔滨誉衡药业股份有限公司	55	黑龙江中捷彩涂板材有限公司
6	哈尔滨锅炉厂有限责任公司	56	哈尔滨莱博通药业有限公司
7	哈尔滨哈投投资股份有限公司	57	华电能源股份有限公司哈尔滨第三发电厂
8	哈药集团有限公司	58	五常市天禾米业有限公司
9	黑龙江鑫达企业集团有限公司	59	哈尔滨森鹰窗业股份有限公司
10	哈尔滨顶益食品有限公司	60	哈尔滨市豪能包装有限公司
11	哈尔滨电机厂有限责任公司	61	哈尔滨市盛兴经济技术发展有限公司
12	黑龙江天宏药业股份有限公司	62	哈尔滨旺林包装材料有限公司
13	哈尔滨中庆燃气有限责任公司	63	哈尔滨光宇电源股份有限公司
14	哈尔滨东安汽车发动机制造有限公司	64	哈尔滨东安发动机(集团)有限公司
15	哈尔滨博实自动化股份有限公司	65	五常市汇丰米业有限公司
16	中国船舶重工集团公司第七〇三研究所	66	五常市宏阳米业有限公司
17	华润雪花啤酒(黑龙江)有限公司	67	五常市三和米业有限公司
18	哈尔滨顶津食品有限公司	68	哈尔滨工业大学软件工程股份有限公司
19	哈尔滨奥瑞德光电技术股份有限公司	69	五常市龙源米业有限责任公司
20	哈尔滨三联药业股份有限公司	70	哈尔滨大北农牧业科技有限公司
21	黑龙江九三粮油工业集团有限公司	71	哈尔滨一洲制药有限公司
22	哈尔滨圣泰生物制药有限公司	72	哈尔滨蒲公英药业有限公司
23	东方集团五常米业有限公司	73	五常市盛亚粮食储运有限公司
24	黑龙江省完达山乳业股份有限公司	74	达尔凯阳光(哈尔滨)热电有限公司
25	黑龙江葵花药业股份有限公司	75	亚泰集团哈尔滨水泥(阿城)有限公司
26	中国石油天然气股份有限公司哈尔滨石化分公司	76	哈尔滨旭康农业高科技有限公司
27	黑龙江江世药业有限公司	77	五常市丰禾米业有限公司
28	哈尔滨市鑫锚防盗门制造有限公司	78	黑龙江宾西牛业有限公司
29	哈尔滨市光宇蓄电池股份有限公司	79	哈尔滨四海数控设备制造有限公司
30	临沂新程金锣肉制品集团有限公司兴隆分公司	80	五常市民乐乡华米米业有限公司
31	哈尔滨飞机工业集团有限责任公司	81	五常市金鑫米业有限公司
32	五常市昌旺米业有限公司	82	哈尔滨市宾县禹王植物蛋白有限公司
33	哈尔滨威帝电子股份有限公司	83	中粮米业(五常)有限公司
34	乐能生物工程股份有限公司	84	黑龙江宾哈钢结构有限公司
35	哈尔滨东安实业发展有限公司	85	哈尔滨泰富实业有限公司
36	哈尔滨和鑫实业(集团)有限公司	86	哈尔滨晟翔电线电缆制造有限公司
37	黑龙江省五常大仓米业有限公司	87	黑龙江省延寿县继嘉亚麻纺织有限公司
38	大唐黑龙江发电有限公司哈尔滨第一热电厂	88	哈尔滨秋林里道斯食品有限责任公司
39	哈尔滨林顿电气有限公司	89	哈尔滨亿汇达电气科技发展股份有限公司
40	黑龙江江南电气有限公司	90	五常市振文制米有限公司
41	哈尔滨派斯菲科生物制药股份有限公司	91	哈尔滨市呼兰水泥制造有限责任公司
42	哈尔滨双汇北大荒食品有限公司	92	五常市常星米业有限公司
43	黑龙江建华管桩有限公司	93	五常市宝丰米业有限公司
44	黑龙江远东木业有限公司	94	黑龙江继盛恒业科技发展有限公司
45	黑龙江省五常金禾米业有限责任公司	95	黑龙江瑞农生产资料有限公司
46	黑龙江省一辰北药制药有限公司	96	哈尔滨天禹伟业塑胶有限公司
47	哈尔滨建成集团有限公司	97	哈尔滨海格集团有限公司
48	亚泰集团哈尔滨水泥有限公司	98	哈尔滨佳泰达科技有限公司
49	黑龙江恒事达建筑安装工程有限公司	99	哈尔滨美佳娜生物工程有限责任公司
50	黑龙江哈沈电缆制造有限公司	100	哈尔滨太子乳品工业有限公司

主要统计指标解释

工业　指从事自然资源的开采，对采掘品和农产品进行加工和再加工的物质生产部门。具体本包括：（1）对自然资源的开采，如采矿、晒盐、森林采伐等（但不包括禽兽捕猎和水产捕捞）；（2）对农副产品的加工、再加工，如粮油加工、食品加工、轧花、缫丝、纺织、制革等；（3）对采掘品的加工、再加工，如炼铁、炼钢、轧钢、化工生产、石油加工、机器制造、木材加工等，以及电力、自来水、煤气的生产和供应等；（4）对工业品的修理、翻新，如机器设备的修理、交通运输工具（包括小卧车）的修理等。1984 年以前农村的村及村以下办工业归属农业，1984 年以后划归工业。

工业统计调查单位　工业统计调查单位分为两类：独立核算法人工业企业和工业活动单位。

（1）独立核算法人工业企业 是指从事工业生产经营活动的单位。独立核算法人工业企业应同时具备以下条件：①依法成立，有自己的名称、组织机构和场所，能够承担民事责任；②独立拥有和使用资产，承担负债，有权与其他单位签订合同；③独立核算盈亏，并能够编制资产负债表。

（2）工业活动单位 是指在一个场所从事一种或主要从事一种工业生产活动的经济单位。它包括独立核算工业企业按主营业务活动（即工业生产活动）划分的主营业务活动单位和非工业企业所属的工业生产活动单位（即原非独立核算工业生产单位）。工业活动单位，一般应同时具备以下三个条件：①具有一个场所，从事一种或主要从事一种工业活动；②单独组织工业生产、经营或业务活动；③单独核算收入和支出。

本年鉴中涉及的企业登记注册类型：⑴国有及国有控股企业 指国有企业加上国有控股企业。国有企业（即过去的全民所有制工业或国营工业）是指企业全部资产归国家所有，并按《中华人民共和国企业法人登记管理条例》规定登记注册的非公司制的经济组织。包括国有企业、国有独资公司和国有联营企业。1957 年以前的公私合营和私营工业，后均改造为国营工业，1992 年改为国有工业，这部分工业的资料不单独分列时，均包括在国有企业内。国有控股企业是对混合所有制经济的企业进行的“国有控股”分类。它是指这些企业的全部资产中国有资产（股份）相对其他所有者中的任何一个所有者占资（股）最多的企业。该分组反映了国有经济控股情况。⑵集体企业 指企业资产归集体所有，并按《中华人民共和国企业法人登记管理条例》规定登记注册的经济组织。是社会主义公有制经济的组成部分。包括城乡所有使用集体投资举办的企业，以及部分个人通过集资自愿放弃所有权并依法经工商行政管理机关认定为集体所有制的企业。⑶股份有限公司 指根据《中华人民共和国企业法人登记管理条例》规定登记注册，其全部注册资本由等额股份构成并通过发行股票筹集资本，股东以其认购的股份对公司承担有限责任，公司以其全部资产对其债务承担责任的经济组织。⑷港、澳、台商投资企业 指企业注册登记类型中的港、澳、台资合资、合作、独资经营企业和股份有限公司之和。⑸外商投资企业 指企业注册登记类型中的中外合资、合作经营企业、外资企业和外商投资股份有限公司之和。⑹本年鉴中涉及的名为“其他”的企业 均指除国有企业、集体企业、个体经营以外的其他类型工业企业（单位）。包括联营企业、私营企业、股份有限公司，有限责任公司；外商投资企业（中外合资经营、中外合作经营、外资企业）；港、澳、台投资企业（与大陆合资经营、与大陆合作经营、港、澳、台独资企业）及其他企业。

工业总产值　是以货币表现的工业企业在一定时期内生产的已出售或可供出售工业产品总量，它反映一定时间内工业生产的总规模和总水平。它包括：在本企业内不再进行加工，经检验、包装入库（规定不需包装的产品除外）的成品价值，工业性作业价值，自制半成品、在产品期末初差额价值。工业总产值采用“工厂法”计算，即以工业企业作为一个整体，按企业工业生产活动的最终成果来计算，企业内部不允许重复，不能把企业内部各个车间（分厂）生产的成果相加。但在企业之间、行业之间、地区之间存在着重复计算。

轻重工业总产值的划分也是按“工厂法”计算的，即一个工业企业在正常情况下生产的主要产品的性质属于轻工业，则该企业的全部总产值作为轻工业总产值；一个工业企业生产的主要产品的性质属于重工业，则该企业的全部总产值作为重工业总产值。

工业增加值　是指工业行业在报告期内以货币表现的工业生产活动的最终成果。

固定资产原价　固定资产原价指企业在建造、购置、安装、改建、扩建、技术改造某项固定资产时所支出的全部货币总额。它一般包括买价、包装费、运杂费和安装费等。

固定资产净值　是指固定资产原价减去历年已提折旧额后的净额。

流动资产　流动资产是指可以在一年或者超过一年的一个营业周期内变现或者耗用的资产，包括现金及各种存款、短期投资、应收及预付货款、存货等。

产品销售收入　指企业销售产品的销售收入和提供劳务等主要经营业务取得的业务总额。

产品销售成本　指企业销售产品和提供劳务等主要经营业务的实际成本。

产品销售税金及附加　指企业销售产品和提供工业性劳务等主要经营业务应负担的城市维护建设税、消费税、资源税和教育费附加。

产品销售利润　指企业销售产品和提供工业性等主要经营业务收入扣附其成本、费用、税金后的利润。

利润总额　企业实现的利润。

应交增值税　指企业在报告期内应交纳的增值税额。

利税总额　指企业利润总额、产品销售税金及附加和应交增值税之和。

实收资本　指企业实际收到的投资人投入的资本。按投资主体可分为国家资本、集体资本、法人资本、个人资本、港澳台资本和外商资本等。

资产总计　指企业拥有或控制的能以货币计量的经济资源。包括各种财产、债权和其他权利。资产按其流动性划分为流动资产、长期投资、固定资产、无形及递延资产和其他资产。

（1）流动资产　指企业可以在一年内或者超过一年的一个生产周期内变现或耗用的资产合计。包括现金及各种存款、短期投资、应收及预付款项、存货等。

（2）固定资产　指企业固定资产净值、固定资产清理、在建工程、待处理固定资产损失所占用的资金合计。

（3）无形资产　指企业长期使用而没有实物形态的资产。包括专利权、非专利技术、商标权、著作权、土地使用权、商誉等。

负债总计　指企业承担的能以货币计量，将以资产或劳务偿付的债务。负债一般按偿还期长短分为流动负债和长期负债、递延税项等。

（1）流动负债　指企业在一年内或者超过一年的一个营业周期内需要偿还的债务合计，其中包括短期借款、应付及预收款项、应付工资、应交税金和应交利润等。

（2）长期负债　指企业在一年以上或者超过一年的一个生产周期以上需要偿还的债务合计，其中包括长期借款、应付债务、长期应付款项等。

所有者权益　指企业投资人对企业净资产的所有权。企业净资产等于企业全部资产减去全部负责后的余额，其中包括投资者对企业的最初投入，以及资本公积金、盈余公积金和未分配利润，对股份制企业即为股东权益。

应交增值税　指企业在报告期内应交纳的增值税额。

工业增加值率　指在一定时期内工业增加值占同期工业总产值的比重，反映降低中间消耗的经济效益。计算公式为：

工业增加值率（%）＝工业增加值（现价）/工业总产值（现价）×100%

总资产贡献率　该指标反映企业全部资产的获利能力，是企业经营业绩和管理水平的集中体现，是评价和考核企业盈利能力的核心指标。计算公式为：

$$总资产贡献率=\frac{(利润总额+税金总额+利息支出)}{平均资产总额}\times 100\%$$

资本保值增值率　该指标反映企业净资产的变动状况，是企业发展能力的集体体现。计算公式为：

$$资本保值增值率=\frac{报告期期末所有者权益}{上年同期期末所有者权益}\times 100\%$$

资产负债率　该指标既反映企业经营风险的大小，也反映企业利用债权人提供的资金从事经营活动的能力。计算公式为：

$$资产负债率=\frac{负债总额}{资产总额}\times 100\%$$

流动资产周转率　指一定时期内流动资产完成的周转次数，反映投入工业企业流动资金的周转速度。计算公式为：

$$流动资产周转率=\frac{销售收入}{流动资产平均余额}$$

成本费用利润率　反映工业投入的生产成本及费用的经济效益，同时也反映企业降低成本所取得的经济效益。计算公式为：

$$成本费用利润率=\frac{利润总额}{成本费用总额}\times 100\%$$

其中：成本费用总额为产品销售成本、销售费用、管理费用、财务费用之和。

全员劳动生产率　指根据产品的价值量指标计算的平均每一个就业人员在单位时间内的产品生产量。是考核企业经济活动的重要指标，是企业生产技术水平、经营管理水平、职工技术熟练程度和劳动积极性的综合表现。目前我国的全员劳动生产率是将工业企业的工业增加值除以同一时期全部就业人员的平均人数来计算的。计算公式为：

$$全员劳动生产率=\frac{工业增加值}{全部职工平均人数}$$

产品销售率　反映工业产品已实现销售的程度，是分析工业产销衔接情况、研究工业产品满足社会需求的指标。计算公式为：

$$产品销售率=\frac{工业销售产值}{工业总产值}\times 100\%$$

十三　建筑业

Construction

13－1　1978－2014 年建筑业总产值及指数情况

年 份	建筑业总产值(万元)			指数(上年＝100)		
	全 市	国有经济	集体经济	全 市	国有经济	集体经济
1978	30811	15561	15250	142.4	105.0	223.7
1980	49994	23356	26638	136.2	134.6	137.7
1985	140949	63186	77763	132.0	121.0	142.6
1986	162565	77267	85298	115.3	122.3	109.7
1987	200701	93739	106962	123.5	121.3	125.4
1988	263442	116719	146723	131.3	124.5	137.2
1989	270962	133914	137048	102.9	114.7	93.4
1990	228422	128168	100254	84.3	95.7	73.2
1991	287268	162312	124956	125.8	126.6	124.6
1992	430291	238313	191978	149.8	146.8	153.6
1993	634671	360829	269547	147.5	151.4	140.4
1994	766013	430779	322424	120.7	119.4	119.6
1995	871226	476459	343513	113.7	110.6	106.5
1996	929545	467851	387976	106.7	98.2	112.9
1997	992726	550220	333107	106.8	117.6	85.9
1998	1125643	615350	306789	113.4	111.8	92.1
1999	1230967	677066	323258	109.4	110.0	105.4
2000	1539864	853170	405680	125.1	126.0	125.5
2001	1795104	963679	347960	116.6	113.0	85.8
2002	1952264	657286	339788	108.8	68.2	97.7
2003	2209434	685727	278720	113.2	104.3	82.0
2004	2753088	693985	259416	124.6	101.2	93.1
2005	3004746	662498	248587	109.1	95.5	95.8
2006	3728870	1051812	279636	124.1	158.8	112.5
2007	4418461	1573457	271075	118.5	149.6	96.9
2008	6251593	2930006	337628	141.5	186.2	124.6
2009	8133752	3354352	385666	130.1	114.5	114.2
2010	10789196	4000680	370455	132.6	119.3	96.1
2011	12196593	4524752	504676	113.0	113.1	136.2
2012	14471304	4902326	954407	118.7	108.3	189.1
2013	15553437	3886280	1293656	107.5	79.3	135.5
2014	13391320	3728539	1160484	86.1	95.9	89.7

13－2　1978－2014年建筑业全员劳动生产率及指数情况

年份	全员劳动生产率(元/人)			指数(上年=100)		
	全市	国有经济	集体经济	全市	国有经济	集体经济
1978	4070	4831	3444	106.2	110.2	116.4
1980	4515	4717	4293	105.9	95.0	115.0
1985	6984	7610	6708	108.1	109.6	109.3
1986	7815	8928	7133	111.9	117.3	106.3
1987	8772	10105	7904	112.2	113.2	110.8
1988	10605	12262	9710	120.9	121.3	122.8
1989	12237	13987	11255	115.4	114.1	115.9
1990	11756	13810	10523	96.1	98.7	93.5
1991	13478	15979	11796	114.6	115.7	112.1
1992	18471	20698	16154	137.0	129.5	136.9
1993	26770	30329	22583	144.9	146.5	139.8
1994	29956	36511	26373	111.9	120.4	116.8
1995	33413	42832	27190	111.5	117.3	103.1
1996	36766	43324	31319	110.0	101.1	115.2
1997	37426	49591	30715	101.8	114.5	98.1
1998	46932	57378	37007	125.4	115.7	120.5
1999	50404	62307	38797	107.4	108.6	104.8
2000	57143	75210	41201	113.4	120.7	106.2
2001	64404	77551	50560	112.7	103.1	122.7
2002	69053	73465	55938	107.2	94.7	110.6
2003	74002	73997	74006	107.2	100.7	132.3
2004	88925	91635	82169	120.3	123.8	111.0
2005	93823	97948	86046	105.5	106.9	104.7
2006	116586	99106	109620	124.3	101.2	127.4
2007	133206	143414	121897	114.3	144.7	111.2
2008	145435	153201	128200	109.2	106.8	105.2
2009	166219	210934	140181	114.3	137.7	109.3
2010	226622	212946	235943	136.3	101.0	168.3
2011	237573	236887	170672	104.8	111.2	72.3
2012	299089	358706	279066	125.9	151.4	163.5
2013	242133	274771	224029	81.0	76.6	80.3
2014	261975	284235	276180	108.2	103.4	123.3

13－3 2009－2014年建筑企业主要经济指标情况

指　　标	2009年	2010年	2011年	2012年	2013年	2014年
企业个数(个)	1209	1240	1269	1222	1195	1127
建筑业总产值(万元)	8133752	10789196	12196593	14471304	15553437	13391320
建筑工程产值	6736354	8943899	10836993	12501310	12974557	11128362
安装工程产值	1063176	1433029	1041788	1524514	2240883	1900863
其他产值	334222	412269	317812	445480	337997	362095
竣工产值(万元)	3211329	3608654	5495749	6049348	5596245	4670148
从业人员年末人数(人)	443633	312218	235475	198880	224967	182418
从事建筑业活动的从业人员平均人数(人)	489339	226622	513384	483846	642349	511167
房屋建筑施工面积(万平方米)	2524.63	3812.20	5130.03	4639.88	4336.91	3859.79
本年新开工面积	1560.01	2538.23	2953.59	1816.48	2097.28	1866.50
房屋建筑竣工面积(万平方米)	150.47	1368.37	1852.47	1702.56	1850.50	1766.18
住宅面积	886.49	1018.17	1429.68	1447.09	1589.23	1484.13
自有机械设备年末总台数(台)	60008	53500	68363	54198	53047	54914
自有机械设备年末总功率(千瓦)	1110949	993810	1403221	1096107	1031096	1117917
自有机械设备净值(万元)	308975	254364	337164	268016	256983	301543
固定资产原值(万元)	1288248	1298083	1395681	1343969	1329451	1287118
固定资产净值(万元)	893932	889544	1077264	963754	989106	873857
本年提取折旧(万元)	159777	213603	77994	75570	77581	53823
企业总收入(万元)	7169314	9047990	11320123	11443032	8963683	9211015
工程结算收入	7082150	8964485	11233651	11394087	8892888	9143298
实现利润总额(万元)	346823	290240	238846	229526	176930	197122
亏损企业个数(个)	449	385	236	223	275	223
亏损金额(万元)	27718	11772	142101	31994	41305	38234
利税总额(万元)	847980	1178261	639677	577230	470237	498778
上缴税金(万元)	540390	849183	451418	401581	347648	356165
实际支付工资总额(万元)	794159	1294651	732543	918144	765123	709701

13－4 资质以上建筑业企业生产情况

（2014 年）

指 标	企业数（个）	建筑业总产值（万元）			
			建筑工程	安装工程	其他
总 计	**1127**	**13391320**	**11128362**	**1900863**	**362095**
按登记注册类型分					
内资企业	1122	13265208	11003788	1899326	362094
国有企业	56	2648747	1606499	1025071	17177
集体企业	59	1160223	946626	206385	7212
股份合作企业	2	195	195		
联营企业	1	66	66		
集体联营企业					
有限责任公司	441	6640008	6093917	354864	191227
国有独资公司	10	1079792	1070642	450	8700
其他有限责任公司	431	5560216	5023275	354414	182527
股份有限公司	34	642032	543178	90854	8000
私营企业	526	2164438	1804089	221891	138458
私营独资企业	1	14			14
私营合伙企业	8	343			343
私营有限责任公司	489	1949647	1600659	218450	130538
私营股份有限公司	28	214434	203430	3442	7562
其他企业	3	9499	9218	260	21
港、澳、台商投资企业	2	1374	1374		
合资经营企业(港或澳、台资)	2	1374	1374		
外商投资企业	3	124739	123201	1538	
中外合资经营企业	3	124739	123201	1538	
按隶属关系分					
中 央	20	1438564	1053875	367569	17120
省(自治区、直辖市)	85	4200161	3529029	668177	2955
地区(州、盟、省辖市)	130	2062491	1912408	138855	11228
县(区、市、旗)	77	1148165	1099837	33690	14638
街 道	13	131815	123055	7456	1304
镇	6	2122	799	1324	
其 他	796	4408002	3409359	683793	314850

房屋建筑施工面积（平方米）			竣工产值（万元）	竣工率（%）
	本年新开工	实行投标承包		
38597933	**18665012**	**32140879**	**4670148**	**34.9**
38597933	18665012	32140879	4667756	35.2
3015215	1785648	2494509	829817	31.3
2611918	1810942	2037553	370667	31.9
977	977		195	100.0
23897286	9388241	20544265	2150495	32.4
7579115	2482398	6898411	387045	35.8
16318171	6905843	13645854	1763449	31.7
680349	435397	536388	140804	21.9
8284591	5184710	6420567	1169554	54.0
6891249	4677100	5051592	1108652	56.9
1393342	507610	1368975	60902	28.4
107597	59097	107597	6225	65.5
			1200	87.3
			1200	87.3
			1192	1.0
			1192	1.0
612708	212809	520282	513132	35.7
12559515	3767598	11648467	1089118	25.9
6800679	2989970	5811760	557160	27.0
4786481	4233275	4206227	694770	60.5
1229216	282590	427672	54767	41.5
200			894	42.1
12609134	7178770	9526471	1760306	39.9

13－5 资质以上建筑业企业签订合同情况

（2014 年） 单位:万元

指 标	签订的合同额	上年结转合同额	本年新签合同额
总 计	**21481919**	**9031113**	**12450805**
按登记注册类型分			
内资企业	21344155	8983854	12360301
国有企业	3510618	1027690	2482928
集体企业	1428375	372238	1056137
股份合作企业	195		195
联营企业	66	66	
集体联营企业			
有限责任公司	12696114	6499968	6196147
国有独资公司	1469254	764427	704827
其他有限责任公司	11226860	5735541	5491319
股份有限公司	894071	192521	701550
私营企业	2798745	884888	1913857
私营独资企业			
私营合伙企业			
私营有限责任公司	2490498	764141	1726357
私营股份有限公司	308247	120746	187500
其他企业	15972	6485	9487
港、澳、台商投资企业	1374		1374
合资经营企业（港或澳、台资）	1374		1374
外商投资企业	136390	47259	89131
中外合资经营企业	136390	47259	89131
按隶属关系分			
中 央	5910732	3833142	2077590
省（自治区、直辖市）	5714599	2329475	3385124
地区（州、盟、省辖市）	2638602	899087	1739514
县（区、市、旗）	1319476	116597	1202879
街 道	270766	204020	66746
镇	2599	701	1899
其 他	5625145	1648092	3977054

13－6　资质以上建筑业企业承包工程完成情况

（2014年）　　　　单位：万元

指　　标	直接从建设单位承揽工程完成的产值	自行完成施工产值	分包出去工程产值	从建设单位以外承揽工程完成的产值
总　计	**13343775**	**13336921**	**6854**	**34056**
按登记注册类型分				
内资企业	13217663	13210809	6854	34056
国有企业	2647779	2647379	400	400
集体企业	1155084	1155084		80
股份合作企业	195	195		
联营企业	66	66		
集体联营企业				
有限责任公司	6608269	6603754	4515	29385
国有独资公司	1079792	1079792		
其他有限责任公司	5528477	5523962	4515	29385
股份有限公司	639796	639796		
私营企业	2156995	2155057	1938	4191
私营独资企业				
私营合伙企业				
私营有限责任公司	1942848	1940910	1938	4191
私营股份有限公司	214147	214147		
其他企业	9478	9478		
港、澳、台商投资企业	1374	1374		
合资经营企业（港或澳、台资）	1374	1374		
外商投资企业	124739	124739		
中外合资经营企业	124739	124739		
按隶属关系分				
中　央	1438564	1438564		
省（自治区、直辖市）	4199193	4199193		
地区（州、盟、省辖市）	2042510	2038949	3561	21509
县（区、市、旗）	1144607	1144607		176
街　道	131815	131815		
镇	1428	1428		694
其　他	4385657	4382364	3293	11677

13－7　资质以上建筑业企业财务指标情况

（2014 年）

指　　标	资产总计	负债合计	所有者权益	实收资本		工程结算收入
					国家资本	
总　计	**9753656**	**6721532**	**3008599**	**2253394**	**453108**	**9143298**
按登记注册类型分						
内资企业	9673127	6647159	3002443	2249062	452469	9085832
国有企业	1205910	966797	238938	190199	152937	1518532
集体企业	504997	412789	90115	68661	66	940087
股份合作企业	907	373	534	891		195
联营企业	4154	3690	464	464		62
集体联营企业						
有限责任公司	4857742	3515990	1325247	1065135	278437	4380430
国有独资公司	677138	550234	126904	108999	99497	585199
其他有限责任公司	4180603	2965756	1198343	956136	178941	3795232
股份有限公司	987946	593040	393706	172379	20332	599424
私营企业	2106355	1153008	949819	747930	546	1637471
私营独资企业	15					14
私营合伙企业	139					343
私营有限责任公司	1943653	1064137	876436	700968	546	1514348
私营股份有限公司	162548	88871	73383	46963		122766
其他企业	5117	1472	3620	3404	150	9630
港、澳、台商投资企业	5598	2619	2978	2159		2902
合资经营企业（港或澳、台资）	5598	2619	2978	2159		2902
外商投资企业	74932	71754	3178	2173	639	54564
中外合资经营企业	74932	71754	3178	2173	639	54564
按隶属关系分						
中　央	1167152	1000061	167091	136751	109249	1436021
省（自治区、直辖市）	2432119	1942442	489502	345997	199466	2301590
地区（州、盟、省辖市）	1449719	1182129	255368	267492	104357	1098222
县（区、市、旗）	383637	153559	228008	159172	7692	874386
街　道	130674	89978	40480	31475		132536
镇	10226	3133	7094	4991	1000	7843
其　他	4180129	2350232	1821057	1307515	31344	3292700

单位:万元

工程结算成本	工程结算税金及附加	其他业务利润	管理费用	财务费用	营业利润	利润总额	产值利润率(%)
8199549	**289389**	**1524**	**389711**	**38730**	**197677**	**197122**	**1.5**
8147801	287451	1524	388412	36656	197391	196840	1.5
1388802	41340	934	58739	11456	16617	12408	0.5
841610	28059	117	60410		11832	11997	1.0
166	12		38		-21	-22	-11.4
59	2		1		3	3	4.5
3994684	132718	1008	144134	12472	80249	80474	1.2
552077	19799		8676	2509	2467	2619	0.2
3442607	112919	1008	135458	9963	77782	77855	1.4
498307	16997		40246	5934	28839	31550	4.9
1415446	67991	349	84347	9024	59789	60347	2.8
9	1		1		1	1	7.1
238	18		21		6	6	1.7
1308843	64221	74	78320	6980	56347	56820	2.9
106356	3752	275	6005	2044	3435	3520	1.6
8727	332		496		83	83	0.9
2650	87		165	5		-5	-0.4
2650	87		165	5		-5	-0.4
49098	1851		1134	2069	291	286	0.2
49098	1851		1134	2069	291	286	0.2
1326116	25156	969	48423	3749	23951	17980	1.2
2130391	75379	185	64541	14902	13369	14435	0.3
985922	34564	545	57979	715	15985	17412	0.8
775479	29304	47	43616	1307	24475	24667	2.1
122558	4437	28	3488	645	1436	1419	1.1
7250	174	1	474	31	29	29	1.4
2851834	120375	-251	171190	17384	118431	121181	2.7

13－8　资质以上劳务分包建筑业企业生产情况

（2014 年）　　单位：万元

指　　标	企业数（个）	工程结算收入	工程结算成本	营业利润	利润总额	从业人员平均人数（人）
总　计	**62**	**20766**	**17825**	**588**	**461**	**2415**
按登记注册类型分						
内资企业	62	20766	17825	588	461	2415
国有企业	2	968	735	76	76	39
集体企业	3	5052	3935	136	93	205
有限责任公司	18	6869	5833	350	267	461
国有独资公司						
其他有限责任公司	18	6869	5833	350	267	461
股份有限公司	1	2235	2022	48	48	76
私营企业	37	5620	5282	－28	－28	1634
私营独资企业	1	14	9	3	3	15
私营合伙企业	8	343	238	67	67	215
私营有限责任公司	26	4976	4756	－83	－83	1401
私营股份有限公司	2	287	279	－15	－15	3
其他企业	1	22	18	5	5	
按隶属关系分						
中　央						
省（自治区、直辖市）	2	968	735	76	76	39
地区（州、盟、省辖市）	3	2033	1615	171	171	94
县（区、市、旗）	5	3375	2608	157	114	244
街　道	1			－8	－8	5
镇						
其　他	51	14390	12867	191	108	2033

主要统计指标解释

建筑业统计单位 建筑业企业是指专门的独立核算的法人建筑业企业。它应同时具备的条件是：①依法成立，有自己的名称、组织机构和场所，能够承担民事责任；②独立拥有和使用资产，承担负债，有权与其他单位签订合同；③独立核算盈亏，能够编制资产负债表。

建筑业总产值 指建筑业企业自行完成的按工程进度计算的建筑安装生产总值。建筑业产值包括：

①建筑工程产值：指列入建筑工程预算内的各种工程价值。

②设备安装工程产值：指设备安装工程价值。

③房屋、构筑物修理产值：指房屋、构筑物修理所完成的价值，但不包括被修理房屋、构筑物本身的价值和生产设备的修理价值。

④非标准设备制造产值：指加工制造没有定型的、非标准的生产设备的加工费和原材料价值，不论是现场还是附属加工厂为本单位承建工程制造的非标准设备的价值，都应计算产值。

建筑业增加值 指建筑业企业在报告期内以货币表现的建筑业生产经营活动的最终成果。目前建筑业增加值采用分配法计算，即从收入的角度出发，根据生产要素在生产过程中应得到的收入份额计算。具体计算公式为：

建筑业增加值 = 本年提取的固定资产折旧 + 应付工资 + 应付福利费 + 管理费用中的劳动待业保险金、税金 + 工程结算税金及附加 + 工程结算利润。

房屋建筑施工面积 指在报告期内施工的房屋建筑面积。包括本期内新开工的、上期施工跨入本期继续施工、上期停建本期复工的房屋建筑面积；不包括上期开工后又停工，本期未施工的房屋建筑面积。

房屋建筑竣工面积 指在报告期内，按照设计所规定的工程内容全部完成，达到了设计规定的交工条件，经有关部门检查验收鉴定合格的房屋建筑面积。

自有机械设备年底总台数 是指归本企业（或单位）所有，属于本企业（或单位）固定资产的生产性机械设备年底总台数。包括施工机械，生产设备、运输设备以及其他设备。

自有机械设备年底总功率 是指本企业（或单位）自有施工机械、生产设备、运输设备、以及其他设备等列为在册固定资产的生产性机械设备年底总功率，按设计能力或查定能力计算。包括机械本身的动力和为该机械服务的单独动力设备，如电动机等。计量单位用千瓦，动力换算可按 1 马力 = 0.735 千瓦折合成千瓦数。电焊机、变压器、锅炉不计算动力。

工程结算收入 指企业（或单位）按工程的分部分项自行完成的建筑产品价值并已与甲方在报告期内办理结算手续的工程价款收入，以及向甲方收取的除工程价款以外的按规定列作营业收入的各种款项，如临时设施费、劳动保险费、施工机械调迁费等以及向甲方收取的各种索赔款。

工程结算利润 指已结算工程实现的利润。如为亏损以“－”号表示。其计算公式为：

工程结算利润 = 工程结算收入 － 工程结算成本 － 工程结算税金及附加

企业总收入 指与企业生产经营直接有关的各项收入，包括工程结算收入和业务收入，即：

企业总收入 = 工程结算收入 + 其他业务收入

十四　交通运输和邮电业

Transportation, Postal and Telecommunication Services

14－1　1980－2014 年货物运输量情况

单位:万吨

年份	合计	铁路	公路	水路	民航
1980	1548	745	656	147	0.11
1985	2016	844	977	195	0.25
1990	8105	902	6968	234	0.72
1991	6513	929	5336	247	0.80
1992	6197	877	5038	281	1.00
1993	6122	904	5020	197	1.00
1994	5692	777	4732	182	0.80
1995	5922	821	4951	149	0.84
1996	6546	918	5507	120	0.75
1997	7029	1180	5640	208	0.66
1998	7057	1161	5794	101	1.00
1999	7558	1271	6178	108	0.80
2000	8307	1377	6757	172	1.00
2001	8813	1256	7348	208	1.00
2002	8001	1156	6602	241	2.00
2003	9059	1265	7419	373	1.80
2004	8287	1362	6524	399	2.00
2005	9766	1307	8148	309	2.00
2006	10641	1303	8994	342	2.00
2007	10773	1407	9007	357	1.59
2008	11712	1704	9665	341	1.77
2009	9372	1922	7085	363	1.76
2010	10129	2033	7682	412	1.90
2011	11431	1975	9034	420	2.10
2012	11764	1824	9606	332	2.44
2013	12382	1554	9007	574	3.00
2014	10169	1105	8577	483	3.80

注:2005 年以后公路货运量为全社会口径。

14－2　1980－2014年旅客运输量情况

单位:万人

年　份	合　计	铁　路	公　路	水　路	民　航
1980	2430	1925	468	34	3.2
1985	3062	2625	378	50	9.2
1990	3554	2056	1459	16	23.1
1991	4055	2074	1938	14	29.2
1992	4208	2238	1918	10	42.0
1993	4321	2581	1686	5	49.0
1994	4561	2790	1711	4.5	55.8
1995	4625	2816	1725	4	80.1
1996	6298	2819	3400	3	75.9
1997	6247	2555	3615	3	74.0
1998	6741	3092	3576		73.0
1999	6721	2823	3831		66.5
2000	6453	2888	3489		76.0
2001	6374	2865	3428		81.0
2002	6204	2626	3482		96.0
2003	6204	2654	3445		104.7
2004	6629	2900	3597		132.0
2005	8139	2846	5135		158.0
2006	8981	3068	5733		180.0
2007	9922	3315	6384		223.4
2008	10240	3494	6497		249.2
2009	12689	3647	8712		329.5
2010	13088	3859	8864		365.0
2011	14837	3994	10433	16	394.0
2012	15618	3946	11210		462.4
2013	13192	4041	8633		518.0
2014	13989	4141	9228		620.0

注:2005年以后公路货运量为全社会口径。

14-3 2010-2014年铁路各站货运量情况

单位:万吨

站名	2010年	2011年	2012年	2013年	2014年	2014年比2013年增长(%)
合计	**2033.0**	**1974.7**	**1823.6**	**1555.3**	**1105.2**	**-14.7**
市区各站	**529.5**	**483.3**	**369.5**	**308.9**	**280.9**	**-9.1**
哈尔滨	41.9	68.2	0.2	0.9	1.0	12.7
哈尔滨东站	255.1	210.0	215.5	191.1	171.9	-10.0
王岗	0.1	0.1	0.03	0.02	0.01	-50.0
滨江	91.6	51.6	58.8	57.6	52.5	-8.8
孙家	6.4	4.7	6.8	3.2	1.8	-44.6
平房	0.7	0.5	0.4	2.2	0.4	-81.7
黎明	17.7	12.1	15.5	11.0	11.1	0.9
庙台子						
成高子	4.5	14.5	0.2	1.4	4.7	235.7
香坊	75.7	51.4	39.0	27.7	24.7	-11.0
新香坊	13.9	55.7	20.4	3.1	4.4	42.8
哈尔滨南站	6.1	1.8	3.6	5.6	7.7	38.4
新松浦	0.10					
滨江西	15.6	12.9	9.1	5.1	0.6	-87.7
阿城各站	**1102.4**	**1211.7**	**1194.6**	**1041.3**	**700.5**	**-32.7**
阿城	120.7	122.2	105.4	69.7	33.2	-52.4
亚沟	35.7	95.3	107.7	63.2	14.5	-77.1
玉泉	515.2	558.4	484.1	343.6	185.6	-46.0
小岭	145.3	164.2	196.2	192.1	170.9	-11.0
平山	285.4	271.5	301.1	372.7	296.3	-20.5
呼兰各站	**84.7**	**32.13**	**61.6**	**60.6**	**45.3**	**-25.2**
呼兰	57.8	17.7	43.5	24.8	22.8	-7.9
沈家				6.6	5.8	-12.1
康金井	24.9	14.4	18.1	26.5	11.5	-56.6
对青山	2.0			2.7	5.2	92.6
五常各站	**139.5**	**52.9**	**57.8**	**28.1**	**10.3**	**-63.3**
五常	6.3	1.6	2.0	2.2	5.2	137.9
周家	2.8	1.3	2.8	6.4	0.7	-89.1
安家	34.7	6.2	0.5	0.8	0.2	-75.0
背阴河	54.5	27.1	30.4	9.7	2.3	-76.3
拉林	38.6	14.0	20.0	9.0	1.4	-84.4
牛家	2.8	2.7	2.2	0.04	0.50	1150.0
双城各站	**47.1**	**45.1**	**53.8**	**42.2**	**30.0**	**-28.9**
五家	7.8	2.4	1.4	0.6	3.9	550.0
双城堡	35.9	40.8	51.4	41.5	25.7	-38.1
兰棱	3.4	1.9	1.0	0.1	0.4	300.0
尚志各站	**100.0**	**130.5**	**43.4**	**24.1**	**12.5**	**-48.1**
帽儿山	3.0	2.7	1.0	0.6		
乌吉密	0.2	0.2		0.1		
尚志	53.0	36.8	24.0	20.2	11.0	-45.6
一面坡	38.5	89.0	16.5	0.1	0.04	-60.8
苇河	1.7	1.0	0.2	0.3	0.3	2.4
亚布力	3.5	0.9	1.8	2.8	1.2	-58.1
巴彦各站	**30.0**	**19.2**	**14.5**	**27.7**	**25.6**	**-7.8**
兴隆镇	25.7	15.9	12.0	20.9	23.7	13.2
万发屯	4.4	3.3	2.5	6.8	1.9	-72.1

14－4　铁路各站旅客发送量情况

单位:万人

站　　名	2013 年	2014 年	2014年比2013 年增长(%)	站　　名	2013 年	2014 年	2014年比2013 年增长(%)
合　　计	**4040.6**	**4138.5**	**2.4**	石人城	10.8	9.6	-11.1
市区各站	**3349.4**	**3483.6**	**4.0**	白奎堡	11.3	10.9	-3.5
哈尔滨	2680.0	2545.9	-5.0	对青山	9.6	3.6	-62.5
哈尔滨东站	148.7	290.5	95.4	**五常各站**	**139.4**	**148.4**	**6.5**
哈尔滨西	389.6	517.4	32.8	五　常	69.1	74.4	7.7
王　岗	12.2	9.30	-23.8	周　家	9.5	9.9	4.2
滨　江	31.0	25.5	-17.7	安　家	6.8	7.1	4.4
新松蒲	0.7	0.5	-28.6	漠泥河	0.3	0.2	-33.3
孙　家	15.6	16.2	3.8	土　城	4.5	3.3	-26.7
平　房	25.0	26.9	7.8	背荫河	12.0	12.8	6.7
黎　明	2.5	2.3	-8.0	拉　林	18.4	19.8	7.6
庙台子	0.9	0.2	-77.8	牛　家	18.8	20.9	11.2
成高子	6.6	4.6	-30.3	**双城各站**	**87.1**	**98.5**	**13.1**
香　坊	32.9	40.2	22.3	五　家	28.1	28.2	0.4
新香坊	0.8	1.0	25.5	双城堡	50.9	59.0	15.9
万　乐	1.8	0.8	-55.6	兰　棱	2.9	3.7	27.6
王兆屯	1.1	2.2	100.0	双城北	5.2	7.6	46.2
阿城各站	**88.3**	**72.5**	**-17.8**	**尚志各站**	**180.7**	**175.3**	**-3.0**
舍利屯	0.1	0.02	-71.4	帽儿山	17.2	17.7	2.9
阿　城	44.0	35.4	-19.5	蜜　蜂	0.7	0.1	-85.7
亚　沟	3.1	3.7	19.4	小　九	2.9	0.3	-89.7
玉　泉	17.3	12.4	-28.3	乌吉密	3.0	0.4	-86.7
小　岭	4.5	4.2	-6.7	尚　志	71.2	73.2	2.8
平　山	13.5	11.3	-16.3	马　延	0.2	0.1	-50.0
长　发	5.8	5.5	-5.2	一面坡	18.5	19.3	4.3
巴彦各站	**68.0**	**67.2**	**-1.1**	万　山	1.4	0.1	-92.9
兴隆镇	64.2	62.8	-2.1	苇　河	25.1	25.0	-0.2
万发屯	3.8	4.4	15.8	青　云	1.5	0.1	-93.3
呼兰各站	**125.8**	**93.1**	**-26.0**	虎　峰	0.5	1.3	160.0
呼　兰	63.6	43.1	-32.2	开　道	0.9	1.6	77.8
徐　家	3.5	1.7	-51.4	筒子沟	0.2	0.02	-90.0
北松蒲	0.1	0.1	0.0	鱼　池	1.9	0.03	-98.4
沈　家	3.7	2.5	-32.4	治　山		1.2	
康金井	23.2	21.6	-6.9	亚布力	32.3	31.5	-2.4
				亚布力南	3.2	3.2	1.3

14－5 民用车辆、船舶拥有量情况

指标	单位	2013年		2014年	
		全市	私人	全市	私人
民用汽车	辆	1005167	808305	1128742	945993
载货汽车	辆	145117	98655	153906	107971
载客汽车	辆	837002	691576	954921	822974
特种汽车	辆	2779			
摩托车	辆	71942	71711	70803	70589
汽车挂车	辆	8493	2670	8812	2801
拖　轮	艘	79		78	
拖轮功率	千瓦	17169		16759	
驳　船	艘	150		152	
驳船净载重量	吨位	6294		7094	

14－6 地方轮驳运输企业经济效益情况

指标	单位	2013年	2014年	2014年比2013年增长(%)
货运量	万吨	490	483	-1.5
货物周转量	万吨公里	21708	29427	35.6
换算周转量	万吨公里	21708	29427	35.6
内河机动船柴油单耗	公斤/千吨公里	9.8	10.1	3.1
内河轮船每千瓦产量	吨公里/千瓦	36400	36960	1.5
职工平均人数	人	210	238	13.3
全员劳动生产率	吨公里/人	305476	309556	1.3
实现利润	万元	-290	-254	-12.4

14－7　客货运输量情况

（2014 年）

指　　标	单　位	合　计	铁　路	公　路	水　运	民　航
货 运 量	万吨	10169	1105	8577	483	4
货物周转量	万吨公里	3936551	2031816	1867933	29427	7375
客 运 量	万人	13989	4141	9228		620
旅客周转量	万人公里	3635927	1674650	905417		1055860
换算周转量	万吨公里	5778813	3706466	1958475	29427	84445

注:铁路货物周转量是含各运输种别货物周转量。

14－8　2010－2014 年邮政电信业务量情况

指　　标	单　位	2010 年	2011 年	2012 年	2013 年	2014 年
邮电业务总量	万元	2791498	1026065	1102521	1139055	1407187
邮政业务总量	万元	78086	72363	72607	77418	91855
电信业务总量	万元	2713412	953702	1029914	1061637	1315332
函　　件	万件	3397	2868	2695	2684	3223
特快专递	百件	16184	13851	13123	11401	8190
报刊期发数	万份	119	166	313	95	81
报刊流转额	万元	12733	13871	14378	14767	16451
固定电话用户数	户	2723377	2560105	2625631	2584290	2379251
城市电话用户	户	2681368	2129940	2557371	2251875	2065707
城市住宅电话用户	户	1823122	1611437	2152687	1796397	1799452
移动电话用户	户	9653603	8514294	9954027	11243528	12483702
固定互联网用户数	户	1000024	1199331	1426116	1555129	1630736
固定本地电话时长	万小时	306456	277782	247956	233683	166166
邮政局所总数	处	352	352	352	352	368
设在农村的邮政局所数	处	166	161	161	161	181
邮路总长度	公里	5973	4479	4285	3495	3495

注:2011 年电信业务总量按 2010 年不变单价计算。

主要统计指标解释

铁路营业里程 又称营业长度（包括正式营业和临时营业里程），指办理客货运输业务的铁路正线总长度。凡是全线或部分建成双线及以上的线路，以第一线的实际长度计算；复线、站线、段管线、岔线和特殊用途线以及不计算运费的联络线都不计算营业里程。铁路营业里程是反映铁路运输业基础设施发展水平的重要指标，也是计算客货周转量、运输密度和机车车辆运用效率等指标的基础资料。

公路里程 指在一定时期内实际达到《公路工程技术标准 JTJ01－88》规定的等级公路，并经公路主管部门正式验收交付使用的公路里程数。包括大中城市的郊区公路以及通过小城镇街道部分的公路里程和桥梁、渡口的长度，不包括大中城市的街道、厂矿、林区生产用道和农业生产用道的里程。两条或多条公路共同经由同一路段，只计算一次，不得重复计算里程长度。它是反映公路建设发展规模的重要指标，也是计算运输网密度等指标的基础资料。

内河航道里程 也称内河通航里程，指在一定时期内，能通航运输船舶及排筏的天然河流、湖泊水库、运河及通航渠道的长度。包括全年季节性通航累计三个月以上的航道，不包括仅供零散流放竹、木排的河道。它是反映内河水运网规模、水平和发展情况的主要指标。

货（客）运量 指在一定时期内，各种运输工具实际运送的货物（旅客）数量。它是反映运输业为国民经济和人民生活服务的数量指标，也是制定和检查运输生产计划、研究运输发展规模和速度的重要指标。货运按吨计算，客运按人计算。货物不论运输距离长短、货物类别，均按实际重量统计。旅客不论行程远近或票价多少，均按一人一次客运量统计；半价票、小孩票也按一人统计。

货（客）运密度 指在一定时期内某种运输方式在营运线路的某一区段平均每公里线路通过的货物（旅客）运输周转量。计算公式为：

货（客）运密度＝货物（旅客）周转量/营业线路长度

货（客）运密度是反映交通运输线路上货物（旅客）运输量运输繁忙程度的主要指标，是平衡运输线路运输能力和通过能力，规划线路建设及改造、配备技术设备，研究运输网布局的重要依据。

货物（旅客）周转量 指运输业运送的货物（旅客）数量与其相应运输距离的乘积之总和，是反映运输业生产总成果的重要指标，也是编制和检查运输生产计划、计算运输效率、劳动生产率以及核算运输单位成本的主要基础资料。通常以吨公里和人公里为计算单位。计算货物周转量通常按发出站与到达站之间的最短距离，也就是计费距离计算。

邮电业务总量 指以价值量形式表现的邮电通信企业为社会提供各类邮电通信服务的总数量。邮电业务量按专业分类包括函件、包件、汇票、报刊发行、邮政快件、特快专递、邮政储蓄、集邮、公众电报、用户电报、传真、长途电话、出租电路、市话无线寻呼、移动电话、分组交换数据通信、出租代维等。计算方法为各类产品乘以相应的平均单价（不变价）之和，再加上出租电路和设备、代用户维护电话交换机和线路等的服务收入。它综合反映了一定时期邮电业务发展的总成果，是研究邮电业务量构成和发展趋势的重要指标。

无线寻呼电话用户 指携带小型录呼机，接收市话用户通过无线寻呼中心，在规定范围内向其发出声音、数字或文字显示信息的用户。目前在邮电部门办理登记手续的无线寻呼电话用户，每一部寻呼机按一户计算。

移动电话用户 指在邮电部门登记，通过移动电话交换机进入移动电话网、占有移动电话号码的电话用户。用户数量以实际办理登记手续进入邮电部门移动电话网的户数进行计算，一部或一台移动电话统计为一户。

电话用户 指接入国家公众固定电话网，并按固定电话业务进行经营管理的电话用户。1997 年以前，电话用户分为市内电话用户和农村电话用户。市内电话用户是指接入县城及县以上城市电话网上的电话用户；农村电话用户是指接入县邮电局农话台及县以下农村电话交换点，以县城为中心（除市话用户外）联通县、乡（镇）、行政村、村民小组的用户。从 1997 年起，电话用户数分组调整为以用户所在区域划分为“城市电话用户”和“乡村电话用户”，与过去的按市内电话和农村电话划分方法不同。而电话用户数、电话机部数统计方法不变。

住宅电话 指话机装在居民住宅的电话。它包括私人付费、公费和免费三个部分。

私人付费电话 指住宅居民自费安装并自已缴纳通话费的电话。

十五　国内贸易

Domestic Trade

15－1　2010－2014 年国内贸易情况

单位:万元

指　　标	2010 年	2011 年	2012 年	2013 年	2014 年	2014年比2013 年增长(%)
批发零售贸易业商品销售总值	**30158503**	**37427049**	**44949167**	**51577860**	**54478408**	**5.6**
批 发	14897385	18495257	22212803	25544724	26974991	5.5
社会消费品零售额	**17701558**	**20704129**	**23946001**	**27282938**	**30708871**	**12.6**
按行业分						
批发零售业	15411346	18000996	20799635	23741610	26713124	12.5
住宿餐饮业	2290212	2703133	3146366	3541328	3995747	12.8
按商品类别分						
食 品 类	6939011	7991793	9195264	10464210	11700079	11.8
衣 着 类	3186280	3706039	4262388	4846335	5435470	12.2
用 品 类	6708891	8012498	9314994	10613648	12007170	13.1
燃 料 类	867376	993799	1173355	1358745	1566152	15.3
城乡集市贸易						
商品交易市场总个数(个)	321	260	268	260	249	－4.2
消费品市场个数(个)	289	234	241	236	225	－4.7

15－2 1978－2014年社会消费品零售总额情况

单位：万元

年份	合计	按商品类别分				按经济类型分		
		食品类	衣着类	用品类	燃烧类	国有经济	非国有经济	个体私营经济
1978	174282	90767	35382	41055	7078	127118	47164	5377
1980	244220	120504	45920	70523	7273	163839	80381	7339
1981	281904	131539	54984	86944	8437	189008	92896	8951
1982	302703	149277	49406	94647	9373	195807	106896	8717
1983	326537	157408	61802	97974	9353	194492	132045	17385
1984	409153	189111	83785	126769	9488	222819	186334	37414
1985	547586	232907	108159	194563	11957	254744	292824	72629
1986	603019	263149	118372	208755	12743	292372	310647	78867
1987	707721	305950	136040	250022	15709	337094	370627	114036
1988	940870	357470	195145	363306	24949	417678	523192	192599
1989	1021448	414660	210855	371643	24290	466765	554683	215590
1990	987600	429900	215300	304600	37800	434700	552900	245500
1991	1137700	480100	217300	411900	28400	530800	606900	267800
1992	1336500	567900	255400	479900	33300	435000	901500	341800
1993	1563900	675100	302800	538100	47900	419900	1144000	509700
1994	1991800	920300	384000	636300	51200	548400	1443400	688700
1995	2458400	1104700	484100	794200	75400	628579	1829821	1108825
1996	2950123	1322835	587425	963127	76736	646675	2303448	1475905
1997	3395524	1531382	645150	1130533	88459	656490	2739034	1862317
1998	3775823	1687076	745461	1248740	94546	691431	3084392	2164293
1999	4119403	1808418	786806	1421194	102985	722368	3397035	2455230
2000	4547855	1983951	862086	1589009	112809	745367	3802488	2807708
2001	5030017	2178997	960733	1776596	115691	954461	4075556	3212663
2002	5593382	2416341	1062743	1991244	123054	986036	4607346	3730553
2003	6241740	2660230	1183434	2253268	144808	992381	5249359	4301851
2004	6993125	2986064	1321701	2531511	153849	1063425	5929700	4999552
2005	7881257	3333772	1458033	2909184	180268	1149903	6731354	5684964
2006	8946159	3748441	1646093	3327971	223654	1255967	7690192	6510927
2007	10359652	4330334	1895816	3864150	269352	1394183	8965469	7603227
2008	12639919	5005408	2300465	4739969	594077	1629949	11009970	9348873
2009	15078539	5925866	2714138	5737080	701455	1888173	13190366	11212507
2010	17701558	6939011	3186280	6708891	867376	2149946	15551612	
2011	20704129	7991793	3706039	8012498	993799	2422382	18281747	
2012	23946001	9195264	4262388	9314994	1173355	2816059	21129942	
2013	27282938	10464210	4846335	10613648	1358745	3209484	24073454	
2014	30708871	11700079	5435470	12007170	1566152	3612502	27096369	

15－3　1978－2014年社会消费品零售总额构成情况

单位:%

年 份	合 计	按商品类别分				按经济类型分		
		食品类	衣着类	用品类	燃烧类	国有经济	非国有经济	个体私营经济
1978	100	52.1	20.3	23.6	4.1	72.9	27.1	11.4
1980	100	49.3	18.8	28.9	3.0	67.1	32.9	9.1
1981	100	46.7	19.5	30.8	3.0	67.0	33.0	9.6
1982	100	49.3	16.3	31.3	3.1	64.7	35.3	8.2
1983	100	48.2	18.9	30.0	2.9	59.6	40.4	13.2
1984	100	46.2	20.5	31.0	2.3	54.5	45.5	20.1
1985	100	42.5	19.8	35.5	2.2	46.5	53.5	24.8
1986	100	43.6	19.6	34.6	2.1	48.5	51.5	25.4
1987	100	43.2	19.2	35.3	2.2	47.6	52.4	30.8
1988	100	38.0	20.7	38.6	2.7	44.4	55.6	36.8
1989	100	40.6	20.6	36.4	2.4	45.7	54.3	38.9
1990	100	43.5	21.8	30.8	3.8	44.0	56.0	44.4
1991	100	42.2	19.1	36.2	2.5	46.7	53.3	44.1
1992	100	42.5	19.1	35.9	2.5	32.5	67.5	37.9
1993	100	43.2	19.4	34.4	3.1	26.8	73.2	44.6
1994	100	46.2	19.3	31.9	2.6	27.5	72.5	47.7
1995	100	44.9	19.7	32.3	3.1	25.6	74.4	60.6
1996	100	44.8	19.9	32.6	2.6	21.9	78.1	64.0
1997	100	45.1	19.0	33.3	2.6	19.3	80.7	68.0
1998	100	44.7	19.7	33.1	2.5	18.3	81.7	70.2
1999	100	43.9	19.1	34.5	2.5	17.5	82.5	72.3
2000	100	43.6	19.0	34.9	2.5	16.4	83.6	73.9
2001	100	43.3	19.1	35.3	2.3	19.0	81.0	78.8
2002	100	43.2	19.0	35.6	2.2	17.6	82.4	81.0
2003	100	42.6	19.0	36.1	2.3	15.9	84.1	81.9
2004	100	42.7	18.9	36.2	2.2	15.2	84.8	84.3
2005	100	42.3	18.5	36.9	2.3	14.6	85.4	84.4
2006	100	41.9	18.4	37.2	2.5	14.0	86.0	84.7
2007	100	41.8	18.3	37.3	2.5	13.5	86.5	84.8
2008	100	39.6	18.2	37.5	4.7	12.9	87.1	84.9
2009	100	39.3	18.0	38.0	4.7	12.5	87.5	85.0
2010	100	39.2	18.0	37.9	4.9	12.1	87.9	
2011	100	38.6	17.9	38.7	4.8	11.7	88.3	
2012	100	38.4	17.8	38.9	4.9	11.8	88.2	
2013	100	38.3	17.8	38.9	5.0	11.8	88.2	
2014	100	38.1	17.7	39.1	5.1	11.8	88.2	

15－4　限额以上批发零售贸易业商品销售总额情况

（2014 年）

指　　标	法人企业（个）	从业人员（人）	销售总额（万元）		
				批　发	零　售
总　　计	**864**	**52178**	**21878869**	**11666987**	**10211882**
批发业	**409**	**16537**	**13528804**	**10978843**	**2549961**
按批发行业小类分					
农、林、牧产品批发	94	1961	1170365	915962	254403
谷物、豆及薯类批发	86	1762	1117158	875391	241766
种子批发	4	148	22596	15366	7230
饲料批发	2	33	14858	14858	
其他农牧产品批发	2	18	15753	10346	5407
食品、饮料及烟草制品批发	35	2416	3389846	2692811	697034
米、面制品及食用油批发	9	216	224820	220061	4759
糕点、糖果及糖批发	1	9	3756	3756	
果品、蔬菜批发	4	216	437452	236133	201319
肉、禽、蛋、奶及水产品批发	3	173	1292323	900134	392189
盐及调味品批发	3	267	17260	15931	1329
酒、饮料及茶叶批发	4	373	222178	221818	360
烟草制品批发	4	801	982024	958994	23029
其他食品批发	7	361	210033	135984	74049
纺织、服装及家庭用品批发	23	1428	349836	273803	76033
纺织品、针织品及原料批发	1	13	8658	8600	58
服装批发	8	247	97590	42295	55295
鞋帽批发	1	22	73264	69130	4135
化妆品及卫生用品批发	4	200	43051	32604	10448
家用电器批发	8	923	120186	116784	3403
其他家庭用品批发	1	23	7086	4391	2695
文化、体育用品及器材批发	9	337	71735	63011	8724
文具用品批发	1	3	412	412	
图书批发	3	259	56832	51267	5565
首饰、工艺品及收藏品批发	1	52	2658	2658	
其他文化用品批发	4	23	11834	8674	3160
医药及医疗器材批发	61	3636	2611340	2291482	319858
西药批发	42	1494	1167068	920288	246780
中药批发	11	1861	751155	751155	
医疗用品及器材批发	8	281	693117	620039	73078

15－4 续表 1　　　　（2014 年）

指　标	法人企业（个）	从业人员（人）	销售总额（万元）	批　发	零　售
矿产品、建材及化工产品批发	86	3614	4507925	3521280	986645
煤炭及制品批发	5	157	358849	358849	
石油及制品批发	10	2008	1665049	812658	852390
非金属矿及制品批发	1	6	187107	125358	61749
金属及金属矿批发	41	474	464913	396603	68310
建材批发	8	227	129032	128022	1010
化肥批发	11	625	1655401	1652631	2770
农药批发	1	36	7474	7474	
农用薄膜批发	1	22	866	450	416
其他化工产品批发	8	59	39236	39236	
机械设备、五金产品及电子产品批发	86	2662	1140616	962293	178323
农业机械批发	21	656	252765	206415	46350
汽车批发	15	176	113815	91525	22290
汽车零配件批发	5	113	24986	20461	4524
五金产品批发	3	98	20085	20085	
电气设备批发	4	159	90834	67374	23460
计算机、软件及辅助设备批发	16	297	130272	121210	9062
通讯及广播电视设备批发	1	75	38928	38928	
其他机械设备及电子产品批发	21	1088	468932	396295	72637
贸易经纪与代理	5	45	26858	26858	
贸易代理	4	39	21619	21619	
其他贸易经纪与代理	1	6	5239	5239	
其他批发业	10	438	260284	231343	28941
再生物资回收与批发	1	2			
其他未列明批发业	9	436	260284	231343	28941
按登记注册类型分					
内资企业	406	15876	13480355	10931569	2548786
国有企业	25	2035	1262205	1227547	34658
集体企业	6	179	35535	30906	4629
有限责任公司	179	8133	7276971	6502867	774104
国有独资公司	7	724	640586	640586	
其他有限责任公司	172	7409	6636385	5862281	774104

15－4续表2 （2014年）

指　　标	法人企业（个）	从业人员（人）	销售总额（万元）	批　发	零　售
股份有限公司	21	1919	1913883	917384	996499
私营企业	172	3589	2977228	2241697	735531
私营有限责任公司	169	3480	2912075	2176543	735531
私营股份有限公司	3	109	65154	65154	
其他企业	3	21	14532	11168	3364
港、澳、台商投资企业	3	661	48449	47274	1175
与港澳台商合资经营企业	1	274	25583	25583	
港澳台商独资企业	1	7	2657	2642	15
港澳台商投资股份有限公司	1	380	20210	19050	1160
按控股情况分					
国有控股	60	5738	5382680	4504392	878288
集体控股	10	228	87983	62764	25220
私人控股	290	7469	6235677	4866571	1369106
港澳台商控股	3	661	48449	47274	1175
其他	46	2441	1774014	1497842	276172
按经营形式分					
独立门店	351	12054	8802247	6631865	2170383
连锁总店	4	657	2496422	2144372	352049
连锁门店					
其他	54	3826	2230136	2202606	27530
按单位规模分					
大型	9	4599	4150213	3325456	824757
中型	138	8470	7231832	5873361	1358471
小型	207	3012	1869995	1527522	342473
微型	55	456	276765	252505	24260
零售业	**455**	**35641**	**8350065**	**688144**	**7661921**
按零售行业小类分					
综合零售	85	12607	2265157	71260	2193897
百货零售	53	8282	1731153	65900	1665253
超级市场零售	16	3540	456623		456623
其他综合零售	16	785	77382	5360	72022

15－4 续表 3　　（2014 年）

指　　标	法人企业（个）	从业人员（人）	销售总额（万元）		
				批　发	零　售
食品、饮料及烟草制品专门零售	16	960	283324	34788	248535
粮油零售	1	1	8679		8679
糕点、面包零售	2	114	44925		44925
营养和保健品零售	1	39	84386		84386
酒、饮料及茶叶零售	4	173	13359		13359
烟草制品零售	2	95	70329	33769	36560
其他食品零售	6	538	61646	1019	60626
纺织、服装及日用品专门零售	28	1811	152992	3659	149333
纺织品及针织品零售	2	170	24734	2429	22305
服装零售	21	1346	100745	1230	99515
鞋帽零售	3	167	13005		13005
钟表、眼镜零售	2	128	14509		14509
文化、体育用品及器材专门零售	25	2726	303120	15724	287396
文具用品零售	2	40	14553		14553
体育用品及器材零售	6	1679	182444		182444
图书、报刊零售	11	849	80675	7626	73048
珠宝首饰零售	3	105	17687	8097	9590
照相器材零售	2	48	6455		6455
其他文化用品零售	1	5	1306		1306
医药及医疗器材专门零售	51	6434	1313891	352482	961409
药品零售	45	6205	1252527	348530	903997
医疗用品及器材零售	6	229	61363	3952	57412
汽车、摩托车、燃料及零配件专门零售	166	7637	2995608	103463	2892145
汽车零售	118	6580	2573054	101186	2471869
汽车零配件零售	5	108	40165	2277	37888
摩托车及零配件零售	2	24	8392		8392
机动车燃料零售	41	925	373997		373997
家用电器及电子产品专门零售	49	2607	819979	57156	762822
家用视听设备零售	1	8	2949	53	2896
日用家电设备零售	20	1579	387599	318	387281
计算机、软件及辅助设备零售	11	240	68399		68399
通信设备零售	9	525	125167	29100	96066
其他电子产品零售	8	255	235865	27685	208179

15-4续表4 (2014年)

指　　标	法人企业(个)	从业人员(人)	销售总额(万元)		
				批　发	零　售
五金、家具及室内装饰材料专门零售	6	136	101601	48011	53590
五金零售	1	29	16258		16258
灯具零售	1	10	4286		4286
家具零售	2	33	7684		7684
陶瓷、石材装饰材料零售	1	20	1902		1902
其他室内装饰材料零售	1	44	71470	48011	23460
货摊、无店铺及其他零售业	29	723	114395	1602	112793
互联网零售	1	44	4621		4621
邮购及电视、电话零售	1	295	14114		14114
生活用燃料零售	12	122	23701	1220	22481
其他未列明零售业	15	262	71959	382	71578
按登记注册类型分					
内资企业	442	30483	7687039	688144	6998895
国有企业	35	1743	309067	33794	275273
集体企业	17	482	58698	7491	51207
股份合作企业	4	54	12967	1964	11003
联营企业	2	25	11921		11921
国有联营企业	2	25	11921		11921
有限责任公司	207	16626	4045984	211041	3834943
国有独资公司	1	17	11287		11287
其他有限责任公司	206	16609	4034697	211041	3823656
股份有限公司	24	6094	1613286	356917	1256369
私营企业	147	5297	1631146	76939	1554208
私营独资企业	9	134	28114		28114
私营合伙企业	2	316	18490		18490
私营有限责任公司	127	4652	1545606	76436	1469170
私营股份有限公司	9	195	38936	503	38433
其他企业	6	162	3969		3969
港、澳、台商投资企业	9	3300	421426		421426
与港澳台商合资经营企业	4	993	223072		223072
港澳台商独资企业	4	1754	106016		106016
其他港澳台投资企业	1	553	92338		92338
外商投资企业	4	1858	241600		241600
中外合资经营企业	3	1407	220221		220221
外资企业	1	451	21379		21379

15－4 续表 5　　（2014 年）

指　　标	法人企业（个）	从业人员（人）	销售总额（万元）	批　发	零　售
按控股情况分					
国有控股	51	5624	1274809	325110	949699
集体控股	23	694	90578	7491	83087
私人控股	299	18059	4742181	296725	4445456
港澳台商控股	8	2747	329088		329088
外商控股	4	1858	241600		241600
其他	70	6659	1671809	58818	1612991
按经营形式分					
独立门店	410	24607	5962422	286304	5676118
连锁总店	18	7703	1428777	331255	1097521
连锁门店	8	1245	338109		338109
其他	19	2086	620757	70585	550172
按单位规模分					
大型	19	13789	3137733	396038	2741695
中型	121	16026	3395063	146988	3248075
小型	211	5180	1513832	132842	1380990
微型	104	646	303436	12276	291160
按零售业态分					
有店铺零售	453	35302	8331330	688144	7643186
食杂店	2	197	7590	1019	6571
便利店	3	37	5738	230	5508
折扣店					
超市	13	1142	79453	15	79438
大型超市	8	3159	325064		325064
仓储会员店					
百货店	76	9267	1950364	73203	1877161
专业店	254	15962	4656325	528054	4128270
专卖店	87	5044	1177576	84624	1092952
家居建材商店					
购物中心	7	413	35208	1000	34208
厂家直销中心	3	81	94013		94013
无店铺零售	2	339	18735		18735
电视购物	2	339	18735		18735

15－5　限额以上批发零售贸易业经济效益情况

（2014 年）

指　　标	企业数（个）	年末资产负债		
		流动资产	存　货	固定资产原　值
总　计	**864**	**9180637**	**1960309**	**1486002**
批发业	**409**	**6498047**	**1349527**	**644342**
按批发行业小类分				
农、林、牧产品批发	94	1141126	408087	82506
谷物、豆及薯类批发	86	1122823	403322	74177
种子批发	4	9085	1748	5952
饲料批发	2	7328	1377	393
其他农牧产品批发	2	1890	1640	1984
食品、饮料及烟草制品批发	35	1113955	257851	212672
米、面制品及食用油批发	9	299253	37723	7632
糕点、糖果及糖批发	1	2314	728	161
果品、蔬菜批发	4	12320	5956	4928
肉、禽、蛋、奶及水产品批发	3	211045	13382	63311
盐及调味品批发	3	13940	1569	9406
酒、饮料及茶叶批发	4	159221	47927	26508
烟草制品批发	4	407356	147085	99407
其他食品批发	7	8508	3481	1319
纺织、服装及家庭用品批发	23	59860	19944	3242
纺织品、针织品及原料批发	1	1520	592	140
服装批发	8	10757	1812	1209
鞋帽批发	1	18		134
化妆品及卫生用品批发	4	11658	5660	307
家用电器批发	8	33479	10637	1290
其他家庭用品批发	1	2428	1243	163
文化、体育用品及器材批发	9	59439	5897	9417
文具用品批发	1	373	87	118
图书批发	3	52473	2798	8716
首饰、工艺品及收藏品批发	1	3208	1917	274
其他文化用品批发	4	3386	1096	309
医药及医疗器材批发	61	372400	43959	17714
西药批发	42	190468	27947	10323
中药批发	11	172552	13105	5143
医疗用品及器材批发	8	9380	2907	2248
矿产品、建材及化工产品批发	86	3114320	501297	262395
煤炭及制品批发	5	129055	25059	11917
石油及制品批发	10	610341	25249	87246
非金属矿及制品批发	1	80506	6903	2
金属及金属矿批发	41	215866	33242	31535
建材批发	8	136923	3227	19561
化肥批发	11	1928058	404524	106457
农药批发	1	50		90
农用薄膜批发	1	1668	310	3600
其他化工产品批发	8	11853	2784	1988
机械设备、五金产品及电子产品批发	86	598425	107097	52255
农业机械批发	21	157144	36461	30059
汽车批发	15	36527	10672	3123
汽车零配件批发	5	15258	6400	2030
五金产品批发	3	9795	5939	494

单位:万元

年末资产负债						损益与分配	
累计折旧	本年折旧	资产总计	负债合计	所有者权益合计	实收资本	营业收入	主营业务收入
557320	**78802**	**11808191**	**9396606**	**2411585**	**3514411**	**20317744**	**20174096**
246341	**29029**	**7823337**	**6268075**	**1555262**	**2998733**	**12812801**	**12785734**
27875	1938	1339824	1071139	268685	262518	1089958	1089605
25339	1573	1308235	1061745	246491	245349	1053387	1053033
1985	164	19065	2425	16640	11650	21021	21021
224	50	7500	6303	1197	1300	13474	13474
328	150	5023	666	4357	4219	2077	2077
98200	10440	1529069	796917	732152	237676	3222746	3215377
4112	678	381569	269248	112321	110474	186676	186259
71	10	2404	2210	194	50	3283	3283
612	172	209701	120267	89434	87024	438949	437552
19271	917	255448	140956	114493	10800	1292782	1292782
3534	1210	33592	14423	19168	10283	17478	17276
14177	1388	173749	89396	84353	4468	225283	220633
56078	6014	462584	151650	310934	13299	891622	891490
345	52	10022	8767	1256	1279	166672	166100
1936	289	65909	57578	8331	6602	319921	315989
53	11	1607	1590	17	100	8658	8658
652	122	15555	11381	4174	2042	85946	85871
20	2	339	231	108	100	73264	73264
202	37	11805	4436	7369	1210	39907	37198
884	83	34137	39840	-5703	2150	105494	104940
125	34	2466	101	2365	1000	6652	6059
4491	404	74200	60358	13842	5130	60260	60260
114	19	377		377	380	412	412
4071	328	66522	54685	11837	2320	46118	46118
109	24	3373	3067	306	1080	2272	2272
197	33	3928	2607	1321	1350	11459	11459
6614	1136	532668	350755	181914	159108	2467660	2466405
3896	769	335557	175282	160276	144199	1103433	1102179
2394	351	182952	164144	18808	11650	682241	682241
324	17	14159	11329	2830	3259	681986	681986
89745	11504	3460050	3269194	190855	2226045	4315409	4304130
2670	237	146054	90046	56008	44504	302138	302084
43169	4813	722925	750302	-27378	74320	1508787	1503279
2	1	80507	75632	4875	5000	187107	187107
9877	389	254128	236893	17235	2038648	476915	476915
5887	1130	174429	120124	54305	24882	125216	124974
26807	4735	2055469	1980276	75193	28580	1671369	1665946
7	1	133	48	85	85	7474	7474
347	87	4921	921	4000	4000	866	866
980	111	21483	14952	6532	6027	35538	35485
16216	2828	739030	587315	151716	82593	1104955	1102076
6137	879	199446	141636	57810	32365	242529	242437
1803	325	83236	52516	30720	8277	105194	104882
595	81	16980	14977	2003	1200	24767	23169
310	34	9979	8818	1160	652	20105	20085

15－5续表1　　(2014年)

指　　标	企业数(个)	年末资产负债		
		流动资产	存　货	固定资产原　值
电气设备批发	4	14729	6117	742
计算机、软件及辅助设备批发	16	18374	3532	2286
通讯及广播电视设备批发	1	8556	4463	273
其他机械设备及电子产品批发	21	338041	33514	13250
贸易经纪与代理	5	9098	451	997
贸易代理	4	7896	451	750
其他贸易经纪与代理	1	1202		247
其他批发业	10	29425	4944	3145
再生物资回收与批发	1	8624	161	41
其他未列明批发业	9	20800	4783	3104
按登记注册类型分				
内资企业	406	6488383	1349123	643762
国有企业	25	646007	135454	173846
集体企业	6	8317	727	4193
有限责任公司	179	3934168	959916	249557
国有独资公司	7	298924	135945	31103
其他有限责任公司	172	3635244	823971	218454
股份有限公司	21	799422	60315	89580
私营企业	172	1094984	192396	125238
私营有限责任公司	169	1074854	180308	120687
私营股份有限公司	3	20130	12088	4552
其他企业	3	5485	314	1347
港、澳、台商投资企业	3	9665	403	580
与港澳台商合资经营企业	1	6857		66
港澳台商独资企业	1	805	251	23
港澳台商投资股份有限公司	1	2003	152	491
按控股情况分				
国有控股	60	4173805	987027	400219
集体控股	10	20432	1775	8640
私人控股	290	1652254	305516	199646
港澳台商控股	3	9665	403	580
其他	46	641892	54806	35257
按经营形式分				
独立门店	351	3862798	925598	446132
连锁总店(总部)	4	1732133	365398	161527
其他	54	903117	58530	36683
按单位规模分				
大型	9	2540818	432299	261103
中型	137	2590375	643004	235785
小型	207	1136759	217732	95776
微型	56	230095	56491	51677
零售业	**455**	**2682589**	**610782**	**841660**
按零售行业小类分				
综合零售	85	797751	59001	526426
百货零售	53	711778	21274	431681
超级市场零售	16	78360	35355	90665
其他综合零售	16	7612	2373	4080
食品、饮料及烟草制品专门零售	16	55484	10159	9970

单位：万元

年末资产负债						损益与分配	
累计折旧	本年折旧	资产总计	负债合计	所有者权益合计	实收资本	营业收入	主营业务收入
141	43	16716	11802	4915	4100	80293	80293
1167	249	20621	14113	6508	5859	121993	121548
218	13	8630	4977	3653	2020	33272	33272
5844	1205	383424	338478	44947	28121	476802	476390
489	337	9840	7516	2324	1360	27003	27003
356	326	8524	6451	2072	1310	21764	21764
133	11	1316	1064	251	50	5239	5239
774	153	72747	67304	5444	17701	204890	204890
24	6	8641	3635	5006	5000		
750	147	64106	63669	437	12701	204890	204890
245999	29012	7813434	6258693	1554742	2998233	12769531	12742535
77932	7664	809573	325439	484134	71883	1118487	1112489
1924	43	15266	11943	3323	2655	35859	35859
82917	12160	4583917	4017079	566838	2575140	6916811	6907848
14111	902	369144	408102	-38958	57048	619041	618733
68806	11257	4214773	3608978	605796	2518093	6297770	6289115
44555	6401	1150850	897200	253650	225711	1752583	1746323
38347	2624	1247181	1000961	246220	122270	2930960	2925345
37354	2450	1223475	981965	241510	117650	2865591	2859976
993	174	23706	18996	4710	4620	65369	65369
324	120	6648	6070	577	573	14831	14670
342	17	9903	9382	521	500	43270	43200
44		6879	6879			25402	25402
23	1	805	284	521	500	2657	2657
275	17	2219	2219			15212	15141
166199	18736	4804560	3864564	939996	505017	4949014	4934653
2274	116	31680	21548	10132	10055	89678	88093
63720	7840	2217191	1639244	577947	2428621	6067748	6057311
342	17	9903	9382	521	500	43270	43200
13806	2320	760004	733336	26667	54541	1663091	1662478
187682	21989	4859107	3717699	1141408	2695432	8225785	8204888
44418	5469	1891178	1686028	205150	15366	2504563	2501909
14240	1570	1073052	864348	208704	287935	2082453	2078938
109857	13365	2813303	2451516	361786	84712	3826274	3819191
90277	10250	3368317	2498745	869573	584931	6923980	6911161
32943	3882	1360119	1085707	274412	2269381	1791527	1784602
13265	1533	281599	232108	49491	59710	271021	270780
310979	**49773**	**3984854**	**3128532**	**856322**	**515678**	**7504943**	**7388362**
194815	16429	1357727	994776	362950	188356	1885771	1808976
147630	12365	1195645	858654	336990	157234	1377830	1316570
45323	3500	150834	123296	27538	26985	433326	418484
1862	564	11248	12826	-1578	4138	74614	73922
3004	2497	65452	50743	14708	4441	260916	260916

15－5续表2 （2014年）

指　　标	企业数（个）	年末资产负债		
		流动资产	存　货	固定资产原　值
粮油零售	1	1065	343	205
糕点、面包零售	2	3795	340	1636
营养和保健品零售	1	22079	1534	45
酒、饮料及茶叶零售	4	13531	27	525
烟草制品零售	2	3019	2891	1059
其他食品零售	6	11995	5024	6501
纺织、服装及日用品专门零售	28	107423	22115	20057
纺织品及针织品零售	2	2715	1369	14
服装零售	21	94147	12953	18508
鞋帽零售	3	3227	1955	739
钟表、眼镜零售	2	7336	5839	796
文化、体育用品及器材专门零售	25	162919	49302	13577
文具用品零售	2	1148	574	148
体育用品及器材零售	6	126164	38403	2619
图书、报刊零售	11	25320	7325	9454
音像制品及电子出版物零售				
珠宝首饰零售	3	7637	2675	716
照相器材零售	2	1009	326	592
其他文化用品零售	1	1642		50
医药及医疗器材专门零售	51	413381	143441	65405
药品零售	45	391364	133184	58114
医疗用品及器材零售	6	22017	10256	7291
汽车、摩托车、燃料及零配件专门零售	166	898456	290079	179310
汽车零售	118	807299	279314	149383
汽车零配件零售	5	5117	2062	605
摩托车及零配件零售	2	255	175	47
机动车燃料零售	41	85786	8528	29275
家用电器及电子产品专门零售	49	210161	24410	18730
家用视听设备零售	1	100		650
日用家电设备零售	20	169827	12633	12024
计算机、软件及辅助设备零售	11	4992	1338	1214
通信设备零售	9	19439	5887	2302
其他电子产品零售	8	15803	4553	2539
五金、家具及室内装饰材料专门零售	6	3086	2687	1042
五金零售	1	2001	2001	71
灯具零售	1	31	31	55
家具零售	2	780	655	329
陶瓷、石材装饰材料零售	1	50		52
其他室内装饰材料零售	1	223		534
货摊、无店铺及其他零售业	29	33929	9587	7143
互联网零售	1	2561		36
邮购及电视、电话零售	1	8167	4604	1370
生活用燃料零售	12	7179	1903	1886
其他未列明零售业	15	16021	3080	3850
按登记注册类型分				
内资企业	442	2503003	568667	645391
国有企业	35	30277	7405	23124
集体企业	17	10316	4339	4442
股份合作企业	4	5462	1733	1517

单位:万元

年末资产负债						损益与分配	
累计折旧	本年折旧	资产总计	负债合计	所有者权益合计	实收资本	营业收入	主营业务收入
114	23	1900	1849	51	50	565	565
168	33	5741	4399	1342	1200	35974	35974
39	4	22084	20916	1168	200	84386	84386
127	18	13929	8748	5181	477	12203	12203
215	110	4580	430	4150	1462	70622	70622
2341	2308	17217	14401	2816	1053	57166	57166
7550	821	146894	125923	20971	30719	140982	140081
11		2927	10208	-7282	206	21676	21493
7021	637	131784	108063	23722	24191	93848	93130
219	137	3748	2427	1321	1272	11677	11677
300	47	8435	5225	3211	5050	13782	13782
6080	578	179913	89486	90427	16882	294031	293536
64	54	1234	674	560	370	12227	12227
993	108	135479	60853	74626	6737	182420	182420
4180	360	32208	25201	7007	5322	76453	76099
445	38	7908	721	7187	4152	15692	15561
350	19	1427	430	997	250	5933	5923
49		1657	1607	50	50	1306	1306
18942	2386	478712	360873	117839	47941	1177219	1176898
18135	2050	446786	337421	109365	39259	1122811	1122533
807	336	31926	23452	8473	8682	54408	54364
72559	25522	1466205	1265049	201156	197594	2799339	2768985
59538	15952	1255100	1124184	130916	126025	2465867	2437424
267	18	12225	4846	7379	6880	36931	36931
8	2	1293	1035	258	140	7882	7882
12746	9550	197587	134984	62603	64549	288658	286747
4738	725	243106	206162	36944	18566	748538	743113
200	200	550		550	550	2949	2949
2605	499	194403	172814	21588	5291	320368	315285
264	58	7898	4107	3791	2831	67537	67479
1022	-135	21126	12851	8275	7985	128827	128558
647	103	19130	16389	2741	1910	228857	228841
169	15	5271	4121	1150	1867	90076	90076
39	13	2033	1021	1012	1012	16258	16258
		86	31	55	55	4286	4286
92		1018	1485	-467	250	6712	6712
4		98	48	50	50	1902	1902
34	2	2036	1536	500	500	60918	60918
3123	800	41575	31399	10177	9312	108072	105782
17	9	2595	760	1836	2000	4618	4618
757	191	9264	7085	2179	1000	12158	12158
923	87	8255	6537	1718	2426	22683	22683
1426	512	21461	17017	4444	3886	68613	66323
237973	40914	3642910	2770165	872745	450517	6903905	6817609
8064	2621	138373	68381	69992	71912	226325	225194
2258	162	13115	9041	4074	1460	54796	54711
764	100	6287	4665	1622	1498	10800	10800

15－5 续表 3　　　　(2014 年)

指　　标	企业数（个）	年末资产负债		
		流动资产	存货	固定资产原值
联营企业	2	418	37	492
国有联营企业	2	418	37	492
有限责任公司	207	1469895	292113	327677
国有独资公司	1	454	21	255
其他有限责任公司	206	1469440	292091	327422
股份有限公司	24	606344	142377	197522
私营企业	147	379417	120303	90203
私营独资企业	9	1658	408	1298
私营合伙企业	2	4285	3009	650
私营有限责任公司	127	363201	113991	82763
私营股份有限公司	9	10273	2894	5493
其他企业	6	875	361	414
港、澳、台商投资企业	9	127816	12571	140989
与港澳台商合资经营企业	4	91325	9907	110041
港澳台商独资企业	4	27527	1687	18914
其他港澳台投资企业	1	8964	976	12035
外商投资企业	4	51771	29544	55280
中外合资经营企业	3	48894	27285	52663
外资企业	1	2877	2259	2618
按控股情况分				
国有控股	51	382263	134348	74010
集体控股	23	26038	4800	41779
私人控股	299	1288542	336531	362190
港澳台商控股	8	118852	11595	128954
外商控股	4	51771	29544	55280
其他	70	815123	93965	179446
按经营形式分				
独立门店	410	1787568	413955	573921
连锁总店	18	422176	166246	126257
连锁门店	8	303012	7029	45949
其他	19	169833	23551	95534
按单位规模分				
大型	19	1259523	209539	405571
中型	121	1048278	300742	338859
小型	211	304911	78660	80739
微型	104	69877	21841	16492
按零售业态分				
有店铺零售	453	2671861	606178	840254
食杂店	2	2539	44	6281
便利店	3	1078	361	275
折扣店				
超市	13	9635	3381	8718
大型超市	8	65035	30716	72891
百货店	76	726458	31422	456265
专业店	254	1299041	382197	229928
专卖店	87	452167	144532	56482
购物中心	7	81379	9741	8343
厂家直销中心	3	34530	3784	1072
无店铺零售	2	10729	4604	1406
电视购物	2	10729	4604	1406

单位:万元

年末资产负债						损益与分配	
累计折旧	本年折旧	资产总计	负债合计	所有者权益合计	实收资本	营业收入	主营业务收入
327	6	634	161	474	307	11479	11479
327	6	634	161	474	307	11479	11479
104852	17647	1898484	1451016	447469	211457	3690045	3643223
130	16	579	435	144	71	11287	11287
104722	17631	1897905	1450581	447324	211387	3678757	3631936
90697	13350	833755	562410	271345	81831	1369893	1356853
30705	7025	751256	674120	77136	81891	1536559	1511340
604	14	2556	1527	1029	930	25830	25830
285	78	4650	3145	1504	800	18490	18490
28914	6721	728233	657899	70334	75548	1454481	1430004
902	212	15817	11549	4269	4613	37757	37016
306	3	1005	371	634	161	4009	4009
37399	7753	266718	232135	34583	45576	382237	363515
25566	6633	199917	188924	10993	23000	202886	194018
9870	789	47503	23913	23590	22576	99878	95515
1963	331	19298	19298			79473	73982
35608	1106	75227	126232	-51006	19585	218801	207239
33829	934	71051	81190	-10140	15597	199825	188675
1779	172	4176	45042	-40866	3988	18976	18564
25264	4403	535146	362250	172896	99849	1070518	1069325
7427	1080	63118	49587	13531	7661	93505	86113
138516	20069	2065041	1567140	497901	243315	4261594	4209006
35436	7422	247420	212837	34583	45576	302764	289533
35608	1106	75227	126232	-51006	19585	218801	207239
68728	15694	998903	810486	188417	99693	1557761	1527146
186587	33475	2869293	2300268	569025	417016	5420788	5332663
52015	4221	537306	421940	115367	47902	1282440	1269702
33119	715	322103	203161	118942	24692	281451	266996
39259	11362	256152	203163	52989	26068	520264	519002
168410	22114	1683394	1251319	432075	125867	2641708	2585829
108393	19969	1729061	1479401	249661	219979	3212348	3156176
29111	6494	485011	333584	151427	149985	1370424	1366002
5066	1196	87388	64228	23159	19846	280463	280356
310205	49573	3972995	3120687	852308	512678	7488166	7371586
2321	2307	6572	4912	1660	784	4330	4330
173	30	2095	714	1381	750	4780	4770
1939	376	20508	11878	8630	5479	72817	71858
44673	1559	102483	142357	-39874	29330	300226	285017
153702	14919	1245343	857675	387668	160090	1594257	1532144
82867	22358	1904040	1561817	342223	238935	4281448	4248463
22141	7696	544536	411024	133512	62200	1104897	1102034
2106	222	112101	98087	14014	12850	31444	31298
284	105	35318	32222	3095	2260	93966	91672
774	200	11859	7845	4014	3000	16776	16776
774	200	11859	7845	4014	3000	16776	16776

15 – 5 续表 4

(2014 年)

指　　标	损益及分配					
	营业成本	主营业务成本	营业税金及附加	主营业务税金及附加	其他业务利润	销售费用
总　计	**18259060**	**18223486**	**167980**	**165144**	**91433**	**583953**
批发业	**11567992**	**11551786**	**136986**	**136059**	**7506**	**288021**
按批发行业小类分						
农、林、牧产品批发	1039159	1037504	2389	2372	849	27815
谷物、豆及薯类批发	1004974	1003319	2360	2343	849	26795
种子批发	19428	19428	11	11		667
饲料批发	12893	12893	8	8		283
其他农牧产品批发	1864	1864	10	10		70
食品、饮料及烟草制品批发	2587046	2579793	109460	109442	178	57713
米、面制品及食用油批发	179140	178936	536	536	102	1467
糕点、糖果及糖批发	3099	3099	9	9		50
果品、蔬菜批发	423105	423105	5635	5625		9697
肉、禽、蛋、奶及水产品批发	1043418	1043418	59124	59124		7614
盐及调味品批发	11551	11551	232	224		2922
酒、饮料及茶叶批发	137338	132676	1126	1126		15148
烟草制品批发	628171	625808	42608	42608	–90	17828
其他食品批发	161224	161200	190	190	165	2986
纺织、服装及家庭用品批发	299703	299254	732	732	246	15818
纺织品、针织品及原料批发	8363	8363	2	2		140
服装批发	78681	78681	369	369	76	4042
鞋帽批发	72863	72863	9	9		
化妆品及卫生用品批发	34819	34819	183	183		3603
家用电器批发	99148	98700	115	115	170	7585
其他家庭用品批发	5828	5828	54	54		448
文化、体育用品及器材批发	53345	53345	29	29	33	2291
文具用品批发	381	381				2
图书批发	40067	40067	18	18	33	1767
首饰、工艺品及收藏品批发	1874	1874	7	7		365
其他文化用品批发	11023	11023	3	3		157
医药及医疗器材批发	2284948	2284948	8095	7368	1670	39547
西药批发	976512	976512	6976	6248	1670	12094
中药批发	635375	635375	923	923		26915
医疗用品及器材批发	673061	673061	197	197		539
矿产品、建材及化工产品批发	4111932	4106856	4944	4934	3759	97959
煤炭及制品批发	295253	295227	476	476	56	658
石油及制品批发	1424249	1419772	979	969	1766	40415
非金属矿及制品批发	186158	186158	2	2		
金属及金属矿批发	475140	475140	183	183	–272	5641
建材批发	120355	120021	325	325	–258	1778
化肥批发	1569248	1569010	2580	2580	2457	48900
农药批发	6502	6502	374	374		66
农用薄膜批发	779	779	5	5		3
其他化工产品批发	34247	34247	19	19	11	499
机械设备、五金产品及电子产品批发	994678	992904	3451	3297	1223	41761
农业机械批发	209579	209574	2326	2326	26	7201
汽车批发	101318	101276	63	63	361	1306
汽车零配件批发	23358	22066	18	18	307	378
摩托车及零配件批发	18841	18837	27	27	17	430

单位:万元

损益及分配						
管理费用	税金	财务费用	利息收入	利息支出	资产减值损失	公允价值变动收益
423470	**24706**	**148048**	**16812**	**132332**	**33244**	**147**
188754	**15543**	**84670**	**11463**	**88018**	**29833**	**80**
14086	158	17918	2007	13915	127	-3
13080	148	17672	2006	13763	125	-3
829		68				
92	10	152		151	2	
86		27				
65668	888	-991	2328	6771	742	
2300	158	1786	12753	4481	386	
82	8	17		17		
2634	33	176	41	217		
4368		6255				
3687	83	-47	94	1	337	
15368	367	793	411	1094		
36195	43	-10251	-10975	912		
1036	196	281	3	49	18	
3480	109	282	58	204	240	
142	5		1		106	
1592	72	174	35	119	4	
11						
744	9	121	-6	79		
714	19	-8	34	7	129	
276	3	-5	-6			
3537	159	324	115	264		
32						
3150	153	164	79	62		
123	2	129	0	130		
231	4	30	36	72		
26002	1354	2344	315	1716	718	45
11618	1214	2010	249	1580	20	45
13409	140	174	67	136	685	
974		160			13	
36357	3901	56699	4545	57721	26412	
3994	377	165	105	84		
8305	1286	11092	1262	11311	26294	
58	14	1713	282	1996		
3382	217	2172	197	2303	79	
3843	134	1945	57	277		
15931	1868	39506	2632	41748		
51		34				
52		9	2			
741	6	63	8	4	40	
28373	692	6052	2090	5576	1507	38
7701	213	3135	-85	2231		
1587	283	197	54	230		
789	39	133	63	159		
580	8	90	3	74		

15－5 续表 5　　　　　　　　　　（2014 年）

指　　　标	损益及分配					
	营业成本	主营业务成　本	营业税金及附加	主营业务税金及附加	其他业务利　润	销售费用
电气设备批发	78257	78257	55	55		14
计算机、软件及辅助设备批发	115097	114675	393	239	47	918
通讯及广播电视设备批发	31587	31587	46	46		1065
其他机械设备及电子产品批发	416641	416631	522	522	465	30448
贸易经纪与代理	25131	25131	22	22		1172
贸易代理	20267	20267	22	22		972
其他贸易经纪与代理	4864	4864				200
其他批发业	172051	172051	7864	7864	－452	3946
再生物资回收与批发						
其他未列明批发业	172051	172051	7864	7864	－452	3946
按登记注册类型分						
内资企业	11526662	11510495	136948	136021	7336	284383
国有企业	845392	838727	44623	44623	989	38488
集体企业	33174	33174	487	487	630	1094
有限责任公司	6451911	6447140	23496	22615	2750	157459
国有独资公司	611427	611207	1184	1184		5582
其他有限责任公司	5840484	5835933	22312	21431	2750	151877
股份有限公司	1588020	1583935	6971	6943	535	47714
私营企业	2597889	2597443	61356	61338	2433	39479
私营有限责任公司	2533334	2532888	61324	61307	2180	39087
私营股份有限公司	64555	64555	32	32	253	392
其他企业	10277	10075	15	15		149
港、澳、台商投资企业	41329	41292	38	38	170	3637
与港澳台商合资经营企业	24446	24446	22	22	137	1090
港澳台商独资企业	2511	2511	1	1		
港澳台商投资股份有限公司	14372	14335	15	15	33	2548
按控股情况分						
国有控股	4473312	4459541	50221	50202	3941	150886
集体控股	82128	80838	694	694	925	1501
私人控股	5432217	5431543	84192	83284	2897	81733
港澳台商控股	41329	41292	38	38	170	3637
其他	1539005	1538573	1841	1841	－426	50264
按经营形式分						
独立门店	7457509	7441548	73638	72712	4273	171958
连锁总店（总部）	2155006	2154768	61073	61073	2457	53777
其他	1955477	1955471	2274	2274	777	62286
按单位规模分						
大型	3423241	3418931	46400	46391	2833	125447
中型	6184221	6174329	85275	84530	2793	128898
小型	1705778	1703826	5028	4856	1857	30896
微型	254752	254700	282	282	24	2780
零售业	**6691069**	**6671700**	**30995**	**29085**	**83927**	**295933**
按零售行业小类分						
综合零售	1564208	1553125	13526	11662	66755	124184
百货零售	1140839	1130091	9990	9414	55022	70676
超级市场零售	364450	364114	2985	1702	11565	46655
其他综合零售	58919	58919	552	546	168	6852
食品、饮料及烟草制品专门零售	228260	228260	842	842		13628

单位:万元

损益及分配						
管理费用		财务费用			资产减值损失	公允价值变动收益
	税金		利息收入	利息支出		
1377	10	-8	9	1	3	
1342	41	13	37	19	7	38
325	15	142	12	143	1	
14672	84	2351	1997	2719	1496	
563	18	-14		-1		
414	16	-13				
149	3	-1		-1		
10690	8264	2056	6	1853	88	
8						
10681	8264	2056	6	1853	88	
188629	15543	84653	11463	88018	29833	80
61992	642	-8284	-10356	2470	343	
723	13	146	1	55		
86389	12919	74932	8448	73259	28938	80
6857	378	13059	1287	14104	26211	
79532	12541	61873	7161	59155	2727	80
9492	1077	2607	12712	4587	402	
29867	892	15233	658	7647	150	
29639	888	15110	654	7526	150	
228	4	123	4	122		
166		20				
125		17				
		11				
125		1				
		5				
96461	3543	47008	7352	61107	28250	-3
1292	39	164	62	55		
69911	10706	26258	1644	14902	1103	83
125		17				
20966	1255	11223	2406	11955	480	
133578	13205	33419	5997	42643	2563	80
17565	1058	35225	1852	30696		
37611	1280	16026	3615	14680	27269	
68748	2355	29740	-7981	42843	26963	
91269	12268	40326	6231	32747	2441	42
24515	713	11865	13132	11237	409	38
4222	207	2740	82	1192	19	
234716	**9163**	**63377**	**5349**	**44313**	**3412**	**67**
96885	3481	24145	1558	15477	1426	25
82569	2793	22342	1481	14454	1357	
10312	640	1511	14	827	22	
4004	48	292	63	196	47	25
3764	109	178	8	23		

15－5续表6　　　　　　　　　　（2014年）

指　　标	损益及分配					
	营业成本	主营业务成本	营业税金及附加	主营业务税金及附加	其他业务利润	销售费用
超级市场零售	516	516	3	3		79
其他综合零售	34927	34927	96	96		196
食品、饮料及烟草制品专门零售	228260	228260	842	842		13628
粮油零售	516	516	3	3		79
糕点、面包零售	34927	34927	96	96		196
营养和保健品零售	75546	75546	117	117		7646
酒、饮料及茶叶零售	9776	9776	57	57		2477
烟草制品零售	55781	55781	167	167		973
其他食品零售	51713	51713	403	403		2258
纺织、服装及日用品专门零售	117452	117396	1028	1028	690	14239
纺织品及针织品零售	18581	18565	80	80	167	1923
服装零售	77157	77118	805	805	523	9315
鞋帽零售	10049	10049	73	73		364
钟表、眼镜零售	11665	11665	71	71		2637
文化、体育用品及器材专门零售	250336	250292	1500	1500	1108	21886
文具用品零售	10521	10521	158	158		179
体育用品及器材零售	150787	150787	1006	1006		17632
图书、报刊零售	68238	68194	131	131	977	3559
珠宝首饰零售	14044	14044	195	195	131	516
照相器材零售	5521	5521	9	9		
其他文化用品零售	1225	1225	2	2		
医药及医疗器材专门零售	1060790	1060750	5314	5292	579	19135
药品零售	1011442	1011419	5168	5146	553	17867
医疗用品及器材零售	49348	49331	146	146	26	1268
汽车、摩托车、燃料及零配件专门零售	2592232	2586625	5030	5024	7454	70098
汽车零售	2279474	2276124	2760	2756	7166	58717
汽车零配件零售	32717	32373	1483	1483		750
摩托车及零配件零售	7210	7210	11	11		272
机动车燃料零售	272831	270917	776	774	288	10359
家用电器及电子产品专门零售	696207	695579	1990	1972	7341	27820
家用视听设备零售	2123	2123	276	276		7
日用家电设备零售	282447	282268	1112	1112	3643	24314
计算机、软件及辅助设备零售	64725	64648	123	119		702
通信设备零售	119503	119503	346	346	3699	2729
其他电子产品零售	227409	227038	133	120		69
五金、家具及室内装饰材料专门零售	88197	88197	246	246		528
五金零售	16010	16010	98	98		57
灯具零售	3972	3972	40	40		
家具零售	5910	5910	6	6		434
陶瓷、石材装饰材料零售	1617	1617	95	95		36
其他室内装饰材料零售	60688	60688	8	8		
货摊、无店铺及其他零售业	93387	91476	1518	1518		4416
互联网零售	3166	3166	28	28		1167
邮购及电视、电话零售	8247	8247	86	86		1077
生活用燃料零售	20638	20638	413	413		770
其他未列明零售业	61336	59426	991	990		1402
按登记注册类型分						
内资企业	6201277	6183846	26755	26687	64414	232016
国有企业	197598	197303	703	703	1032	6755
集体企业	49878	49878	338	338	150	2460
股份合作企业	9548	9548	9	9	3	493

单位:万元

损益及分配						
管理费用	税金	财务费用	利息收入	利息支出	资产减值损失	公允价值变动收益
41						
194		1				
3764	109	178	8	23		
41						
194		1				
180	37	1	2	3		
201	2	7	6			
900	15					
2248	55	169		20		
8358	240	1648	112	1501	-6	
846	7	396	37	319		
6729	199	1235	74	1181	-6	
630	12	12		1		
153	22	5				
8091	279	1590	180	345		
182	137	199	121	87		
2782	12	1306	0	240		
4227	99	27	39	8		
484	16	52	20	7		
343	16	5	1	3		
73						
47123	515	4293	390	2753	1001	3
45808	396	4161	375	2627	985	1
1315	120	132	16	127	16	2
49074	3894	30704	2095	24064	968	16
46975	3662	30148	1897	23943	957	
435	38	100	5	102	10	16
206	1	1		1		
1460	193	456	193	19		
16150	393	591	577	139	18	18
3	1	3				
10496	251	46	564	38		
617	1	25	2	26	6	5
4469	85	304	6	76	-1	
565	54	213	5		13	14
553	50	59	271			
34						
230	50	26	270			
193		3	1			
42		30				
54						
4717	204	169	158	12	5	5
359		-56	57	1		
2553	40	-99	101			
411	17	145		10		
1395	147	179	1	1	5	5
200414	8514	56233	4980	42576	3373	67
8683	157	1974	87	1902		
893	33	78	10	47	45	23
491	15	231	3	211		

15－5续表7　　(2014年)

指　　标	损益及分配					
	营业成本	主营业务成　本	营业税金及附加	主营业务税金及附加	其他业务利　润	销售费用
联营企业	11108	11108	9	9		159
国有联营企业	11108	11108	9	9		159
有限责任公司	3322101	3311156	15912	15868	40149	152001
国有独资公司	10980	10980	14	14		178
其他有限责任公司	3311121	3300176	15898	15854	40149	151823
股份有限公司	1229904	1226085	3574	3572	19133	40637
私营企业	1377525	1375155	6142	6142	3947	29384
私营独资企业	22919	22919	218	218		1203
私营合伙企业	15800	15800	38	38		599
私营有限责任公司	1304138	1301767	5409	5409	3206	27269
私营股份有限公司	34669	34669	477	477	742	314
其他企业	3614	3614	69	46		126
港、澳、台商投资企业	314668	312730	2952	2228	9053	27963
与港澳台商合资经营企业	174766	172900	1781	1206	6426	11254
港澳台商独资企业	76766	76695	464	315	2627	13525
其他港澳台投资企业	63135	63135	706	706		3184
外商投资企业	175124	175124	1288	171	10460	35954
中外合资经营企业	159416	159416	1221	104	10460	32019
外资企业	15708	15708	67	67		3935
按控股情况分						
国有控股	958044	957747	2431	2431	1292	20869
集体控股	76870	76870	883	882	7598	3727
私人控股	3847930	3839497	17668	17607	38462	131644
港澳台商控股	251533	249595	2245	1521	9053	24779
外商控股	175124	175124	1288	171	10460	35954
其他	1381568	1372867	6480	6473	17062	78958
按经营形式分						
独立门店	4865363	4852763	21492	20768	56002	190672
连锁总店	1134262	1134206	6400	5275	10929	55155
连锁门店	227779	222149	1494	1432	8796	17350
其他	463665	462583	1610	1609	8199	32756
按单位规模分						
大型	2285414	2276635	13220	11377	46286	145901
中型	2884427	2877173	8073	8039	34858	108523
小型	1263472	1260439	7874	7844	2480	34491
微型	257756	257454	1828	1824	303	7018
按零售业态分						
有店铺零售	6679656	6660288	30881	28971	83927	293688
食杂店	3682	3682	77	77		415
便利店	4418	4418	7	7		41
折扣店						
超市	56617	56591	1340	1323	424	5352
大型超市	242873	242538	1646	380	11480	47208
百货店	1337666	1326290	10887	10305	55368	76709
专业店	3919322	3914009	12157	12112	13717	106343
专卖店	1007451	1007049	4038	4038	2644	43154
购物中心	23473	23467	607	607	290	6036
厂家直销中心	84155	82245	122	122	4	8430
无店铺零售	11413	11413	114	114		2244
电视购物	11413	11413	114	114		2244

单位:万元

损益及分配						
管理费用		财务费用			资产减值损失	公允价值变动收益
	税金		利息收入	利息支出		
103	7					
103	7					
98629	4286	36943	2651	27765	880	21
35	6	11	1	12		
98594	4280	36932	2650	27754	880	21
62639	1778	3552	1411	3332	2361	5
28855	2193	13454	818	9320	84	16
506	15	85	1	13		
850	7	43	4			
26318	2158	13190	813	9239	84	16
1181	13	137		67		
121	45	2			2	2
27171	196	5503	369	500	8	
11114	45	5083	28	204		
7030	15	403	139	296		
9026	135	16	202		8	
7132	454	1642		1238	31	
6991	449	377			22	
141	5	1265		1238	9	
47931	561	3965	546	4301	984	
4065	59	1516	170	55	47	24
110613	5499	28273	2711	19546	2325	40
18144	61	5486	167	500		
7132	454	1642		1238	31	
46831	2530	22496	1755	18674	26	3
154806	7131	48045	4239	32386	2396	45
51900	599	4741	400	3121	1005	
9328	500	9354	271	8104	1	6
18682	934	1238	438	702	10	16
113318	2173	21317	1884	11846	1013	
87152	5344	35662	1981	28605	2262	2
29271	1368	3942	1461	1845	80	54
4975	278	2456	24	2017	57	12
231804	9124	63532	5191	44312	3412	67
1240	9	20		20		
190	11	6	2	3		
2369	302	89	76	46		
7202	454	2178	3	1546	31	
90504	2788	22904	1527	14801	1395	25
101765	4404	25345	2765	18283	1859	42
24236	938	12327	772	8974	132	
3867	181	662	46	637	-6	
432	38	1	2	3		
2912	40	-155	158	1		
2912	40	-155	158	1		

15－5续表8　　(2014年)

指　　标	损益及分配			
	投资收益	营业利润	营业外收入	补贴收入
总　　计	**15124**	**707084**	**49863**	**13967**
批发业	**4419**	**523853**	**33315**	**13319**
按批发行业小类分				
农、林、牧产品批发	652	－8285	14080	12457
谷物、豆及薯类批发	652	－8369	14080	12457
种子批发		19		
饲料批发		45		
其他农牧产品批发		20		
食品、饮料及烟草制品批发	3243	405543	980	87
米、面制品及食用油批发	521	1582	79	42
糕点、糖果及糖批发		27		
果品、蔬菜批发		－3106		
肉、禽、蛋、奶及水产品批发		172003	244	
盐及调味品批发	2712	1509	376	32
酒、饮料及茶叶批发		55510	233	
烟草制品批发	10	177081	31	13
其他食品批发		937	16	
纺织、服装及家庭用品批发		－334	112	
纺织品、针织品及原料批发		－95		
服装批发		1084	18	
鞋帽批发		380		
化妆品及卫生用品批发		436	2	
家用电器批发		－2190	92	
其他家庭用品批发		52		
文化、体育用品及器材批发	7	771	106	70
文具用品批发		－3		
图书批发	7	986	106	70
首饰、工艺品及收藏品批发		－227		
其他文化用品批发		15		
医药及医疗器材批发	50	106101	7838	314
西药批发	26	94274	7722	311
中药批发	24	4784	115	3
医疗用品及器材批发		7042		
矿产品、建材及化工产品批发	242	－17929	8407	68
煤炭及制品批发		1592	126	
石油及制品批发	－204	－2750	503	66
非金属矿及制品批发		－824		
金属及金属矿批发		－9610	70	
建材批发	951	－2079	63	2
化肥批发	－509	－4635	7645	
农药批发		446		
农用薄膜批发		18		
其他化工产品批发	3	－88		
机械设备、五金产品及电子产品批发	225	29674	1783	316
农业机械批发		12606	181	
汽车批发		515	82	
汽车零配件批发		93	49	3
五金产品批发		137		

单位:万元

		人工成本及增值税	
利润总额	应交所得税	应付职工薪酬	应交增值税
395420	**82712**	**372768**	**263356**
294849	**52753**	**224024**	**156366**
3371	1545	32702	667
3366	1460	32010	602
-59	63	385	
45	21	113	65
20	1	194	
306164	36052	103313	18686
-2520	338	882	336
27	7	20	22
897	103	73254	
168331	821	721	8640
1866	230	2891	219
47412	11938	15206	8862
90178	22591	9607	34
-26	24	732	574
-442	376	7312	2255
-95		2292	
747	243	940	1062
380		81	
437	116	805	323
-1961	5	3030	712
50	13	165	158
866	20	1514	56
		7	
1077	18	1409	16
-227		35	24
15	2	63	15
12425	2452	13429	9282
8899	2112	4888	3727
3692	340	7660	5520
-165		881	35
-5039	7399	42544	120561
1723	629	2479	-674
-40647	88	27201	117556
-824	1	8	
-9600	101	1672	1293
-2241	624	1458	1924
1091	5938	9429	361
		61	
18	4	32	
87	16	205	101
19277	4637	21126	4570
8275	1856	3819	242
119	42	536	439
141	41	448	93
137	36	180	206

15－5 续表 9　　　　　　　　　　　　（2014 年）

指　　标	损益及分配			
	投资收益	营业利润	营业外收入	补贴收入
电气设备批发		593	2	
计算机、软件及辅助设备批发	63	4324	62	62
通讯及广播电视设备批发		106	15	
其他机械设备及电子产品批发	162	11300	1392	251
贸易经纪与代理		117	7	7
贸易代理		90	7	7
其他贸易经纪与代理		27		
其他批发业		8196	3	
再生物资回收与批发		－8		
其他未列明批发业		8204	3	
按登记注册类型分				
内资企业	4419	525730	33282	13319
国有企业	3745	142651	2502	782
集体企业		169	9	
有限责任公司	16	94518	25294	11931
国有独资公司	－229	－45509	7272	7106
其他有限责任公司	245	140027	18022	4825
股份有限公司	602	97980	430	74
私营企业	56	186207	5047	532
私营有限责任公司	56	185916	5047	532
私营股份有限公司		291		
其他企业		4204		
港、澳、台商投资企业		－1877	33	
与港澳台商合资经营企业		－167	29	
港澳台商独资企业		19		
港澳台商投资股份有限公司		－1729	4	
按控股情况分				
国有控股	4142	109988	19013	12087
集体控股		3834	96	3
私人控股	174	371794	6478	978
港澳台商控股		－1877	33	
其他	103	40114	7695	251
按经营形式分				
独立门店	5131	361138	27422	12001
连锁总店（总部）	－509	181407	4037	
其他	－203	－18692	1857	1319
按单位规模分				
大型	－689	105046	4400	16
中型	4491	399234	20219	8973
小型	618	13264	8637	4331
微型	－1	6308	59	
零售业	**10705**	**183231**	**16548**	**648**
按零售行业小类分				
综合零售	9858	74446	1404	43
百货零售	9909	63134	595	16
超级市场零售	－72	7320	780	
其他综合零售	21	3993	28	27
食品、饮料及烟草制品专门零售		14243	1154	

单位:万元

		人工成本及增值税	
利润总额	应交所得税	应付职工薪酬	应交增值税
415	109	574	318
111	25	9373	344
116	33	714	383
9963	2495	5482	2545
131	36	137	87
104	26	116	66
27	10	21	21
3450	236	1947	203
		2	
3450	236	1945	203
296556	52749	222057	156237
138989	34706	31062	9260
427	3	966	225
-30572	12296	44620	13774
-38237	416	3900	-1340
7664	11880	40720	15114
1173	1389	97625	117538
186518	4356	47725	15441
186027	4338	47512	15309
491	18	213	132
22		59	
-1707	4	1967	129
		734	
19	3	21	18
-1726	1	1211	111
121876	43304	76020	129352
467	29	1197	237
187694	6310	131104	22379
-1707	4	1967	129
-13481	3106	13736	4269
134335	42105	168048	139924
184550	6672	9645	8673
-24036	3976	46331	7770
69797	29050	49950	122472
217521	21126	126178	28207
9409	2498	37447	5502
-1878	79	10449	186
100571	**29959**	**148744**	**106990**
68435	17707	60776	25742
57872	15881	42945	17105
7496	1190	15837	7945
3067	636	1994	692
2057	582	2881	1877

15－5 续表 10　　　　　　　　　　（2014 年）

指　　标	损益及分配			
	投资收益	营业利润	营业外收入	补贴收入
粮油零售		－73		
糕点、面包零售		560	1	
营养和保健品零售		896		
酒、饮料及茶叶零售		－315		
烟草制品零售		12801		
其他食品零售		375	1153	
纺织、服装及日用品专门零售		－734	29	
纺织品及针织品零售		－150	5	
服装零售		－1073	24	
鞋帽零售		550		
钟表、眼镜零售		－61		
文化、体育用品及器材专门零售	795	11423	433	
文具用品零售		988		
体育用品及器材零售		8907	77	
图书、报刊零售	9	280	354	
音像制品及电子出版物零售				
珠宝首饰零售	786	1187		
照相器材零售		56	2	
其他文化用品零售		6		
医药及医疗器材专门零售	3	40429	645	87
药品零售	1	38242	595	37
医疗用品及器材零售	2	2187	50	50
汽车、摩托车、燃料及零配件专门零售	11	33340	12661	517
汽车零售		29029	12660	517
汽车零配件零售	11	1355		
摩托车及零配件零售		182		
机动车燃料零售		2774	1	
家用电器及电子产品专门零售	34	5723	187	1
家用视听设备零售		537		
日用家电设备零售	33	1819	171	1
计算机、软件及辅助设备零售	3	1424	4	
通信设备零售		1479	12	
其他电子产品零售	－2	464		
五金、家具及室内装饰材料专门零售		494	1	
五金零售		58		
灯具零售		19		
家具零售		165	1	
陶瓷、石材装饰材料零售		83		
其他室内装饰材料零售		169		
货摊、无店铺及其他零售业	3	3868	36	
互联网零售		－47	3	
邮购及电视、电话零售		295	33	
生活用燃料零售		307		
其他未列明零售业	3	3313		
按登记注册类型分				
内资企业	10705	180979	16257	621
国有企业	9	10617	1605	
集体企业	19	1146	5	
股份合作企业		29		

单位:万元

		人工成本及增值税	
利润总额	应交所得税	应　付 职工薪酬	应交增值税
-73		7	23
47	12	434	167
872	222	144	427
-315	8	475	296
	9	958	370
1527	331	863	594
-2809	226	7047	2536
-149		699	396
-2461	183	5028	1537
550	42	304	59
-748	2	1017	543
9679	1099	6792	5264
189	4	105	9
6997	917	3029	4908
1243	118	3171	38
1187	45	290	231
58	16	181	78
6		16	
29376	6870	22344	22482
28803	6830	21769	1267
573	40	576	21215
-11512	1827	38063	42385
-12224	2125	29695	40526
147	52	139	55
182	36	72	47
382	-387	8158	1758
4198	1593	7056	5772
537		15	
1707	1141	4477	5037
255	84	558	74
1649	345	1642	580
50	23	363	81
224	39	372	213
58		46	110
		35	35
166	39	116	8
		29	
		147	60
923	17	3414	720
-44		251	
328		1796	562
140	8	293	61
499	9	1074	97
99268	27945	123788	99585
-517	138	5891	692
1133	250	834	239
29	7	150	219

15－5 续表 11　　（2014 年）

指　　标	损益及分配			
	投资收益	营业利润	营业外收入	补贴收入
联营企业		99		
国有联营企业		99		
有限责任公司	10076	70427	13349	566
国有独资公司		70		
其他有限责任公司	10076	70357	13349	566
股份有限公司	603	36920	741	16
私营企业	－3	61663	558	39
私营独资企业		900		
私营合伙企业		1160		
私营有限责任公司	－3	58609	558	39
私营股份有限公司		994		
其他企业	2	78		
港、澳、台商投资企业		4661	145	27
与港澳台商合资经营企业		－426	48	
港澳台商独资企业		1690	47	27
其他港澳台投资企业		3397	50	
外商投资企业		－2408	147	
中外合资经营企业		－259	100	
外资企业		－2150	47	
按控股情况分				
国有控股	9	37286	2239	
集体控股	20	6441	185	23
私人控股	10667	123451	2490	599
港澳台商控股		1263	95	27
外商控股		－2408	147	
其他	8	17198	11393	
按经营形式分				
独立门店	10760	126752	15121	608
连锁总店	－72	29890	1165	41
连锁门店	5	16157	98	
其他	11	10433	165	
按单位规模分				
大型	8938	79549	1719	1
中型	1629	64806	3859	582
小型	129	32396	10912	40
微型	9	6480	59	25
按零售业态分				
有店铺零售	10705	182983	16513	648
食杂店		－1105	1153	
便利店		118		
折扣店				
超市		7049	216	27
大型超市		－950	173	
百货店	9858	67513	1033	16
专业店	861	97663	13582	603
专卖店	－15	15061	341	2
购物中心		－3194	16	
厂家直销中心		826		
无店铺零售		249	36	
电视购物		249	36	

单位：万元

		人工成本及增值税	
利润总额	应交所得税	应付职工薪酬	应交增值税
100	25	68	50
100	25	68	50
48155	16170	64453	76647
18	10	36	50
48137	16160	64417	76597
35238	9760	35351	5421
15117	1594	16874	16297
896	116	278	45
-83		471	86
13647	1475	15644	15969
658	3	481	197
14	1	168	21
3852	1500	13585	5581
-1232	-316	5583	2254
1638	952	5285	1872
3447	864	2718	1455
-2550	514	11372	1825
-441	514	9813	1577
-2109		1559	248
23765	6405	25007	1291
3984	1564	1296	706
69110	14450	62845	87762
405	636	10867	4126
-2550	514	11372	1825
5857	6389	37357	11282
53228	17762	90629	92200
26649	7267	31904	3395
14254	3635	11018	4584
6440	1295	15193	6812
76063	17689	68855	23719
5117	9856	59716	70229
16934	1955	17321	12147
2458	458	2852	896
100287	29959	146697	106428
47	12	500	105
72	14	117	44
6932	660	2573	6384
-1076	877	15491	2698
60575	15734	46423	17322
35667	11073	62432	65226
480	1363	15775	14094
-3214		3149	117
802	227	236	440
284		2047	562
284		2047	562

15－6　限额以上住宿法人企业经营情况

（2014 年）

指　　标	法人企业数（个）	从业人员期末人数（人）	营业额（万元）		
				客房收入	餐费收入
总　　计	**114**	**10972**	**196846**	**117703**	**58125**
按住宿行业小类分					
旅游饭店	80	8914	162739	91183	52511
一般旅馆	26	1662	28352	23128	3738
其他住宿服务	8	396	5755	3392	1876
按登记注册类型分					
内资企业	107	9968	158750	94535	47014
国有企业	26	2835	40849	19748	17291
集体企业	5	295	5978	4585	657
股份合作企业	1	332	9428	1792	2589
有限责任公司	45	4275	66961	41584	19995
国有独资公司	2	210	1623	311	940
其他有限责任公司	43	4065	65339	41273	19055
股份有限公司	6	1090	17140	12629	2766
私营企业	21	1061	17307	13408	3418
私营独资企业	2	39	987	805	32
私营有限责任公司	17	779	13482	10922	2243
私营股份有限公司	2	243	2837	1681	1143
其他企业	3	80	1087	788	299
港、澳、台商投资企业	3	259	11513	7184	2882
合资经营企业（港或澳、台资）	2	179	5117	3673	1081
港、澳、台商独资经营企业	1	80	6397	3511	1802
外商投资企业	4	745	26582	15984	8228
中外合资经营企业	1	91	3517	2838	643
中外合作经营企业	1	31	1558	1428	131
外资企业	2	623	21507	11719	7454
按控股情况分					
国有控股	43	4696	74653	36243	26847
集体控股	5	295	5978	4585	657
私人控股	40	2093	36322	29054	5358
港澳台商控股	3	259	11513	7184	2882
外商控股	3	654	23066	13146	7585
其他	20	2975	45315	27491	14796
按经营形式分					
独立门店	111	10887	192771	114124	57911
连锁总店	1	16	278	246	
连锁门店	2	69	3796	3332	214
其他					
按单位规模分					
大型	3	1384	45017	21007	19651
中型	17	4350	68524	39914	20477
小型	86	5153	79203	52796	17882
微型	8	85	4102	3986	116
按星级分					
五星	4	1110	38151	22162	12273
四星	18	2851	53252	24054	19888
三星	29	2165	26150	17996	6341
二星	3	100	1304	977	157
一星	1	12	332	282	50
其他	59	4734	77657	52232	19417

		客房间数（间）	床位数（个）	餐位数（位）	年末餐饮营业面积（平方米）
商品销售收入	其他收入				
8531	**12488**	**16191**	**27917**	**29484**	**165190**
8341	10705	11852	20941	24216	132580
102	1384	3768	5988	3350	17492
88	399	571	988	1918	15118
7485	9716	13712	23679	25331	144196
713	3098	2885	5259	8114	36239
18	718	336	702	286	2600
4891	156	141	270	700	9000
1407	3975	5686	9758	10676	62117
	372	78	173	1110	1400
1407	3603	5608	9585	9566	60717
121	1624	2007	2817	1841	10020
336	145	2380	4319	3290	23600
129	21	155	294	90	500
206	111	1966	3553	2370	21880
	13	259	472	830	1220
		277	554	424	620
87	1361	1272	2299	3080	7908
	363	526	807	1080	6548
87	997	746	1492	2000	1360
959	1411	1207	1939	1073	13086
	36	230	304	101	2000
		292	513	75	1200
959	1375	685	1122	897	9886
6455	5108	5054	9242	13308	61182
18	718	336	702	286	2600
583	1327	5386	9211	5599	42924
87	1361	1272	2299	3080	7908
959	1375	977	1635	972	11086
429	2599	3166	4828	6239	39490
8499	12238	15509	26816	28679	161340
32		86	90		
	250	596	1011	805	3850
1312	3048	984	1449	3745	11836
5354	2779	4803	7245	8027	51915
1864	6661	9933	18374	17572	96479
		471	849	140	4960
1187	2529	1237	1847	1826	16136
5367	3944	3302	5935	8574	28788
257	1556	3615	6742	5525	31900
150	21	219	429	240	3100
		29	70	15	100
1570	4438	7789	12894	13304	85166

15－7　限额以上餐饮法人企业经营情况

（2014年）

指　　标	法人企业数（个）	从业人员期末人数（人）	营业额（万元）		
				客房收入	餐费收入
总　　计	**93**	**6835**	**122960**	**2781**	**104634**
按餐饮业行业小类分					
正餐服务	89	5377	95289	2781	81548
快餐服务	3	1432	22319		22234
饮料及冷饮服务	1	26	5352		852
按登记注册类型分					
内资企业	69	4326	79315	2781	65256
国有企业	3	120	1467	445	1022
集体企业	1	25	165		165
股份合作企业	1	25	207		165
有限责任公司	21	1035	27105	1205	21236
其他有限责任公司	21	1035	27105	1205	21236
股份有限公司	4	175	2233		2113
私营企业	38	2910	47375	1131	39965
私营独资企业	7	298	4170	407	3643
私营有限责任公司	29	2519	41713	724	34831
私营股份有限公司	2	83	1492		1492
其他企业	1	36	764		590
港、澳、台商投资企业	10	606	17803		16776
与港澳台商合资经营企业	4	163	6381		5682
港澳台商独资企业	5	417	9646		9318
港澳台商投资股份有限公司	1	26	1776		1776
外商投资企业	14	1903	25842		22602
中外合资经营企业	4	1472	15359		14239
外资企业	1	8	280		280
外商投资股份有限公司	9	423	10203		8082
按控股情况分					
国有控股	6	275	3351	767	2419
集体控股	1	25	165		165
私人控股	59	5351	86826	1276	73352
港澳台商控股	8	481	15046		14711
外商控股	9	423	10203		8082
其他	10	280	7369	738	5905
按经营形式分					
独立门店	86	3811	89583	2725	75454
连锁总店	5	2781	29484		28379
其他	2	243	3893	56	801
按单位规模分					
大型	2	2644	27877		26895
中型	2	410	9040	56	5987
小型	83	3729	83976	2718	69744
微型	6	52	2067	7	2008

		客房间数（间）	床位数（个）	餐位数（位）	年末餐饮营业面积（平方米）
商品销售收入	其他收入				
7521	**8025**	**744**	**1340**	**43102**	**190599**
7435	3525	744	1340	37108	178359
85				5698	11940
	4500			296	300
3253	8025	744	1340	28067	131493
		30	60	600	10200
				100	700
41				200	500
1619	3044	532	961	9113	48151
1619	3044	532	961	9113	48151
77	42			1260	10820
1341	4938	182	319	16644	58122
	121	44	90	3554	13558
1341	4818	138	229	12844	42004
				246	1360
175				150	3000
1027				5159	26252
699				1640	10323
328				3294	15449
				225	480
3240				9876	32854
1120				6539	14999
				130	430
2121				3207	17425
154	12	127	220	1189	12368
				100	700
4185	8013	469	841	32012	123108
336				4049	20255
2121				3207	17425
726		148	279	2545	16743
6373	5031	479	840	34758	170567
1105				7912	17332
43	2994	265	500	432	2700
983				7620	16822
3	2994	265	500	2532	8700
6483	5031	469	821	32061	160007
52		10	19	889	5070

15－8 限额以上住宿法人企业经济效益情况

（2014 年）

指标	法人企业数（个）	年初存货	流动资产合计	应收帐款	存货	固定资产合计
总计	**114**	**13848**	**161383**	**11820**	**9063**	**328499**
按住宿业行业小类分						
旅游饭店	80	12279	146236	8470	6831	280436
一般旅馆	26	1053	13037	3056	1765	14197
其他住宿业	8	516	2110	293	467	33866
按登记注册类型分						
内资企业	107	12291	131204	10023	7426	193231
国有企业	26	3291	18299	1675	1910	59376
集体企业	5	251	2389	117	181	3383
股份合作企业	1	1547	61	22	39	13760
有限责任公司	45	4104	88940	5266	3269	56484
国有独资公司	2	52	2028	239	57	220
其他有限责任公司	43	4053	86913	5027	3212	56263
股份有限公司	6	2100	3959	1606	1113	44698
私营企业	21	867	17248	1272	895	15309
私营独资企业	2	26	149	15	22	1152
私营有限责任公司	17	758	6024	1580	792	12741
私营股份有限公司	2	83	11075	－323	81	1416
其他企业	3	132	308	65	19	222
港、澳、台商投资企业	3	791	9705	1086	812	91362
与港澳台商合资经营企业	2	352	3350	134	330	34910
港澳台商独资企业	1	439	6355	953	482	56452
外商投资企业	4	766	20475	710	825	43907
中外合资经营企业	1	195	1014	239	243	1256
中外合作经营企业	1	17	1539	11	18	743
外资企业	2	554	17922	460	565	41908
按控股情况分						
国有控股	43	6244	37634	3884	3273	118760
集体控股	5	251	2389	117	181	3383
私人控股	40	2405	25719	2919	1386	45711
港澳台商控股	3	791	9705	1086	812	91362
外商控股	3	571	19461	471	582	42651
其他	20	3587	66476	3343	2828	26633
按经营形式分						
独立门店	111	13011	157073	11693	8970	324673
连锁门店	1	780	320	107	21	299
其他	2	56	3990	21	72	3527
按单位规模分						
大型	3	891	19744	574	615	33033
中型	17	4102	79817	1852	2853	131052
小型	86	8615	58847	8293	5374	156998
微型	8	239	2976	1101	221	7416
按星级分						
五星	4	1003	18936	699	807	43164
四星	18	4118	22121	4306	2635	125476
三星	29	1396	27880	2809	1706	44871
二星	3	152	491		156	1634
一星	1		24	12	13	85
其他	59	7179	91930	3994	3746	113269

单位:万元

固定资产原价	累计折旧	本年折旧	在建工程	资产总计	流动负债合计	应付帐款
559653	**231370**	**26572**	**3964**	**569720**	**286333**	**46968**
468245	188051	22913	3932	496830	242367	41279
21056	6833	651	32	33926	19307	5328
70353	36486	3009		38964	24659	361
323193	130179	18659	2835	388384	200808	38094
102789	43983	12360	1610	92510	36517	2605
7447	4064	510		6328	7598	6452
21414	7654	889		22812	23262	1807
102786	45948	2758	156	168694	74264	16983
753	529	40	32	2284	914	492
102032	45419	2717	124	166411	73350	16491
61526	16828	936	43	54778	20079	2605
26607	11298	1203	1026	42554	38659	7624
1374	222			1306	1137	26
21157	8415	979	287	27986	23299	2145
4076	2661	224	739	13262	14222	5453
624	402	5		708	429	18
154504	63142	5055	11	106487	63920	6743
82454	47545	3176	11	38626	22744	524
72049	15598	1879		67861	41177	6219
81957	38050	2859	1119	74848	21604	2131
7872	6616	1477		3962	3116	154
1568	825	61		2283	352	7
72517	30609	1320	1119	68604	18136	1970
208223	89687	15123	1705	190524	97571	13087
7447	4064	510		6328	7598	6452
61926	16215	1795	1026	89174	53838	10646
154504	63142	5055	11	106487	63920	6743
74085	31434	1381	1119	70887	18488	1977
53468	26828	2709	103	106320	44916	8063
542963	218506	26206	3953	561215	284363	46636
310	11	10		619		
16380	12853	357	11	7886	1970	332
64264	31232	2196	989	71804	20175	2318
240163	108786	17076	851	239152	134308	17785
247514	91057	7218	2124	248242	130505	26232
7712	296	83		10522	1345	633
80389	37224	2798	1119	76888	25467	3047
201939	76462	16190	1032	179009	117672	16752
75974	31319	1631	875	85370	46410	10664
2412	778	40		2125	2200	
192	107	5		123	2	2
198749	85480	5909	939	226206	94582	16503

15－8 续表 1　　　　（2014 年）

指　　标	非流动负债合　　计	负债合计	所有者权益合　　计	实收资本		
					国家资本	集体资本
总　　计	**149030**	**414420**	**155300**	**316798**	**77942**	**1993**
按住宿业行业小类分						
旅游饭店	119432	338799	158031	289930	69610	1972
一般旅馆	1726	23090	10836	14770	7627	21
其他住宿业	27872	52531	－13567	12099	705	
按登记注册类型分						
内资企业	86944	289809	98575	183314	77942	1993
国有企业	18166	54683	37827	44364	43995	
集体企业	275	7873	－1545	2061		1979
股份合作企业	332	23593	－781	4373	2970	
有限责任公司	50185	126507	42187	103502	30977	14
国有独资公司		914	1370	1825	1025	
其他有限责任公司	50185	125593	40818	101678	29952	14
股份有限公司	17895	37975	16803	21820		
私营企业	91	38749	3805	7024		
私营独资企业		1137	169	161		
私营有限责任公司	91	23390	4596	6405		
私营股份有限公司		14222	－960	458		
其他企业		429	280	170		
港、澳、台商投资企业	51505	92425	14062	102778		
与港澳台商合资经营企业	28505	51248	－12622	22245		
港澳台商独资企业	23000	41177	26685	80533		
外商投资企业	10582	32186	42663	30706		
中外合资经营企业		3116	846	800		
中外合作经营企业		352	1932	1440		
外资企业	10582	28718	39885	28466		
按控股情况分						
国有控股	22796	120367	70157	133487	77542	
集体控股	275	7873	－1545	2061		1979
私人控股	435	54273	34901	40610		
港澳台商控股	51505	92425	14062	102778		
外商控股	10582	29070	41817	29906		
其他	63438	110411	－4092	7956	400	14
按经营形式分						
独立门店	148175	411596	149620	302927	77942	1993
连锁门店			619			
其他	855	2824	5061	13872		
按单位规模分						
大型	7482	27656	44148	18324	1097	
中型	92590	226898	12254	100348	34347	
小型	48933	158496	89747	189403	42498	1993
微型	25	1370	9151	8723		
按星级分						
五星	10582	36049	40839	29266		
四星	35566	130238	48771	109494	25170	27
三星	2417	50884	34485	90872	31990	1945
二星		2200	－75	627	477	
一星		2	121	20		
其他	100465	195047	31159	86520	20305	21

单位：万元

				营业收入		营业成本	
法人资本	个人资本	港澳台资本	外商资本		主营业务收入		主营业务成本
99046	**46174**	**90876**	**768**	**199372**	**197182**	**53619**	**52937**
87924	42024	87992	408	164541	162921	45123	44672
3112	3650		360	28474	27904	6586	6355
8010	500	2884		6357	6357	1910	1910
62179	41201			161277	159677	48129	47447
369				41961	41411	12157	12075
82				5842	5829	3050	3050
528	875			9428	9428	3083	3083
56090	16422			67598	66646	20284	19697
800				1623	1623	737	737
55290	16422			65976	65023	19547	18960
1100	20720			17514	17433	3481	3481
3909	3115			17833	17829	5533	5522
11	150			889	885	656	645
3840	2565			14164	14164	4179	4179
58	400			2780	2780	698	698
100	70			1102	1102	540	540
6930	4973	90876		11513	10923	1613	1613
6930	4973	10343		5117	4871	665	665
		80533		6397	6052	948	948
29938			768	26582	26582	3877	3877
392			408	3517	3517	357	357
1080			360	1558	1558	1032	1032
28466				21507	21507	2489	2489
54741	1205			76341	75527	24987	24805
82				5842	5829	3050	3050
4486	36125			36797	36726	9200	9091
6930	4973	90876		11513	10923	1613	1613
29546			360	23066	23066	3520	3520
3262	3872		408	45813	45110	11248	10858
97966	41201	83417	408	195263	193343	52389	51727
				313	289	169	150
1080	4973	7459	360	3796	3550	1060	1060
17227				45017	45017	6857	6857
61843	1275	2884		69419	69296	15418	15418
19344	36809	87992	768	81033	78971	28417	27762
633	8090			3902	3898	2927	2901
28858			408	38151	38151	4144	4144
1807	1957	80533		53852	53308	13324	13115
54354	2583			26428	25629	9757	9552
	150			1304	1304	662	662
	20			332	332	282	282
14027	41464	10343	360	79305	78458	25450	25183

15－8 续表2　　　　(2014 年)

指　　标	营业税金及附加		其他业务利润	销售费用	管理费用	
		主营业务税金及附加				税　金
总　　计	**15843**	**6493**	**63967**	**69918**	**2936**	**4119**
按住宿业行业小类分						
旅游饭店	13769	5728	49832	56676	2576	3945
一般旅馆	1646	560	11441	8814	329	163
其他住宿业	429	205	2694	4428	30	11
按登记注册类型分						
内资企业	13756	6493	49409	50832	2931	2235
国有企业	7464	4637	12839	12641	1886	571
集体企业	210	16	948	1824	47	10
股份合作企业	324	587	2354	2734	112	514
有限责任公司	3702	1104	20234	24436	743	488
国有独资公司	92		242	794	3	6
其他有限责任公司	3610	1104	19993	23643	740	482
股份有限公司	1014	5	7896	5060	63	99
私营企业	979	143	4905	3990	73	532
私营独资企业	18		212	114		3
私营有限责任公司	795	143	4069	2869	73	209
私营股份有限公司	166		624	1007		319
其他企业	62		234	147	7	21
港、澳、台商投资企业	632		6945	8347		2220
与港澳台商合资经营企业	294		1477	5745		85
港澳台商独资企业	338		5468	2603		2136
外商投资企业	1455		7614	10739	5	－335
中外合资经营企业	231		2391	1184		29
中外合作经营企业	84		142	284	2	4
外资企业	1140		5081	9271	3	－367
按控股情况分						
国有控股	8982	6056	21217	25509	2408	1135
集体控股	210	16	948	1824	47	10
私人控股	2053	562	13899	8365	184	635
港澳台商控股	632		6945	8347		2220
外商控股	1224		5223	9555	5	－364
其他	2741	－141	15736	16319	293	484
按经营形式分						
独立门店	15589	6493	63547	67898	2934	4031
连锁门店	43					
其他	210		420	2020	2	88
按单位规模分						
大型	7621		8046	13962	889	40
中型	3735	4283	28330	27559	1490	1469
小型	4374	2210	27061	27971	531	2592
微型	112		530	426	26	18
按星级分						
五星	2150		10086	13987	3	－423
四星	7960	633	16694	18091	1477	3665
三星	1455	22	9263	9294	393	207
二星	62		323	263	10	3
一星	3		21	24	3	5
其他	4213	5838	27581	28260	1049	663

单位:万元

财务费用			资产减值损失	投资收益
	利息收入	利息支出		
568	**3791**	**4**	**5**	**-530**
565	3746	4	5	-536
3	38			7
	7			
190	1583	4	5	-530
17	513	1		
2	4	6	5	10
4	517			
160	218	-3		-539
160	218	-3		-539
4	30			
3	296			
1	23			
2	273			
	5			
	2200			
	82			
	2118			
379	8			
	4			
379	4			
94	1073	-2		-541
2	4	6	5	10
4	309			
	2200			
379	8			
90	197			2
568	3705	4	5	-530
	86			
470	507			
21	1028	1		-544
77	2246	-3		11
	10	6	5	3
465	3			
17	3376	-2		
14	7			-541
	5			
72	399	6	5	12

15－8 续表 3　　（2014 年）

指　　标	营业利润	营业外收入	补贴收入	利润总额	应交所得税	应付职工薪酬（本年贷方累计发生额）
总　　计	**－8713**	**1308**	**97**	**－9347**	**2527**	**40680**
按住宿业行业小类分						
旅游饭店	－5127	1192	44	－5678	2330	35321
一般旅馆	－472	115	53	－530	161	4341
其他住宿业	－3115	1		－3139	36	1019
按登记注册类型分						
内资企业	－3703	1214	97	－5037	1302	35883
国有企业	－3750	416	44	－3575	119	12506
集体企业	－192	139		－156	35	738
股份合作企业	419	363		1350	365	2088
有限责任公司	－2393	234		－3561	526	14511
国有独资公司	－247	1		－247		819
其他有限责任公司	－2145	233		－3314	526	13692
股份有限公司	－37	5		－359	134	3482
私营企业	2152	57	53	1171	123	2406
私营独资企业	－124			76		73
私营有限责任公司	2310	56	53	1127	123	1661
私营股份有限公司	－33	1		－32		672
其他企业	97			93		152
港、澳、台商投资企业	－8244	8		－8247		793
与港澳台商合资经营企业	－3149	1		－3147		490
港澳台商独资企业	－5095	6		－5099		303
外商投资企业	3234	86		3936	1225	4004
中外合资经营企业	－674					274
中外合作经营企业	13			13	8	73
外资企业	3894	86		3923	1217	3657
按控股情况分						
国有控股	－6064	844	44	－6041	677	20325
集体控股	－192	139		－156	35	738
私人控股	2874	102	53	1434	231	5152
港澳台商控股	－8244	8		－8247		793
外商控股	3907	86		3936	1225	3730
其他	－994	129		－275	359	9942
按经营形式分						
独立门店	－8811	1184	97	－9409	2519	40404
连锁门店	100	123		63		9
其他	－3	1		－2	8	268
按单位规模分						
大型	8491	83		8497	1217	8609
中型	－7638	545		－7468	929	17328
小型	－9446	680	97	－10353	355	14547
微型	－120			－24	26	196
按星级分						
五星	8208	86		8911	1217	6724
四星	－5889	461		－5740	635	9880
三星	－4097	278	44	－3980	192	7027
二星	－9			－9	13	338
一星	－2			－2		22
其他	－6924	483	53	－8527	470	16690

15－9　限额以上批发零售贸易业主要商品批发零售数量情况

指标名称	单位	2013年			2014年		
		合计	批发	零售	合计	批发	零售
大米(稻米)	吨	573733	564936	8797	1865989	1859092	6897
白面(小麦面)	吨	8432	2658	5775	9105	3405	5700
杂粮	吨	1210553	1208243	2310	1158591	1156279	2312
食用植物油	吨	42576	32270	10305	23028	13432	9596
猪肉	吨	8163		8163	7322	417	6905
牛肉	吨	1877		1877	1705	138	1567
羊肉	吨	523		523	701	118	584
禽肉	吨	2110		2110	2302	203	2099
鲜蛋	吨	187567	183000	4567	182156	177625	4531
彩色电视机	台	1025172	633862	391310	926272	535942	390330
家用电冰箱	台	294250	43457	250793	271357	9306	262051
房间空调器	台	107664	46662	61002	125389	52006	73383
电脑(微型计算机)	台	664834	547100	117734	96490	63004	33486
汽车	辆	192904	37040	155864	401942	48428	353514
轿车	辆	79437			98282		98282
煤炭	万吨	1218	1209	9	868	857	11
汽油	吨	819293	643622	175671	846667	666907	179760
柴油	吨	1405816	1294623	111193	1291119	1172938	118181
钢材	吨	4283303	4283303		2512685	2512685	
铝	吨	8879	8879		6013	6013	
水泥	吨	34919	34919		148453	148453	
化学肥料	吨	4598833	4596903	1930	834030	830920	3110
化学农药	吨	46889	46889		40615	40615	

15－10　限额以上餐饮法人企业经济效益情况

（2014 年）

指　　标	法人企业数（个）	年初存货	流动资产合　计			固定资产合　计
				应收帐款	存货	
总　　计	**94**	**6592**	**41365**	**4166**	**7333**	**29782**
按餐饮业行业小类分						
正餐服务	90	6232	34955	3970	7083	25559
快餐服务	3	247	5883	196	221	3998
饮料及冷饮服务	1	114	527		29	225
其他饮料及冷饮服务	1	114	527		29	225
按登记注册类型分						
内资企业	70	4471	26088	3496	5395	26430
国有企业	3	110	224	14	15	490
集体企业	1	17	54		14	
股份合作企业	1	173	328		173	34
有限责任公司	21	1760	8812	2757	2164	8415
其他有限责任公司	21	1760	8812	2757	2164	8415
股份有限公司	4	151	968	35	253	1691
私营企业	39	2252	15694	690	2767	15800
私营独资企业	7	44	756	178	34	1324
私营合伙企业	1					
私营有限责任公司	29	2194	14380	512	2621	14417
私营股份有限公司	2	14	558		113	59
其他企业	1	10	9		9	
港、澳、台商投资企业	10	1318	11371	204	994	994
与港澳台商合资经营企业	4	469	4055	14	493	544
与港澳台商合作经营企业						
港澳台商独资企业	5	819	6751	189	481	393
港澳台商投资股份有限公司	1	30	566	1	19	57
其他港澳台投资企业						
外商投资企业	14	803	3905	467	944	2358
中外合资经营企业	4	521	1795	460	585	1996
中外合作经营企业	1	8	112	1	7	3
外资企业	9	274	1998	6	353	359
按控股情况分						
国有控股	6	298	1011	442	144	922
集体控股	1	17	54		14	
私人控股	60	4720	25407	3647	5746	26512
港澳台商控股	8	1080	9485	193	758	461
外商控股	9	274	1998	6	353	359
其他	10	203	3410	－121	318	1528
按经营形式分						
独立门店	87	5418	33515	4057	6334	17581
连锁总店（总部）	5	1112	6540	108	892	5216
连锁门店						
其他	2	63	1310	1	107	6986
按单位规模分						
大型	2	693	5822	95	732	5137
中型	2	460	7065	146	120	7213
小型	83	5407	27681	3760	6407	17369
微型	7	33	797	165	75	63

单位:万元

固定资产原价	累计折旧	本年折旧	在建工程	资产总计	流动负债合计	
						应付帐款
40943	**11249**	**863**	**368**	**99139**	**38390**	**13322**
36229	10758	835	150	83257	35283	12155
4385	387	28	219	15131	2715	1155
330	105			752	392	12
330	105			752	392	12
31668	5326	385	368	62838	25865	9912
610	120	11		714	1232	84
				54	18	
42	8			363	1	
11857	3418	239	150	21165	12322	6833
11857	3418	239	150	21165	12322	6833
1860	169	26		3589	1974	76
17299	1612	110	219	36773	10121	2900
1602	278	15		2326	458	273
				50		
15543	1239	75	219	33780	9413	2615
155	95	19		617	250	12
				180	196	19
3480	2486	169		12572	5204	1823
1774	1230	76		4651	2609	1021
1151	758	66		7180	2176	800
555	498	27		740	419	3
5795	3437	309		23730	7322	1586
4407	2411	269		20536	6555	1061
15	12	1		117	13	11
1374	1015	39		3077	754	514
2704	1782	13		2174	1607	193
				54	18	
32251	5828	586	368	78351	29529	10660
2098	1637	120		10155	4096	997
1374	1015	39		3077	754	514
2517	989	107		5328	2386	957
25634	8142	532		57725	27880	10920
6223	1007	274	219	32656	8991	2257
9087	2101	58	150	8759	1520	145
5966	828	269	219	31817	8239	1908
9743	2531	96	150	14712	1815	289
25090	7809	494		51682	27885	11015
145	82	4		929	452	110

15－10 续表 1

(2014 年)

指　　　标	非流动负债合　　计	负债合计	所有者权益合　　计	实收资本		
					国家资本	集体资本
总　　计	**11432**	**49822**	**49317**	**36506**	**789**	**584**
按餐饮业行业小类分						
正餐服务	562	35845	47412	32534	789	584
快餐服务	10870	13585	1545	3582		
饮料及冷饮服务		392	360	390		
其他饮料及冷饮服务		392	360	390		
按登记注册类型分						
内资企业	11590	37455	25383	20776	467	55
国有企业		1232	－518	525	225	
集体企业		18	36	5		5
股份合作企业		1	362	360		
有限责任公司	49	12370	8795	10416	240	50
其他有限责任公司	49	12370	8795	10416	240	50
股份有限公司	453	2426	1162	203		
私营企业	11089	21210	15563	9266	2	
私营独资企业	113	571	1755	1273	2	
私营合伙企业			50	50		
私营有限责任公司	10976	20390	13390	7593		
私营股份有限公司		250	368	350		
其他企业		196	－16			
港、澳、台商投资企业	－188	5016	7556	7911		529
与港澳台商合资经营企业		2609	2043	2901		529
与港澳台商合作经营企业						
港澳台商独资企业	－188	1988	5192	4953		
港澳台商投资股份有限公司		419	321	57		
其他港澳台投资企业						
外商投资企业	30	7351	16379	7820	322	
中外合资经营企业	30	6584	13952	6458	322	
中外合作经营企业		13	104	220		
外资企业		754	2323	1142		
按控股情况分						
国有控股	23	1630	544	1109	787	
集体控股		18	36	5		5
私人控股	11148	40677	37675	25448	2	
港澳台商控股	－188	3908	6247	6552		529
外商控股		754	2323	1142		
其他	449	2835	2494	2250		50
按经营形式分						
独立门店	562	28441	29283	20740	789	584
连锁总店(总部)	10870	19861	12795	8546		
连锁门店						
其他		1520	7239	7220		
按单位规模分						
大型	10870	19109	12708	8321		
中型	－188	1627	13086	11310		
小型	750	28635	23047	16139	789	584
微型		452	477	737		

单位:万元

				营业收入		营业成本	
法人资本	个人资本	港澳台资本	外商资本		主营业务收入		主营业务成本
20711	**10411**	**3058**	**954**	**117230**	**116977**	**59831**	**59719**
18129	9021	3058	954	94059	93806	49905	49794
2582	1000			22319	22319	9562	9562
	390			852	852	363	363
	390			852	852	363	363
10068	10186			73923	73669	37613	37502
300				1483	1483	1222	1222
				165	165	90	90
360				207	207	107	107
5641	4485			26848	26809	13046	12959
5641	4485			26848	26809	13046	12959
100	103			2252	2252	1451	1451
3667	5598			42266	42052	21353	21329
11	1260			4233	4170	2894	2870
50							
3256	4337			36591	36440	17784	17784
350				1442	1442	676	676
				702	702	344	344
4745		2638		17803	17803	10774	10774
377		1995		6381	6381	4652	4652
4310		643		9646	9646	5059	5059
57				1776	1776	1064	1064
5898	225	420	954	25504	25504	11444	11444
5888	225		22	15013	15013	5300	5300
		220		280	280	83	83
10		200	932	10211	10211	6061	6061
300			22	3504	3504	2320	2320
				165	165	90	90
15020	10326	100		81295	81041	38667	38556
4367		1656		15046	15046	8958	8958
10		200	932	10211	10211	6061	6061
1014	85	1102		7009	7009	3735	3735
8480	7201	2858	829	84295	84042	48105	47993
8321	110		115	29042	29042	10819	10819
3910	3100	200	10	3893	3893	907	907
8321				27435	27435	9798	9798
8210	3100			9040	9040	3566	3566
3980	6994	2838	954	78810	78557	45316	45205
200	317	220		1945	1945	1150	1150

15－10 续表 2　　　　　　　　　（2014 年）

指　　标	营业税金及附加	主营业务税金及附加	其他业务利润	销售费用	管理费用	税　金
总　计	**7685**	**7648**	**4139**	**31835**	**11060**	**589**
按餐饮业行业小类分						
正餐服务	6921	6885	4139	23599	9784	589
快餐服务	709	709		7918	801	
饮料及冷饮服务	55	55		318	474	
其他饮料及冷饮服务	55	55		318	474	
按登记注册类型分						
内资企业	4907	4871	797	18198	6590	434
国有企业	96	96		142	37	
集体企业	2	2			1	1
股份合作企业	25	25		72	1	
有限责任公司	1470	1460	64	5576	2308	98
其他有限责任公司	1470	1460	64	5576	2308	98
股份有限公司	228	228	144	259	244	113
私营企业	3077	3050	590	11977	3897	212
私营独资企业	222	211		409	323	71
私营合伙企业						
私营有限责任公司	2672	2657	590	11097	3500	117
私营股份有限公司	183	183		471	75	25
其他企业	10	10		172	102	10
港、澳、台商投资企业	1059	1059	2794	4851	1839	122
与港澳台商合资经营企业	396	396	412	1675	659	3
与港澳台商合作经营企业						
港澳台商独资企业	604	604	2382	3047	1063	7
港澳台商投资股份有限公司	59	59		129	117	113
其他港澳台投资企业						
外商投资企业	1718	1718	548	8786	2631	32
中外合资经营企业	1010	1010	548	6821	1623	1
中外合作经营企业	17	17		155	10	
外资企业	691	691		1810	998	31
按控股情况分						
国有控股	190	190	221	373	156	6
集体控股	2	2			1	1
私人控股	5537	5501	1472	23830	7430	381
港澳台商控股	891	891	2382	4078	1714	121
外商控股	691	691		1810	998	31
其他	373	373	64	1743	761	48
按经营形式分						
独立门店	5858	5822	3812	15729	7592	587
连锁总店(总部)	1711	1711	327	14553	2484	
连锁门店						
其他	115	115		1553	984	2
按单位规模分						
大型	1588	1588	327	14119	2275	
中型	468	468	2382	2988	1592	
小型	5520	5484	1430	14237	7109	589
微型	109	109		491	83	

单位:万元

财务费用	利息收入	利息支出	资产减值损失	投资收益
1199	**93**	**110**	**5**	**61**
601	93	110	5	61
575				
24				
24				
908	24	91	5	1
20				
203	8	80		1
203	8	80		1
0				
684	16	11	5	
28		5		
644	16	2	5	
12		4		
6	70	19		
-41	68			
45	2	19		
2				
286				61
251				61
34				
56				
1088	18	79	5	61
-8	70	19		
34				
28	6	12		1
300	92	42	5	1
822				61
77	2	68		
821				61
88	2	80		
290	91	30	5	1
1				

15－10 续表 3 （2014 年）

指　　标	营业利润	营业外收入	补贴收入	利润总额	应交所得税	应付职工薪酬（本年贷方累计发生额）
总　　计	**5800**	**5132**	**107**	**3661**	**2067**	**40704**
按餐饮业行业小类分						
正餐服务	3429	631	107	1480	1158	37074
快餐服务	2754	2		－1299	39	3360
饮料及冷饮服务	－383	4500		3481	870	269
其他饮料及冷饮服务	－383	4500		3481	870	269
按登记注册类型分						
内资企业	5825	4783	107	3796	1372	33938
国有企业	－34			－193		240
集体企业	71			71		45
股份合作企业	2			2		46
有限责任公司	4343	168	107	433	209	26425
其他有限责任公司	4343	168	107	433	209	26425
股份有限公司	71			62	42	228
私营企业	1372	4615		3436	1120	6849
私营独资企业	358			155		592
私营合伙企业						
私营有限责任公司	989	4615		3256	1120	6131
私营股份有限公司	25			25		127
其他企业				－16		105
港、澳、台商投资企业	－726	334		－1182	322	1369
与港澳台商合资经营企业	－960	131		－829	97	271
与港澳台商合作经营企业						
港澳台商独资企业	－172	203		－353	226	992
港澳台商投资股份有限公司	406					106
其他港澳台投资企业						
外商投资企业	700	15		1048	373	5398
中外合资经营企业	68	14		367	21	4177
中外合作经营企业	15			16	11	22
外资企业	617	1		665	341	1199
按控股情况分						
国有控股	410			－36	38	753
集体控股	71			71		45
私人控股	4993	4801	107	3697	1297	13183
港澳台商控股	－587	325		－1052	237	1192
外商控股	617	1		665	341	1199
其他	297	5		316	156	24332
按经营形式分						
独立门店	6829	4950		4592	2016	32925
连锁总店(总部)	－1286	70		－1341	18	7122
连锁门店						
其他	257	113	107	410	34	657
按单位规模分						
大型	－1106	16		－1217		6886
中型	337	114	107	446	112	1118
小型	6457	5002		4371	1927	32530
微型	111			61	27	170

主要统计指标解释

批发贸易 指所有那些向国内外生产经营单位和专门从事商品买卖的中介机构（以上均包括个体经营者）出售商品的活动。凡是将商品卖给国内外批发、零售企业（单位、个体经营者）和农业、工业、建筑业、运输邮电业、服务业企业（单位、个体经营者）的活动，都称之为批发贸易。

零售贸易 是指所有那些向最终消费者（城乡居民）和社会公共消费者（社会集团）出售商品的活动。其中，既包括批发零售贸易业、餐饮企业、单位从事的零售贸易，也包括除上述单位以外的企业、单位如工业、农业等从事的零售贸易。

餐饮业 指从事食品的烹饪、调制并直接售给居民和社会集团的机构。包括中西餐馆、饭馆、各种小吃店、冷饮店、酒店、茶馆等。

社会消费品零售总额 指国民经济各行业直接售给城乡居民和社会集团的消费品总额。它是反映各行业通过多种商品流通渠道向居民和社会集团供应的生活消费品总量，是研究国内零售市场变动情况、反映经济景气程度的重要指标。社会消费品零售总额包括：⑴售给城乡居民作为生活用的商品和修建房屋用的建筑材料；⑵售给社会集团的各种办公用品和公用消费品；⑶售给机关、团体、学校、部队、企业、事业单位的职工食堂和旅店（招待所）附设专门供本店旅客食用，不对外营业的食堂的各种食品、燃料；企业、单位和国营农场直接售给本单位职工和职工食堂的自己生产的产品；⑷售给部队干部、战士生活用的粮食、副食品、衣着品、日用品、燃料；⑸售给来华的外国人、华侨、港澳台同胞的消费品；⑹居民自费购买的中、西药品、中药材及医疗用品；⑺报社、出版社直接售给居民和社会集团的报纸、图书、杂志，集邮公司出售的新、旧纪念邮票、特种邮票、首日封、集邮册、集邮工具等；⑻旧货寄售商店自购、自销部分的商品；⑼煤气公司、液化石油气站售给居民和社会集团的煤气灶具和罐装液化石油气；⑽农民售给非农业居民和社会集团的商品。不包括售给国民经济各部门企业、事业单位（包括国有经济的农场）生产经营用的各种原材料、燃料、设备、工具等和售给批发零售贸易业、餐饮业作为转卖用的商品，旧货寄售商店受托寄售卖出的商品，服务业的营业收入，邮局出售邮票的收入，自来水、电力、煤气生产（供应）单位的产品供应收入，也不包括农民之间的商品销售。

批发零售贸易业商品销售总额 指对本企业（单位）以外的单位和个人出售（包括对境外直接出口）的商品总额。它反映批发零售贸易业在国内市场上销售商品以及出口商品的总量。商品销售总额包括：⑴售给城乡居民和社会集团消费用的商品；⑵售给工业、农业、建筑业、运输邮电业、批发零售贸易业、餐饮业、服务业等作为生产、经营使用的商品；⑶售给批发零售贸易业作为转卖或加工后转卖的商品；⑷对国（境）外直接出口的商品。不包括出售本企业（单位）自用的废旧包装用品；未通过买卖行为付出的商品；经本单位介绍，由买卖双方直接结算，本单位只收取手续费的业务；购货退出的商品以及商品损耗和损失等。

批发零售贸易业期末库存总额 指报告期末各种登记注册类型的批发零售贸易企业（单位）已取得所有权的商品。它反映批发零售贸易企业（单位）的商品库存情况和对市场商品供应的保证程度。期末库存包括：⑴存放在批发零售贸易业经营单位（如门市部、批发站、经营处）仓库、货场、货柜和货架中的商品；⑵挑选、整理、包装中的商品；⑶已记入购进而尚未运到本单位的商品，即发货单或银行承兑凭证已到而货未到的部分；⑷寄放他处的商品，如因购货方拒绝承付而暂时存放在购货方的商品和已办完加工成品收回手续而未提回的商品；⑸委托其他单位代销（未作销售或调出）尚未售出的商品；⑹代其他单位购进尚未交付的商品。不包括所有权不属于本单位的商品、拨付除批发零售贸易业以外的其他行业所属独立核算加工厂等加工生产尚未收回成品的商品、代国家物资储备部门保管的商品等。库存总额采用的计算价格是：农副产品采购单位按购进价计算；批发单位按进货价计算；零售单位按核算价格计算，即按什么价格核算就按什么价格计算。

消费品市场成交额 指从事消费品交易的商品市场的全部商品成交金额。消费品市场包括农副产品市场和工业消费品市场。

十六　对外经济贸易和旅游

Foreign Trade and Economic Cooperation and Tourism

16－1　1988－2014年海关进出口总值及构成情况

年份	进出口总值(亿美元)			构成(%)		
	合计	进口	出口	合计	进口	出口
1988	2.25	0.49	1.76	100	21.8	78.2
1989	2.81	0.84	1.97	100	29.9	70.1
1990	3.43	1.15	2.28	100	33.5	66.5
1991	4.35	1.46	2.89	100	33.6	66.4
1992	6.37	2.29	4.08	100	36.0	64.0
1993	9.97	4.53	5.44	100	45.4	54.6
1994	18.77	8.45	10.32	100	45.0	55.0
1995	18.26	8.70	9.56	100	47.7	52.3
1996	17.51	9.24	8.27	100	52.8	47.2
1997	14.59	6.21	8.38	100	42.6	57.4
1998	11.17	5.06	6.11	100	45.3	54.7
1999	10.33	4.78	5.55	100	46.3	53.7
2000	12.10	5.10	7.00	100	42.1	57.9
2001	12.66	6.43	6.23	100	50.8	49.2
2002	17.12	9.18	7.94	100	53.6	46.4
2003	19.05	9.96	9.09	100	52.3	47.7
2004	20.99	12.19	8.80	100	58.1	41.9
2005	27.12	14.83	12.29	100	54.7	45.3
2006	27.70	14.40	13.30	100	52.0	48.0
2007	29.98	14.22	15.76	100	47.4	52.6
2008	36.45	18.96	17.49	100	52.0	48.0
2009	36.93	22.19	14.74	100	60.1	39.9
2010	43.73	23.86	19.87	100	54.6	45.4
2011	51.18	28.54	22.63	100	55.8	44.2
2012	53.34	34.74	18.60	100	65.1	34.9
2013	65.43	36.43	29.00	100	55.7	44.3
2014	68.08	33.64	34.44	100	49.4	50.6

16－2　利用外资情况

指标	新签协议(合同)个数(个)		新签协议(合同)外资金额(万美元)		实际使用外资金额(万美元)	
	2013年	2014年	2013年	2014年	2013年	2014年
合计	**52**	**64**	**38573**	**42140**	**226242**	**272125**
借用外国资金						
外商直接投资	**52**	**64**	**38573**	**42140**	**226242**	**272125**
合资经营	23	21	8996	17359	95014	51391
合作经营	1	3	2	29		
独资经营	28	40	29575	24753	109038	115700
其他					22190	105033
外商其他投资						

16－3　海关进出口总值情况

（2014 年）　　单位：万美元

指　　标	进出口		出　　口		进　　口	
	数值	增长(%)	数值	增长(%)	数值	增长(%)
合　　计	**680795**	**4.1**	**344360**	**18.8**	**336436**	**-7.6**
按企业性质分						
国有企业	298231	-2.1	54647	27.1	243584	-7.0
外商投资企业	75963	-17.9	29565	-14.9	46397	-19.7
中外合作企业	2	-90.8	2	-90.3		-94.7
中外合资企业	40613	-27.0	18031	-33.2	22583	-21.1
外商独资企业	35348	-4.2	11533	49.6	23815	-18.4
民营企业	306598	19.4	260147	22.6	46451	4.1
集体企业	2264	-4.4	1083	8.8	1181	-13.9
私营企业	304334	19.6	259064	22.6	45270	4.6
个体工商户	1	-79.2	1	-79.2		
其　　他	3	-86.1			3	-86.1
按贸易方式分						
一般贸易	641096	1.6	311279	13.9	329817	-7.9
国家间、国际组织无偿援助和赠送的物资	4				4	
其他境外捐赠物资						
加工贸易	9767	10.7	5451	-5.5	4316	41.2
补偿贸易						
来料加工	1342	24.7	637	21.1	704	28.0
进料加工	8426	8.7	4814	-8.2	3612	44.1
寄售、代销贸易						
边境贸易	88	-1.3	72	-18.1	15	2149.9
边境小额贸易	88	31.4	72	9.4	15	2149.9
旅游购物商品						
加工贸易进口设备						
对外承包工程出口货物	27418	157.1	27418	157.1		
租赁贸易						
外商投资企业作为投资进口的设备物品	736	-70.3			736	-70.3
出料加工贸易	29	424.3	24	342.5	4	
易货贸易						
免税外汇商品						
两区一库仓储	1030	148.7			1030	225.2
保税监管场所进出境货物	1030	148.7			1030	225.2
保税区仓储转口货物						
出口加工区进口设备						
其他贸易	627	17.9	115	66.8	513	10.7
按运输方式分						
江、海运输	606272	11.8	301713	28.8	304559	-1.2
铁路运输	16711	-51.2	13630	0.4	3081	-85.1
汽车运输	21721	13.1	19660	4.7	2062	383.5
航空运输	35966	-38.3	9344	-60.0	26622	-23.9
邮件运输	95	105.1	4	-84.1	91	292.3
其他运输	30	21.7	9	-57.1	21	489.3

16－4　海关分国家(地区)进出口总值情况

(2014 年)　　单位:万美元

指　　标	进出口		出　口		进　口	
	数值	增长(%)	数值	增长(%)	数值	增长(%)
合　　计	**680795**	**4.1**	**344360**	**18.8**	**366436**	**-7.6**
亚　洲	**128842**	**-14.0**	**109371**	**-16.3**	**19472**	**2.0**
巴　林	388	-56.3	388	-56.3		
孟加拉国	1351	172.4	1351	172.5		-30.9
缅　甸	26	-83.1	26	-83.1		
柬埔寨	316	38.9	65	-71.3	251	
塞浦路斯	331	108.8	331	108.8		
香　港	6726	-68.8	6597	-69.2	128	-7.6
印　度	21598	-23.9	21234	-24.9	364	193.6
印度尼西亚	11420	143.4	11372	147.0	49	-45.2
伊　朗	1611	-61.2	1469	-61.4	143	-59.1
伊拉克	75	-79.7	75	-79.7		
以色列	1056	-30.5	777	-30.0	278	-31.7
日　本	18349	-15.1	10602	-17.0	7747	-12.3
约　旦	545	-32.9	545	-32.9		
科威特	184	113.6	184	113.6		
黎巴嫩	342	28.0	342	28.0		
澳　门	1	-0.2	1	-0.2		
马来西亚	4206	-43.4	3934	-45.0	272	-2.7
马尔代夫	5	-78.2	5	-78.2		
蒙　古	1755	238.8	396	-23.6	1360	
阿　曼	17	-97.5	17	-97.5		
巴基斯坦	3328	-49.9	3325	-50.0	3	96.0
菲律宾	2061	-5.8	1367	-25.9	694	101.6
卡塔尔	339	62.6	339	107.1		
沙特阿拉伯	1169	-65.6	1138	-66.5	31	52311.5
新加坡	5733	-8.5	4393	-9.0	1339	-6.9
韩　国	15237	22.2	11691	34.0	3546	-5.3
斯里兰卡	711	23.0	711	23.0		
叙利亚	160	2715.6	160	2715.6		
泰　国	3942	-8.7	2592	-10.0	1350	-5.9
土耳其	8587	322.9	8459	330.9	128	89.8
阿拉伯联合酋长国	1723	-60.6	1722	-60.6		-98.5
也门共和国	96	-82.4	96	-82.4		
越　南	5980	38.3	5552	34.6	428	115.4
台湾省	4586	8.5	3792	18.9	794	-23.6
哈萨克斯坦	1978	132.9	1933	142.0	45	-11.4
塔吉克斯坦	32	24.0	32	24.0		
土库曼斯坦	315	-59.1	315	-59.1		
乌兹别克斯坦	1532	349.5	1532	349.5		

16－4续表1　　（2014年）　　单位:万美元

指　　标	进出口		出　口		进　口	
	数值	增长(%)	数值	增长(%)	数值	增长(%)
非　洲	**14146**	**－22.0**	**12939**	**－25.6**	**1026**	**64.6**
阿尔及利亚	187	－88.6	187	－88.6		
安哥拉	1828	72.6	1828	72.6		
贝　宁	73	－91.0	73	－91.0		
博茨瓦那	1	－97.6	1	－97.6		
喀麦隆	22	－40.5	22	－40.5		
刚　果	16	46.6	16	149.4		
吉布提	30	－94.6	30	－94.6		
埃　及	1928	18.4	1928	18.4		
埃塞俄比亚	150	24.9	150	28.7		
加　蓬	37	－42.9	34	－47.5	3	
冈比亚						
加　纳	176	－62.9	176	－62.9		
几内亚	64	－81.0	64	－81.0		
科特迪瓦共和国	201	418.2	200	415.6	1	
肯尼亚	233	－71.0	233	－71.0		
利比亚	17	－86.2	17	－86.2		
马达加斯加	10	－37.8	10	－37.8		
马　里						
毛里塔尼亚						
毛里求斯	92	－33.9	92	－33.9		
摩洛哥	185	－74.3	185	－74.3		
莫桑比克	308	－21.3	308	39.7		
纳米比亚	52	26.6	52	26.6		
尼日利亚	2436	25.0	2436	25.0		
塞内加尔	6	－57.2	6	－57.2		
南　非	905	－62.1	864	－62.6	42	－47.8
苏　丹	4387	31.6	3666	27.8	722	54.6
坦桑尼亚	175	26.6	174	29.8	1	－71.6
多　哥	52	－79.4	52	－79.4		
突尼斯	5	－99.3	5	－99.3		
乌干达	36	－60.2	36	－60.2		
欧　洲	**246968**	**30.0**	**176147**	**100.5**	**70822**	**－30.6**
比利时	3132	23.3	1525	－13.2	1607	105.3
丹　麦	2798	69.8	1810	46.9	988	138.1

16－4 续表 2　　（2014 年）　　单位:万美元

指　　标	进出口		出　口		进　口	
	数值	增长(%)	数值	增长(%)	数值	增长(%)
英　国	9279	－26.0	3583	－50.9	5696	8.5
德　国	34593	－5.0	9456	－6.6	25138	－4.4
法　国	10266	－49.6	2026	－40.0	8240	－51.5
爱尔兰	4715	－46.6	26	－45.8	4690	－46.6
意大利	8596	－20.5	1936	－68.9	6659	45.0
荷　兰	5708	－53.6	3286	－69.0	2422	42.1
希　腊	954	148.6	954	149.1		－98.3
葡萄牙	969	－1.4	940	13.0	29	－80.7
西班牙	6856	14.6	1889	－2.5	4967	22.8
阿尔巴尼亚	19	－73.8	18	－74.5	1	
奥地利	660	－36.8	121	24.3	539	－43.1
保加利亚	493	－46.5	456	－50.0	37	526508.6
芬　兰	485	－8.2	426	－11.0	59	18.7
匈牙利	281	34.0	61	7.0	220	52.5
冰　岛	1	－57.9	1	－57.9		
挪　威	520	140.6	438	141.3	82	136.7
波　兰	1774	－69.9	680	－81.0	1094	－53.0
罗马尼亚	168	－63.7	108	－68.3	60	－50.9
瑞　典	863	－77.3	598	－77.3	265	－77.4
爱沙尼亚	21	－54.2	7	－83.9	14	
拉脱维亚	132	53.3	132	52.7	1	716.0
立陶宛	183	79.1	118	16.1	64	100848.4
格鲁吉亚	41	－60.9	41	－60.8		
亚美尼亚	25	42.0	25	42.0		
阿塞拜疆	38	－82.3	36	－65.7	2	－98.2
白俄罗斯	2961	－0.7	2083	368.6	878	－65.4
摩尔多瓦	3	73.3	3	72.8		
俄罗斯联邦	146482	175.9	142133	339.5	43479	－79.0
乌克兰	596	－21.8	445	－33.1	150	55.9
斯洛文尼亚共和国	278	－58.6	226	－65.9	51	561.8
克罗地亚共和国	28	－70.5	28	－69.7		
捷克共和国	313	20.8	162	54.1	150	－2.1
斯洛伐克共和国	60	－61.9	49	－49.5	11	－81.6
塞尔维亚	5	135.7	5	132.2		

16－4 续表 3　　（2014 年）　　单位：万美元

指　　标	进出口		出　口		进　口	
	数值	增长(%)	数值	增长(%)	数值	增长(%)
拉丁美洲	**131751**	**－13.8**	**20550**	**－10.2**	**111201**	**－14.4**
阿根廷	23604	234.1	442	－64.5	23162	298.0
伯利兹						
巴　西	85816	－31.8	4202	－13.5	81614	－32.6
智　利	1276	－27.3	1043	－36.7	233	118.7
哥伦比亚	862	－11.3	862	－11.1		
哥斯达黎加	42	27.8	42	27.8		
古　巴	924	401.9	924	401.9		
多米尼加共和国	45	－25.1	44	－24.1		
厄瓜多尔	9946	128.3	9946	128.3		
危地马拉	172	54.0	172	54.0		
圭亚那	802	－29.8	291	－72.2	511	430.9
洪都拉斯	16	－98.4	16	－98.4		
牙买加	81	－28.1	81	－28.1		
墨西哥	1199	－35.0	1025	－36.4	174	－24.9
尼加拉瓜	15	6.0	15	6.0		
巴拿马	452	－63.1	452	－63.1		
巴拉圭	167	－15.7	167	－15.7		
秘　鲁	405	－88.3	405	－87.6		
波多黎各	46	92.5	46	92.5		
萨尔瓦多	21	－57.5	21	－57.5		
苏里南	26	3.8	3	－86.3	22	
特立尼达和多巴哥	57	270.0	57	270.0		
乌拉圭	5602	97.5	118	－70.5	5,484	125.2
委内瑞拉	158	－59.9	157	－60.1	1	
北美洲	**144019**	**12.8**	**23044**	**－17.9**	**120974**	**21.5**
加拿大	7689	－8.2	2773	－34.2	4916	18.1
美　国	136330	14.3	20271	－15.0	116058	21.6
大洋洲	**15028**	**－5.1**	**2307**	**－24.6**	**12721**	**－0.5**
澳大利亚	6175	－24.7	1911	－28.6	4264	－22.8
斐　济	37	－12.6	37	－12.1		
新西兰	8797	16.2	341	8.7	8456	16.5
巴布亚新几内亚	4	－62.5	4	－62.5		

16－5　海关主要商品出口数量和金额情况

（2014 年）

商　　品	单 位	数 量	增 长（%）	金 额（万美元）	增 长（%）
谷物及谷物粉	吨	32442	－23.5	272	－16.6
稻谷大米	吨	31717	－25.2	2671	－18.3
蔬　菜	吨	7939	－10.7	817	－18.7
干的食用菌类	吨	8	－39.6	7	－7.8
鲜、干水果及坚果	吨	226	－46.9	32	－38.2
食用油籽	吨	10509	94.5	1417	58.9
大　豆	吨	3853	993.0	322	821.1
啤　酒	万升	304	5.4	253	2.1
肠　衣	吨	1966	－0.5	2114	－0.6
中药材及中式成药	吨	644	－24.0	761	－45.8
烤　烟	吨	2977	－18.7	1080	－29.6
锯　材	立方米	7125	－99.9	612	－20.4
生　丝	吨	1	102.3	8	96.7
黏土及其他耐火矿物	吨	30417	－68.5	457	－67.4
天然石墨	吨	710	－40.9	52	－40.2
石　蜡	吨	8342	－32.0	1054	－35.1
医 药 品	吨	4087	7.3	6961	－16.6
抗菌素（制剂除外）	吨	2568	10.2	5118	－24.0
中式成药	吨	333	－16.0	378	－19.4
医用敷料	吨	42	－26.8	113	19.7
家用或装饰用木制品	吨	3173	－5.3	288	11.4
亚麻及苎麻机织物	万米	881	－5.1	2763	3.9
地　毯	平方米	207571	－35.6	239	－33.3
水泥及水泥熟料	吨	8694	－37.9	57	－32.1
花岗岩石材及制品	吨	1420	－61.5	464	－21.6
平板玻璃	平方米	50579	－18.7	26	22.3
钢　材	吨	29237	－19.9	3905	－9.8
钢铁棒材	吨	4855	26.2	307	45.8
角钢及型钢	吨	3039	－44.3	455	9.8
钢铁板材	吨	14389	7.9	1393	6.6
钢铁线材	吨	2485	－48.7	212	－38.0
钢铁管配件	吨	648	－59.4	753	38.3

16－5 续表 (2014 年)

商　　品	单 位	数 量	增 长 (%)	金 额 (万美元)	增 长 (%)
铜　材	吨	79	－30.8	137	14.2
未锻造的铝及铝材	吨	3776	46.6	1424	49.9
铝　材	吨	3776	46.6	1424	49.9
钢铁或铜制标准紧固件	吨	1010	－23.6	419	－15.5
餐桌、厨房及其他家用搪瓷器	吨	42	1185.5	85	4832.8
手用或机用工具	吨	1444	－9.2	2024	38.2
金属加工机床	万台	17247	－14.1	914	39.8
车　床	台	43	－37.7	80	53.4
电子计算器	台	162553	－65.1	60	－28.8
自动数据处理设备及其部件	台	228276	－57.6	324	45.3
自动数据处理设备的零件	吨	43	－52.6	131	－11.9
轴　承	万套	1182	70.8	1117	21.2
电动机及发电机	万台	11	1258.5	358	217.3
变 压 器	个	12584	7915.3	2382	190.3
静止式变流器	个	1652955	－3.9	1785	10.4
原 电 池	万个	101	253.7	26	345.0
蓄 电 池	万个	59	242.3	4048	－48.8
汽车(包括整套散件)	辆	1789	－81.9	2093	－66.0
皮革服装	件	6636	1126.6	28	561.4
织物制手套	万双	155	33.5	131	21.6
织物制袜子	万双	63	－11.2	85	28.4
帽　类	万个	137	14.3	357	33.1
鞋	万双	817	－9.2	8647	38.7
外底及鞋面均以橡胶或塑料制的鞋	万双	564	84.9	5154	178.8
皮 面 鞋	万双	144	－17.1	1963	14.9
橡胶或塑料底纺织材料为面的鞋	万双	97	75.3	1249	376.6
鞋靴零件、护腿及类似品	吨	447	－23.8	489	－28.3
足球、篮球、排球	万个	81	－12.4	160	0.7
伞	万把	2	－84.6	28	－86.0
柳编结品	吨	368	38.6	108	7.3

16－6　海关主要商品进口数量和金额情况

（2014 年）

商　　品	单　位	数　量	增　长（%）	金　额（万美元）	增　长（%）
大　豆	吨	33999	19.7	190589	12.7
原　木	立方米	35133	-99.7	887	252.0
锯　材	立方米	38046	-99.9	1202	-7.4
成品油	吨	136	-97.7	72	-90.5
医药品	吨	64	-3.4	322	32.5
聚合物油漆及清漆	吨	267	555.2	123	195.9
初级形状的塑料	吨	384	-85.0	120	-79.7
初级形状的聚乙烯	吨	108	-90.3	17	-90.4
非泡沫塑料的板、片、膜、箔	吨	24	-21.9	82	59.9
纸及纸板(未切成形的)	吨	1617	-55.1	389	-21.9
牛皮纸	吨	827	-70.6	56	-68.2
玻璃纤维及其制品	吨	5	-99.1	87	-43.1
钢　材	吨	15136	19.4	12560	95.8
钢铁棒材	吨	30	-62.6	19	-82.9
钢铁板材	吨	240	-94.2	214	-71.7
钢铁管材及空心异形材	吨	12851	136.3	11800	137.9
钢铁制标准紧固件	吨	97	-51.3	172	-51.5
铜　材	吨	412	-9.5	565	-4.7
铝　材	吨	62	67.8	77	-0.1
活塞式内燃机的零件	吨	20	-88.6	170	-43.4
液泵及液体提升机	台	1153	-62.3	282	-63.0
制冷设备用压缩机	台	215	-39.9	4	-48.9
非家用型水的过滤、净化机器	台	63	-3.1	82	-38.7
自动数据处理设备的零件	吨			1	1076.5
电动机及发电机	台	2072	-51.1	2112	-16.6
电容器	吨	13	-81.2	34	-72.9
印刷电路	块	4	-100.0	2	-8.0
二极管及类似半导体器件	万个	229	812.5	1039	386.4
集成电路	万个	2	-73.9	409	-27.1
汽车(包括整套散件)	辆	2	100.0	26	173.5
航空器零件	吨	26	-6.4	1690	-34.0
塑料制品	吨	95	-33.0	85	-48.5

16－7 "三资"企业情况

(2014 年)

指标	新签协议(当年)		客商实际直接投资(万美元)
	合同数(个)	客商投资额(万美元)	
合 计	**64**	**42140**	**272125**
按经济类型分			
合资经营企业	21	17359	51391
合作经营企业	3	29	
外资企业	40	24753	115700
其它			105033
按行业分			
农、林、牧、渔业			5170
制造业	11	5073	96846
食品加工业	1	16	2141
食品制造业	2	7	26838
饮料制造业	2	3299	14958
医药制造业	3	900	13872
塑料制品业			8159
非金属矿物制品业			131
黑色金属冶炼及压延加工业			143
通用机械制造业	1		3279
交通运输设备制造业			2791
电气机械及器材制造业	1	559	
木制品制造业			153
专用设备制造业	1	293	14096
其他制造业			7447
电力、煤气及水的生产和供应业			5095
建筑业	2	40	
交通运输、仓储及邮电通信业			2316
信息传输、计算机服务和软件业			1589
批发和零售业	24	14257	16505
住宿和餐饮业	4	16	2923
金融业	3	5771	101239
房地产业	2	5103	22984
租赁和商务服务业	11	11297	10016
专业技术服务业			398
科学研究和综合技术服务业	2	211	22
居民服务和其他服务业	2	1	256
公共设施管理业			6765
文化体育和娱乐业	3	372	

16－7续表　　　　　　　　　　（2014年）

指　　标	新签协议(当年)		客商实际直接投资（万美元）
	合同数（个）	客商投资额（万美元）	
按投资国别和地区分			
亚　洲	**47**	**30897**	**226335**
香　港	25	29812	199226
澳　门	1	187	
台湾省			463
马来西亚			49
新加坡	2	98	23018
日　本			3047
韩　国	17	775	532
印　度	1	2	
哈萨克斯坦	1	23	
非　洲			**547**
毛里求斯			547
欧　洲	**6**	**3138**	**20557**
瑞　士			5511
法　国			1814
意大利			2428
英　国			6768
比利时			3936
俄罗斯	5	26	100
丹　麦	1	3112	
拉丁美洲			**3380**
英属维尔京群岛			3380
北美洲	**4**	**1749**	**18770**
加拿大			57
美　国	3	949	3517
巴巴多斯			2300
开曼群岛	1	800	9654
百慕大			3242
大洋洲	**3**	**100**	
澳大利亚	2	11	
新西兰	1	89	
萨摩亚			
其　它	**4**	**6257**	**2536**

注：客商实际直接投资（直接使用外资＋非直接使用外资）

16－8　1991－2014 年利用外资、国际旅游及指数情况

年　　份	外商直接投资项目数（个）	外商直接投资协议金额（万美元）	外商实际直接投资金额（万美元）	接待海外旅游者人数（人次）	接待海外旅游者人数（人天）	旅　　游外汇收入（万美元）
绝 对 数						
1991	106	5756	1301	67891	223447	724
1992	415	26986	3375	95146	357727	1123
1993	714	45443	7096	84188	259312	1132
1994	333	29169	11310	65191	219918	1122
1995	367	54223	14355	68672	152543	1184
1996	159	20012	15000	100459	216405	1992
1997	85	12000	16200	120387	233819	3420
1998	93	15000	15000	132451	262260	4021
1999	144	18548	15095	144606	282691	4442
2000	105	16394	16700	155083	338081	5772
2001	126	24100	18400	169722	369878	6701
2002	110	21500	20500	184253	425404	7572
2003	125	32270	22603	145538	340909	6066
2004	118	89304	25700	183818	462074	8465
2005	124	53252	31149	203901	620013	11567
2006	117	43153	37200	237498	695217	13340
2007	114	44311	44419	269628	749465	15000
2008	82	43611	54309	297107	774717	18034
2009	99	33173	60492	240270	519959	14540
2010	83	36708	70010	263609	504040	14272
2011	77	38914	79404	277215	769020	16918
2012	57	54265	190001	241134	507361	11333
2013	52	38573	226243	210571	430953	9821
2014	64	42140	272125	205870	454787	10475
指数（上年＝100）						
1992	391.5	468.8	259.4	140.1	160.1	155.1
1993	172.0	168.4	210.3	88.5	72.5	100.8
1994	46.6	64.2	159.4	77.4	84.8	99.1
1995	110.2	185.9	126.9	105.3	69.4	105.5
1996	43.3	36.9	104.5	146.3	146.3	168.2
1997	53.5	60.0	108.0	119.8	108.0	171.7
1998	109.4	125.0	92.6	110.0	112.2	117.6
1999	154.8	123.7	100.6	109.2	107.8	110.5
2000	72.9	88.4	110.6	107.3	119.6	129.9
2001	120.0	130.5	110.2	109.4	109.4	116.1
2002	87.3	89.2	133.7	108.6	115.0	113.0
2003	113.6	150.1	110.2	78.0	80.1	80.1
2004	94.4	276.7	105.2	126.0	95.0	139.5
2005	105.1	59.6	121.2	111.0	134.2	136.6
2006	94.4	81.0	119.2	116.5	112.1	115.3
2007	97.4	102.7	119.4	113.5	107.8	112.4
2008	71.9	98.4	122.3	110.1	106.5	117.7
2009	120.7	76.1	111.4	80.9	67.1	80.6
2010	83.8	110.7	115.7	109.7	96.9	98.2
2011	92.8	106.0	113.4	105.2	152.6	118.5
2012	74.0	139.4	239.3	87.0	66.0	67.0
2013	91.2	71.1	119.1	87.3	84.9	86.7
2014	123.1	109.2	120.3	97.8	105.5	106.7

16－9　2009－2014 年旅游业情况

指　　标	单位	2009 年	2010 年	2011 年	2012 年	2013 年	2014 年	2014 年比 2013 年增长（%）
接待海外旅游者人数	**人次**	**240270**	**263609**	**277215**	**241134**	**210571**	**205870**	**－2.2**
外国人	人次	188270	211759	235861	183840	167307	169165	1.1
港澳和台湾同胞	人次	52000	51850	41354	57294	43264	36705	－15.2
接待海外旅游者人天数	**人天**	**519959**	**504040**	**769020**	**507361**	**430953**	**454787**	**5.5**
外国人	人天	425336	416609	660411	378425	340878	347488	1.9
港澳和台湾同胞	人天	94623	87431	108609	128936	90075	107299	19.1
接待国内旅游者人数	**万人次**	**3749**	**4124**	**4358**	**5052**	**5526**	**5990**	**8.4**
旅游总收入	**亿元**	**310**	**382**	**459**	**554**	**669**	**787**	**17.7**
旅游外汇收入	**万美元**	**14540**	**14272**	**16918**	**11333**	**9821**	**10475**	**6.7**
国内旅游收入	**亿元**	**300.3**	**371.8**	**447.9**	**547.1**	**662.4**	**780.4**	**17.8**
限额以上住宿业经营情况								
星级住宿业户数	个	100	89	91	86	89	89	
五星级企业户数	个	3	3	2	2	2	2	
四星级企业户数	个	21	21	22	24	25	25	
三星级企业户数	个	51	51	53	50	52	54	3.8
年末拥有床位数	个	26447	25701	26617	27825	20000	20000	

主要统计指标解释

海关进出口总额 指实际进出我国国境的货物总金额。包括对外贸易实际进出口货物，来料加工装配进出口货物，国家间、联合国及国际组织无偿援助物资和赠送品，华侨、港澳台同胞和外籍华人捐赠品，租赁期满归承租人所有的租赁货物，进料加工进出口货物，边境地方贸易及边境地区小额贸易进出口货物（边民互市贸易除外），中外合资企业、中外合作经营企业、外商独资经营企业进出口货物和公用物品，到、离岸价格在规定限额以上的进出口货样和广告品（无商业价值、无使用价值和免费提供出口的除外），从保税仓库提取在中国境内销售的进口货物，以及其他进出口货物。进出口总额用以观察一个国家在对外贸易方面的总规模。我国规定出口货物按离岸价格统计，进口货物按到岸价格统计。

利用外资 指我国各级政府、部门、企业和其他经济组织通过对外借款、吸收外商直接投资以及用其他方式筹措的境外现汇、设备、技术等。

对外借款 是我国利用外资的重要部分。指通过对外正式签订借款协议，从境外筹措的资金，包括外国政府贷款、国际金融组织贷款、外国银行商业贷款、出口信贷以及对外发行债券等。1996 年及以前还包括对外发行股票。

外商直接投资 指外国企业和经济组织或个人（包括华侨、港澳台胞以及我国在境外注册的企业）按我国有关政策、法规，用现汇、实物、技术等在我国境内开办外商独资企业、与我国境内的企业或经济组织共同举办中外合资经营企业、合作经营企业或合作开发资源的投资（包括外商投资收益的再投资），以及经政府有关部门批准的项目投资总额内企业从境外借入的资金。

外商其他投资 指除对外借款和外商直接投资以外的各种利用外资的形式。包括企业在境内外股票市场公开发行的以外币计价的股票（目前主要是在香港证券市场发行的 H 股和在境内证券市场发行的 B 股）发行价总额，国际租赁进口设备的应付款，补偿贸易中外商提供的进口设备、技术、物料的价款，加工装配贸易中外商提供的进口设备、物料的价款。

旅游人数 指来我国参观、访问、旅行、探亲、访友、休养、考察、参加会议和从事经济、科技、文化、教育、体育、宗教等活动的外国人、华侨、港澳和台湾同胞的人数。不包括外国在我国的常驻机构，如使领馆、通讯社、企业办事处的工作人员和来我国常住的外国专家、留学生等。

旅游者人数 包括入境国际旅游者人数、出境居民人数和国内旅游者人数。⑴入境国际旅游者人数：指来中国参观、访问、旅行、探亲、访友、休养、考察、参加会议和从事经济、科技、文化、教育、宗教等活动的外国人、华侨、港澳同胞和台湾同胞的人数。不包括外国在我国的常驻机构，如使领馆、通讯社、企业办事处的工作人员；来我国常住的外国专家、留学生以及在岸逗留不过夜人员。⑵出境居民人数：指大陆居民因公务活动或私人事务短期出境的人数。公务活动出境居民人数包括在国际交通工具上的中国服务员工，因私出境居民人数不包括在国际交通工具上的中国服务员工。⑶国内旅游者人数：指我国大陆居民和在我国常住 1 年以上的外国人、华侨、港澳台同胞离开常住地在境内其他地方的旅游设施内至少停留一夜，最长不超过 6 个月的人数。

旅游外汇收入 指国内各部门为来我国旅游的外国人、华侨、港澳和台湾同胞提供商品和劳务而得到的外汇收入。包括供应商品、饮食和提供住宿、交通、邮电、文化娱乐、导游等各项服务所得的全部外汇收入。

十七 服务业

Service

17－1　规模以上服务业企业经济效益情况

（2014 年）

指　　标	企业数（个）	年末资产负债		
		年初存货	固定资产原　值	本年折旧
总　　计	**346**	**1122904**	**5827417**	**447613**
按登记注册类型分				
内资企业	325	1079933	3701423	310795
国有企业	62	982250	1750258	141250
集体企业	5	89	7544	782
股份合作企业	2	123	8338	350
联营企业				
国有联营企业				
集体联营企业				
国有与集体联营企业				
其他联营企业				
有限责任公司	162	62781	1353767	106551
国有独资公司	20	26157	522743	39666
其他有限责任公司	142	36623	831024	66885
股份有限公司	27	26397	446073	51086
私营企业	64	8226	132606	10485
私营独资企业	4	201	2932	427
私营合伙企业				
私营有限责任公司	56	8022	112151	9242
私营股份有限公司	4	2	17523	816
其他企业	3	68	2837	291
港、澳、台商投资企业	10	32341	2070520	133998
合资经营企业（港或澳、台资）	2	102	13809	464
合作经营企业（港或澳、台资）	2	71	7282	329
港、澳、台商独资经营企业	5	32057	2002732	131578
港、澳、台商投资股份有限公司	1	111	46697	1628
外商投资企业	11	10630	55474	2820
中外合资经营企业	10	10573	47530	2641

单位:万元

年末资产负债			损益与分配			
资产总计	负债合计	所有者权益合计	营业收入	主营业务收　　入	营业成本	主营业务成　　本
15158348	**7227659**	**7930690**	**4224774**	**4121392**	**3163484**	**3107165**
13111128	5913021	7198107	3820791	3720314	2908814	2858432
3203394	2055290	1148104	1547594	1491380	1086345	1065526
10150	4868	5282	6056	6056	4380	4133
12168	9887	2281	5233	5199	2299	2297
8414421	2535368	5879053	846034	824932	572981	549466
6542378	1611794	4930584	160560	154623	86554	85593
1872042	923574	948468	685474	670308	486427	463874
1066941	1078007	－11066	1231959	1212052	1129737	1129734
398765	224836	173929	178283	175064	110656	104859
3306	1638	1668	5162	5162	3398	2609
373799	213981	159818	167434	165693	105578	100771
21660	9217	12443	5687	4209	1679	1479
5290	4765	525	5631	5631	2417	2417
1924171	1246848	677323	377882	375014	241397	235460
20225	5462	14764	2574	2574	2151	1719
18100	12304	5796	4813	4749		
1534979	981198	553782	339889	337084	235339	229834
350867	247885	102982	30606	30606	3907	3907
123049	67789	55260	26101	26064	13273	13273
115913	65950	49964	25761	25724	13254	13254

17－1 续表 1　　　　　　　　　　（2014 年）

指　　标	企业数（个）	年末资产负债		
		年初存货	固定资产原　值	本年折旧
中外合作经营企业	1	57	7944	180
外资企业				
外商投资股份有限公司				
按企业控股情况分				
国有控股	133	1045539	3199683	253405
集体控股	20	380	67434	6792
私人控股	142	39116	354592	41820
港澳台商控股	6	32168	2049429	133205
外商控股	5	601	26565	1697
其他	40	5100	129715	10695
按隶属关系分				
中央	18	577869	1472027	146547
省（自治区、直辖市）	44	26430	527162	29171
地（区、市、州、盟）	70	44046	904255	65210
县（区、市、旗）	65	347565	193049	12810
街道	9	78596	29367	3124
镇	11	292	64713	3694
乡	1	152	797	134
（社区）居委会	2	3	16464	12807
村委会	1		4101	251
其他	125	47952	2615482	173864
按企业规模分				
大型企业	15	365327	3518292	249185
中型企业	65	361042	1443121	129275
小型企业	215	388004	734572	63598
微型企业	51	8531	131432	5555
亏损企业	130	675247	1329567	129635
不亏损企业	216	447657	4497850	317978

单位:万元

年末资产负债			损益与分配			
资产总计	负债合计	所有者权益合计	营业收入	主营业务收入	营业成本	主营业务成本
7136	1840	5296	340	340	19	19
11286879	4643929	6642949	2264777	2176470	1555257	1517614
97473	62407	35066	85933	83134	68797	62016
1558596	1136897	421698	1366374	1360349	1221396	1215086
1885846	1229082	656763	370495	367690	239246	233742
56183	23023	33160	8214	8214	2816	2816
273372	132320	141052	128981	125535	75973	75893
2528958	1465728	1063231	1456555	1402347	937706	928757
4457545	864837	3592709	327358	307159	212647	197659
3927683	2070809	1856874	1273909	1265796	1208355	1200399
601026	488789	112237	357917	349711	288093	275997
313820	296662	17158	36197	35417	28021	27747
562447	274569	287878	54095	54056	27666	27647
822	442	380	3855	3855	3672	3672
71879	61324	10555	2854	692	450	450
7092	3071	4021	1182	1182		
2687076	1701428	985648	710853	701177	456875	444838
3199728	1908931	1290797	1643012	1603501	1035805	1028294
6117259	3205571	2911688	1724504	1700831	1535664	1505612
5650252	2022411	3627841	767759	728242	508747	493035
191109	90746	100363	89499	88819	83268	80223
6682909	3788376	2894534	1953437	1902665	1865378	1830854
8475439	3439283	5036156	2271337	2218727	1298106	1276311

17－1 续表 2　　　　　　　　　　（2014 年）

指　　标	损益与分配		
	营业税金及附加	主营业务税金及附加	销售费用
总　　计	**53269**	**50869**	**343625**
按登记注册类型分			
内资企业	43191	41874	314525
国有企业	14596	13877	115076
集体企业	306	306	
股份合作企业	114	114	965
联营企业			
国有联营企业			
集体联营企业			
国有与集体联营企业			
其他联营企业			
有限责任公司	17606	17142	80725
国有独资公司	3751	3588	4617
其他有限责任公司	13855	13554	76108
股份有限公司	7498	7452	109887
私营企业	3057	2968	7367
私营独资企业	60	16	897
私营合伙企业			
私营有限责任公司	2823	2778	6314
私营股份有限公司	174	174	156
其他企业	15	15	505
港、澳、台商投资企业	9539	8457	23153
合资经营企业（港或澳、台资）	111	5	459
合作经营企业（港或澳、台资）	247	247	613
港、澳、台商独资经营企业	7260	6284	22081
港、澳、台商投资股份有限公司	1921	1921	
外商投资企业	538	538	5947
中外合资经营企业	524	524	5079

单位:万元

损益与分配			人工成本及增值税		从业人员人数(人)
管理费用	税金	营业利润	应付职工薪酬	应交增值税	
438237	**16162**	**456170**	**490266**	**60794**	**79957**
408530	14236	383970	429236	53594	71508
137820	4587	145770	219643	32994	35001
2788	1234	-1200	3071	100	737
1139	78	700	197		95
167035	6037	333000	123425	17100	22603
55681	1599	278000	45026	4800	4729
111354	4438	55000	78399	12300	17874
47957	1157	-98100	55420	2400	6426
49462	1143	3500	27067	900	6503
60		600	873		281
46567	984	2400	25518	900	6003
2835	159	500	675		219
2329		300	414	100	143
23682	1877	72400	58060	6900	7723
120		-100	249		69
1324	223	2100	487		139
18242	1556	52000	54729	6900	7095
3995	97	18400	2595		420
6025	49	-200	2970	300	726
6025	49	400	2824	300	691

17－1 续表 3　　(2014 年)

指　　标	损益与分配		
	营业税金及附加	主营业务税金及附加	销售费用
中外合作经营企业	14	14	868
外资企业			
外商投资股份有限公司			
按企业控股情况分			
国有控股	28687	27513	256519
集体控股	2219	2219	8024
私人控股	9845	9595	40150
港澳台商控股	9182	8205	22081
外商控股	312	312	1475
其他	3025	3025	15376
按隶属关系分			
中央	18321	17671	218550
省(自治区、直辖市)	7499	7311	11705
地(区、市、州、盟)	6448	6269	27915
县(区、市、旗)	3884	3640	33823
街道	328	279	1682
镇	2186	2186	1421
乡	8	8	
(社区)居委会	299	299	10
村委会	95	95	
其他	14199	13110	48520
按企业规模分			
大型企业	25790	24478	198528
中型企业	9663	9292	66801
小型企业	16970	16332	76454
微型企业	846	768	1842
亏损企业	13211	12148	125228
不亏损企业	40058	38721	218397

单位:万元

损益与分配			人工成本及增值税		从业人员人数(人)
管理费用	税金	营业利润	应付职工薪酬	应交增值税	
		-600	146		35
248334	8448	434800	337465	42700	50096
12940	1895	4200	23860	4900	4191
123664	3506	-61600	49284	4300	11831
22238	1654	70400	57324	6900	7515
2540	12	900	1121		329
28521	648	7470	21211	1994	5995
74925	2244	368400	163855	29800	16625
86558	2678	80900	102905	8900	15830
116411	4395	-58900	84838	5500	20466
29511	718	-1100	22967	2500	5305
8965	112	-13300	2260	500	758
8695	184	20600	5557	400	833
146	4		76	100	26
940		-600	120		30
1220	1220	-100	226		60
110865	4607	60270	107461	13094	20024
109880	5213	240600	242513	35800	26552
181034	4239	116500	166087	15000	34103
138542	6517	102270	77370	9094	17851
8781	193	-3200	4296	900	1451
162796	4906	-281800	170453	7400	36419
275440	11256	737970	319813	53394	43538

17－2　规模以上服务业十大行业门类经济效益情况

（2014 年）

指　　标	企业数（个）	年末资产负债		
		年初存货	固定资产原　　值	本年折旧
总　　计	**346**	**1122904**	**5827417**	**447613**
按门类分				
交通运输、仓储和邮政业	104	1005537	890625	74121
信息传输、软件和信息技术服务业	43	17631	3370073	273872
房地产业	28	9958	270421	6406
物业管理	27	9958	269520	6286
房地产中介服务	1		901	120
租赁和商务服务业	76	47046	939408	54842
科学研究和技术服务业	25	1977	31284	3519
水利、环境和公共设施管理业	9	615	89859	19849
居民服务、修理和其他服务业	12	22929	22408	2349
教育	5	21	5808	439
卫生和社会工作	23	1768	27602	3029
文化、体育和娱乐业	21	15420	179930	9188

单位:万元

年末资产负债			损益与分配			
资产总计	负债合计	所有者权益合计	营业收入	主营业务收　入	营业成本	主营业务成　本
15158348	**7227659**	**7930690**	**4224774**	**4121392**	**3163484**	**3107165**
2551762	1766564	785198	1147730	1105587	1055618	1036822
2005130	1337096	668034	1300971	1267640	713081	706612
389506	194297	195209	88621	86528	85613	82005
387938	193857	194081	86189	84217	84925	81318
1569	441	1128	2432	2311	687	687
9252447	3431262	5821185	1280185	1260652	1051233	1027444
278582	114471	164111	112896	112719	69415	67327
173867	108283	65584	29145	26810	17736	17736
79337	51604	27733	69052	68305	55335	55265
4108	1560	2548	5612	5612	3330	2341
47884	42272	5613	59328	59328	36434	36434
375726	180250	195476	131233	128211	75689	75179

17－2 续表　　　　　　　　　　（2014 年）

指　　标	损益与分配		
	营业税金及附加	主营业务税金及附加	销售费用
总　　计	**53269**	**50869**	**343625**
按门类分			
交通运输、仓储和邮政业	4780	4125	34437
信息传输、软件和信息技术服务业	21322	20483	232461
房地产业	2004	1917	673
物业管理	1878	1790	296
房地产中介服务	126	126	377
租赁和商务服务业	14737	14086	24817
科学研究和技术服务业	3270	3254	14426
水利、环境和公共设施管理业	1012	1012	3769
居民服务、修理和其他服务业	616	509	6392
教育	196	152	167
卫生和社会工作	2339	2339	10793
文化、体育和娱乐业	2993	2993	15689

单位:万元

损益与分配			人工成本及增值税		从业人员人数(人)
管理费用	税金	营业利润	应付职工薪酬	应交增值税	
438237	**16162**	**456170**	**490266**	**60794**	**79957**
92957	4378	-77012	183350	13346	32663
73419	3146	243415	154170	33837	18090
22670	325	-18118	17056	1390	4239
21868	325	-18441	16820	1237	4191
802		323	236	153	48
169131	5886	278987	77549	3620	12957
24494	690	19092	14949	4036	2826
7126	112	-506	6454		1659
4837	288	973	3250	1038	991
1579	42	301	957		376
13850	40	-2157	9828	6	2595
28175	1255	11196	22702	3521	3561

17－3 规模以上服务业分行业大类经济效益情况

（2014 年）

指 标	企业数（个）	年末资产负债		
		年初存货	固定资产原值	本年折旧
总 计	**346**	**1122904**	**5827417**	**447613**
按行业分				
铁路运输业	1			
道路运输业	61	8601	421709	53920
水上运输业	1	27	4005	204
航空运输业	2	1410	210034	6432
装卸搬运和运输代理业	5	584	13025	376
仓储业	28	991273	111483	6899
邮政业	6	3643	130368	6290
电信、广播电视和卫星传输服务	13	13458	3320535	270181
互联网和相关服务	1	36	2220	136
软件和信息技术服务业	29	4138	47317	3555
物业管理	27	9958	269520	6286
房地产中介服务	1		901	120
租赁业	2	4	23307	968
商务服务业	74	47042	916102	53874
研究和试验发展	2	927	3157	116
专业技术服务业	21	1051	26738	3310
科技推广和应用服务业	2		1389	93
水利管理业	1		26240	4714
生态保护和环境治理业	3	239	33788	1611
公共设施管理业	5	376	29831	13523
居民服务业	7	3016	11195	2114
机动车、电子产品和日用产品修理业	3	19911	10722	213
其他服务业	2	2	491	23
教育	5	21	5808	439
卫生	23	1768	27602	3029
新闻和出版业	8	14982	123257	2777
广播、电视、电影和影视录音制作业	4	122	18161	4103
体育	5	121	25398	902
娱乐业	4	195	13115	1405

单位:万元

年末资产负债			损益与分配			
资产总计	负债合计	所有者权益合计	营业收入	主营业务收入	营业成本	主营业务成本
15158348	**7227659**	**7930690**	**4224774**	**4121392**	**3163484**	**3107165**
135	9	126	5837	5837	5792	5792
587121	389027	198094	276894	272386	274923	270063
3588	560	3028	330	237	963	887
436839	25244	411595	90098	89441	58960	58793
15813	11033	4781	7593	7509	5249	5247
1358543	1259783	98760	582492	554603	544685	542520
149723	80908	68815	184486	175574	165046	153520
1808343	1226878	581465	1205580	1175277	645331	638882
10252	4277	5976	1971	1850	1011	1011
186534	105941	80594	93420	90513	66740	66719
387938	193857	194081	86189	84217	84925	81318
1569	441	1128	2432	2311	687	687
152756	126414	26343	10564	8768	466	93
9099690	3304848	5794842	1269621	1251884	1050767	1027351
103066	32764	70302	7034	7034	4994	3199
173443	80607	92836	105111	104934	63873	63849
2073	1100	973	751	751	548	280
33042	14435	18607	2054	2054	3039	3039
40576	24718	15858	13096	12931	6690	6690
100249	69130	31119	13995	11825	8007	8007
25844	12677	13167	15476	15325	5769	5769
52954	38624	14330	51895	51299	49498	49427
539	303	236	1681	1681	69	69
4108	1560	2548	5612	5612	3330	2341
47884	42272	5613	59328	59328	36434	36434
288191	148887	139303	91441	88740	56351	55941
60201	15077	45124	29167	28923	13749	13688
18877	9977	8900	2131	2095	385	385
8458	6309	2149	8493	8453	5204	5165

17－3 续表 （2014 年）

指 标	损益与分配		
	营业税金及附加	主营业务税金及附加	销售费用
总 计	**53269**	**50869**	**343625**
按行业分			
铁路运输业			
道路运输业	1810	1713	2880
水上运输业	5	1	
航空运输业	691	691	3193
装卸搬运和运输代理业	130	130	72
仓储业	595	42	26675
邮政业	1549	1549	1617
电信、广播电视和卫星传输服务	20773	19966	225560
互联网和相关服务	10	10	62
软件和信息技术服务业	540	507	6839
物业管理	1878	1790	296
房地产中介服务	126	126	377
租赁业	591	591	
商务服务业	14146	13495	24817
研究和试验发展	270	270	
专业技术服务业	2925	2909	14426
科技推广和应用服务业	75	75	
水利管理业	10	10	560
生态保护和环境治理业	243	243	2571
公共设施管理业	759	759	638
居民服务业	351	245	5109
机动车、电子产品和日用产品修理业	188	188	798
其他服务业	77	77	485
教育	196	152	167
卫生	2339	2339	10793
新闻和出版业	1233	1233	5033
广播、电视、电影和影视录音制作业	1193	1193	7887
体育	136	136	2095
娱乐业	431	431	674

单位:万元

损益与分配			人工成本及增值税		从业人员人数（人）
管理费用	税金	营业利润	应付职工薪酬	应交增值税	
438237	**16162**	**456170**	**490266**	**60794**	**79957**
35		9			13
39995	1439	-36043	50305	6520	15955
475	2	-1112	841	1	177
17100	1312	12924	38047	2864	3172
2367	91	-227	3292	118	773
11703	399	-58033	11324	378	2133
21282	1134	5470	79541	3467	10440
54864	2845	241940	142733	32840	15425
883	2	45	320	52	83
17671	300	1430	11118	946	2582
21868	325	-18441	16820	1237	4191
802		323	236	153	48
5431	167	4124	1556		230
163700	5719	274863	75994	3620	12727
802	432	4449	92	233	42
23380	235	14854	14569	3803	2718
311	24	-211	288		66
642		-187	1339		489
2291	67	1069	1512		286
4193	45	-1389	3604		884
2528	112	1666	1582		519
1494	171	-910	817	1007	190
815	5	217	851	32	282
1579	42	301	957		376
13850	40	-2157	9828	6	2595
22516	1103	2862	17649	2027	2828
2360	37	9942	2221	1492	260
809	35	-1302	618		203
2491	79	-306	2214	2	270

17－4　规模以上服务业各区、县（市）经济效益情况

（2014 年）

指　标	企业数（个）	年末资产负债		
		年初存货	固定资产原　值	本年折旧
总　计	**201**	**430301**	**3994915**	**286320**
道里区	51	16100	745398	43722
道外区	20	7790	182227	9414
南岗区	79	48901	2573090	186904
香坊区	20	355468	376119	36273
平房区	17	718	36877	1976
松北区	7	463	60425	3640
呼兰区	3	550	6526	680
阿城区	4	311	14253	3710
总　计	**81**	**650699**	**269530**	**27451**
五常市	13	146631	62338	3397
双城市	20	146893	54109	8675
尚志市	8	17404	7859	103
巴彦县	3	4430	5182	355
宾　县	6	231136	33091	3091
依兰县	2	93695	5122	627
延寿县	4	1775	34880	1093
木兰县	10	4358	12472	837
通河县	11	77	6914	1138
方正县	4	4301	47563	8136

单位:万元

年末资产负债			损益与分配			
资产总计	负债合计	所有者权益合计	营业收入	主营业务收　入	营业成本	主营业务成　本
10146121	**4081694**	**6064427**	**1910072**	**1875996**	**1388136**	**1351485**
2687420	855033	1832387	404730	395940	237220	223691
383104	279945	103159	86490	85139	52819	52674
3325895	1691591	1634304	851156	834356	596628	581779
3351152	1134646	2216506	449614	445519	399299	398640
270905	52210	218695	41259	40934	33774	33068
103925	52787	51138	62756	60065	57416	50653
11105	4852	6253	10617	10617	8370	8370
12616	10631	1986	3451	3428	2611	2611
1097572	**927756**	**169816**	**445073**	**409572**	**386006**	**375344**
215411	173191	42221	86933	82375	72279	69354
359276	333237	26040	102568	102457	99113	99113
34248	30455	3793	14547	11998	10058	8895
39304	37227	2077	10253	8405	8247	8247
219239	190536	28703	142571	125037	125803	125750
99716	98320	1396	54237	53913	46588	44942
37925	9044	28881	3725	3591	2791	2726
24692	13840	10852	12396	11892	10621	10621
7556	5814	1742	4042	4042	2071	2071
60203	36092	24112	13804	5864	8436	3625

17－4 续表　　　　　　　　　　（2014 年）

指　标	损益与分配		
	营业税金及附加	主营业务税金及附加	销售费用
总　计	**36624**	**34652**	**132626**
道里区	9309	9082	36127
道外区	2298	2260	1463
南岗区	19077	18002	41535
香坊区	4509	3924	49159
平房区	425	379	582
松北区	833	833	2857
呼兰区	95	95	699
阿城区	77	77	203
总　计	**1288**	**1123**	**21395**
五常市	428	342	2652
双城市	140	140	9369
尚志市	93	49	540
巴彦县	3	3	911
宾　县	42	42	3834
依兰县	30		2387
延寿县	86	86	988
木兰县	22	22	251
通河县	437	437	229
方正县	9	3	234

单位:万元

损益与分配			人工成本及增值税		从业人员平均人数（人）
管理费用	税　金	营业利润	应　　付 职工薪酬	应　交 增值税	
303694	**12544**	**293762**	**352562**	**30373**	**59728**
115639	4387	208623	93073	6675	12624
25943	1408	1090	9567	1946	2069
110247	5122	108493	178758	12387	26420
27389	861	-29141	42753	5123	13590
12553	107	4280	5557	819	939
9646	623	825	20589	3308	3526
1171	7	171	1144	5	289
1107	30	-580	1122	112	271
32031	**470**	**-32861**	**32467**	**1147**	**9746**
10359	140	-3094	12502	159	4659
5445	132	-25348	5365	863	1149
1904	6	687	1973	4	1008
1043	10	-1455	991	18	230
1817	86	770	2081	25	443
1009		-1444	538		172
115	8	-310	599		278
1358	2	18	1007	38	738
303	62	958	486	40	204
8678	26	-3643	6928		865

主要统计指标解释

交通运输、仓储和邮政业 包括铁路运输业、道路运输业、水上运输业、航空运输业、管道运输业、装卸搬运和运输代理业、仓储业和邮政业。

道路运输业 包括城市公共交通运输、公路旅客运输、道路货物运输、道路运输辅助活动。

城市公共交通运输 指城市旅客运输活动。

公路旅客运输 指城市以外道路的旅客运输活动。

道路货物运输 指所有道路的货物运输活动。

道路运输辅助活动 指与道路运输相关的运输辅助活动。

航空运输业 包括航空客货运输、通用航空服务、航空运输辅助活动。

通用航空服务 指使用民用航空器从事除公共航空运输以外的民用航空活动。

管道运输业 指通过管道对气体、液体等的运输活动。

装卸搬运和运输代理业 包括装卸搬运、运输代理业。

运输代理业 指与运输有关的代理及服务活动。

仓储业 指专门从事货物仓储、货物运输中转仓储，以及以仓储为主的货物送配活动，还包括以仓储为目的的收购活动。

信息传输、软件和信息技术服务业 包括电信、广播电视和卫星传输服务、互联网和相关服务和软件和信息技术服务业。

电信、广播电视和卫星传输服务 包括电信、广播电视传输服务、卫星传输服务。

电信 指利用有线、无线的电磁系统或者光电系统，传送、发射或者接收语音、文字、数据、图像以及其他任何形式信息的活动。

互联网和相关服务 包括互联网接入及相关服务、互联网信息服务、其他互联网服务。

互联网接入及相关服务 指除基础电信运营商外，基于基础传输网络为存储数据、数据处理及相关活动，提供接入互联网的有关应用设施的服务。

互联网信息服务 指除基础电信运营商外，通过互联网提供在线信息、电子邮箱、数据检索、网络游戏等信息服务。

其他互联网服务 指除基础电信运营商服务、互联网接入及相关服务、互联网信息服务以外的其他未列明互联网服务。

软件和信息技术服务业 指对信息传输、信息制作、信息提供和信息接收过程中产生的技术问题或技术需求所提供的服务。

软件和信息技术服务业 包括软件开发、信息系统集成服务、信息技术咨询服务、数据处理和存储服务、集成电路设计、其他信息技术服务业。

软件开发 指为用户提供计算机软件、信息系统或者设备中嵌入的软件，或者在系统集成、应用服务等技术服务时提供软件的开发和经营活动；包括基础软件、支撑软件、应用软件、嵌入式软件、信息安全软件、计算机（应用）系统、工业软件以及其他软件的开发和经营活动。

信息系统集成服务 指基于需方业务需求进行的信息系统需求分析和系统设计，并通过结构化的综合布缆系统、计算机网络技术和软件技术，将各个分离的设备、功能和信息等集成到相互关联的、统一和协调的系统之中，以及为信息系统的正常运行提供支持的服务；包括信息系统设计、集成实施、运行维护等服务。

信息技术咨询服务 指在信息资源开发利用、工程建设、人员培训、管理体系建设、技术支撑等方面向需方提供的管理或技术咨询评估服务；包括信息化规划、信息技术管理咨询、信息系统工程监理、测试评估、信息技术培训等。

数据处理和存储服务 指供方向需方提供的信息和数据的分析、整理、计算、编辑、存储等加工处理服务，以及应用软件、业务运营平台、信息系统基础设施等的租用服务；包括各种数据库活动、网站内容更新、数据备份服务、数据存储服务、在线企业资源规划（ERP）、在线杀毒、电子商务平台、物流信息服务平台、服务器托管、虚拟主机等。

集成电路设计 指 IC 设计服务，即企业开展的集成电路功能研发、设计等服务。

物业管理 指物业服务企业按照合同约定，对房屋及配套的设施设备和相关场地进行维修、养护、管理，维护环境卫生和相关秩序的活动。

房地产中介服务 指房地产咨询、房地产价格评估、房地产经纪等活动。

商务服务业 包括企业管理服务、法律服务、咨询与调查、广告业、知识产权服务、人力资源服务、旅行社及相关服务、安全保护服务、其他商务服务业。

法律服务 指律师、公证、仲裁、调解等活动。

广告业 指在报纸、期刊、路牌、灯箱、橱窗、互联网、通讯设备及广播电影电视等媒介上为客户策划、制作的有偿宣传活动。

知识产权服务 指对专利、商标、版权、著作权、软件、集成电路布图设计等的代理、转让、登记、鉴定、评估、认证、咨询、检索等活动。

人力资源服务 指提供公共就业、职业中介、劳务派遣、职业技能鉴定、劳动力外包等服务。

旅行社及相关服务 指为社会各界提供商务、组团和散客旅游的服务，包括向顾客提供咨询、旅游计划和建议、日程安排、导游、食宿和交通等服务。

安全保护服务 指为社会提供的专业化、有偿安全防范服务。

科学研究和技术服务业 包括研究和试验发展、专业技术服务业和科技推广和应用服务业。

研究和试验发展 指为了增加知识（包括有关自然、工程、人类、文化和社会的知识），以及运用这些知识创造新的应用，所进行的系统的、创造性的活动；该活动仅限于对新发现、新理论的研究，新技术、新产品、新工艺的研制研究与试验发展，包括基础研究、应用研究和试验发展。

专业技术服务业 包括气象服务、地震服务、海洋服务、测绘服务、质检技术服务、环境与生态监测、地质勘查、工程技术、其他专业技术服务业。

气象服务 指从事气象探测、预报、服务和气象灾害防御、气候资源利用等活动。

地震服务 指地震监测预报、震灾预防和紧急救援等防震减灾活动。

质检技术服务 指通过专业技术手段对动植物、工业产品、商品、专项技术、成果及其他需要鉴定的物品所进行的检测、检验、测试、鉴定等活动，还包括产品质量、计量、认证和标准的管理活动。

地质勘查 指对矿产资源、工程地质、科学研究进行的地质勘查、测试、监测、评估等活动。

科技推广和应用服务业 包括技术推广服务、科技中介服务、其他科技推广和应用服务业。

技术推广服务 指将新技术、新产品、新工艺直接推向市场而进行的相关技术活动，以及技术推广和转让活动。

科技中介服务 指为科技活动提供社会化服务与管理，在政府、各类科技活动主体与市场之间提供居间服务的组织，主要开展信息交流、技术咨询、技术孵化、科技评估和科技鉴证等活动。

其他科技推广和应用服务业 指除技术推广、科技中介以外的其他科技服务，但不包括短期的日常业务活动。

水利、环境和公共设施管理业 包括水利管理业、生态保护和环境治理业和公共设施管理业。

水利管理业 包括防洪除涝设施管理、水资源管理、天然水收集与分配、水文服务、其他水利管理业。

防洪除涝设施管理 指对江河湖泊开展的河道、堤防、岸线整治等活动及对河流、湖泊、行蓄洪区和沿海的防洪设施的管理活动，包括防洪工程设施的管理及运行维护等。

水资源管理 指对水资源的开发、利用、配置、节约等活动。

天然水收集与分配 指通过各种方式收集、分配天然水资源的活动，包括通过蓄水（水库、塘堰等）、提水、引水和井等水源工程，收集和分配各类地表和地下淡水资源的活动。

水文服务 指通过布设水文站网，对水的时空分布规律进行监测、收集和分析处理的活动。

公共设施管理业 包括市政设施管理、环境卫生管理、城乡市容管理、绿化管理、公园和游览景区管理。

市政设施管理 指污水排放、雨水排放、路灯、道路、桥梁、隧道、广场、涵洞、防空等城乡公共设施的抢险、紧急处理、管理等活动。

环境卫生管理 指城乡生活垃圾的清扫、收集、运输、处理和处置、管理等活动，以及对公共厕所、化粪池的清扫、收集、运输、处理和处置、管理等活动。

城乡市容管理 指城市户外标志、外景照明、公共建筑物、施工围档、材料堆放、渣土清运、竣工清理等管理活动；乡、村户外标志、村容镇貌、柴草堆放、树木花草养护等管理活动。

绿化管理 指城市绿地和生产绿地、防护绿地、附属绿地等的管理活动。

居民服务、修理和其他服务业 包括居民服务业、机动车、电子产品和日用产品修理业和其他服务业。

居民服务业 包括家庭服务、托儿所服务、洗染服务、理发及美容服务、洗浴服务、保健服务、婚姻服务、殡葬服务、其他居民服务业。

家庭服务 指雇佣家庭雇工的家庭住户和家庭户的自营活动，以及在雇主家庭从事有报酬的家庭雇工的活动，包括钟点工和居住在雇主家里的家政劳动者的活动。

托儿所服务 指社会、街道、个人办的面向不足三岁幼儿的看护活动，可分为全托、日托、半托，或计时的服务。

洗染服务 指专营的洗染店以及在宾馆、饭店内常设的独立（或相对独立）洗染服务。

理发及美容服务 指专业理发、美容保健服务，以及在宾馆、饭店或娱乐场所常设的独立（或相对独立）理发、美容保健服务。

洗浴服务 指专业洗浴室以及在宾馆、饭店或娱乐场所常设的独立（或相对独立）洗浴、温泉、SPA 等服务。

保健服务 指专业保健场所以及在宾馆、饭店或娱乐场所开设的独立（或相对独立）保健按摩、足疗等服务。

婚姻服务 指婚姻介绍、婚庆典礼等服务。

殡葬服务 指与殡葬有关的各类服务。

机动车、电子产品和日用产品修理业 包括汽车、摩托车修理与维护、计算机和办公设备维修、家用电器修理、其他日用产品修理业。

计算机和办公设备维修 指对计算机硬件及系统环境的维护和修理活动。

其他服务业 包括清洁服务、其他未列服务业。

清洁服务 指对建筑物、办公用品、家庭用品的清洗和消毒服务；包括专业公司和个人提供的清洗服务。

教育 包括学前教育、初等教育、中等教育、高等教育、特殊教育、技能培训、教育辅助及其他教育。

学前教育 指经教育行政部门批准举办的对学龄前幼儿进行保育和教育的活动。

初等教育 指《义务教育法》规定的小学教育以及成人小学教育（含扫盲）的活动。

特殊教育 指为残障儿童提供的特殊教育活动。

技能培训、教育辅助及其他教育 指我国学校教育制度以外，经教育主管部门、劳动部门或有关主管部门批准，由政府部门、企业、社会办的职业培训、就业培训和各种知识、技能的培训活动，以及教育辅助和其他教育活动。

卫生 包括医院、社区医疗与卫生院、门诊部（所）、计划生育技术服务活动、妇幼保健院（所、站）、专科疾病防治院（所、站）、疾病预防控制中心、其他卫生活动。

门诊部（所） 指门诊部、诊所、医务室、卫生站、护理院等卫生机构的活动。

计划生育技术服务活动 指各地区计划生育技术服务机构的活动。

妇幼保健院（所、站） 指非医院的妇女及婴幼儿保健活动。

专科疾病防治院（所、站） 指对各种专科疾病进行预防及群众预防的活动。

疾病预防控制中心 指卫生防疫站、卫生防病中心、预防保健中心等活动。

其他卫生活动 指急救中心及其他未列明的卫生机构的活动。

社会工作 指提供慈善、救助、福利、护理、帮助等社会工作的活动。包括提供住宿社会工作、不提供住宿社会工作。

提供住宿社会工作 指提供临时、长期住宿的福利和救济活动。

不提供住宿社会工作 指为孤儿、老人、残疾人、智障、军烈属、五保户、低保户、受灾群众及其他弱势群体提供不住宿的看护、帮助活动，以及慈善、募捐等其他社会工作的活动。

文化、体育和娱乐业 包括新闻和出版业、广播、电视、电影和影视录音制作业、文化艺术业、体育和娱乐业。

广播、电视、电影和影视录音制作业 指对广播、电视、电影、影视录音内容的制作、编导、主持、播出、放映等活动；不包括广播电视信号的传输和接收活动。

广播 指广播节目的现场制作、播放及其他相关活动，还包括互联网广播。

电视 指有线和无线电视节目的现场制作、播放及其他相关活动，还包括互联网电视。

电影和影视节目制作 指电影、电视和录像（含以磁带、光盘为载体）节目的制作活动，该节目可以作为电视、电影播出、放映，也可以作为出版、销售的原版录像带（或光盘），还可以在其他场合宣传播放，还包括影视节目的后期制作，但不包括电视台制作节目的活动。

电影和影视节目发行 不含录像制品（以磁带、光盘为载体）的发行。

电影放映 指专业电影院以及设在娱乐场所独立（或相对独立）的电影放映等活动。

录音制作 指从事录音节目、音乐作品的制作活动，其节目或作品可以在广播电台播放，也可以制作成出版、销售的原版录音带（磁带或光盘），还可以在其他宣传场合播放，但不包括广播电台制作节目的活动。

文化艺术业 包括文艺创作与表演、艺术表演场馆、图书馆与档案馆、文物及非物质文化遗产保护、博物馆、烈士陵园、纪念馆、群众文化活动、其他文化艺术业。

文艺创作与表演 指文学、美术创造和表演艺术（如戏曲、歌舞、话剧、音乐、杂技、马戏、木偶等表演艺术）等活动。

艺术表演场馆 指有观众席、舞台、灯光设备，专供文艺团体演出的场所管理活动。

文物及非物质文化遗产保护 指对具有历史、文化、艺术、科学价值，并经有关部门鉴定，列入文物保护范围的不可移动文物的保护和管理活动；对我国口头传统和表现形式，传统表演艺术，社会实践、意识、节庆活动，有关的自然界和宇宙的知识和实践，传统手工艺等非物质文化遗产的保护和管理活动。

博物馆 指收藏、研究、展示文物和标本的博物馆的活动，以及展示人类文化、艺术、科技、文明的美术馆、艺术馆、展览馆、科技馆、天文馆等管理活动。

群众文化活动 指对各种主要由城乡群众参与的文艺类演出、比赛、展览等公益性文化活动的管理活动。

体育 包括体育组织、体育场馆、休闲健身活动、其他体育。

体育组织 指专业从事体育比赛、训练、辅导和管理的组织的活动。

体育场馆 指可供观赏比赛的场馆和专供运动员训练用的场地管理活动。

休闲健身活动 指主要面向社会开放的休闲健身场所和其他体育娱乐场所的管理活动。

娱乐业 包括室内娱乐活动、游乐园、彩票活动、文化娱乐体育经纪代理、其他娱乐业。

室内娱乐活动 指室内各种娱乐活动和以娱乐为主的活动。

游乐园 指配有大型娱乐设施的室外娱乐活动及以娱乐为主的活动。

彩票活动 指各种形式的彩票活动。

其他娱乐业 指公园、海滩和旅游景点内小型设施的娱乐活动及其他娱乐活动。

十八　教育、科技和文化

Education, Science and Technology, Culture

18－1　1978－2014年各类学校数量和在校学生数

年　份	全　市	普通高等学校	中等专业学校	普通中学	职业中学	技工学校	小学校
学校数(所)							
1978	6748	11	39	573		30	6086
1980	6629	14	45	549	91	47	5876
1985	4675	22	40	579	84	44	3899
1990	4338	24	50	593	87	53	3520
1995	4433	23	48	593	84	53	3609
1999	4313	24	48	640	65	48	3468
2000	4084	21	47	639	58	48	3249
2001	3764	19	47	698	53	54	2874
2002	3565	26	43	678	41	44	2714
2003	3458	32	23	691	43	43	2626
2004	3313	33	21	684	43	36	2475
2005	3285	35	26	660	40	28	2476
2006	3149	36	29	648	39	27	2351
2007	3026	37	28	619	39	40	2244
2008	2871	40	26	603	39	38	2106
2009	2527	48	27	577	38	50	1768
2010	2335	49	27	563	36	50	1591
2011	2076	49	27	548	29	40	1365
2012	1950	49	28	541	28	40	1246
2013	1318	50	28	485	28	44	665
2014	1231	50	29	463	25	38	608
在校学生(人)							
1978	1840132	18803	11873	636981		4650	1167333
1980	1786156	23262	13815	570480	4099	9995	1164034
1985	1622448	40500	19547	431637	27606	7828	1094872
1990	1275415	50985	25074	340654	34466	16786	806694
1995	1542200	72000	35300	428200	35700	15900	949100
1999	1569732	105066	53731	602940	37341	11502	756454
2000	1547847	132606	50780	645107	32365	12073	672392
2001	1508871	167279	45715	660056	24734	10200	596540
2002	1505188	210336	44255	652791	23707	13414	558482
2003	1514666	257136	49282	583274	25325	12415	587234
2004	1514994	303505	52362	571333	23989	18680	542900
2005	1516611	358111	51290	546370	21562	19995	516985
2006	1486751	383372	43950	510975	28016	20835	497424
2007	1464582	384888	49281	484078	29782	25454	488882
2008	1513395	449975	54004	466521	33050	26140	481112
2009	1501834	468903	51166	448375	33007	34338	463786
2010	1498873	481589	48604	440847	30714	34136	460732
2011	1507785	481511	43411	430242	28292	62807	459301
2012	1502866	482211	43679	423730	24883	69915	456189
2013	1424414	492382	45490	392553	21669	47920	422340
2014	1378412	506425	44531	364586	19160	37276	404314

18－2 1978－2014年各类学校招生数和毕业生数

单位:人

年 份	全 市	普通高等学校	中等专业学校	普通中学	职业中学	技工学校	小 学 校
招 生 数							
1978	529786	7230	6152	237046		3516	275770
1980	494176	5184	5729	224247	3711	4658	250581
1985	383991	14898	8898	162196	13618	1560	179709
1990	341204	15007	8311	137764	12549	5734	161728
1995	387800	22100	14300	172300	14900	5400	158300
1998	390965	26465	19299	201951	16758	5118	121018
1999	436677	42820	20281	244803	11286	4243	112953
2000	390482	49725	16102	206923	8137	4597	104537
2001	363524	57565	11280	189189	8148	3000	92637
2002	355744	68843	13368	167354	8420	6793	90784
2003	308112	81475	16051	106289	9209	5777	88861
2004	390640	96786	16979	171002	8394	8325	88918
2005	380329	108616	16779	158913	7741	7933	80102
2006	385196	117564	14244	149629	11693	8410	83300
2007	384190	121566	19150	140492	11681	8788	85409
2008	409635	141629	20880	139958	11576	11816	83403
2009	390936	137021	18047	137341	10924	14463	72847
2010	391733	131207	12860	133201	8530	22052	83595
2011	408833	136230	14871	129063	9476	37169	81778
2012	398251	138192	15664	130485	7058	26179	80405
2013	374838	139221	15522	119337	6828	17161	76491
2014	354388	140786	15880	107775	5769	16270	67565
毕业生数							
1978	349807	4278	5144	165247		830	174211
1980	390552	4458	7106	188367		3551	186980
1985	303370	6944	6685	131166	10532	2862	145128
1990	283335	13923	6396	107225	10332	5880	139480
1995	322100	18500	9600	113600	9200	6700	164200
1998	401936	20535	15544	162824	11720	5995	184892
1999	440603	20165	16932	158206	11580	4891	228423
2000	397153	20996	15317	154593	12224	4444	189163
2001	393845	22107	11934	165206	14906	2500	165545
2002	357734	29373	12310	168030	9478	5019	133297
2003	310672	45669	22484	169780	6786	3813	62140
2004	377952	56858	13594	173667	7552	4126	121955
2005	390858	68045	16550	178973	7552	4242	115217
2006	389013	82812	11589	179549	7323	5286	102059
2007	362920	84895	10638	161023	7285	6426	93781
2008	376673	105475	10599	154223	7754	6693	91606
2009	390580	113505	16882	152859	8662	8299	89922
2010	372154	115882	11853	138662	9116	9943	86396
2011	385610	127266	16969	138644	10699	9077	82608
2012	396518	132929	14878	135952	9810	18310	84439
2013	389452	122277	11839	135458	8547	29047	81984
2014	365241	126977	15083	117504	7772	28782	68853

18－3　1978－2014年各类学校教职工情况

单位:人

年　份	全　市	普通高等学校	中等专业学校	普通中学	职业中学	技工学校	小学校
教职工数							
1978	116661	15437	5293	42991		781	52033
1980	118522	18284	5679	41336	213	1140	51743
1985	129532	24171	6621	37662	3157	2124	55610
1990	133497	22492	6764	37836	4712	2383	59032
1995	129126	22111	6458	36834	4111	2475	56367
1999	133915	22263	6304	44620	3964	2052	53936
2000	131314	22333	5514	46220	3623	1888	51736
2001	128771	22833	4795	47428	3139	1888	48688
2002	133402	26777	3238	48077	3108	2294	49116
2003	143984	39708	2296	47555	2978	2237	49210
2004	145874	42586	2306	47777	2803	2172	47603
2005	144217	44362	2444	45755	2670	1805	46453
2006	144402	46290	2174	45583	2865	1479	45871
2007	144622	46562	2410	44773	2940	2396	44962
2008	148534	51254	2803	44199	2699	2367	44617
2009	148612	51959	2867	43956	2644	2783	43803
2010	147731	52856	2536	43489	2476	3299	42470
2011	144401	51082	2580	45908	2475	2985	38771
2012	146322	53664	2481	46152	2528	3347	37557
2013	142446	53314	2196	44864	2399	2992	36087
2014	137690	53324	2365	43205	2331	2845	33027
专任教师数							
1978	82643	5780	1867	32810		448	41639
1980	85226	6744	2052	32610	209	747	42749
1985	89925	9195	2371	27236	2118	1148	47397
1990	94890	10732	6728	28261	3124	1488	44355
1995	97200	10800	3200	28800	2900	1500	49400
1999	101671	10747	3177	35590	2802	1328	47465
2000	100692	10821	2726	37496	2592	1047	45440
2001	99238	11199	2417	38707	2269	2346	42939
2002	103343	14509	1617	39542	2288	1181	43587
2003	107233	19012	1172	39250	2172	1390	43616
2004	108660	21485	1204	39687	2055	1399	42203
2005	107364	23447	1329	37871	1994	1149	40989
2006	108685	24725	1214	37829	2187	1049	40668
2007	107479	24892	1400	37523	2174	938	39973
2008	112104	28575	1590	37466	2090	2001	39787
2009	112840	29888	1625	37191	2041	2380	39115
2010	112085	30820	1491	36893	1959	2136	38181
2011	111254	31305	1546	39233	1965	1764	34841
2012	110565	31509	1490	37101	2004	1586	36282
2013	109125	31831	1337	38912	1992	1996	32463
2014	105584	32480	1456	37434	1954	1981	29686

18－4 各类学校基本情况

（2014 年）

指标	学校数（所）	毕业生数（人）	招生数（人）	在校生数（人）	专任教师（人）	每一专任教师负担学生(人)
全　市	**1231**	**365241**	**354388**	**1378412**	**105584**	**13.1**
普通高等学校	50	126977	140786	506425	32480	15.6
中等专业学校	29	15083	15880	44531	1456	30.6
普通中学	463	117504	107775	364586	37434	9.7
职业中学	25	7772	5769	19160	1954	9.8
技工学校	38	28782	16270	37276	1981	18.8
小　学	608	68853	67565	404314	29686	13.6
特殊教育学校	18	270	343	2120	593	3.6
市　区	**528**	**269328**	**268648**	**998450**	**70561**	**14.2**
普通高等学校	48	124753	138465	498533	31947	15.6
中等专业学校	29	14803	15611	43585	1456	29.9
普通中学	206	62710	56932	212808	21762	9.8
职业中学	15	5836	4205	13525	1172	11.5
技工学校	35	28768	16229	37077	1917	19.3
小　学	187	32279	37030	191763	11985	16.0
特殊教育学校	8	179	176	1159	322	3.6
市辖县(市)	**703**	**95913**	**85740**	**379962**	**35023**	**10.8**
普通高等学校	2	2224	2321	7892	533	14.8
中等专业学校		280	269	946		
普通中学	257	54794	50843	151778	15672	9.7
职业中学	10	1936	1564	5635	782	7.2
技工学校	3	14	41	199	64	3.1
小　学	421	36574	30535	212551	17701	12.0
特殊教育学校	10	91	167	961	271	3.5

18－5　普通高等学校基本情况

（2014 年）　　　　单位：人

学校名称	毕业生数	招生数	在校生数	毕业班学生数	教职工	专任教师
总　计	**126977**	**140786**	**506425**	**135202**	**53243**	**32451**
哈尔滨工业大学	6526	6681	27043	6841	6851	3636
哈尔滨工程大学	3367	3718	14949	3616	3083	1788
东北林业大学	4591	4631	18854	4569	2734	1519
黑龙江大学	6524	7186	28853	7479	2999	1744
哈尔滨理工大学	7923	7887	30581	7735	2959	1691
黑龙江科技大学	4916	5400	21036	5110	2046	1195
东北农业大学	3925	5842	24841	6283	2623	1577
哈尔滨医科大学	3076	3405	14633	3608	2364	1122
黑龙江中医药大学	2973	3124	12566	3100	1505	979
哈尔滨师范大学	8896	8134	33715	9100	3043	1978
哈尔滨商业大学	5962	6044	23711	6225	1916	1523
哈尔滨学院	3051	2824	11010	2810	1067	615
哈尔滨体育学院	1346	1504	5779	1392	526	333
哈尔滨金融学院	3839	2931	11421	3787	793	576
黑龙江工程学院	3546	2988	12593	3389	1323	821
黑龙江东方学院	2613	3141	12053	2926	1179	695
哈尔滨信息工程学院	1875	2496	5843	1801	463	332
黑龙江外国语学院	1915	2382	9211	2265	642	512
黑龙江财经学院	2875	3081	11526	2578	922	529
哈尔滨石油学院	2210	2182	8799	2229	820	526
哈尔滨远东理工学院	2004	2453	8793	2373	635	490
哈尔滨剑桥学院	2174	2463	9839	2392	669	498
哈尔滨广厦学院	2065	2016	7785	2161	592	444
哈尔滨华德学院	2316	2550	9664	2385	743	538
东北农业大学成栋学院	2274	1704	7347	1778	531	429
黑龙江工程学院昆仑旅游学院	299	301	1667	501	165	116
黑龙江护理高等专科学校	1902	2584	6625	1780	510	367
哈尔滨幼儿师范高等专科学校		1378	4188	1108	240	170
黑龙江职业学院	3528	5376	15734	4878	1154	698
黑龙江建筑职业技术学院	3833	3957	11599	3658	655	518
黑龙江艺术职业学院	216	359	1028	313	244	167
黑龙江农业工程职业学院	2302	2895	7947	2282	581	405
黑龙江农垦职业学院	2063	2944	8065	2269	484	347
黑龙江司法警官职业学院	780	885	2530	861	324	150
哈尔滨电力职业技术学院	1051	881	2573	722	263	156
哈尔滨铁道职业技术学院	2946	3557	9606	3094	648	476
哈尔滨职业技术学院	2687	3714	10092	2935	798	392
黑龙江生物科技职业学院	2398	2871	8033	2619	585	372
黑龙江公安警官职业学院	189	399	611	212	303	104
黑龙江信息技术职业学院	1148	1191	3518	1268	228	166
黑龙江农垦科技职业学院	1925	2020	6225	2079	573	417
黑龙江旅游职业技术学院	971	1180	3854	1275	326	208
黑龙江生态工程职业学院	1742	1580	4914	1211	496	236
黑龙江民族职业学院	624	1062	2798	715	262	128
哈尔滨科学技术职业学院	947	1805	4617	1396	268	212
黑龙江粮食职业学院	477	386	1144	279	316	163
哈尔滨传媒职业学院	416	385	934	210	123	81
哈尔滨江南职业技术学院	618	1135	3010	845	273	142
哈尔滨应用职业技术学院	1133	1174	2668	760	396	170

18－6　成人教育分学校情况

（2014 年）　　单位：人

学校名称	毕业生	招生数	在校生	预计毕业生	教职工	专任教师
合计	**8453**	**10440**	**22940**	**11357**	**2376**	**1453**
黑龙江兵器工业职工大学	60	31	350	319	76	43
哈尔滨航空职工大学	86	96	275	106	103	68
哈尔滨市职工大学	345	67	596	529	81	64
黑龙江省经济管理干部学院	2080	2260	4384	2124	366	251
黑龙江农垦管理干部学院	213	222	458	236	175	99
黑龙江省政法管理干部学院	454	202	755	553	167	72
黑龙江省教育学院	3105	5208	10288	4834	513	379
黑龙江省广播电视大学	857	418	1290	552	316	163
黑龙江省商业职工大学	204	416	785	369	98	47
黑龙江省社会科学院职工大学	146		219	219	134	67
哈尔滨市职工医学院	259	339	808	335	85	45
黑龙江省职工体育运动技术学院	412	323	1020	358	146	105
哈尔滨市广播电视大学	232	858	1712	823	116	50

18－7　高等院校分科学生情况

（2014 年）　　单位：人

指　　标	学校数（所）	本专科学生数			
		毕业生	招生数	在校生	预计毕业生
总　计	**50**	**126977**	**140786**	**506425**	**135202**
综合大学	10	25338	31762	105941	28690
理工院校	16	44437	46628	169408	45001
农业院校	5	12824	15332	54393	15041
林业院校	2	6333	6211	23768	5780
医药院校	3	7951	9113	33824	8488
师范院校	2	8896	9512	37903	10208
语文院校	1	1915	2382	9211	2265
财经院校	6	16128	15637	59231	16236
政法院校	2	969	1284	3141	1073
体育院校	1	1346	1504	5779	1392
艺术院校	1	216	359	1028	313
民族院校	1	624	1062	2798	715

18－8　中等专业学校分科学生情况

（2014 年）　　单位：人

指　　标	毕业生	招生数	招初中毕业生	在校生	预计毕业生
总　计	**15083**	**15880**	**13099**	**44531**	**12857**
农林牧渔类	2258	1048	870	3727	1589
资源环境类	13	26	25	51	8
能源与新能源类	2	19	14	29	7
土木水利类	1106	1143	873	3059	822
加工制造类	896	582	466	1809	805
轻纺食品类	358	146	116	795	482
交通运输类	777	3671	2964	6701	1116
信息技术类	2541	1218	1060	4478	1685
医药卫生类	2058	3696	3106	10526	2436
休闲保健类	576	249	126	600	212
财经商贸类	848	662	572	2282	726
旅游服务类	354	609	307	1576	592
文化艺术类	1660	1210	1019	3971	1288
体育与健身	680	514	514	2103	607
教育类	601	764	764	1728	20
司法服务类	78	132	132	400	131
公共管理与服务类	277	179	159	679	331
其他		12	12	17	

18－9　技工学校基本情况

（2014 年）　　单位：人

学校名称	毕业生	招生数	在校生	女生	教职工数	专任教师
哈尔滨技师学院	4263	2007	6130	1596	391	278
哈尔滨劳动技师学院	6096	2077	6916	2041	468	326
哈尔滨新兴应用技工学校		82	82	27	38	22
哈尔滨应用技术技工学校	170	33	34	2	22	18
哈尔滨电机厂技工学校	13	14	101	17	42	34
黑龙江高新技工学校	104	29	218	122	21	12
哈尔滨电站集团高级技工学校					26	24
哈尔滨兰河技工学校	116	371	541	90	36	24
哈尔滨市北方技术学校	301	393	900	442	76	63
哈尔滨市妇联女子技工学校	187	26	108	108	54	54
哈尔滨幼儿教育职业学校	67	67	65	34	46	40
哈尔滨铁建工程技工学校	1431	3135	4270	1601	289	195
哈尔滨轴承集团公司技工学校	201	197	540	122	45	36
哈尔滨环境工程技工学校	392	118	249	97	23	18
哈尔滨市公共汽车总公司技工学校	3639	379	1230	176	45	35
哈尔滨汽轮机技工学校	6	12	53	8	28	23
哈尔滨青鸟技工学校		560	560	127	55	
哈尔滨新东北技工学校	110	347	504	101	32	20
哈尔滨盛亿技工学校	68	10	405	158	21	14
哈尔滨四通技工学校	3942	3104	6505	1142	99	99
哈尔滨孙进技工学校	672	571	1217	117	136	50
哈尔滨信息应用技工学校	1409	328	614	478	48	36
哈尔滨兴华技工学校		67	68		35	25
哈尔滨医药保健技工学校	1567		15	7	144	96
哈尔滨英格尔技工学校		835	1158	335	70	61
哈尔滨于洪岩技工学校		11	39	11	23	17
哈尔滨龙海航空技工学校	20	20	60		35	25
哈尔滨交通技工学校	189	64	441	174	42	42
哈尔滨锅炉技工学校		32	77	4	26	24
哈尔滨名岛技工学校	125	48	153	3	30	5
通河技工学校	14	41	199	56	29	23
木兰技工学校					30	25
宾县技工学校					22	16
黑龙江民航运输技工学校	117	109	181	181	42	15
黑龙江省轻工业技工学校	1376	134	431	169	65	36
东北工程技术学校	1018	319	1123	487	86	57
黑龙江劳动保障技工学校	1016				41	32
黑龙江省国资技工学校	153	730	2084	915	84	61

18－10　普通中学基本情况

（2014年）　单位:人

地区	学校数（所）	高中	毕业生	高中	招生数	高中
全市	**463**	**96**	**117504**	**44209**	**107775**	**42033**
市区	**206**	**56**	**62710**	**25747**	**56932**	**24976**
道里区	26	8	9238	4505	7592	3664
南岗区	31	13	15555	6571	13459	6131
道外区	31	7	6569	2269	5895	2519
平房区	9	3	2335	1123	1966	965
松北区	13	4	1971	670	2115	763
香坊区	35	11	12684	5593	11765	6229
呼兰区	29	5	7303	2351	7157	2128
阿城区	32	5	7055	2665	6983	2577
市辖县(市)	**257**	**40**	**54794**	**18462**	**50843**	**17057**

18－10　续表　（2014年）　单位:人

地区	在校生	高中	教职工数	专任教师
全市	**364586**	**130326**	**43205**	**37434**
市区	**212808**	**77769**	**24873**	**21762**
道里区	30416	11837	3321	2863
南岗区	55486	19728	5527	4769
道外区	23077	7593	3286	2863
平房区	7766	3128	949	859
松北区	8022	2313	912	770
香坊区	46170	18431	5227	4701
呼兰区	20770	6596	2696	2356
阿城区	21101	8143	2955	2581
市辖县(市)	**151778**	**52557**	**18332**	**15672**

18－11　职业中学基本情况

（2014 年）　　　　单位：人

学校名称	毕业生	招生	在校生	预计毕业班	教职工	专任教师
合计	**7562**	**5742**	**19080**	**6789**	**2331**	**1954**
哈尔滨市现代服务中等职业技术学校	1141	580	2550	1030	168	155
哈尔滨市汽车职业高级中学校	234	99	489	224	85	68
哈尔滨市民族科技高级职业中学校	20	10	26	10	19	14
哈尔滨市第二职业中学校	1006	1048	3008	907	272	234
哈尔滨市第二十六职业高级中学		103	441		37	29
哈尔滨市第一职业高级中学校	1103	534	2020	793	290	237
哈尔滨第一机器制造集团有限公司高级职业中学校					34	21
哈尔滨市永源职业技术高级中学校	297	84	342	174	44	41
哈尔滨市第十八职业高级中学校	84	75	343	162	33	31
哈尔滨市新星中等职业技术学校	135	43	186	60	32	23
黑龙江妇女干部学院女子职业高级中学校	64		38	38	25	18
哈尔滨市美苑艺术高级中学校	61		61	61	21	18
哈尔滨现代应用技术中等职业学校	1097	1328	3003	1095	186	175
哈尔滨市呼兰区职业技术教育中心	80		30	30	75	21
阿城区职业技术教育中心学校	304	274	908	327	92	87
依兰县职业高中	79	109	275	46	58	40
方正县职业高级中学	104	93	269	75	73	51
宾县职业教育中心	162	159	1001	132	124	108
巴彦县职业教育中心	10	10	22	9	68	57
木兰县中等职业技术教育中心	151	95	278	95	64	47
通河县职业教育中心	63	195	385	69	86	73
延寿县职业技术教育中心学校	45	68	226	41	52	45
双城区职业技术教育中心学校	402	217	625	196	144	128
尚志市职业技术教育中心学校	302	157	1065	740	129	123
五常市职业技术教育中心学校	618	461	1489	475	120	110

18－12　小学基本情况

（2014 年）　　　　单位：人

地区	学校数（所）	毕业生	招生数	在校生	教职工数	专任教师
全　市	**608**	**68853**	**67565**	**404314**	**33027**	**29686**
市　区	**187**	**32279**	**37030**	**191763**	**13634**	**11985**
道里区	28	4341	5241	26177	2201	1856
南岗区	36	6886	9068	44684	2953	2469
道外区	29	3916	4200	22370	1905	1567
平房区	10	1089	1306	6343	587	538
松北区	12	1461	1712	8190	580	537
香坊区	29	4938	6325	30468	2222	2092
呼兰区	17	5163	5262	29332	1430	1291
阿城区	26	4485	3916	24199	1756	1635
市辖县（市）	**421**	**36574**	**30535**	**212551**	**19393**	**17701**

18－13　中、小学招生、毕业生人数及升学情况

指标	单位	2013 年			2014 年		
		全市	市区	市辖县（市）	全市	市区	市辖县（市）
小学招生人数	人	76491	39483	37008	67565	37030	30535
学龄儿童入学率	%	100.0	100.0	100.0	100.0	100.0	100.0
小学毕业人数	人	81984	37943	44041	68853	32279	36574
初中招生人数	人	73707	37009	36698	65742	31956	33786
小学毕业入初中升学率	%	89.9	97.5	83.3	95.5	99.0	92.4
初中毕业人数	人	89000	41619	47381	73295	36963	36332
普通高中招生人数	人	45630	26517	19113	42033	24976	17057
初中毕业入普通高中升学率	%	51.3	63.7	40.3	57.3	67.6	46.9
职业高中招生人数	人	6828	4662	2166	5769	4205	1564
初中毕业入职业高中升学率	%	7.7	11.2	4.6	7.9	11.4	4.3
普通高中毕业人数	人	46458	26968	19490	44209	25747	18462

18－14　中、小学基础设施情况

(2014 年)

指　　　标	单　位	普通中学	职业中学	小　学
校舍建筑面积	万平方米	408.6	30.1	232.1
教　　室	万平方米	128.7	17.3	115.0
实验室	万平方米	23.5	5.2	72.2
图书馆	万平方米	9.5	0.4	5.3
行政办公用房	万平方米	59.9	4.2	31.3
体育运动场馆面积	万平方米	413.2	19.6	477.9
计算机	万台	5.1	0.7	3.3
图书藏量	万册	596.0	34.2	446.8

18－15　幼儿园基本情况

(2014 年)　　单位:人

地　　区	园　数(所)	班　数(个)	在园幼儿数	教职工数	教　师	平均每一教师负担幼儿
全　市	**1426**	**6607**	**155534**	**16374**	**8897**	**17.5**
市　区	**571**	**3369**	**76819**	**10146**	**5124**	**15.0**
道里区	56	394	10632	1253	558	19.1
南岗区	112	774	19117	3145	1635	11.7
道外区	95	524	11473	1471	710	16.2
平房区	10	82	2150	302	182	11.8
松北区	25	102	2610	250	126	20.7
香坊区	117	665	13112	1926	1008	13.0
呼兰区	98	566	11883	1294	637	18.7
阿城区	58	262	5842	505	268	21.8
市辖县(市)	**855**	**3238**	**78715**	**6228**	**3773**	**20.9**

18－16　高等学校科技情况

指　　标	2013 年	2014 年	指　　标	2013 年	2014 年
学校数（个）	**50**	**50**	按经费来源分		
有 R&D 活动的学校数	50	50	政府资金	194893	158258
R&D 人员情况			企业资金	133463	153230
R&D 人员合计(人)	20933	19024	境外资金	30	322
研究人员	17866	16197	其他资金	4184	5878
全时人员	12088	10989	外部支出合计	9902	8176
本科以上学历人员	19581	17170	**科技成果情况**		
R&D 人员折合全时人员(人年)	11967	10907	专利申请数(件)	5772	5839
基础研究	6905	6384	发明专利申请数(件)	3618	3759
应用研究	4671	4249	拥有发明专利数(件)	5130	6468
实验发展	391	274	发表科技论文(篇)	27214	29061
R&D 经费情况(万元)			出版科技著作(种)	949	945
R&D 经费内部支出合计	332570	317688	**R&D 项目(课题)情况**		
按活动类型分			项目(课题)数合计(项)	14916	14510
基础研究支出	118157	85022	项目(课题)人员折合全时当量(人年)	11964	10904
应用研究支出	197302	223253	项目(课题)实际经费支出(万元)	277556	291378
实验发展支出	17111	9413	**科技活动机构情况**		
按支出用途分			机构数(个)	237	212
日常性支出	257242	254225	R&D 人员(人)	3709	3899
人员劳务费	36953	34574	博士毕业	2039	2341
资产性支出	75328	63463	硕士毕业	931	856
仪器和设备	75098	46609	R&D 经费支出(万元)	87890	68734
			科研用仪器设备原价(万元)	263590	270320
			进口	114750	126421

18－17　县以上部门所属独立科研机构情况

指　　标	2013 年	2014 年	指　　标	2013 年	2014 年
机构数(个)	**135**	**134**	政府资金	96340	92610
有 R&D 活动的机构数	92	86	企业资金	15317	6770
R&D 人员情况			国外资金	1140	801
R&D 人员合计(人)	6050	5917	其他资金	11680	36036
研究人员	3417	3382	外部支出合计	1337	947
全时人员	5857	5817	**科技成果情况**		
本科以上学历人员	5457	5108	专利申请数(件)	483	431
R&D 人员折合全时人员(人年)	5951	5879	发明专利申请数(件)	263	220
基础研究	1253	1149	拥有发明专利数(件)	601	800
应用研究	1996	2074	发表科技论文(篇)	3099	3083
实验发展	2702	2656	出版科技著作(种)	122	98
R&D 经费情况(万元)			**R&D 项目(课题)情况**		
R&D 经费内部支出合计	124477	136217	项目(课题)数合计(项)	1587	1634
按活动类型分			项目(课题)人员折合全时当量(人年)	4796	4796
基础研究支出	21005	25191	项目(课题)实际经费支出(万元)	43378	49024
应用研究支出	37689	38912	**科技活动机构情况**		
实验发展支出	65783	72114	机构数(个)	132	131
按支出用途分			R&D 人员(人)	5958	5917
日常性支出	91348	101555	博士毕业	527	618
人员劳务费	38979	45330	硕士毕业	1712	1853
资产性支出	33129	34663	R&D 经费支出(万元)	124374	136217
仪器和设备	24123	18397	科研用仪器设备原价(万元)	124204	149852
按经费来源分			进口	40839	47228

18－18　规模以上工业企业科技活动基本情况

（2014 年）　　　　单位:个

指　　标	企业数		
		有 R&D 活动	有科技机构
总　计	**1397**	**189**	**119**
按企业规模分			
大型企业	45	27	24
中型企业	137	38	26
小微型企业	1215	124	69
按隶属关系分			
中　央	51	29	17
地　方	1346	160	102
按登记注册类型分			
内资企业	1304	167	104
国有企业	38	9	5
集体企业	7		
股份合作企业	10	1	
有限责任公司	502	84	53
国有独资公司	18	9	6
其他有限责任公司	484	75	47
股份有限公司	107	33	27
私营企业	634	40	19
私营独资企业	14		
私营合伙企业	1		
私营有限责任公司	583	37	17
私营股份有限公司	36	3	2
其他企业	6		
港、澳、台商投资企业	23	9	7
合资经营企业(港或澳、台资)	12	6	5
合作经营企业(港或澳、台资)	1		
港、澳、台商独资经营企业	10	3	2
外商投资企业	70	13	8
中外合资经营企业	33	10	7
中外合作经营企业	1		
外资企业	34	3	1
外商投资股份有限公司	2		
按工业行业大类分			
采矿业	9	1	
煤炭开采和洗选业	1	1	
黑色金属矿采选业	1		
有色金属矿采选业	3		
非金属矿采选业	4		

18-18 续表　　(2014 年)　　单位:个

指　　标	企业数		
		有 R&D 活动	有科技机构
制造业	1328	185	118
农副食品加工业	384	7	5
食品制造业	57	4	1
酒、饮料和精制茶制造业	61		
烟草制品业	1	1	1
纺织业	15		1
纺织服装、服饰业	1		
皮革、毛皮、羽毛(绒)及其制品业	1		
木材加工及木、竹、藤、棕、草制品业	75	2	2
家具制造业	16	3	
造纸及纸制品业	16	1	
印刷和记录媒介复制业	22	4	2
文教、工美、体育和娱乐用品制造业	31		
石油加工、炼焦及核燃料加工业	7		
化学原料和化学制品制造业	48	8	1
医药制造业	53	33	21
橡胶和塑料制品业	43	7	3
非金属矿物制品业	95	7	4
黑色金属冶炼及压延加工业	19		
有色金属冶炼及压延加工业	11	4	3
金属制品业	51	4	4
通用设备制造业	109	32	21
专用设备制造业	60	15	10
汽车制造业	32	8	7
铁路、船舶、航空航天和其他运输设备制造业	20	13	8
电气机械及器材制造业	49	12	10
计算机、通信和其他电子设备制造业	16	8	3
仪器仪表制造业	18	10	9
其他制造业	11	2	2
废弃资源综合利用	4		
金属制品、机械和设备修理业	2		
电力、热力、燃气及水生产和供应业	60	3	1
电力、热力生产和供应业	51	1	
燃气生产和供应业	4	1	1
水的生产和供应业	5	1	
按企业控股情况分			
国有控股	156	50	34
集体控股	27	6	4
私人控股	1030	108	60
港澳台商控股	13	5	4
外商控股	51	8	6
其他	120	12	11

18－19　规模以上工业企业R&D人员情况

（2014年）　　单位：人

指　　标	R&D人员	女　性	研　究人　员	全　时人　员	R&D人员折合全时当量合计（人年）
总　计	**19866**	**4898**	**9710**	**13994**	**14284**
按企业规模分					
大型企业	13526	3457	7251	9947	9935
中型企业	3246	738	1340	2031	2459
小微型企业	3094	703	1119	2016	1891
按隶属关系分					
中　央	10268	2494	5692	7209	7729
地　方	9598	2404	4018	6785	6555
按登记注册类型分					
内资企业	15921	3810	7710	10820	11536
国有企业	3404	946	1985	2530	2205
股份合作企业	33		26	13	33
有限责任公司	8503	1945	4425	5692	6502
国有独资公司	1556	316	982	1137	1384
其他有限责任公司	6947	1629	3443	4555	5118
股份有限公司	2722	665	881	1763	2165
私营企业	1259	254	393	822	631
私营有限责任公司	1201	251	381	815	621
私营股份有限公司	58	3	12	7	11
港、澳、台商投资企业	655	193	121	567	385
合资经营企业（港或澳、台资）	239	135	69	181	171
港、澳、台商独资经营企业	416	58	52	386	214
外商投资企业	3290	895	1879	2607	2363
中外合资经营企业	3219	887	1861	2557	2312
外资企业	71	8	18	50	51

18－19 续表　　(2014 年)　　单位:人

指　　标	R&D 人员	女　性	研究人员	全时人员	R&D 人员折合全时当量合计(人年)
按工业行业大类分					
采矿业	19	1	16		15
煤炭开采和洗选业	19	1	16		15
制造业	19762	4882	9657	13937	14196
农副食品加工业	171	18	28	28	120
食品制造业	38	17	17	23	12
酒、饮料和精制茶制造业					
烟草制品业	29	9	12	18	24
木材加工及木、竹、藤、棕、草制品业	14	4	7	10	9
家具制造业	34	11	16	24	29
造纸和纸制品业	5		2	2	1
印刷和记录媒介复制业	78	31	44	47	65
化学原料和化学制品制造业	326	108	168	293	163
医药制造业	4219	1453	2082	2870	3092
橡胶和塑料制品业	439	69	71	365	204
非金属矿物制品业	271	60	135	75	216
有色金属冶炼及压延加工业	497	67	333	301	321
金属制品业	383	41	297	196	285
通用设备制造业	4654	1195	2339	3266	3394
专用设备制造业	709	77	324	527	506
汽车制造业	1568	207	541	960	1092
铁路、船舶、航空航天和其他运输设备制造业	3406	832	1735	2521	2217
电气机械和器材制造业	1609	344	889	1340	1380
计算机、通信和其他电子设备制造业	470	125	110	463	421
仪器仪表制造业	779	211	446	598	587
其他制造业	63	3	61	10	58
电力、热力、燃气及水的生产和供应业	85	15	37	57	74
电力、热力生产和供应业	47		31	19	36
燃气生产和供应业	33	12	4	33	33
水的生产和供应业	5	3	2	5	5
按企业控股情况分					
国有控股	14173	3561	7865	10168	10499
集体控股	424	53	219	287	248
私人控股	3893	903	1201	2488	2567
港澳台商控股	539	135	69	481	291
外商控股	394	66	233	317	319
其他	443	180	123	253	360

18－20　规模以上工业企业按用途分 R&D 经费内部支出情况

（2014 年）　　单位：万元

指　　标	R&D 经费内部支出合　计	日常性支　出	人员劳务费	资产性支　出	仪器和设备
总　计	**532943**	**479229**	**108272**	**53714**	**49258**
按企业规模分					
大型企业	447861	401089	83556	46771	42598
中型企业	40833	38888	13287	1945	1837
小微型企业	44249	39252	11430	4997	4823
按隶属关系分					
中　央	407779	367389	72851	40390	36287
地　方	125164	111840	35422	13323	12971
按登记注册类型分					
内资企业	482420	435077	93127	47343	42960
国有企业	216532	190795	29366	25737	22269
股份合作企业	458	458	231		
有限责任公司	216681	199030	47375	17651	16972
国有独资公司	65517	61558	9936	3959	3436
其他有限责任公司	151164	137472	37439	13692	13536
股份有限公司	33731	31218	12607	2512	2286
私营企业	15018	13575	3549	1443	1433
私营有限责任公司	14286	13013	3450	1273	1264
私营股份有限公司	731	562	99	169	169
港、澳、台商投资企业	15599	13827	2480	1772	1772
合资经营企业（港或澳、台资）	2408	2366	687	42	42
港、澳、台商独资经营企业	13191	11461	1792	1730	1730
外商投资企业	34924	30326	12666	4599	4526
中外合资经营企业	34008	29420	12463	4588	4520
外资企业	917	906	203	11	7

18－20 续表　　（2014 年）　　单位：万元

指　　标	R&D 经费内部支出合　计	日常性支　出	人员劳务费	资产性支　出	仪器和设备
按工业行业大类分					
采矿业	750	750	132		
煤炭开采和洗选业	750	750	132		
制造业	531756	478044	108061	53713	49258
农副食品加工业	4589	3364	977	1224	1075
食品制造业	602	296	91	306	306
烟草制品业	1156	489	228	667	667
木材加工及木、竹、藤、棕、草制品业	173	173	52		
家具制造业	473	304	63	169	169
造纸和纸制品业	17	17	12		
印刷和记录媒介复制业	792	670	163	122	119
化学原料和化学制品制造业	6524	6320	1744	205	204
医药制造业	48437	42925	14572	5511	5442
橡胶和塑料制品业	13416	11961	1706	1456	1456
非金属矿物制品业	3550	3409	1367	141	139
有色金属冶炼及压延加工业	7026	7023	463	3	3
金属制品业	2010	1968	891	41	41
通用设备制造业	206710	172306	33790	34404	30809
专用设备制造业	12098	11788	4066	309	309
汽车制造业	21898	17225	7144	4673	4141
铁路、船舶、航空航天和其他运输设备制造业	155786	154482	29745	1304	1284
电气机械和器材制造业	34791	32039	6466	2752	2676
计算机、通信和其他电子设备制造业	3778	3655	1571	123	123
仪器仪表制造业	7357	7167	2720	190	186
其他制造业	575	463	232	113	109
电力、热力、燃气及水的生产和供应业	436	435	79	1	
电力、热力生产和供应业	102	101	5	1	
燃气生产和供应业	223	223	57		
水的生产和供应业	112	112	17		
按企业控股情况分					
国有控股	450685	404651	86697	46034	41799
集体控股	3819	3677	1361	142	96
私人控股	53511	48685	14981	4826	4657
港澳台商控股	14068	12338	1923	1730	1730
外商控股	3558	3380	1104	178	172
其他	7302	6498	2206	804	803

18－21　规模以上工业企业按经费来源分 R&D 经费内部支出情况

（2014 年）　　　　单位：万元

指　　标	R&D 经费内部支出合　计	政府资金	企业资金	其他资金
总　计	**532943**	**174962**	**354141**	**3840**
按企业规模分				
大型企业	447861	169392	275904	2565
中型企业	40833	3233	37361	239
小微型企业	44249	2338	40876	1036
按隶属关系分				
中　央	407779	170380	234572	2828
地　方	125164	4582	119569	1012
按登记注册类型分				
内资企业	482420	173570	305181	3670
国有企业	216532	129838	86695	
股份合作企业	458	79	379	
有限责任公司	216681	41998	171422	3261
国有独资公司	65517	35551	28917	1049
其他有限责任公司	151164	6446	142506	2212
股份有限公司	33731	836	32894	
私营企业	15018	819	13790	409
私营独资企业	14286	789	13097	400
私营股份有限公司	731	30	693	9
港、澳、台商投资企业	15599	160	15439	
合资经营企业（港或澳、台资）	2408	20	2388	
港、澳、台商独资经营企业	13191	140	13051	
外商投资企业	34924	1233	33521	170
中外合资经营企业	34008	1233	32605	170
外资企业	917		917	

18－21 续表　　（2014 年）　　单位:万元

指　　标	R&D 经费内部支出合　计	政府资金	企业资金	其他资金
按工业行业大类分				
采矿业	750		750	
煤炭开采和洗选业	750		750	
制造业	531756	174962	352954	3840
农副食品加工业	4589	70	4519	
食品制造业	602	53	550	
烟草制品业	1156		1156	
木材加工及木、竹、藤、棕、草制品业	173	49	124	
家具制造业	473	35	438	
造纸和纸制品业	17		9	8
印刷和记录媒介复制业	792	7	785	
化学原料和化学制品制造业	6524	685	5840	
医药制造业	48437	1533	46503	400
橡胶和塑料制品业	13416	137	13279	
非金属矿物制品业	3550	289	3261	
有色金属冶炼及压延加工业	7026	2351	4398	277
金属制品业	2010	370	1573	67
通用设备制造业	206710	77006	129465	239
专用设备制造业	12098	765	11183	150
汽车制造业	21898	3698	18200	
铁路、船舶、航空航天和其他运输设备制造业	155786	86036	69002	749
电气机械和器材制造业	34791	848	32164	1779
计算机、通信和其他电子设备制造业	3778	413	3195	170
仪器仪表制造业	7357	539	6818	
其他制造业	575	81	494	
电力、热力、燃气及水的生产和供应业	436		436	
电力、热力生产和供应业	102		102	
燃气生产和供应业	223		223	
水的生产和供应业	112		112	
按企业控股情况分				
国有控股	450685	171861	275996	2828
集体控股	3819	364	3455	
私人控股	53511	2016	50653	842
港澳台商控股	14068	140	13928	
外商控股	3558	551	2837	170
其他	7302	30	7272	

18－22　规模以上工业企业R&D经费外部支出情况

（2014年）　　单位：万元

指　　标	R&D经费外部支出	对境内研究机构支出	对境内高等学校支出	对境外支出
总　计	**46757**	**25731**	**10095**	**8579**
按企业规模分				
大型企业	42738	22372	9794	8519
中型企业	2153	1969	185	
小微型企业	1866	1390	116	60
按隶属关系分				
中　央	37308	18531	9150	8519
地　方	9449	7200	945	60
按登记注册类型分				
内资企业	31384	15935	9623	4348
国有企业	19493	9744	7800	1949
有限责任公司	6552	2187	1493	2339
国有独资公司	615	357	108	
其他有限责任公司	5937	1829	1386	2339
股份有限公司	5191	3950	236	60
私营企业	148	54	94	
私营有限责任公司	148	54	94	
港、澳、台商投资企业	1081	1071	10	
合资经营企业（港或澳、台资）	432	432		
港、澳、台商独资经营企业	649	639	10	
外商投资企业	14293	8725	462	4231
中外合资经营企业	14293	8725	462	4231

18－22 续表　　（2014 年）　　单位：万元

指　　标	R&D 经费外部支出	对境内研究机构支出	对境内高等学校支出	对境外支出
按工业行业大类分				
制造业	46757	25731	10095	8579
烟草制品业	21	7	14	
化学原料和化学制品制造业	133	67	5	60
医药制造业	8259	6872	423	
橡胶和塑料制品业	30	20	10	
非金属矿物制品业	4		4	
有色金属冶炼及压延加工业	238	81	107	
通用设备制造业	4278	500	1147	2339
专用设备制造业	66	13	53	
汽车制造业	13291	8085	1	4231
铁路、船舶、航空航天和其他运输设备制造业	19731	9985	7797	1949
电气机械和器材制造业	607	101	434	
仪器仪表制造业	100		100	
按企业控股情况分				
国有控股	38302	19154	9521	8519
集体控股	163	113	50	
私人控股	6051	4453	294	60
港澳台商控股	649	639	10	
外商控股	280	60	220	
其他	1312	1312		

18－23 规模以上工业企业R&D项目情况

（2014年）

指标	R&D项目数（项）	立项经费十万元以上项目	参加项目人员（人）	项目人员折合全时当量（人年）	项目经费（万元）
总计	**2073**	**1270**	**18141**	**13043**	**395827**
按企业规模分					
大型企业	1277	717	12371	9079	320704
中型企业	380	188	2958	2236	36630
小微型企业	416	365	2812	1727	38494
按隶属关系分					
中央	956	399	9715	7281	290803
地方	1117	871	8426	5762	105024
按登记注册类型分					
内资企业	1747	1003	14848	10748	355497
国有企业	377	60	3142	2009	113787
股份合作企业	5	5	23	23	446
有限责任公司	848	570	8021	6127	197963
国有独资公司	92	90	1459	1292	63004
其他有限责任公司	756	480	6562	4836	134959
股份有限公司	390	256	2541	2027	29563
私营企业	127	112	1121	562	13738
私营有限责任公司	120	105	1066	552	13077
私营股份有限公司	7	7	55	10	661
港、澳、台商投资企业	114	105	614	361	14677
合资经营企业（港或澳、台资）	32	30	217	155	2285
港、澳、台商独资经营企业	82	75	397	206	12392
外商投资企业	212	162	2679	1934	25653
中外合资经营企业	204	154	2613	1885	24744
外资企业	8	8	66	48	909

18－23 续表　　（2014 年）

指　　标	R&D 项目数（项）	立项经费十万元以上项目	参加项目人员（人）	项目人员折合全时当量（人年）	项目经费（万元）
按工业行业大类分					
采矿业	1	1	19	15	750
煤炭开采和洗选业	1	1	19	15	750
制造业	2064	1261	18041	12958	394735
农副食品加工业	21	21	156	110	3365
食品制造业	6	5	31	9	285
烟草制品业	6	6	28	24	680
木材加工及木、竹、藤、棕、草制品业	2	2	13	8	124
家具制造业	8	3	30	26	381
造纸和纸制品业	2	2	5	1	12
印刷和记录媒介复制业	13	13	71	59	646
化学原料和化学制品制造业	25	23	297	150	4790
医药制造业	508	350	3528	2602	38844
橡胶和塑料制品业	88	88	411	189	12673
非金属矿物制品业	25	24	241	195	3225
有色金属冶炼及压延加工业	47	47	475	308	6937
金属制品业	60	10	316	225	1677
通用设备制造业	484	248	4301	3129	143773
专用设备制造业	120	98	674	484	9987
汽车制造业	71	38	1491	1028	19428
铁路、船舶、航空航天和其他运输设备制造业	347	115	3303	2149	103794
电气机械和器材制造业	152	92	1493	1278	33778
计算机、通信和其他电子设备制造业	24	22	442	397	3374
仪器仪表制造业	51	50	682	542	6502
其他制造业	4	4	53	48	459
电力、热力、燃气及水的生产和供应业	8	8	81	70	341
电力、热力生产和供应业	4	4	45	34	101
燃气生产和供应业	3	3	32	32	223
水的生产和供应业	1	1	4	4	17
按企业控股情况分					
国有控股	1235	588	12910	9544	321030
集体控股	39	25	385	223	3623
私人控股	622	489	3592	2390	47952
港澳台商控股	97	88	516	281	13269
外商控股	27	27	361	294	2974
其他	53	53	377	312	6980

18－24　规模以上工业企业科技机构情况

（2014 年）

指　　标	企业办科技机构数（个）	R&D 人员（人）	博士毕业	硕士毕业	机构 R&D 经费支出（万元）	仪器设备（万元）	进　口
总　计	**127**	**10078**	**114**	**1398**	**173352**	**201429**	**25184**
按企业规模分							
大型企业	29	5905	67	969	127161	152647	24649
中型企业	29	2332	19	220	22597	21405	380
小微型企业	69	1841	28	209	23594	27378	154
按隶属关系分							
中　央	19	4210	39	727	107032	122058	19625
地　方	108	5868	75	671	66320	79372	5559
按登记注册类型分							
内资企业	107	8550	81	1186	158358	169598	13614
国有企业	5	986	3	96	9009	16428	
有限责任公司	55	4846	44	777	114063	129817	10878
国有独资公司	8	1027	7	180	20837	32823	1346
其他有限责任公司	47	3819	37	597	93226	96994	9532
股份有限公司	28	2154	19	251	26312	18759	2736
私营企业	19	564	15	62	8974	4594	
私营有限责任公司	17	526	11	57	8849	3556	
私营股份有限公司	2	38	4	5	125	1038	
港、澳、台商投资企业	7	662	8	72	6378	9739	139
合资经营企业（港或澳、台资）	5	307		11	2844	3142	
港、澳、台商独资经营企业	2	355	8	61	3535	6597	139
外商投资企业	13	866	25	140	8616	22093	11431
中外合资经营企业	12	789	25	137	8541	22031	11375
外资企业	1	77		3	75	62	55

18－24 续表 （2014 年）

指　　　标	企业办科技机构数（个）	R&D 人员（人）	博士毕业	硕士毕业	机构 R&D 经费支出（万元）	仪器设备（万元）	进　口
按工业行业大类分							
制造业	126	10020	114	1396	172627	201077	25184
农副食品加工业	5	109	3	29	2820	2112	42
食品制造业	1	10		3	76	440	
烟草制品业	1	58	1	22	1948	8522	5635
纺织业	1	5		1	46	33	
木材加工及木、竹、藤、棕、草制品业	2	19	4	6	64	394	
印刷和记录媒介复制业	2	48	2	3	95	179	
化学原料和化学制品制造业	1	39		1	387	813	
医药制造业	27	1606	16	221	16659	20959	1971
橡胶和塑料制品业	3	322	8	59	3410	7165	139
非金属矿物制品业	4	189	5	15	2316	1616	
有色金属冶炼及压延加工业	3	231	2	30	4237	5897	694
金属制品业	4	327	5	17	827	3423	327
通用设备制造业	21	2013	19	335	71863	28475	2930
专用设备制造业	10	752	3	56	10836	12919	165
汽车制造业	7	942	11	100	20866	36121	12682
铁路、船舶、航空航天和其他运输设备制造业	10	1848	8	261	22932	36952	
电气机械和器材制造业	10	667	23	144	6782	24786	
计算机、通信和其他电子设备制造业	3	290		36	964	509	
仪器仪表制造业	9	529	4	56	5199	8629	598
其他制造业	2	16		1	302	1134	
电力、热力、燃气及水的生产和供应业	1	58		2	725	352	
燃气生产和供应业	1	58		2	725	352	
按企业控股情况分							
国有控股	41	5803	56	928	121301	146682	24793
集体控股	4	430	1	14	2934	11788	110
私人控股	61	2665	40	353	34863	23102	44
港澳台商控股	4	550	8	66	5020	8119	139
外商控股	6	249	8	19	1393	3138	55
其他	11	381	1	18	7842	8601	42

18－25 规模以上工业企业自主知识产权及相关情况

（2014 年）

指标	专利申请数（件）	发明专利	有效发明专利数（件）	形成国家或行业标准数（项）	发表科技论文(篇)
总计	**2647**	**1202**	**1503**	**56**	**920**
按企业规模分					
大型企业	1462	736	907	37	774
中型企业	504	189	169	17	98
小微型企业	681	277	427	2	48
按隶属关系分					
中　央	1366	661	835	44	734
地　方	1281	541	668	12	186
按登记注册类型分					
内资企业	2370	1050	1343	51	855
国有企业	409	234	354	13	421
股份合作企业	6		1		
有限责任公司	1278	604	635	35	408
国有独资公司	276	143	194	16	29
其他有限责任公司	1002	461	441	19	379
股份有限公司	300	130	154	2	11
私营企业	377	82	199	1	15
私营独资企业			3		
私营有限责任公司	339	77	146	1	12
私营股份有限公司	38	5	50		3
港、澳、台商投资企业	100	83	33	3	8
合资经营企业(港或澳、台资)	32	16	22	3	
港、澳、台商独资经营企业	68	67	11		8
外商投资企业	177	69	127	2	57
中外合资经营企业	159	62	120	2	57
外资企业	18	7	7		

18－25 续表　　　　（2014 年）

指　　标	专利申请数（件）	发明专利	有效发明专利数（件）	形成国家或行业标准数（项）	发表科技论文（篇）
按工业行业大类分					
采矿业	1	1	1		
煤炭开采和洗选业	1	1	1		
制造业	2644	1200	1501	56	920
农副食品加工业	15	4	15		2
食品制造业	12	5			3
酒、饮料和精制茶制造业	2	2	1		
烟草制品业	3	1	1		4
木材加工及木、竹、藤、棕、草制品业	35	11	15		
家具制造业	103	51	2		
印刷和记录媒介复制业	7	3	2		
化学原料和化学制品制造业	66	25	84		41
医药制造业	249	168	229	5	67
橡胶和塑料制品业	93	77	50		3
非金属矿物制品业	74	27	44	14	23
有色金属冶炼及压延加工业	34	21	92	17	1
金属制品业	8	6	14		46
通用设备制造业	606	240	357	4	270
专用设备制造业	145	28	85		6
汽车制造业	185	66	76		
铁路、船舶、航空航天和其他运输设备制造业	481	272	186		362
电气机械和器材制造业	259	116	161	15	50
计算机、通信和其他电子设备制造业	96	19	21		
仪器仪表制造业	162	54	63	1	42
其他制造业	9	4	3		
电力、热力、燃气及水的生产和供应业	2	1	1		
电力、热力生产和供应业	2	1	1		
按企业控股情况分					
国有控股	1477	731	956	51	860
集体控股	34	11	24		10
私人控股	945	347	452	2	37
港澳台商控股	93	76	20		8
外商控股	68	16	27		5
其他	30	21	24	3	

18－26　规模以上工业企业新产品开发、生产及销售情况

（2014年）　　单位:万元

指　　标	新产品开发项目数(项)	新产品开发经费支出	新产品产值	新产品销售收入	出口
总　计	**2374**	**588556**	**3102796**	**2920752**	**58047**
按企业规模分					
大型企业	1374	490473	2452008	2280776	50652
中型企业	514	50903	379392	367813	4557
小微型企业	486	47180	271396	272163	2838
按隶属关系分					
中　央	1157	448551	2081873	1962477	22225
地　方	1217	140005	1020923	958275	35822
按登记注册类型分					
内资企业	2121	534844	2633420	2487224	30037
国有企业	432	217277	337819	336035	
股份合作企业	3	311	2580	2580	1420
有限责任公司	1075	265835	1982710	1867586	24276
国有独资公司	128	74598	141289	167118	
其他有限责任公司	947	191237	1841421	1700468	24276
股份有限公司	454	32009	215580	185751	4005
私营企业	157	19413	94732	95273	336
私营合伙企业	147	16766	90354	91104	336
私营股份有限公司	10	2647	4378	4169	
港、澳、台商投资企业	103	13223	203365	197207	
合资经营企业(港或澳、台资)	25	1315	10651	13313	
港、澳、台商独资经营企业	78	11909	192714	183894	
外商投资企业	150	40489	266011	236321	28010
中外合资经营企业	137	39159	264061	230252	28010
外资企业	13	1330	1950	6069	

18－26 续表　　（2014 年）　　单位：万元

指　　标	新产品开发项目数(项)	新产品开发经费支出	新产品产值	新产品销售收入	出口
按工业行业大类分					
制造业	2374	588556	3102796	2920752	58047
农副食品加工业	34	7612	32386	35896	85
食品制造业	7	773	506	496	
酒、饮料和精制茶制造业	1	100			
烟草制品业	9	1729	2124	1924	
纺织业	1	105			
木材加工及木、竹、藤、棕、草制品业	2	1357	112	115	
家具制造业	9	523	289	236	
造纸和纸制品业	2	17			
印刷和记录媒介复制业	13	1233	4447	4120	
石油加工、炼焦及核燃料加工业	2	14			
化学原料和化学制品制造业	20	4511	15228	17608	90
医药制造业	514	49677	198243	169135	1631
橡胶和塑料制品业	88	12526	166753	160730	
非金属矿物制品业	26	2928	27731	19893	1420
有色金属冶炼及压延加工业	59	12928	77511	77675	
金属制品业	61	2842	20223	19225	76
通用设备制造业	557	213011	1202584	1043996	5642
专用设备制造业	142	13511	93524	87404	4879
汽车制造业	95	27029	337585	335629	
铁路、船舶、航空航天和其他运输设备制造业	375	159237	434827	463084	360
电气机械和器材制造业	244	62591	460119	456632	43204
计算机、通信和其他电子设备制造业	35	5767	11228	9955	
仪器仪表制造业	71	7609	17379	16999	659
其他制造业	7	931			
按企业控股情况分					
国有控股	1399	498891	2423655	2275736	28188
集体控股	51	5179	60240	59828	1441
私人控股	740	56302	244421	227011	944
港澳台商控股	94	12685	192714	183894	
外商控股	31	7800	112759	100056	26885
其他	59	7699	69007	74227	590

18－27　规模以上工业企业政府相关政策落实情况

（2014 年）　　单位：万元

指　　标	使用来自政府部门的科技活动资金	研究开发费用加计扣除减免税	高新技术企业减免税
总　计	**181093**	**16583**	**22319**
按企业规模分			
大型企业	172311	13640	16834
中型企业	4563	2173	2173
小微型企业	4219	770	3312
按隶属关系分			
中　央	173784	10102	7990
地　方	7309	6481	14329
按登记注册类型分			
内资企业	179198	13615	14152
国有企业	130437	903	1220
股份合作企业	79		
有限责任公司	45282	10097	6615
国有独资公司	37593	5106	545
其他有限责任公司	7689	4992	6070
股份有限公司	993	862	4849
私营企业	2409	1753	1469
私营有限责任公司	1999	1753	1469
私营股份有限公司	410		
港、澳、台商投资企业	160	92	822
合资经营企业（港或澳、台资）	20	92	822
港、澳、台商独资经营企业	140		
外商投资企业	1735	2876	7345
中外合资经营企业	1735	2876	7345
按工业行业大类分			
制造业	181093	16583	22319
农副食品加工业	249		
食品制造业	80		
木材加工及木、竹、藤、棕、草制品业	229		
家具制造业	35		
印刷和记录媒介复制业	21		2
石油加工、炼焦及核燃料加工业		13	
化学原料和化学制品制造业	742	96	224
医药制造业	1737	3018	8010
橡胶和塑料制品业	267	10	8
非金属矿物制品业	590	140	220
有色金属冶炼及压延加工业	3889	383	339
金属制品业	737		15
通用设备制造业	77957	2735	1885
专用设备制造业	1147	667	2085
汽车制造业	3704	4094	2725
铁路、船舶、航空航天和其他运输设备制造业	86547	3631	3685
电气机械和器材制造业	1256	1783	2989
计算机、通信和其他电子设备制造业	1223	5	23
仪器仪表制造业	575	8	109
其他制造业	108		
按企业控股情况分			
国有控股	175501	13375	14747
集体控股	409	45	105
私人控股	4061	3107	6609
港澳台商控股	140		
外商控股	919		2
其他	64	56	856

18－28　规模以上工业企业技术改造、技术获取情况

（2014 年）　　单位：万元

指　　标	引进技术经费支出	引进技术的消化吸收经费支出	购买国内技术经费支出	技术改造经费支出
总　计	**4424**	**1813**	**3884**	**119170**
按企业规模分				
大型企业	3968	1808	2713	106199
中型企业	265		538	8300
小微型企业	192	5	633	4672
按隶属关系分				
中　央	4232	1808	2308	102400
地　方	192	5	1576	16770
按登记注册类型分				
内资企业	4424	1813	3020	107125
国有企业				22736
有限责任公司	4232	1808	2924	76635
国有独资公司	265		920	70202
其他有限责任公司	3968	1808	2004	6432
股份有限公司	92	5	75	5288
私营企业	100		21	2466
私营有限责任公司	100		21	2466
港、澳、台商投资企业				1200
港、澳、台商独资经营企业				1200
外商投资企业			864	10845
中外合资经营企业			864	10845
按工业行业大类分				
制造业	4424	1813	3884	119170
家具制造业				36
印刷业和记录媒介的复制				162
文教、工美、体育和娱乐用品制造业				48
化学原料及化学制品制造业	92	5	589	6033
医药制造业			900	8765
橡胶和塑料制品业				6
非金属矿物制品业				350
有色金属冶炼及压延加工业				38101
金属制品业				42
通用设备制造业	2235	358	1470	2053
专用设备制造业				83
汽车制造业				5537
铁路、船舶、航空航天和其他运输设备制造业	365		920	53049
电气机械和器材制造业	1733	1450	5	3500
计算机、通信和其他电子设备制造业				44
仪器仪表制造业				568
其他制造业				793
按企业控股情况分				
国有控股	4232	1808	3765	110578
集体控股			75	548
私人控股	192	5	44	3299
港澳台商控股				1200
外商控股				3500
其他				44

18－29　专利申请情况

（2014年）　　单位：件

地　区	专利申请				职务专利申请				
	合　计	发　明	实用新型	外观设计	合　计	大专院校	科研单位	工矿企业	机关团体
全　市	**22508**	**11464**	**8649**	**2395**	**18586**	**7564**	**786**	**10055**	**181**
市　区	**21868**	**11284**	**8355**	**2229**	**18308**	**7514**	**783**	**9836**	**175**
道里区	1576	754	719	103	1194	56	184	942	12
道外区	1167	498	451	218	945	288	13	637	7
南岗区	10059	5531	3417	1111	8367	5165	431	2758	13
香坊区	3985	1844	1666	475	3369	1301	95	1847	126
平房区	1606	936	555	115	1488	11	3	1474	0
松北区	1052	490	500	62	860	273	43	537	7
呼兰区	799	124	600	75	602	416	14	165	7
阿城区	1624	1107	447	70	1483	4		1476	3
县（市）	**640**	**180**	**294**	**166**	**278**	**50**	**3**	**219**	**6**
五常市	73	7	21	45	10			10	
双城市	134	14	100	20	90	43		45	2
尚志市	74	13	44	17	2				2
巴彦县	31	6	18	7	9			9	
宾　县	84	20	56	8	36	7	3	24	2
依兰县	155	116	24	15	127			127	
延寿县	10	2	3	5	2			2	
木兰县	39		13	26					
通河县	11	1	5	5	1			1	
方正县	29	1	10	18	1			1	

18－30 专利授权情况

（2014 年） 单位：件

地 区	专利授权				职务专利授权				
	合 计	发 明	实用新型	外观设计	合 计	大专院校	科研单位	工矿企业	机关团体
全 市	**9284**	**2085**	**6205**	**994**	**7059**	**4113**	**336**	**2573**	**37**
市 区	**8918**	**2068**	**5978**	**872**	**6954**	**4066**	**336**	**2517**	**35**
道里区	720	79	541	100	470	50	58	357	5
道外区	514	23	384	107	349	237	4	104	4
南岗区	4229	1520	2363	346	3495	2560	191	732	12
香坊区	1638	311	1196	131	1281	634	54	582	11
平房区	579	66	467	46	541	15		526	
松北区	388	24	345	19	267	189	12	66	
呼兰区	688	33	580	75	467	381	17	68	1
阿城区	162	12	102	48	84			82	2
县(市)	**366**	**17**	**227**	**122**	**105**	**47**		**56**	**2**
五常市	57	1	16	40	11			11	
双城市	90	4	72	14	60	43		15	2
尚志市	49	1	33	15	2			2	
巴彦县	37	2	6	29	1			1	
宾 县	61	4	54	3	19	4		15	
依兰县	24	3	20	1	11			11	
延寿县	4		2	2					
木兰县	19	1	12	6					
通河县	9		5	4					
方正县	16	1	7	8	1			1	

18－31　2010－2014 年“科教兴市”战略实施情况

指　　　标	单　位	2010 年	2011 年	2012 年	2013 年	2014 年
每万人口从事 R&D 活动人员数	人/万人	39	39	44	49	45
R&D 人员中研究人员比重	%	69.8	68.9	63.6	66.5	65.4
科研机构人均固定资产原价	千元/人	235.9	238.9	249.4	290.8	312.0
每百万人口专利申请量	件/百万人	658	1309	1572	1885	2280
R&D 经费占地区生产总值的比重	%	1.75	1.67	1.84	1.94	1.84
科学技术支出占地方财政支出比重	%	1.9	2.1	2.0	1.7	1.4
科技活动人员发表论文数	篇	32469	33347	33333	31105	33064
技术市场合同成交额年增长率	%	21.3	13.0	11.5	10.3	10.4
新产品销售收入占全部销售收入的比重	%	13.0	10.9	10.1	8.3	7.8
人均地区生产总值	元/人	36961	42736	45810	50498	53872

18－32　文化事业基本情况

指　　标	单　位	2013年			2014年		
		全　市	市　区	市辖县(市)	全　市	市　区	市辖县(市)
文物管理							
文物管理站(所)	个	13	3	10	13	3	10
文物藏品(实际数量)	件	3840	1910	1930	5133	2652	2481
一级品(实际数量)	件	4	1	3	14	2	12
公共图书馆							
职工人数	人	561	466	95	491	399	92
总藏书量	千册	7704.4	7028.9	675.5	7811.5	7111.1	700.4
总流通人次	千人次	4556.9	4342.1	214.8	4661.1	4416.1	245.0
阅览室座席	个	6336	5203	1133	6087	4954	1133
广播电视事业							
职工人数	人	6212	4992	1220	7627	6360	1267
广播人口覆盖率	%	99.65	100.0	99.65	99.65	100.0	99.65
电视人口覆盖率	%	99.32	100.0	99.32	99.32	100.0	99.32
博物馆及馆藏							
博 物 馆	个	46	37	9	46	37	9
藏品(实际数量)	件	376714	358684	18030	384250	360701	23549
参观人次	万人次	570.7	509.1	61.6	910.6	854.9	55.7
青少年参观人次	万人次	232.6	217	15.6	292.2	276.8	15.4
展　　览	个	53	50	3	113	92	21

18-33 1998-2014年艺术表演场所和专业剧团基本情况

年 份	艺术表演场所			专业剧团		
	个 数（个）	演出场次（场）	观众人数（万人次）	个 数（个）	演出场次（场）	观众人数（万人次）
全 市						
1998	14	334	25.2	24	5014	368
1999	14	422	26.7	23	4648	365
2000	14	221	20.7	24	3879	339
2001	14	240	21.2	24	4104	
2002	14	272	24.4	24	3547	
2003	13	346	28.3	24	2986	
2004	12	379	33.0	24	3300	324
2005	11	332	39.7	23	4080	320
2006	11	192	30.7	23	3021	386
2007	10	537	28.3	23	3534	370
2008	10	758	40.6	23	3759	344
2009	10	289	25.0	23	3960	382
2010	10	639	32.9	23	3571	309
2011	10	613	30.5	23	3490	293
2012	9	513	25.6	23	3202	252
2013	8	501	21.7	6	1404	96
2014	9	227	10.8	7	1733	98
市 区						
1998	10	334	25.2	11	2877	248
1999	10	422	26.7	11	2547	252
2000	10	221	20.7	11	2365	213
2001	10	240	21.2	11	2855	
2002	10	272	24.4	11	2437	
2003	10	346	28.3	11	1914	
2004	11	379	33.0	12	2371	261
2005	11	332	39.7	12	3221	247
2006	9	192	30.7	16	2318	336
2007	9	537	28.3	13	2869	259
2008	9	758	40.6	13	3085	259
2009	9	239	24.1	13	3290	286
2010	9	259	17.7	13	2908	217
2011	9	233	15.3	13	2895	212
2012	8	133	10.6	13	2516	160
2013	8	111	5.6	6	1404	96
2014	9	227	10.8	7	1733	98

18－34　公共图书馆情况

（2014 年）

单位名称	职工人数（人）	总藏书量（千册）	总流通（千人次）	书刊外借（千册次）	建筑面积（平方米）			阅览室座席（个）
						书库	阅览室	
总计	**491**	**7811.5**	**4661.1**	**2917.8**	**83820**	**15777**	**22840**	**6087**
省图书馆	195	3351.0	2927.0	1699.0	33931	3390	8982	1629
市图书馆	153	3170.8	1256.8	634.0	23387	6088	6042	2073
道里区图书馆	7	32.4	13.0	26.0	806	235	170	50
南岗区图书馆	6	89.8	7.9	0.7	4500	756	1480	340
道外区图书馆	4	120.0	8.2	8.9	1128		298	150
平房区图书馆	4	51.5	9.8	40.3	600	200	300	41
香坊区图书馆	7	76.4	69.9	140.0	2808	921	1067	144
呼兰区图书馆	11	89.9	49.6	41.3	2045	246	440	254
阿城区图书馆	12	129.2	73.9	74.4	2440	644	504	273
宾县图书馆	5	57.0	50.7	24.1	1050	400	380	120
方正县图书馆	4	51.2	16.5	9.7	420	160	200	50
依兰县图书馆	14	81.0	16.2	25.0	864	300	400	130
五常市图书馆	19	45.9	11.0	9.8	700	156	500	32
尚志市图书馆	6	102.3	36.5	66.8	1580	240	390	145
双城市图书馆	12	95.6	73.4	74.2	2250	270	310	246
巴彦县图书馆	15	72.9	4.9	10.6	1050	220	392	140
木兰县图书馆	6	48.0	4.0	5.0	365	160	100	50
通河县图书馆	6	43.6	25.3	18.2	2100	148	332	180
延寿县图书馆	5	103.0	6.5	9.8	1796	1243	553	40

18－35　广播电视播放节目情况

（2014年）　　单位：小时：分

单位名称	播出时间	自办节目时间	按节目类型分					
			新闻咨讯	专题服务	综艺节目	广播剧	广告	其它
广播事业								
合　计	**131355:35**	**101254:20**	**20167:30**	**46454:45**	**24892:35**	**7180:30**	**15747:00**	**16913:35**
黑龙江人民广播电台	70900:15	55692:00	7952:50	24219:25	13550:05	3895:30	7774:00	13508:25
哈尔滨人民广播电台	38445:30	35415:00	5304:00	16557:20	4222:30	3285:00	7791:00	1285:30
呼兰区广播电台	1460:30	548:00	612:30	259:10	473:45	0:00	0:00	115:05
依兰县广播电台	1824:30	546:30	182:00	365:00	365:00	0:00	0:00	912:00
方正县广播电台	1445:00	532:30	610:15	255:00	472:00	0:00	0:00	107:45
宾县广播电台	1458:00	545:30	609:20	259:00	475:10	0:00	0:00	114:30
巴彦县广播电台	1459:00	547:00	612:15	256:00	476:15	0:00	0:00	115:00
木兰县广播电台	1458:00	545:30	630:00	262:00	464:00	0:00	0:00	102:00
通河县广播电台	1446:00	533:30	610:00	257:00	475:00	0:00	0:00	104:00
延寿县广播电台	1446:00	533:30	609:00	254:00	480:00	0:00	0:00	103:00
阿城区广播电台	1438:00	525:30	602:40	252:50	478:20	0:00	0:00	104:10
双城市广播电台	1459:00	546:30	612:40	260:50	476:20	0:00	0:00	109:10
尚志市广播电台	1458:50	546:20	612:00	260:10	477:10	0:00	0:00	109:30
五常市广播电台	5657:00	4197:00	608:00	2737:00	2007:00	0:00	182:00	123:30
电视事业								
合　计	**195368:56**	**61094:56**	**28187:16**	**26679:35**	**19129:49**	**74819:49**	**21366:15**	**25276:12**
黑龙江电视台	68312:00	27300:35	6898:30	12073:00	4222:30	25521:00	10183:20	9413:40
哈尔滨电视台	45100:46	25575:11	8312:51	3444:00	3100:04	13671:29	4683:50	11888:32
呼兰区电视台	6106:10	768:00	1091:00	1000:00	730:10	1460:00	548:00	1277:00
依兰县电视台	7114:10	623:10	1092:00	912:00	1001:10	3286:00	547:00	276:00
方正县电视台	7152:10	656:10	1094:00	938:00	1019:10	3287:00	543:00	271:00
宾县电视台	7115:10	668:10	1095:00	912:00	1003:10	3286:00	546:00	273:00
巴彦县电视台	7117:10	756:10	1092:35	910:35	1005:35	3283:20	547:05	278:00
木兰县电视台	7110:10	648:10	1090:00	912:00	1008:10	3281:00	545:00	274:00
通河县电视台	7142:10	636:10	1091:00	930:00	1005:10	3286:00	550:00	280:00
延寿县电视台	6203:10	655:10	1092:00	905:00	993:10	2749:00	519:00	35:00
阿城区电视台	7125:10	706:10	1093:00	915:00	1002:10	3296:00	550:00	269:00
双城市电视台	6328:30	679:30	1025:10	912:30	1002:10	2570:40	546:00	272:00
尚志市电视台	6315:10	666:10	1025:10	912:30	1002:10	2557:20	546:00	272:00
五常市电视台	7127:00	756:10	1095:00	1003:00	1035:00	3285:00	512:00	197:00

主要统计指标解释

普通高等学校　指按照国家规定的审批程序批准举办，通过全国统一招生考试，招收高级中等学校毕业生和具有同等学历者，实施高等教育，培养高等专门人才的学校，包括大学、专门学校、专科学校和短期职业大学。

成人高等学校　指按照国家规定的审批程序批准举办、招收高中毕业或同等学历者，利用多种形式对成人进行高等教育，培养相当普通高等学校专科或本科毕业水平的专门人才的学校，包括广播电视大学、职工高等学校、农民高等学校、干部管理学院、独立函授学院以及普通高等学校举办的函授、夜大学等。

小学学龄儿童入学率　指调查范围内已入小学学习的学龄儿童占校内外学龄儿童总数（包括弱智儿童在内，不包括盲聋哑儿童）的比重。计算公式：

$$小学学龄儿童入学率=\frac{已入学的小学学龄儿童数}{校内外小学学龄儿童总数}\times 100\%$$

文化事业机构　指从事专业文化工作和为专业文化工作服务的独立核算、独立建制的单位。不包括这些单位举办独立核算的其他机构和各部门的业余文化组织。

艺术表演团体　指从事戏曲、音乐、舞蹈、杂技等专业艺术表演，有独立帐户的单位。不包括半工半艺、半农半艺的民间职业剧团。

艺术表演观众人数（人次）　指售票、包场演出或民族地区免费演出的艺术表演观众人次数，不包括彩排审查和内部观摩演出的观看人次数。

十九　卫生、体育和其他社会活动

Public Health, Sports and Others

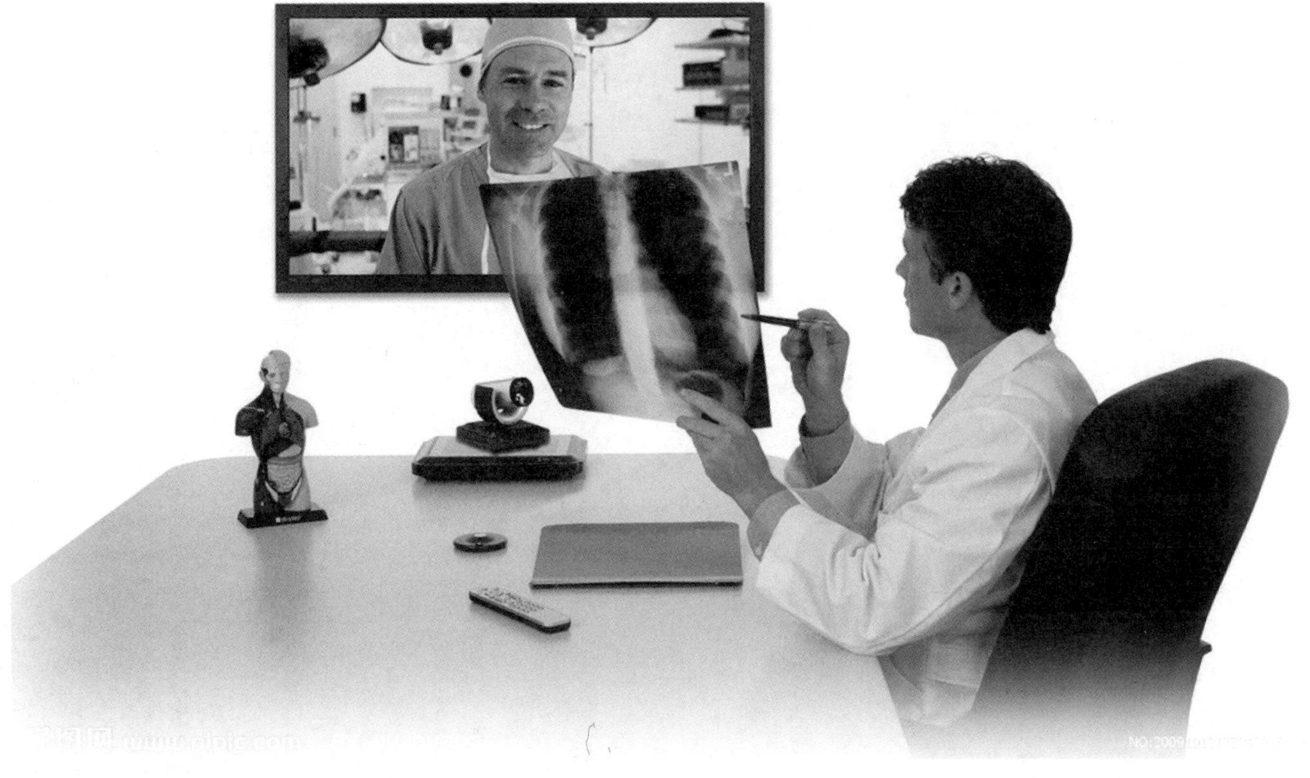

19－1 1978－2014年卫生医疗机构、床位和人员情况

年 份	机构数（个）	医 院	医疗床位（张）	医 院	卫生技术人员(人)	医 生
1978	1801	402	24672	19495	31276	11600
1980	2016	411	26464	20712	37516	13726
1985	1751	431	30152	24901	43277	16455
1986	1701	422	30405	25045	44829	16909
1987	1690	419	31550	26050	46218	17471
1988	1569	441	33846	27451	47806	18270
1989	1610	449	34847	28804	48249	19018
1990	1400	496	35254	32939	48515	20151
1991	1340	458	36201	33475	49033	20769
1992	1246	463	36903	34252	49352	20267
1993	1246	337	36960	34131	50333	21407
1994	1229	335	36820	33905	49393	20850
1995	1200	337	35492	32872	49782	21601
1996	1105	228	35749	28859	48402	20713
1997	1243	224	35913	29423	49026	21168
1998	1237	222	35357	28926	48454	20959
1999	1270	231	34819	28864	48245	21317
2000	1178	230	35263	28774	46939	21008
2001	1128	225	35335	28890	47176	21386
2002	1506	224	35943	31012	39962	15892
2003	1401	212	34738	29961	38832	15796
2004	1435	222	35764	30460	38543	15521
2005	1512	246	37186	31892	39054	15785
2006	1637	271	38985	33840	42948	17298
2007	1537	264	38702	33367	44893	17988
2008	1501	259	43308	37446	46351	17842
2009	1480	256	45352	39107	49776	19008
2010	1697	248	51184	41778	57440	22064
2011	1641	240	52265	43941	57591	20684
2012	1556	251	56000	46356	58000	19000
2013	1743	258	60077	50158	60483	22372
2014	1830	271	65400	55258	62900	20400

19－2　2009－2014年体育事业基本情况

指　　标	单位	2009年	2010年	2011年	2012年	2013年	2014年
体育设施							
体育场	个	29	29	29	29	29	29
体育馆	个	17	17	17	17	17	17
游泳跳水馆、室内泳池	个	58	58	58	58	58	58
室内冰球场	个	4	4	4	4	4	4
专业体育队伍							
优秀运动员	人	248	250	253	256	273	264
教练员	人	214	215	220	232	229	230
运动会竞赛会次数	**次**	**365**	**350**	**353**	**355**	**361**	**360**
参加运动会运动人员数	万人	220	205	210	230	220	224
达到国家体育锻炼标准的人数	万人	33	32	34	33	35	36
业余体校							
重点少年儿童业余体校	所	5	5	5	5	5	5
一般少年儿童业余体校	所	19	19	19	19	19	19
体校在校学生	人	2060	2070	2085	2090	3010	2980
运动员在国际、国内比赛中获奖牌							
金牌	枚	102	39	62	65	28	38
银牌	枚	125	27	47	18	20	30
铜牌	枚	145	25	35	10	35	28

19－3　2009－2014年享受最低生活保障人员情况

指　　标	单　位	2009年	2010年	2011年	2012年	2013年	2014年
城乡居民最低生活保障人数	人	394000	378000	379000	346000	354000	356000
城镇居民最低生活保障人数	人	224000	202000	198000	169000	160000	152000
农村居民最低生活保障人数	人	170000	176000	181000	177000	194000	204000
最低生活保障标准	元/月	310	360	360	410	410	510

19－4　2009－2014年交通事故、火灾及社会治安情况

指　　标	单　位	2009年	2010年	2011年	2012年	2013年	2014年
交通事故起数	起	572	937	923	984	957	1242
死亡人数	人	329	425	401	354	350	349
损失额	万元	252.3	554.3	1790.9	2558.5	2278.8	2755.8
火灾事故次数	起	479	898	625	347	860	3818
死亡人数	人	3	4	7	3	7	21
损失额	万元	662.8	886.4	788.8	327.2	5012.0	6549.0
刑事案件立案数	件	30170	34933	32719	31526	23358	28357
破案数	件	29012	18306	16662	16853	10494	9465
治安案件查处数	件	56688	75478	74496	62391	57103	58133

注:2013年及以后火灾按新口径统计。

19－5　律师、公证及调解工作基本情况

指　　标	2013 年	2014 年	指　　标	2013 年	2014 年
律师工作			**人民调解工作**		
律师事务所(个)	363	365	专职司法助理员(人)	364	435
律师工作人员(人)	2119	2097	人民调解委员会(个)	3136	3107
专职律师	1990	1961	调解人员(人)	12310	11908
兼职律师	129	105	调解纠纷(件)	25208	28311
聘请常年法律顾问的单位(个)	2133	2723	**调解纠纷情况**		
聘请法律顾问的公民个人(人)	81	930	婚姻家庭(件)	5140	5245
民事诉讼代理(件)	14277	12876	合同(件)	1495	1263
刑事诉讼辩护及代理(件)	4931	3797	劳动(件)	2147	754
非诉讼法律事务(件)	2693	2578	村务管理(件)	20	
解答法律咨询(件)	36271	4725	邻里(件)	5124	5697
代写法律文书(件)	5731	6573	房屋宅基地(件)	714	1021
公证工作			土地承包(件)		
公证处(个)	22	22	征地拆迁(件)	460	307
公证人员(人)	252	255	赔偿(件)	764	877
公证员(人)	92	92	计划生育(件)	125	
公证助理(人)	98	89	施工扰民(件)		
办理公证(件)	165899	143019	其他(件)	2052	2526

19－6　劳动仲裁委员会受理及处理劳动争议案件情况

（2014 年）

指　　标	单 位	数 量	指　　标	单 位	数 量
劳动案件受理情况			其　他	件	
当期案件受理数	件	2809	**劳动案件处理情况**		
劳动者当事人数	人	2940	结 案 数	件	2635
集体劳动争议案件数	件		处理方式		
集体劳动争议劳动者当事人数	人		仲裁调解	件	658
用人单位申诉案件数	件	291	仲裁裁决	件	1353
劳动者胜诉案件	件	971	其他方式	件	624
争议原因			处理结果		
劳动报酬	件	688	用人单位胜诉	件	291
保险福利	件	156	劳动者胜诉	件	971
工　伤	件	149	双方部分胜诉	件	747
解除终止劳动合同	件	194	**其他情况**		
终止劳动合同数	件		案外调解争议数	件	
下　岗	件		本期末结案数	件	174

主要统计指标解释

医院 指设有固定床位，能收容病人住院并能为病人提供医疗、护理服务的医疗机构，包括县及县以上医院、农村乡卫生院和其他医院三部分。医院按所属性质不同分为卫生部门、工业及其他部门和集体经济单位三类。县及县以上医院按业务性质不同分为综合医院和专科医院。

卫生技术人员 指卫生事业机构支付工资的全部固定职工和合同制职工中现任职务为卫生技术工作的人员。包括中医师、西医师、中西医结合高级医师、护师、中药师、西药师、检验技师、其他技师、中医士、西医士、护士、助产士、中药剂士、西药剂士、检验士、其他技士、其他中医、护理员、中药剂员、西药剂员、检验员、其他初级卫生技术人员。

医生 指经卫生部门审查合格，从事医疗工作的专业人员。分为中医医生和西医医生。包括卫生技术人员中的中医师、西医师、中西医结合高级医师、中医士、西医士和其他中医。

等级运动员人数 指经考核正式批准授予等级运动员称号的人数。运动员等级分为国家级运动健将、运动健将、一级运动员、二级运动员、三级运动员、少年级运动员。

等级裁判员人数 指经考核正式批准授予等级裁判员称号的人数。裁判员等级分为国际裁判、国家级裁判、一级裁判、二级裁判、三级裁判。

体育场 指有400米跑道（中心含足球场），有固定道牙，跑道6条以上，并有固定看台的田径场。以看台容纳观众人数分：甲级25000人以上，乙级15000－25000人，丙级5000－15000人，丁级5000人以下。

体育馆 指有固定看台，可供篮球、排球、羽毛球、乒乓球、体操等项目训练比赛活动用的室内运动场地。体育馆按看台容纳观众人数分为：甲级6000人以上，乙级4000－6000人，丙级2000－4000人，丁级2000人以下。

社会福利事业单位 指集中收养社会孤老、残、幼的机构，包括由民政部门管理的社会福利院、儿童福利院、精神病人福利院和城镇集体举办的福利院及农村集体举办的敬老院。

律师 指受聘参加法律顾问处工作，担任法律顾问、刑（民）事代理人、刑事辩护人，办理非诉讼事件、解答法律询问，代写法律事务文书等主要从事律师业务的专职法律工作者和兼职律师。

公证人员 指在国家公证机关依法办理公证事务的司法人员，包括公证员、助理公证员和在公证处工作的其他人员。

办理公证文书 指公证处在一定时期内办结的公证文书件数。公证文书按司法部规定或批准的格式制作，包括国内公证和涉外公证两部分。国内公证分为经济合同公证和民事法律关系公证两大类。

调解人员 指在人民调解委员会担负调解民间一般民事纠纷和轻微违法行为引起纠纷的工作人员，包括调解委员会的委员和调解小组的调解员。

调解民事纠纷 指调解委员会依照法律规定，根据自愿原则，用说服教育的方法调解民间发生的有关民事权利和义务的争执，促成当时双方达成协议和谅解，解决纠纷。包括婚姻家庭纠纷，财产权益纠纷等，不包括法院受理调解的民事案件数。

受理劳动争议案件数 指劳动争议仲裁委员会根据国家有关规定，对劳动争议当事人的申请予以审查，符合受理条件而正式立案、准备处理的劳动争议案件数。

二十　县(市)主要经济指标

Main Economic Indicators of Counties

20－1 地区生产总值和劳动工资

(2014 年)

指　　标	单　位	五常市	双城市	尚志市	巴彦县	宾　县
国民经济核算						
地区生产总值(现价)	亿元	360.7	480.0	244.6	166.8	274.9
第一产业	亿元	93.6	130.3	57.4	54.7	47.9
第二产业	亿元	110.0	121.2	79.7	33.2	109.3
工　业	亿元	103.3	122.7	80.1	33.4	107.0
第三产业	亿元	157.1	228.5	107.5	78.9	117.6
地区生产总值指数(上年＝100)	%	112.0	111.1	101.5	112.1	112.0
第一产业	%	106.0	107.6	108.4	105.9	108.9
第二产业	%	121.0	109.8	99.7	119.8	117.2
工　业	%	121.3	109.7	101.3	119.9	116.0
第三产业	%	109.4	113.6	100.1	111.0	108.3
劳动工资						
职工年平均人数	人	34638	38754	32327	28010	27265
国有经济	人	27013	26906	26095	23817	18922
集体经济	人	3346	393	588	588	456
全部职工工资总额	万元	126346	138762	105280	83645	110457
国有经济	万元	97494	101205	84846	67004	77130
集体经济	万元	10918	1097	2032	2095	4010
职工年平均工资	元	36476	35806	32567	29862	40512

20－1 续表　　(2014 年)

指　　标	单　位	依兰县	延寿县	木兰县	通河县	方正县
国民经济核算						
地区生产总值(现价)	亿元	162.0	64.8	72.2	64.8	62.7
第一产业	亿元	45.2	18.2	22.1	19.9	19.2
第二产业	亿元	51.8	16.5	11.4	14.2	19.6
工　业	亿元	35.0	14.5	11.1	10.8	12.9
第三产业	亿元	65.0	30.1	38.7	30.7	23.9
地区生产总值指数(上年＝100)	%	112.7	112.6	104.6	107.9	110.0
第一产业	%	106.9	108.8	109.1	107.8	108.4
第二产业	%	123.3	119.7	91.1	103.5	114.4
工　业	%	124.8	114.9	91.3	97.2	119.1
第三产业	%	108.3	110.7	107.1	110.3	107.4
劳动工资						
职工年平均人数	人	30909	9753	14998	14995	18570
国有经济	人	21784	8977	11162	11008	14101
集体经济	人	1324	247	506	255	3409
全部职工工资总额	万元	105543	36807	58999	50325	61160
国有经济	万元	72745	32770	47213	39196	44011
集体经济	万元	4323	2569	2051	22956	13993
职工年平均工资	元	34146	37739	39338	33561	32935

20－2　固定资产投资

(2014 年)

指　　标	单　位	合　计	五常市	双城市	尚志市
总　计	**万元**	**12130536**	**1953509**	**2341475**	**938098**
住　宅	万元	690818	13980	15512	70287
按经济类型分					
国有及国有控股经济	万元	3453781	608733	562253	271682
非国有经济	万元	8676755	1344776	1779222	666416
按管理渠道分					
基本建设及其他投资	万元	11620672	1937589	2280809	855435
房地产开发	万元	509864	15920	60666	82663
按投资主体分					
第一产业	万元	1088147	131628	496447	56184
第二产业	万元	6969275	1364412	1042927	500980
第三产业	万元	4073114	457469	802101	380934
新增固定资产	**万元**	**8975824**	**817440**	**1857879**	**513472**
固定资产交付使用率	**%**	**74.0**	**41.8**	**79.3**	**54.7**
施工房屋建筑面积	**万平方米**	**1004.7**	**59.4**	**244.3**	**106.9**
住宅	万平方米	441.8	53.8	18.7	41.1
竣工房屋建筑面积	**万平方米**	**512.2**	**34.0**	**149.3**	**49.2**
住宅	万平方米	206.0	31.4	8.9	16.4

巴彦县	宾　县	依兰县	延寿县	木兰县	通河县	方正县
1526152	**1930500**	**1428148**	**551605**	**320400**	**623917**	**516732**
92511	109302	23190	36160	35290	274011	20575
212653	289889	683897	184563	157304	390764	92043
1313499	1640611	744251	367042	163096	233153	424689
1438882	1794626	1393648	504205	320400	610486	484592
87270	135874	34500	47400		13431	32140
183146	36044	76550	17026	77790	13332	
774394	1314024	902404	270180	207130	241438	351386
568612	580432	449194	264399	35480	369147	165346
1184966	**1626666**	**1300841**	**438934**	**185715**	**441174**	**608737**
77.6	**84.3**	**91.1**	**79.6**	**58.0**	**70.7**	**117.8**
128.1	**106.9**	**26.0**	**34.6**	**82.3**	**179.5**	**36.7**
70.7	81.7	13.2	28.9	11.7	105.8	16.2
61.2	**27.4**	**4.4**	**0.4**	**72.0**	**98.1**	**16.2**
26.8	21.7	3.6		11.2	83.8	2.2

20-3 农 村 经 济

(2014 年)

指 标	单 位	合 计	五常市	双城市	尚志市
农林牧渔业总产值(现价)	万元	9115336	1701068	2248649	1037710
农业产值	万元	5306634	1113812	1133319	738211
林业产值	万元	269314	65581	8403	47711
牧业产值	万元	3229845	438143	1031017	224778
渔业产值	万元	141236	39388	24045	17436
农林牧渔服务业产值	万元	168307	44144	51865	9574
农林牧渔业总产值增长速度	%	7.5	6.1	7.8	8.5
农业产值	%	7.6	5.8	7.0	10.0
林业产值	%	3.1	4.8	3.4	1.0
牧业产值	%	7.4	4.1	8.8	5.7
渔业产值	%	8.1	17.6	4.8	7.5
农林牧渔服务业产值	%	13.4	29.0	9.8	5.0
乡村户数	户	958211	180218	164765	87767
乡村人口	人	3600870	704243	636049	341568
乡村劳动力	人	2008111	370156	347193	169621
年初常用耕地	公顷	1661209	259169	224107	157322
年末常用耕地	公顷	1661209	259169	224107	157322
水 田	公顷	570974	133787	13542	41728
旱 田	公顷	1075768	125382	200115	115594
农业机械总动力	万千瓦	823.2	139.8	90.3	67.3
农用排灌动力机械	台	76595	11261	5355	12920
柴油机	台	53792	10802	4500	7540
农村用电量	万千瓦时	121761	22643	25891	14670
农用化肥施用量(折纯计算)	吨	396005	79840	77246	29819
农用塑料薄膜使用量	吨	14552	7295	1562	1143
大牲畜总头数	头	1928193	197960	645699	199951
黄 牛	头	1467487	154976	303055	166000
奶 牛	头	382401	31245	321048	25918
年末生猪存栏	头	3976308	640110	591189	142000
年末羊存栏	头	651805	122037	84955	40770
年末家禽存栏	只	47657461	7950614	16611699	1900000
猪牛羊肉产量	吨	629188	80134	111191	38056
水产品产量	吨	84924	12100	8400	8100

巴彦县	宾　县	依兰县	延寿县	木兰县	通河县	方正县
1263037	844878	593614	325103	412087	335909	353281
668088	319097	400596	219144	261993	212748	239626
44352	24185	17708	6924	6995	19421	28034
528163	492081	153395	85918	119968	88749	67633
13007	4080	6504	4356	9320	8029	15071
9427	5435	15411	8761	13811	6962	2917
6.0	9.0	7.2	8.9	9.2	7.9	8.5
8.6	12.3	6.7	8.6	8.0	6.1	5.6
-8.1	11.7	11.1	-11.2	6.8	6.9	10.6
4.6	6.8	8.2	12.5	12.6	15.2	20.2
-3.6	7.2	9.4	-2.2	7.2	6.0	6.1
-3.4	12.7	9.3	13.0	10.0	8.0	7.7
168952	117922	62284	46163	61695	37528	30917
584026	450460	226565	178332	221862	132875	124890
319503	259959	136483	101931	133314	88294	81657
229645	167381	222059	108761	101046	120143	71576
229645	167381	222059	108761	101046	120143	71576
41733	7882	49811	66814	62182	93435	60060
187356	159499	171465	41947	38846	24048	11516
132.8	71.8	53.7	43.0	69.6	81.6	73.3
4497	6182	2882	2236	3942	14368	12952
3470	3920	2340	1876	3683	11487	4174
6523	9870	14581	7097	5990	7978	6518
51516	58094	22766	27927	17390	16821	14586
337	1085	389	1014	403	741	583
132097	459566	102340	61100	72842	41302	15336
115883	448231	95351	57945	71265	39958	14823
1772	60	1790	219	31	318	
1544648	468350	178874	87945	115495	141629	66068
75920	28650	166540	34516	44441	42501	11475
4443650	4550150	1666820	3466103	2560867	1381049	3126509
218573	89950	30479	6951	27082	17565	9207
16088	8030	6200	4100	5200	7786	8920

20－4　工业和财政、金融

(2014 年)

指　　标	单　位	合　计	五常市	双城市	尚志市
规模以上工业					
企业单位数	个	798	217	138	120
亏损单位数	个	69	18	11	8
工业总产值(现价)	万元	15872671	4326096	2822114	1907650
资产合计	万元	7736796	1234574	1645998	358581
产成品	万元	447603	124738	63735	30868
流动资产合计	万元	3443822	728989	833797	177075
固定资产净值	万元	3370380	372695	536500	159499
负债合计	万元	4501043	590895	883180	213860
主营业务收入	万元	14843811	4255511	2416197	1618039
主营业务成本	万元	13189732	3742959	2025970	1452313
主营业务税金及附加	万元	96231	32161	21707	5213
利润总额	万元	835621	258069	119752	111906
亏损额	万元	54392	2794	5538	3524
本年应付工资	万元	340332	89321	63771	29691
本年应交增值税	万元	223728	49052	60667	14170
财政、金融					
地方公共财政预算收入	万元	596979	96264	111594	67744
地方公共财政预算支出	万元	2366740	371150	281637	238203
金融机构年末存款余额	万元	9290280	1683887	1513220	1447514
金融机构年末贷款余额	万元	5931742	771138	1225778	669417
农村信用社存款	万元	2383060	372059	431330	334394
农村信用社储蓄	万元	2141959	340974	395187	311150
农村信用社贷款	万元	1926073	223987	256399	256561

巴彦县	宾　县	依兰县	延寿县	木兰县	通河县	方正县
36	83	51	40	28	36	49
1	8	10	3	2	4	4
854819	3691867	970100	425926	146351	264178	463570
371624	1861065	1315424	301148	158116	160160	330106
20982	115809	34785	24877	4029	7368	20412
184153	627191	416770	188870	65532	77003	144441
166909	1077189	710746	71761	51625	71500	151958
186920	1179205	889796	169345	66714	111324	209804
747105	3654991	947558	347880	152382	247807	456341
698738	3295058	866033	312166	140055	241447	414994
1904	19789	10953	1451	1044	351	1660
32298	261403	13393	16810	4527	3059	14404
111	16793	18483	2739	729	3076	606
20112	51909	52759	12766	5933	5546	8524
12586	55506	17448	6260	2949	2986	2105
41089	101127	57429	33484	16296	33256	38696
283273	316787	238543	167782	143746	164320	161299
904698	973168	709311	434079	412435	514987	696981
568307	755621	554749	264919	314872	492298	314643
242306	272259	208540	128306	102068	151690	140108
234019	245215	175859	116137	83799	126417	113202
200476	251490	219393	125290	128067	151368	113042

20－5　建筑业和邮电业

（2014 年）

指　　标	单　位	合　计	五常市	双城市	尚志市
建筑业					
企业个数	个	93	10	12	11
建筑业总产值	万元	1441396	172351	40363	48342
建筑工程产值	万元	1378882	165600	34070	43257
安装工程产值	万元	49111	6751	3338	5084
竣工产值	万元	1452836	180276	37256	49445
从事建筑业活动的从业人员平均人数	人	53060	6586	2008	2252
房屋建筑施工面积	平方米	8583791	1061452	312185	470816
本年新开工面积	平方米	8210619	1061452	212194	320547
房屋建筑竣工面积	平方米	7767431	568302	227798	326203
自有机械设备年末总台数	台	9190	1586	407	1264
自有机械设备年末总功率	千瓦	206349	36949	10030	10365
自有机械设备净值	万元	62036	12544	2616	6027
实收资本	万元	215682	15934	14728	11128
国家资本	万元	12694	1769	1002	
流动资产合计	万元	244062	19463	27849	40726
固定资产合计	万元	80999	14034	11617	10430
固定资产原价	万元	88249	15915	12637	13943
累计折旧	万元	20375	3211	2164	4355
本年提取折旧	万元	3453	493	700	677
资产总计	万元	456278	34931	44637	53071
负债合计	万元	150915	12917	16650	26240
所有者权益合计	万元	300944	22014	27153	26832
工程结算收入	万元	1240955	138433	41080	60786
工程结算成本	万元	1077323	125033	33474	54088
工程结算税金及附加	万元	56879	4268	1362	2256
管理费用	万元	50008	6581	3806	1264
财务费用	万元	2681	542	173	244
营业利润	万元	50010	1535	1153	2943
利润总额	万元	49895	1534	1110	2865
本年应付工资	万元	74032	11271	8606	5888
邮电业					
邮政支局所服务网点	处	151	17	25	16

巴彦县	宾　县	依兰县	延寿县	木兰县	通河县	方正县
17	8	11	5	5	5	9
37872	383871	371695	110982	10779	110229	154913
28655	382618	371369	107663	10169	82750	152731
760	1253		1654	610	27479	2182
34502	382618	370767	110014	10312	122734	154913
1888	13658	12743	3779	757	4047	5342
233820	1772902	1979319	848840	75977	1234300	594180
145239	1772902	1978569	822190	69046	1234300	594180
233820	1772902	1961319	848840	70667	1234300	523280
742	1139	861	296	1181	918	796
5889	14800	41365	24372	6918	45868	9793
3063	9934	8384	4767	1010	11504	2187
11445	23034	108552	7865	3713	7420	11864
	5173			527		4224
6150	70319	29124	31554	780	8650	9447
1260	17658	3891	4198	2025	7800	8087
2024	20466	5130	3277	2612	3898	8346
254	3944	1239	569	608	839	3194
44	693	291	269	50	145	93
13677	89494	142469	36192	3956	19688	18162
2042	22619	32873	26755	118	7418	3285
8920	66876	108640	9287	4075	12270	14878
37873	383871	196230	101946	11083	110229	159424
30921	326197	166913	88603	9608	101808	140680
1714	27117	7519	3226	774	5086	3557
4612	13905	3106	1690	306	736	14002
19	4	653	894	1	44	106
580	16601	17241	6628	211	2203	915
580	16608	17241	6628	211	2203	915
5617	18249	5634	5342	2985	6704	3735
19	19	19	10	10	8	8

20－6 社会消费品零售总额和教育、卫生

(2014 年)

指标	单位	合计	五常市	双城市	尚志市
社会消费品零售总额	**万元**	**5948223**	**1011567**	**995930**	**993920**
按行业分					
批发零售贸易业	万元	5066595	858873	893254	824656
住宿餐饮业	万元	881628	152694	102676	169264
教育、卫生					
普通中学					
学校数	所	257	36	43	24
毕业生数	人	54794	9222	9415	7530
招生数	人	50843	9531	8319	6484
在校生数	人	151778	27686	25905	20134
专任教师	人	15672	2814	2378	2339
职业中学					
毕业生数	人	1936	618	402	302
招生数	人	1564	461	217	157
在校生数	人	5635	1489	625	1065
专任教师	人	782	110	128	123
小学					
毕业生数	人	36574	6605	6540	4014
招生数	人	30535	4891	5992	3629
在校生数	人	212551	38145	39059	21422
专任教师	人	17701	3193	2483	1579
计划生育率	**%**	**90.21**	**91.39**	**89.60**	**90.64**

巴彦县	宾　县	依兰县	延寿县	木兰县	通河县	方正县
741713	**710289**	**498266**	**255840**	**210317**	**250960**	**279421**
598992	623093	435611	208715	183074	208191	232136
142721	87196	62655	47125	27243	42769	47285
37	35	26	16	15	10	15
8402	6563	4203	2369	2299	2316	2475
5742	6649	4479	2412	2671	2202	2354
17447	19509	13363	7181	7522	6462	6569
2004	1687	1385	850	794	744	677
10	162	79	45	151	63	104
10	159	109	68	95	195	93
22	1001	275	226	278	385	269
57	108	40	45	47	73	51
4539	4300	3268	1793	1983	1694	1838
2687	4897	2687	1378	2048	1176	1150
25977	30310	16817	10667	12069	9432	8653
3096	2363	1530	934	1019	871	633
88.14	**90.82**	**90.81**	**92.01**	**83.90**	**92.54**	**90.74**

20－7　主要经济活动平均指标

(2014 年)

指　　标	单　位	五常市	双城市	尚志市	巴彦县	宾　县
平均每天主要经济活动						
地区生产总值(现价)	万元	9882	13151	6701	4570	7532
地方公共财政预算收入	万元	264	306	186	113	277
农林牧渔业总产值	万元	4660	6161	2843	3460	2315
规模以上工业总产值	万元	11852	7732	5226	2342	10115
建筑业总产值	万元	472	111	132	104	1052
固定资产投资	万元	5352	6415	2570	4181	5289
社会消费品零售总额	万元	2771	2729	2723	2032	1946
年人均主要经济指标						
地区生产总值	元	35988	58940	40025	23684	44801
地方公共财政预算收入	元	960	1370	1109	583	1648
农林牧渔业总产值	元	16972	27612	16981	17934	13769
规模以上工业总产值	元	43163	34653	31216	12138	60168
建筑业总产值	元	1720	496	791	538	6256
固定资产投资	元	19491	28751	15351	21670	31462
社会消费品零售总额	元	10093	12229	16264	10532	11576

20－7 续表　　(2014 年)

指　　标	单　位	依兰县	延寿县	木兰县	通河县	方正县
平均每天主要经济活动						
地区生产总值(现价)	万元	4438	1775	1978	1775	1718
地方公共财政预算收入	万元	157	92	45	91	106
农林牧渔业总产值	万元	1626	891	1129	920	968
规模以上工业总产值	万元	2658	1167	401	724	1270
建筑业总产值	万元	1018	304	30	302	424
固定资产投资	万元	3913	1511	878	1709	1416
社会消费品零售总额	万元	1365	701	576	688	766
年人均主要经济指标						
地区生产总值	元	39969	24090	26672	25638	27012
地方公共财政预算收入	元	1417	1245	602	1316	1667
农林牧渔业总产值	元	14646	12086	15223	13290	15220
规模以上工业总产值	元	23934	15834	5407	10452	19971
建筑业总产值	元	9170	4126	398	4361	6674
固定资产投资	元	35235	20507	11836	24685	22261
社会消费品零售总额	元	12293	9511	7770	9929	12038

二十一　国家、省及十五个副省级城市经济发展情况

National, Province and 15 Vice – Provincial Level Urban Economy State of Play

21－1　国民经济和社会发展主要指标占全国、全省比重情况

（2014 年）

指　　　　标	单　位	全　国	全　省	哈尔滨	哈尔滨占全国比重（%）	哈尔滨占全省比重（%）
土地面积	万平方公里	960.0	45.3	5.3	0.55	11.7
年末总人口	万人	136728.0	3833.0	987.3	0.72	25.8
地区生产总值	亿元	636463.0	15039.4	5340.1	0.84	35.5
第一产业	亿元	58332.0	2659.4	626.5	1.01	23.6
第二产业	亿元	271392.0	5591.8	1784.0	0.66	31.9
工　业	亿元	227991.0	4741.8	1239.7	0.54	26.1
第三产业	亿元	306739.0	6788.0	2929.6	0.96	43.2
固定资产投资	亿元	512761.0		4176.0	0.81	
粮食总产量	万吨	60710.0		1427.2	2.35	
铁路货运总量	万吨	381000.0	11442.4	1105.2	0.29	10.1
铁路客运总量	万人	236000.0	10039.3	4141.0	1.75	41.3
邮电业务总量	亿元	21846.0	417.3	140.7	0.64	33.7
社会消费品零售总额	亿元	262394.0	6964.2	3070.9	1.17	44.1
海关进出口总值	亿美元	43030.4	389.0	68.1	0.16	17.5
出口总值	亿美元	23427.5	173.4	34.4	0.15	19.9
进口总值	亿美元	19602.9	215.6	33.6	0.17	15.6
实际直接利用外资	亿美元	1197.1	51.6	27.2	2.27	52.7
旅游外汇收入	亿美元	569.0	5.6	1.1	0.19	19.6
城镇非私营单位在岗职工年平均工资	元/人	57346.0	44036.0	51551.0	89.89	117.1
城镇居民人均可支配收入	元	28844.0	22609.0	28815.9	99.90	127.5
农村居民人均可支配收入	元	10489.0	10453.0	12125.0	115.60	116.0
普通高等学校在校生数	万人	2547.7	73.1	66.8	2.62	91.4
卫生医疗机构数	个	982443	9601	1830	0.19	19.1
卫生技术人员数	万人	739.0	21.2	6.3	0.85	29.7
执业医师和执业助理医师	万人	282.0	8.1	2.0	0.71	24.7

21－2　副省级城市主要经济指标

（2014 年）

指　　标	单　位	哈尔滨	沈　阳	大　连	长　春	南　京
年末户籍人口数	万人	987.3	730.8	594.3	754.6	648.7
市　区	万人	473.8	528.4	304.3		
地区生产总值(现价)	亿元	5340.1	7098.7	7655.6	5382.0	8820.8
第一产业	亿元	626.5	325.3	441.8	340.1	224.0
第二产业	亿元	1784.0	3541.4	3697.4	2862.8	3671.5
工　业	亿元	1239.7	3163.2	3248.6	2415.8	3165.8
第三产业	亿元	2929.6	3232.0	3516.4	2179.1	4925.3
人均地区生产总值	元	53872.0	85816.0	109939.0		107545.0
规模以上工业企业增加值	亿元	849.4	3614.9	3017.2	2415.7	2999.4
利润总额	亿元	130.4	747.1	426.6	910.3	755.6
农林牧渔业总产值	亿元	1171.5	667.7	880.0	626.9	384.6
社会消费品零售总额	亿元	3070.9	3570.1	2828.4	2217.6	4167.2
海关进出口总额	亿美元	68.1	158.0	657.7	207.2	572.2
出　口	亿美元	34.4	71.4	302.3	24.7	326.3
进　口	亿美元	33.6	86.6	355.5	182.5	245.9
实际使用外资金额	亿美元	27.2	44.6	140.0	50.0	32.9
固定资产投资额	亿元	4176.0	6564.1		3924.5	5460.0
房地产开发投资	亿元	673.6	1975.8	1429.3	534.4	1125.5
地方公共财政预算收入	亿元	423.5		780.8		903.5
公共财政预算支出	亿元	740.1	914.3	989.5	675.8	920.9
金融机构人民币存款余额	亿元	8884.0	12309.6	11613.8	8723.4	20161.9
金融机构人民币贷款余额	亿元	7257.5	10026.9	9926.4	7475.5	16328.6
居民消费价格总指数	（上年＝100）	102.0	102.2	102.0	102.2	102.6
城镇登记失业率	%	3.7	3.0	2.7		2.5
城镇居民人均可支配收入	元	28815.9	31720.0	33591.3	27298.9	42568.0
农村居民人均可支配收入	元	12125.0	15945.0	13547.0	11258.6	17660.9

杭州	宁波	厦门	济南	青岛	武汉	广州	深圳	成都	西安
715.8	583.8	203.4	621.6		827.3	842.4	332.2	1210.7	
458.5	229.6	203.4	361.0		827.3	695.0	332.2	581.6	
9201.2	7610.3	3273.6	5770.6	8692.1	10069.5	16706.9	16002.0	10056.6	5474.8
274.4	275.7	23.7	290.3	349.6	350.1	218.7	5.3	370.8	214.6
3858.9	3980.4	1460.3	2261.7	3890.4	4785.7	5591.0	6823.1	4561.1	2205.4
3426.4	3533.7	1250.8	1822.1	3435.0	3942.8	5070.6	6356.9	3855.4	1523.1
5067.9	3354.2	1789.5	3218.6	4452.1	4933.8	10897.2	9173.6	5124.7	3054.9
103757.0	97430.3	86382.0	82502.0	96524.0	98000.0	128478.3	149497.0	70019.0	63602.0
2805.3				1245.9	3453.4		6501.1		1195.3
876.3	688.3	237.6	297.1	843.3	483.2	1088.0	1481.7	557.5	176.2
419.4	432.5	44.3	524.2	630.0	559.4	398.3	12.9	613.0	367.2
3838.7	2992.0	1072.3	2964.4	3261.7	4369.3	7144.5	4844.0	4468.9	
680.0	1047.0	835.5	105.0	798.9	264.3	1305.9	4877.7	558.4	
491.7	731.1	531.7	60.6	457.8	137.9	727.1	2844.0	338.2	
188.3	316.0	303.9	44.4	341.1	126.4	578.9	2033.6	220.3	130.2
63.4	40.3	19.7	14.4	60.8	62.0	54.4	58.1	87.6	
4952.7	3989.5	1573.0	3063.4	5766.0	7002.9	4889.5	2717.4	6620.4	5904.0
2301.1	1328.1	917.4	1117.7	704.1	2353.6	2230.0	1374.1	2220.8	1761.9
	860.6	543.8	543.1	895.2	1101.0	1243.1	2082.4	1025.2	
961.2	1000.9	548.3	571.9	1074.7		1434.3	2166.1	1340.0	819.5
23950.1	13307.4	6607.3	11744.4	11370.3	16004.9	34170.7	32497.8	26798.0	
20356.2	13610.6	5824.1	8508.3	9720.1	14463.4	22688.3	22671.1	19779.0	
102.0	101.9	102.2	102.2	102.6	101.9	102.3	102.0	101.3	101.4
1.8	2.0	2.2	3.0	3.0	3.2	2.3	2.3	2.9	
44632.0	44155.0	39625.0	38762.8	38294.0	33270.0	42954.6	40948.0	32665.0	36100.0
23555.0	24283.0	16220.0	14726.0	17461.0	16160.0	17662.8		14478.0	14462.0

21－3　副省级城市主要经济指标增长速度

(2014 年)

指　　标	哈尔滨	沈　阳	大　连	长　春	南　京	杭　州
年末户籍人口数	-0.8	0.5	0.5			1.3
市　区		0.7	1.0			1.7
地区生产总值(现价)	6.9	6.0	5.8	6.6	10.1	8.2
第一产业	6.8	3.2	2.9	4.7	3.5	1.8
第二产业	5.1	5.3	5.0	6.9	8.8	8.1
工　业	7.4	5.0	4.9	6.8	9.3	8.6
第三产业	8.3	6.9	7.0	6.6	11.5	8.5
人均生产总值	7.1	5.6	5.1		9.7	7.7
规模以上工业企业增加值	7.7	4.9	4.3	6.7	9.5	8.9
利润总额		-3.3	-28.2	24.9	0.9	10.5
农林牧渔业总产值	7.1	3.8	3.2	5.8	9.2	5.0
社会消费品零售总额	12.6	12.1	12.0	12.6		8.7
海关进出口总额	4.1	10.6	-4.4	1.7	2.6	4.5
出　口	18.8	2.1	-19.3	-24.7	1.1	9.8
进　口	-7.6	18.7	13.2	6.7	4.7	-7.2
实际使用外资金额	20.3	-23.2	3.0	13.0	-18.4	20.1
固定资产投资额	12.2	2.8	4.6	15.1	6.6	16.2
房地产开发投资	-20.7	-9.5	-16.4	-12.9	8.5	24.2
地方公共财政预算收入	5.3	-1.9	-8.2	4.1	8.7	8.7
公共财政预算支出	4.3	3.7	-8.7	6.8	8.2	12.3
金融机构人民币存款余额	4.7	7.6	1.1	11.7	11.7	10.1
金融机构人民币贷款余额	15.6	13.1	8.8	15.1	11.5	10.6
城镇居民人均可支配收入	9.3	9.1	8.7	9.7	8.8	9.1
农村居民人均可支配收入	12.2	10.2	9.7	10.8	10.3	11.1

单位:%

宁 波	厦 门	济 南	青 岛	武 汉	广 州	深 圳	成 都	西 安
0.6	1.4		3.4	0.6	1.2	7.0	1.9	
0.9	1.6		3.4	0.6	1.2	7.0	3.0	
7.6	8.8	8.0	9.2	9.7	8.6	8.8	8.9	9.9
2.0	4.1	3.8	2.9	5.0	1.3	-19.4	3.6	5.1
8.1	8.8	8.5	7.7	10.2	7.4	7.7	9.8	11.3
7.7	8.9	8.4	7.9	10.3	7.8	8.1	11.2	10.7
7.3	9.1	7.9	10.9	9.5	9.4	9.8	8.6	9.0
4.6	7.9		7.2	8.6	7.6	7.7		9.4
7.4	10.5	10.1	9.4	10.9	8.1	8.4	12.2	11.1
-1.9	14.9		1.3		-1.6	16.2		13.4
0.9	4.2		2.4	5.0	0.1	-7.8	3.7	5.1
13.5	12.6	12.6	10.0	12.7	12.5	9.3		
4.4	9.6	9.7	-0.6	21.4	9.8	-9.2	10.4	
11.3	10.5	10.5	1.6	15.5	3.2	-7.0	6.1	
-8.7	-4.3	8.5	-5.2	28.7	3.2	-12.3	17.8	37.0
22.9	5.3	8.7	10.2	18.1	6.3	6.2	0.1	18.3
16.6	16.7	16.1	16.1	16.7	14.5	13.6	1.8	15.0
18.3	32.4	27.2	6.6	23.5	15.5	22.0	5.2	10.4
8.6	10.8	12.7	13.5	15.6	8.7	20.3	14.1	16.3
6.5	4.9	10.1	6.0		3.5			
4.4	8.7	8.7	10.4		4.1	8.9	13.3	
8.9	8.9	8.9	13.4		11.5	13.7	11.5	
9.2	8.2	8.7	8.7	9.9	8.9		9.0	9.1
11.0	10.6	11.2	11.0	12.3	10.3		11.5	11.9

中国统计出版社最新图书简目

（仅供参考，以实际出版为准）

统计资料

中国统计年鉴　中国统计摘要　中国发展报告
中国经济普查年鉴2013　国际统计年鉴　金砖国家联合统计手册
中国-东盟国家统计手册　中国区域经济统计年鉴　中国县域统计年鉴
中国城市统计年鉴　中国农村统计年鉴　中国地区经济监测报告
中国贸易外经统计年鉴　中国对外直接投资统计公报　中国商品交易市场统计年鉴
大中型批发零售和住宿餐饮企业统计年鉴　中国零售和餐饮连锁企业统计年鉴　中国住户调查年鉴
中国价格统计年鉴　中国农产品价格调查年鉴　全国农产品成本收益资料汇编
中国环境统计年鉴　中国能源统计年鉴　国外资源、能源和环境统计资料汇编
中国工业统计年鉴　中国建筑业统计年鉴　中国房地产统计年鉴
中国城市建设统计年鉴　中国城乡建设统计年鉴　中国第三产业统计年鉴
中国证券期货统计年鉴　中国科技统计年鉴　中国高技术产业统计年鉴
工业企业科技活动资料　中国劳动统计年鉴　中国人口和就业统计年鉴
中国人才资源统计报告　中国社会统计年鉴　中国文化及相关产业统计年鉴
文化及相关产业统计概览　中国教育经费统计年鉴　中国民政统计年鉴
中国民族统计年鉴　中国工会统计年鉴　中国残疾人事业统计年鉴
中国妇女儿童状况统计资料（英）　中国乡镇街道行政区域简册

省级综合统计年鉴系列

北京 天津 河北 山西 内蒙古 辽宁 吉林 黑龙江 上海 江苏 浙江 安徽 福建 江西 山东 河南 湖北 湖南 广东 广西 海南 重庆 四川 贵州 云南 西藏 陕西 甘肃 青海 宁夏 新疆 新疆生产建设兵团

市（县）级综合统计年鉴系列

天津滨海新区 石家庄 唐山 邯郸 保定 沧州 邢台 廊坊 承德 衡水 秦皇岛 张家口 太原 大同 阳泉 长治 晋城 朔州 晋中 运城 忻州 临汾 呼和浩特 呼和浩特新城区 鄂尔多斯 包头 沈阳 大连 长春 四平 哈尔滨 齐齐哈尔 黑龙江垦区 上海浦东新区 南京 无锡 徐州 常州 苏州 南通 连云港 淮安 盐城 扬州 镇江 泰州 宿迁 江阴 丹阳 杭州 宁波 温州 嘉兴 绍兴 金华 衢州 舟山 台州 丽水 合肥 安庆 马鞍山 福州 厦门 宁德 南昌 九江 上饶 新余 抚州 济南 青岛 枣庄 滕州 郑州 洛阳 平顶山 三门峡 南阳 商丘 济源 武汉 十堰 荆州 宜昌 荆门 咸宁 长沙 广州 深圳 惠州 东莞 南宁 柳州 桂林 来宾 海口 三亚 成都 贵阳 昆明 西安 兰州 庆阳 银川 乌鲁木齐 兵团一师 兵团十师

调查年鉴系列

天津 山西 内蒙古 辽宁 吉林 上海　福建 河南 湖北 湖南 广西 重庆　四川 云南 甘肃 宁夏 新疆

“十二五”规划教材

统计学（经济管理类专业本科适用，单薇 等）　抽样调查理论与方法（冯士雍 等）
贝叶斯统计（茆诗松 等）　统计学（黄良文 等）　试验设计（茆诗松 等）
统计学：从数据到结论（吴喜之）　医学统计学（于浩）　统计学（经济、管理类专业基础教材，张小斐）
概率论与数理统计三十三讲（魏振军）　概率论与数理统计三十三：学习指导与习题解答（魏振军）
非参数统计（吴喜之 等）　统计学：经济与管理中的数据分析（李慧云 等）
卫生管理统计学（新编医学院校基础课教材，尚磊）　医院统计学（新编医学院校基础课教材，徐天和 等）
社会统计学（蒋萍 等）　现代金融投资统计分析（李腊生 等）
国民经济核算初级教程（经济类、统计类、管理类专业适用，蒋萍 等）

重点图书

图解中国经济2015　新编英汉汉英统计大词典　中华医学统计百科全书
挑大学选专业2016—考研择校指南　挑大学选专业2015—高考志愿填报指南